동아시아 전통사회 재해 사료의 특징과 활용

Characteristics and Utilization of Pre-modern East Asian Disaster Records

Chai, Oong-Seok ed.

동아시아 전통사회
재해 사료의 특징과 활용

채웅석 편저

혜안

인간·사회·자연환경을 총체적으로 사유하는 역사학

21세기에 역사학 연구에서 큰 전환이 이루어지고 있다. 미시사와 생활사가 부각되고, 포스트모더니즘이나 탈식민주의가 대두했으며, 환경사적 접근방식이 활성화되었다. 특히 기후 위기, 대기와 수질의 오염, 코비드 19의 팬데믹 사태 등을 겪으면서 환경 문제와 재해에 대한 우려가 커지고 인간과 자연의 관계에 대한 성찰이 요구되고 있다.

현대 문명의 발달에 따라 인간은 자연재해로부터 자유로워졌는가? 합리성과 과학기술의 발달에 따라 자연을 변형시키고 훼손해온 인간 활동이 자연의 균형을 깨뜨려 또 다른 형태의 재해가 발생하고 재해의 대형화 가능성을 키우는 것은 아닌가? 지속가능한 문명 발전은 어떤 형태이고, 과연 기약할 수 있는가?

자연환경 상의 위기는 대응을 더 미룰 수 없는 전 지구적 문제가 되었으며, 재해가 일상적인 문제로 되었다. 자연재해가 인간이 통제할 수 없는 천재지변이기 때문에 불운 내지 숙명론적으로 받아들여야 한다는 인식은 극복되고, 재해 예방과 대책은 사회와 국가의 기본 책무라고 인정된다. 현재 '재난 및 안전관리 기본법'에 자연 재난을 "태풍, 홍수, 호우, 강풍, 풍랑, 해일, 대설, 한파, 낙뢰, 가뭄, 폭염, 지진, 황사, 조류(藻類) 대발생, 조수(潮水), 화산활동, 소행성·유성체 등 자연우주물체의 추락·충돌, 그

밖에 이에 준하는 자연 현상으로 인하여 발생하는 재해"라고 정의하였다. 그리고 자연재해대책법에서 국가는 그런 "자연 재난으로부터 국민의 생명·신체 및 재산과 주요 기간시설을 보호하기 위하여 자연재해의 예방 및 대비에 관한 종합계획을 수립하여 시행할 책무를 지며, 그 시행을 위한 최대한의 재정적·기술적 지원을 하여야 한다."고 규정하였다.

그런데 한국의 근·현대 역사학에서는 인간이 주체가 된 역사를 강조한 나머지 자연환경과 재해는 인간이 어쩔 수 없는 불가항력적 요인이라 하여 역사 해석에서 도외시한 경향이 있었다. 그런 요인을 강조하는 것은 비역사적 태도라고 간주될 정도였다. 그에 따라 정치사상으로서 천인감응론, 정책으로서 구휼과 권농 등을 고찰하면서도 자연환경과 인간의 상호 작용의 측면에 대해서는 별로 주의를 기울이지 않고 재해의 정치적 함의에 초점을 맞추어 연구하였다. 또한 인간이 자연을 정복해온 일원적 발전과정으로서 역사를 설명해왔다. 자연을 대상으로 합목적적·의식적 노동을 통하여 유용한 물질적 재화를 생산하는 역량이 발전해온 과정으로 역사를 이해하는 경제사에서 특히 그런 점이 강하다.

물론 그런 연구 경향은 과거 식민주의 역사학의 줄기였던 지리결정론과 정체성론 등을 비판하는 의의가 있다. 그렇지만 이제 물질적 풍요와 편리함의 이면에 환경 문제와 재해에 일상적으로 직면하면서, 자연환경의 변수를 고려하지 않은 역사 해석은 설득력을 얻기 어려워졌다. 환경 문제가 근대의 과학기술 발전과 산업화 이후에 격화되어 온 것은 틀림없지만, 인간이 농경, 목축 등의 경제 행위를 하면서 벌목과 개간은 물론 도시화에 따른 각종 오염 등으로 자연을 변형시키고 훼손해왔다. 그런 가운데 각 시기마다 자연환경 문제를 이해한 내용과 수준은 다르더라도 그에 대한 인식과 문제 제기는 늘 있었다. 자연환경과 재해, 그에 대한 인식과 대응 등을 개발과 피해라는 시각을 넘어서서 심도 있게 고찰할 필요가 있다. 기왕의 협소한 역사인식을 벗어나 인간·사회·자연을 총체적으로 고려하는 연구 시야와 방법론이 요구된다.

그런 문제의식 아래 가톨릭대학교 인문사회연구소는 재해사의 기초자료들을 축적하여 재해는 물론 생태환경에 관한 연구 지평을 확대해 보려는 목표를 세웠다. 그리고 2019년 9월부터 한국연구재단의 지원을 받아 전통사회 재해 DB 구축과 기초용어 사전 편찬 작업을 진행하고 있다. 일차적으로는 신라가 삼국을 통일한 7세기 중엽부터 조선왕조 말기인 19세기 중엽까지의 재해 사료들을 수집, 정리하였다. 동아시아의 재해 인식에서 나타나는 보편성과 개별성을 이해해야 하고, 또 재해와 환경 문제는 일국사적으로만 파악하거나 해결할 문제가 아니다. 그에 따라 한국과 중국의 사례를 비교 분석하고 국제적 연관성을 찾아보기 위하여 연구 대상을 중국사까지 확대하였다. 일본 측의 사료는 물론, 시간적으로 근·현대의 사료도 당연히 연구 대상에 포함해야 하지만 역량의 한계 때문에 후일의 작업으로 미룰 수밖에 없었다.

연구를 진행하면서 동아시아(한·중) 재해 기초자료 DB 구축과 관련하여 2021년과 2022년에 두 차례의 학술연구발표회를 개최하였다. DB 구축의 의의와 활용을 중심으로 모두 12개 주제의 연구발표와 토론을 진행하여 연구 방향과 수준을 보완하고 확대할 수 있었다. 참석자들은 재해 DB 구축의 시의성과 적절성, 중요성 등에 공감하면서 문제점과 한계 등도 적절하게 지적하였다. 이 책에 수록된 11편의 논문은 그 학술대회에서 발표한 논문과 공동연구원이 다른 경로로 발표한 논문을 수정, 보완한 것이다.

이 책을 내기까지 많은 분에게 도움과 격려를 받았다. 한국연구재단에서 연구 초기부터 연구비를 지원해주어 DB를 구축하고 기초용어 사전 편찬 작업을 이어갈 수 있게 되었다. 한국중세사학회, 조선대학교 재난인문학연구사업단, 서울대학교 세계 역사학계를 선도하는 한국사 혁신인재 교육연구단은 본 연구소와 상호 협력을 위한 업무협약을 체결하고 두 차례의 학술연구발표회를 공동 주최하였다. 자료 협조, 공동연구 등을 비롯하여 이 기관들과의 학술 교류는 앞으로도 본 연구소의 원활한 연구 수행과 수준 높은 연구성과를 이루는 데 많은 도움이 될 것으로 기대한다. 재해에 대한 학제 간 연구를 모색하기 위하여 진행한 콜로키엄에서는 사회학, 심리학, 사회복지학, 행정학, 종교학, 국제관계학, 철학 등 여러 분야의 전문가들이 주제 발표와 토론을 통하여 큰 도움을 주었다. 그리고 학술도서의 시장 상황이 어려운 가운데에서도 도서출판 혜안에서 흔쾌히 출판을 맡아주었다. 도움을 주신 모든 분께 감사드린다.

본 연구소의 최종 목표는 종합학문으로서의 '재해학'을 확립하는 것이다. 그 목표는 장기적이어서, 아직은 멀게만 느껴진다. 이 책은 공동연구의 첫 결과물이지만 보완하고 고쳐야 할 점들이 많을 것이다. 앞으로 자연재해와 환경사 관련 연구에 작은 도움이나마 기여할 수 있다면 다행이고, 또한 연구원들 각자가 좀더 수준 높은 연구로 나아가는 디딤돌이 될 수 있기를 기대한다.

2023년 5월

연구원들을 대표하여 **채웅석** 씀

| 차 례 |

제1부 재해 기록의 사료적 성격

제2부 역사 연구와 재해 사료 DB의 활용

총론 •

재해 사료의 DB 구축과 재해 연구의 진전을 위하여

| 제1장 |

동아시아(한·중) 전통사회 재해 DB 구축과 의의

신 안 식

1. 머리말

인간은 자연을 지배하는가, 자연의 일부에 불과한가? 이런 물음은 항상 있었고, 21세기 오늘날 기후와 환경의 변화에 따라 미래 인간 생존의 불안감을 이야기하는 과학자도 늘어났다. 특히 'COVID-19'가 뒤덮은 현재 상황은 자연히 재해에 관한 관심을 더욱 끌어올리고 있다. 물론 인류의 역사 속에는 수많은 재해가 있었을 것이고, 이를 극복하면서 새로운 문명을 창출하였다. 따라서 기록 속에 나타나는 재해는 인류 역사와 함께 존재했고, 문명의 그림자로 남아 있다.

인류의 문명은 자연의 파괴와 불가분의 관계이며, 이후 자연의 역습은 인류의 생존을 위협하기도 하였다. 이 때문에 인류의 생존 본능은 재해에 대한 기록을 남기고, 후세는 이를 교훈 삼아 피해를 최소한으로 줄이면서 문명을 이어오고 있다. 따라서 재해에 대한 기록을 정리하고 분석하는 것은 인류의 역사 속에서 항상 있었다고 할 수 있다. 21세기 오늘날의 우리 또한 지난 전통시대의 재해를 어떻게 정리하고 분석하느냐 하는 과제에 봉착하게 된다. 본 연구팀의 DB 연구는 이런 의미로 출발하였다.

동아시아 유교 문화권에서는 재해를 '천인감응(天人感應)'으로서 하늘이 인간에 내려주는 견책으로 이해하였다. 이는 '재이(災異)', 즉 일상적 현상에서 벗어난 신이한 현상을 그 전조로 보는 것이다. 그로부터 직접적 피해를 주는 재해가 발생하게 되면, 통치자는 이를 자신의 정치에 대한 하늘의 견책으로 받아들이고 내적 수양의 계기로 삼았을 뿐만 아니라 국가 통치를 일신하는 기회로 삼았다.

전통사회의 재해와 관련된 자료를 보면, 국가적으로 피해를 수습하는 방안과 피해 당사자들의 심리 상태, 그로부터 발생한 질병과 진휼 등 사회적 대책들도 빠짐없이 기록되어 있다. 이는 재해와 관련하여 정치사상과 역사학적·철학적 이해도 중요하지만, 사회학·정치학·사회복지학·심리학적 이해를 동반해야 하며, 기상학·기후학·지질학 등 자연과학 및 의학이나 병리학적 이해까지 필요하다는 것을 알 수 있다. 나아가 재해에 대비하기 위한 제방 축조 등 토목공사와 관련된 기록에서는 환경공학이나 토목공학 등 응용과학도 전통사회의 재해와 연관된다는 것을 확인할 수 있다.

이렇게 재해에 관한 연구는 다양한 분야의 학문과 연계되어 있고, 이를 종합적으로 정리할 수 있는 연구방법론도 중요하다. 역사학에서도 일찍부터 재해에 관한 연구를 해왔지만, 정치사의 해석을 위한 도구에 머물러 있었다. 또한 재해 관련 자료를 총체적으로 정리하기보다 연구의 필요한 부분에 한정하여 정리함으로써 자료 정리의 한계도 있었다.[1] 따라서 재해 관련 DB 구축을 위해 새로운 기준과 연구방법론을 적극적으로 모색하기 위한 노력이 필요하다.

1) 머리말에서는 기존 연구성과를 제시하지 않았는데, 이는 2장 '재해 연구사의 이해'를 참고하기 바란다.

2. 재해 연구사의 이해

동아시아 역사를 기상학·기후학 등과 같은 생태환경사와 연계하여 연구한 것은 20세기 초 구미 학계였고, 자료가 풍부한 중국이 주요 대상이었다. 중국의 역사적 변화와 왕조교체 등을 중앙아시아의 이상기후와 연결해 설명하는 연구가 그것이다.[2] 1950년대 이후에는 산업화로 인한 전 세계적 자연환경의 파괴가 갖는 위험성에 경고하는 연구가 있었다. 그리고 경작지의 확대와 숲의 파괴, 그로 인한 강물의 범람, 그 결과로서 나타난 인간의 생활 방식의 변화와 그 상호과정에서 나타난 제도와 자연에 관한 인식의 변화가 환경사의 주된 관심사가 되고 있다.[3] 이런 구미 학계의 관점에서 동아시아는 유럽과의 비교 대상에 불과했다.[4] 재해로부터 파생된 질병이나 전염병에 관한 연구에서도[5] 제국의 성립과 쇠퇴, 전쟁과 같은 접촉 과정에서 흑사병이 유행하였다는 점을 언급하는 데 그쳤다.[6]

중국 학계에서는 이른 시기부터 생태환경사 연구가 이루어지고 있었다. 춘추전국시대의 삼림 파괴와 이후 경작지의 확대, 강의 범람, 동물의 서식지 변화를 추적하여 인간에 의한 자연환경의 파괴가 갖는 위험성을 경고하였다.[7] 장기지속적인 기후변동의 주기성과[8] 구황(救荒) 정책 분석

---

2) 유소민 지음, 박기수·차경애 옮김, 『기후의 반역』, 성균관대 출판부, 2005.
3) 정철웅, 『자연의 저주』, 책세상, 2012.
4) H. H. 램 지음, 김종규 옮김, 『기후와 역사』, 한울, 2004 ; 브라이언 페이건 지음, 남경태 옮김, 『기후, 문명의 지도를 바꾸다』, 예지, 2007.
5) 아노 카렌 지음, 권복규 옮김, 『전염병의 문화사』, 사이언스북스, 2001.
6) 윌리엄 맥닐 지음, 김우영 옮김, 『전염병의 세계사』, 이산, 2005 ; 셸던 와츠 지음, 태경섭·한창호 공역, 『전염병과 역사』, 모티브 북, 2009.
7) 마크 엘빈 지음, 정철웅 옮김, 『코끼리의 후퇴』, 사계절, 2011 ; 徐中舒, 「殷人服象及象之南遷」 『徐中舒歷史論文選輯』 上, 中華書局(1930), 1998.
8) 竺可楨, 「中國近五千年來氣候變遷的初步研究」 『考古學報』 1972-1.

등에서 일정한 성과가 있었다.[9] 2000년대에는 재난의 과정과 법칙, 재해와 인구·지역사회의 관료·사회 관습 및 여타 문제와의 관계 등을 종합적으로 다뤘고,[10] 기후변화가 중국 역사에 미쳤던 영향을 포괄적으로 다룬 연구도[11] 나왔다. 또한 해양 재해 데이터와 역사를 정리하여, 재난의 시·공간적 분포와 그 사회경제적 관계를 살펴보려는 연구도[12] 있었다. 1949년을 기준으로 이전과 이후의 구재(救災) 대책과 사상을 종합적으로 다루기도 하였다.[13] 중국에서 발생한 대지진과 관련하여 중국의 역대 왕조별로 발생한 재해와 그 대책에 관한 사료를 종합 정리한 자료집이 출간되었다.[14] 최근에는 전통시대의 전염병에 관한 자료 정리와 분포도 등의 방대한 연구성과도[15] 도출되었다. 우리나라의 중국사 연구자들도 환경사의 관점에서 중국사를 검토하였다. 대체로 구미와 대만의 연구성과를 번역하여 소개하였는데,[16] 이는 중국의 특정 시기를 중심으로 하는 연구를 통해 국내에서의 분위기를 환기하려는 목적을 갖는 것이었다.[17]

---

9) 鄧雲特, 『中國救荒史』, 臺灣商務印書館, 1970.

10) 夏旦大學歷史地理研究中心主編, 『自然灾害与中國社會歷史結构』, 夏旦大學出版社, 2001.

11) 滿志敏, 『中國歷史時期气候變化研究』, 山東教育出版社, 2009 ; 葛全腥 等, 『中國歷朝气候變化』, 科學出版社, 北京, 2011 ; 方修琦 等, 『歷史气候變化對中國社會經濟的影響』, 科學出版社, 北京, 2019.

12) 于運全, 『海洋天灾 : 中國歷史時期的海洋灾害与沿海社會經濟』, 江西高校出版社, 2005.

13) 孫紹騁, 『中國救灾制度研究』, 商務印書館, 2004.

14) 袁祖亮 主編, 『中國災害通史』, 鄭州大學出版社, 2008.

15) 龔勝生編著, 『中國三千年疫災史料彙編(5卷)』, 齊魯書社, 2019 ; 龔勝生主編, 『中國近代報刊疫情史料彙編(4卷)』, 華中師範大學, 2021 ; 龔勝生主編, 『中國歷史疫災地理研究(6卷)』, 華中師範大學, 2021 ; 龔勝生主編, 『中國疫災歷史地圖集』, 華中師範大學, 2021 ; 龔勝生主研, 『中國歷史疫災地理信息系統』, 華中師範大學, 2021.

16) 유소민 지음, 박기수·차경애 옮김, 앞의 책, 2005 ; P. E. 빌 지음, 정철웅 옮김, 『18세기 중국의 관료제도와 자연재해』, 민음사, 1995 ; 마크 엘빈 지음, 정철웅 옮김, 앞의 책, 2011.

17) 정철웅, 『역사와 환경 : 중국 명청시대의 경우』, 책세상, 2002 ; 정철웅, 앞의 책, 2012.

우리나라 학계의 재해에 관한 연구도 꾸준하게 이어졌다. 자료의 한계가 분명한 고대사회나 고려시대보다 비교적 자료가 많이 남아 있는 조선시대를 대상으로 하는 연구가 양적으로 가장 많다. 고려시대의 경우 일찍이 '천인감응설(天人感應說)'과 '오행적(五行的) 세계관'에 주목했다.[18] 과학사의 관점에서 천문기상 관측 분야에서 이름을 드러낸 권경중과 오윤부를 짤막하게 언급하는 연구가[19] 있다. 자연과학에서도 『고려사』 기록을 분석하여 가뭄[旱]·홍수(洪水)·상해(霜害)와 같은 재해, 흉년(凶年)·역질(疫疾)·반란(叛亂) 등 사회불안 현상과의 관련성을 비교 분석한 연구가[20] 있다.

재해와 같은 자연환경의 변화는 생활환경을 악화시키는 요인이라고 평가하였는데, 『고려사』 오행지를 분석한 결과 12세기 전반기와 14세기 후반기에 가장 많은 재해 기록이 있는 것은 편찬자의 정치적 해석이 관여한 결과였다고 하였다.[21] 재해와 왕권과의 관련성에 대해서는 유교의 천인감응적 천명관에 따라 고려의 국가 제의가 소재(消災)를 위한 것이며, 왕권의 정당성과도 연결된다고 하였다.[22] 불교의 소재도량(消災道場) 역시 천인감응과 군주의 수덕(修德)과 관련하여 이해하였다.[23] 그리고 고려시대 전염병에 대응하기 위해 국가가 보여준 노력과 전염병이 사회 문화적으로 끼친 영향을 찾아보려는 연구도[24] 있다.

---

18) 李熙德, 『高麗儒教政治思想의 硏究』, 일조각, 1996 ; 李熙德, 『高麗時代 天文思想과 五行說 硏究』, 일조각, 2000.

19) 박성래, 「고려 명종 때의 과학자 '권경중'」 『과학과 기술』 32-5, 1999 ; 박성래, 「고려 충렬왕 때의 대표적 천문학자 오윤부」 『과학과 기술』 32-11, 1999.

20) 윤순옥·황상일, 「고려사를 통해 본 한국 중세의 재이와 가뭄주기」 『한국지형학회지』 17, 2010.

21) 이정호, 「『高麗史』 五行志의 체재와 내용-自然災害의 발생추세를 중심으로」 『한국사학보』 44, 2011.

22) 한정수, 「高麗前期 天變災異와 儒教政治思想」 『韓國思想史學』 32, 2003 ; 한정수, 「고려후기 天災地變과 王權」 『歷史教育』 99, 2006.

23) 김수연, 「消災道場을 통해 본 고려시대의 天文祈禳思想」 『韓國思想史學』 45, 2013.

24) 김영미 외, 『전염병의 문화사-고려시대를 보는 또 하나의 시선』, 혜안, 2010.

조선시대의 재해사 연구는 주로 문헌자료가 풍부한 조선후기에 집중되어 있다. 『조선왕조실록』 재해 관련 기록의 신빙성에 대해서는 의견이 엇갈린다. 왕조실록의 기록을 신빙해야 한다는 측에서는 재해의 종류별로 빈도의 차이는 있으나 대체로 믿을만하다고 하며,[25] 실록 기록 당시의 상황에 따라 빈도에서 차이가 발생할 수밖에 없다고도 하였다.[26] 반면 기록이 구체적이지 않고,[27] 천인감응설에 따라 재해가 모두 기록되지 않아 신빙성이 떨어진다고 평가하기도 한다.[28] 그리고 재해의 원인에 대해서 역사학에서는 산지 개간 증가와 부족한 수리시설 등 인위적인 부분에서 찾았고,[29] 기상학에서는 조선 전시기 기상 현상의 주기적 경향에 주목하여 15세기 중반까지는 가뭄이 특히 많았다고 하였다.[30]

재해에 관한 국가적 대책에서는 왕권과의 상관성에 주목하였다. 즉 유교의 전통적인 천인합일의 관점에서 재해가 왕권을 제약하는 정치적 도구였다고 보았다.[31] 재해에 대한 국가의 대책은 구황 정책으로서 환곡(還穀) 분급,[32] 대량의 곡물 비축으로 나타났다.[33] 사료상의 용어에 대한

---

25) 이태진, 「소빙기(1500~1750) 천변재이 연구와 조선왕조실록」 『歷史學報』 149, 1996 ; 李泰鎭, 「소빙기(1500~1750)의 천체 현상적 원인」 『역사학보』 146, 1996 ; 이정철, 「조선왕조실록 가뭄기록과 그 실제－세종 대(1418~1450)를 중심으로」 『국학연구』 29, 2016.

26) 이정호, 「여말선초 재이 발생과 고려·조선정부의 대책」 『韓國史學報』 40, 2010 ; 경석현, 「『朝鮮王朝實錄』 災異 기록의 재인식」 『韓國史研究』 160, 2013.

27) 이욱·홍윤, 「조선 세조대 기후특성과 재해 경감 노력」 『대기』 22-2, 2012.

28) 이욱, 「15세기 후반 기후특성의 비교사적 고찰」 『국학연구』 21, 2012.

29) 오종록, 「15세기 재이의 특성과 대책」 『역사와 현실』 5, 1991.

30) 임규호·심태현, 「조선왕조실록의 기상 현상 기록 빈도에 근거한 기후」 『한국기상학회지』 38-4, 2002.

31) 권연웅, 「조선전기 經筵의 災異論」 『歷史教育論集』 13·14합집, 1990 ; 이석규, 「조선초기의 天人合一論과 災異論」 『震檀學報』 81, 1996.

32) 李玟洙, 「朝鮮初期 氣候가 救荒政策에 끼친 影響에 대하여」 『社會科學研究』 5, 大邱大學校 社會科學研究所, 1998 ; 강제훈, 「朝鮮初期 國庫穀의 還上 운용」 『韓國史學報』 5, 1998.

33) 김재호, 「한국 전통사회의 기근과 그 대응－1392~1910」 『경제사학』 30, 2001.

분석도 있었는데, 실록에 등장하는 강우(降雨) 및 황사(黃砂) 관련 용어를 현상별로 구분하는 연구가[34] 있었다. 그리고 구미 학계에서 이용하는 다양한 연구방법론의 도입을 주장하기도[35] 하였다.

3. 재해 DB의 필요성

우리나라와 중국의 재해에 관한 연구는 꾸준하게 이어오고 있지만,[36] 재해에 관한 연구에서 공통으로 나타나는 문제는 다음과 같다. 즉, 자료적 한계를 어떻게 극복할 것인가, 다양한 연구자의 관심을 어떻게 충족시킬 것인가, 연구의 다변화와 질적 향상을 도모하기 위한 방법론적 성장을 어떻게 이뤄나갈 것인가 하는 점이다. 따라서 자료적 한계를 극복하기 위해서는 전통시대의 우리나라와 인접 국가의 다양한 자료를 종합하여 정리하는 것이 필요하다. 이러한 조건이 충족된 DB를 구축한다면 연구방법론의 새로운 확장에도 크게 이바지할 수 있을 것이다.

역사학의 전통시대 연구는 문헌자료에 전적으로 의존해 왔다. 그러나 문헌자료만으로는 더는 연구 성과의 진전을 기대하기 어렵다는 견해도 있다. 이러한 현상은 앞으로도 지속될 가능성이 커 새로운 자료를 찾기 위한 노력이 필요하다. 이런 목적으로 이루어진 것이 한국중세고고학과

34) 전영신, 「조선왕조실록에 나타난 황사현상」 『한국기상학회지』 36-2, 2000 ; 박정규·황재돈·전영신, 「조선왕조실록에 기록된 강수현상」 『한국기상학회지』 37-4, 2001.

35) 박근필, 「17세기 小氷期 氣候 연구의 현황과 과제」 『大邱史學』 80, 2005.

36) 한국과 중국 학계의 연구 성과에 대한 좀 더 자세한 것은 다음 논문을 참고하기 바란다. 고태우, 「한국 재난 인식 연구의 성과와 과제–근대 이전 시기 역사학계의 연구를 중심으로」 『인문학연구』 59, 조선대학교 인문학연구원, 2020 ; 이석현, 「중국의 재해, 재난 연구와 '재난인문학'」 『인문학연구』 59, 조선대학교 인문학연구원, 2020.

의 학제 간 교류에서 찾기도 하였다.[37] 1990년대부터 중세고고학 발굴성과가 소개되면서 전통시대 연구자들은 이를 토대로 새로운 연구가 이루어지길 기대하였다. 하지만 실타래처럼 얽혀있는 고고학 자료를 통해 새로운 연구 성과를 이뤄낸다는 것은 그리 수월한 작업이 될 수 없었다.

또 한편으로 새로운 연구를 위한 연구자들의 노력은 자연환경으로 시선을 돌리게 되었고, 앞서 연구사에서 살폈듯이 정치·사회사에서 일정한 성과를 이뤄낼 수 있었다. 이 또한 정치사 혹은 사회사를 보완하기 위한 도구로 이용되었음을 부인하기 어렵다. 이를 극복하기 위한 재해 DB 구축은 자연환경 연구의 기초 작업으로서 문헌자료를 체계적으로 정리하여 더욱 합리적인 연구 성과를 내는 데 목적이 있다. 특히 재해 연구는 자연환경이라는 그 자체의 중요성뿐만 아니라 정치사 및 사회사 등에 끼치는 영향을 알아봄으로써 전통사회의 생활사 연구에 중요한 위치를 차지할 수 있다. 이는 곧 고대사회·고려시대·조선시대 등 역대 왕조의 자연환경과 비교 연구를 활성화할 것이며, 기후학·도시공학·지리학·문화학 등 인접 학문의 자연환경에 관한 연구에 도움이 될 것이다. 또한 우리나라 전통사회 자연환경의 재인식을 위한 기초자료를 제공하며, 아울러 전통사회의 생활사 연구의 학문적 이론적 토대를 구축하는 데 필요한 DB가 될 것이다.

시·공간에 따른 재해 발생은 여러 피해를 유발하게 되고, 중앙정부와 지역사회는 이를 구제하기 위한 대책을 세우게 된다. 임시방편적인 대책은 재해 피해를 반복하게 될 것이고, 민심의 동요를 가져올 수 있다. 반면 재해에 대한 근본적인 대책은 피해를 최소화하게 되고, 반복적인 재해 발생을 예방하는 효과를 가져올 수 있다. 이런 점들이 정치·사회·경제·문화 등에 영향을 끼치게 되고, 국가 혹은 시기별 차이점을 비교 연구할

37) 홍영의, 「한국 중세 고고학 기초자료 데이터베이스 구축 과정–한국 중세 역사학의 고고학 자료 이용 활성화」 『한국중세사연구』 36, 2013.

수 있는 자료가 될 것이다.

이런 점에서 재해 DB는 다음과 같은 연구 활성화에 도움을 줄 수 있을 것이다. 첫째, 기존의 정치·사회사 중심의 연구와 구별되면서 전통사회의 생활사 복원에 도움을 줄 수 있을 것이라는 점이다. 자연환경과 분리된 생활사 연구는 온전한 시대상을 그려내기가 어려웠던 것이 사실이다.[38] 하지만 자연현상은 사회 전반에 영향을 끼칠 수도 있었을 것이고, 그것이 어떤 형태로 나타났을까를 추적하는 것이 중요하다고 하겠다. 이는 곧 당대 사회의 막연한 추정이 아니라 자연환경과 어우러진 다양한 인간의 삶 등을 조명하는 출발이 될 것이다. 둘째, 본 연구팀에서 궁극적으로 지향하는 것은 기존 연구 성향에서 벗어나 새로운 연구방법론을 찾아가는 것이다. 그 출발은 자연환경에 대한 새로운 인식의 필요성으로부터 시작한다.

재해 DB를 정리하면서 드는 궁금증은 과연 동아시아(한·중) 자연환경의 공통점을 찾을 수 있을까이다. 즉 본 연구팀의 주된 목적이 한·중 재해 인식의 공통점과 차이점을 발견해 내는 것이다. 전통시대의 역사기록은 중국의 역사기록에 영향을 받았고, 용어의 쓰임에도 공통점과 차이점을 발견할 수 있다. 본 연구팀에서는 재해 색인어를 '1 天變, 2 災害, 3 變怪, 4 祥瑞, 5 對策'의 5개 대분류로 나눴다. 이러한 대분류는 다시 중분류와 소분류로 나뉘게 된다.[39] 예컨대 〈표 1〉에서 보면, 대분류 '2 災害'는 다시 '01 水災, 02 旱災, 03 寒災, 04 火災, 05 地災, 06 風災, 07 蟲災, 08 氣溫, 09 疾病, 10 凶年, 11 기타'의 11개 중분류로 나뉘고, 이는 다시 27개의 소분류로 분류하였다. 이런 '대분류·중분류·소분류'에 따라 1,100

38) 재해 기록이 정치적 목적 혹은 필요에 따라 취사 선택되는 '고도의 정치행위'라는 비판도 있다(경석현, 「조선후기 재이론(災異論)의 변화 : 이론체계와 정치적 기능을 중심으로」, 경희대 박사학위논문, 2018).

39) 강재구, 「동아시아 전통시대 재이 용어의 개념과 분류체계의 표준화」, 본 학술발표회 발표문, 2021.

여 개의 재해 검색어가 각각의 분류에 배정된다.

〈표 1〉 한·중 재해 색인어 비교

대분류	중분류	소분류
2 災害	01 水災	01水災, 02雨災, 03霜災, 04雷災, 05震災, 06雹災, 07霧災, 08雪災
		※공통 검색어 : 大雷雨·大霧·大雪·大水·大雨·大雨雹·大雨雪·大風雨·霖雨·沒溺·沒城·白霧·雨黃土·陰霧·淫雨·陰雨·霪雨·黃霧·黑霧·黑水
		※'洪水'는 중국 자료에서만, '雺霧'는 고려시대와 중국 자료에서만 검색된다.
	02 旱災	01旱災, 02乾災
		※공통 검색어 : 大旱·無雨·不雨
		※'冬旱'은 조선시대와 중국 자료에서만 검색된다.
	03 寒災	01寒災[冬]
		※공통 검색어 : 大寒·凍死
	04 火災	01火災, 02地燒
		※공통 검색어 : 大火
	05 地災	01地災, 02山災, 03火山
		※공통 검색어 : 地大震
	06 風災	01風災, 02沙災
		※공통 검색어 : 颶風·大風·疾風
	07 蟲災	01蟲災
		※공통 검색어 : 毒蟲·螟·蝨·飛蝗·蝝·蟻·青虫·青黑蟲·旱蝗·蝗災·蝗蟲·蝗旱
		※'大蝗·蝗螭·黑蟲'은 조선시대와 중국 자료에서만 검색된다.
		※'蠓·蚜蚄·蝗蝝'은 중국 자료에서만 검색된다.
	08 氣溫	01溫暖[冬], 02寒冷[夏], 03暘災[夏], 04寒災[冬]
	09 疾病	01疾病, 02家畜
		※공통 검색어 : 飢疫·大疫·癘疾·疫癘·疫疾·瘟疫·疵癘·瘴疫·疾疫·瘧疾·牛疫
		※'民疫·瘴癘·瘴病·患疫·畜疫'은 조선시대와 중국 자료에서만 검색된다.
		※'炎瘴'은 중국 자료에서만 검색된다.
	10 凶年	01凶年, 02飢饉
	11 기타	01기타

중분류 '01 水災'에서는 한·중 공통 검색어로 '大雷雨·大霧·大雪·大水·大雨·大雨雹·大雨雪·大風雨·霖雨·沒溺·沒城·白霧·雨黃土·陰霧·淫雨·陰雨·霪雨·黃霧·黑霧·黑水' 등을 찾아볼 수 있고, 반면 '洪水'는 중국 자료에서만, '雺霧'는 고려시대와 중국 자료에서만 근소하게 검색된다. 중분류 '02 旱災'에서는

한·중 공통 검색어가 '大旱·無雨·不雨' 등이지만, '冬旱'은 조선시대와 중국 자료에서만 검색된다. 중분류 '07 蟲災'에서는 한·중 공통 검색어가 '毒蟲·螟·蝨·飛蝗·蝝·蟻·青虫·青黑蟲·旱蝗·蝗災·蝗蟲·蝗旱' 등이지만, '大蝗·蝗蝻·黑蟲'은 조선시대와 중국 자료에서만 검색되고, '蠓·蚄蚄·蝗蝝'은 중국 자료에서만 검색된다. 중분류 '09 疾病'에서는 한·중 공통 검색어가 '飢疫·大疫·癘疾·疫癘·疫疾·瘟疫·疵癘·瘴疫·疾疫·瘧疾·牛疫' 등이지만, '民疫·瘴癘·瘴病·患疫·畜疫'은 조선시대와 중국 자료에서만 검색되고, '炎瘴'은 중국 자료에서만 검색된다.

이로 보면, 검색어는 대부분 우리나라와 중국에서 공통적인 요소를 지니고 있었음을 알 수 있다. 간혹 '洪水·蠓·蚄蚄·蝗蝝·炎瘴' 등과 같이 중국에서만 사용되던 검색어가 있다. '洪水'라는 용어를 대체하는 한·중 공용어로 '大水·大雨'가 있었는데, 이는 용어의 차별성보다는 '큰물'이라는 일반적인 명사를 공통적으로 사용하였음을 알려주는 것이다. '蠓·蚄蚄·蝗蝝·炎瘴' 등의 검색어가 중국의 자료에서만 나타나는 이유는 한·중 기후환경의 차이에서 비롯된 것으로 보인다. 그리고 고려시대와 중국에서 쓰이던 용어가 있었던 반면, 조선시대와 중국에서만 쓰인 용어도 있었다. 이 또한 고려시대와 조선시대를 중심으로 한 자연관의 차이 혹은 한·중 교류사적인 의미로도 파악할 수 있을 것으로 생각한다.

본 연구팀의 재해 DB 구축은 공간적으로 한반도와 중국, 시기적으로는 고대~19세기까지를 대상으로 한다. 재해는 일부 지역에 한정되기도 하지만, 한반도를 비롯한 동아시아 전반에 걸쳐 발생했을 가능성도 있어서 동아시아 전체를 대상으로 하는 DB 구축이 필요하다. 전통시대의 한국과 중국은 문화적 동질성과 이질성을 비교하기에 적합하다. 재해에 대한 이해와 대응은 그 사회의 풍토와 세계관·문화인식 등이 총체적으로 결합되어 있다. 양국은 유교와 한자를 배경으로 하는 동아시아 문화권의 영향으로 재해를 정사(正史) 「오행지(五行志)」에 분류·정리했는데,[40] 이는 재해의 인식과 분류에서 한·중 양국이 유사한 체계를 가지고 있었다는 것을 보여준다.

〈표 2〉는 본 연구팀의 재해 DB 구축 대상 자료 목록이다. 하지만 현재까지 전해지는 모든 기록이 전통사회의 자연현상을 망라한 것도 아니다. 특히 우리나라 고대사회와 고려시대의 역사기록은 매우 제한적이어서 공간과 시간을 채우기에 부족하다. 또한 조선시대와 중국의 역사기록 또한 순수한 자연현상을 기록하기보다 필요에 따라 선택적으로 기록 정리하였다는 비판도 있다.[41]

〈표 2〉 DB 구축 대상 자료

<table>
<tr><th colspan="3">구분</th><th>자료 목록</th></tr>
<tr><td rowspan="5">주자료</td><td rowspan="4">한국</td><td>사서류</td><td>『三國史記』『三國遺事』『高麗史』『高麗史節要』『朝鮮王朝實錄』『東史綱目』『備邊司謄錄』『承政院日記』『日省錄』『各司謄錄』</td></tr>
<tr><td>일기류 및 지리서</td><td>『新增東國輿地勝覽』『慶尙道地理志』『監戒錄』『東宮日記』『溪巖日錄』『臨齋日記』『操省堂日記』『淸臺日記』『咸安叢瑣錄』 등</td></tr>
<tr><td>금석문</td><td>『朝鮮金石總覽』『韓國金石文集成』『韓國金石文大系』『高麗墓誌銘集成』 등</td></tr>
<tr><td>문집류</td><td>『東國李相國集』 등</td></tr>
<tr><td>중국</td><td>사서류 및 정서류</td><td>『舊唐書』『新唐書』『舊五代史』『新五代史』『宋史』『遼史』『金史』『元史』『明史』『淸史稿』『高麗圖經』『元高麗紀事』 등</td></tr>
</table>

고대사회 연구에 있어서 문헌자료의 한계는 고고학 발굴성과를 통해 꾸준하게 메워왔다. 고려시대 또한 문헌자료의 제약으로 인해 연구의 한계에 봉착했다는 평가가 있다. 『고려사』와 『고려사절요』 등 정사류의 문헌자료가 있지만 조선시대에 편찬한 것이고, 개인 문집 또한 고려후기에 집중되어 있다는 한계가 있다. 이를 보완하기 위해 일부에서는 중세고고학 자료발굴을 통해 메워보려는 시도가 있었지만, 연구를 활성화하는

40) 이승민, 「11~12세기 한·중 재해 기록과 오행지(五行志)의 자료적 성격」, 본서 제1부 제1장 참조. 동아시아 정사 중에서 五行志가 없는 기록이 『遼史』이다.

41) 김창회, 「조선 숙종대 『승정원일기』와 『숙종실록』의 재이(災異) 기록 비교－일식과 지진을 중심으로」, 본서 제1부 제4장 참조.

데는 한계가 있었다. 조선시대는 정사(正史)·사찬(私撰) 사서·개인 문집 등 풍부한 문헌자료로 인해 다른 시대보다 능동적인 연구가 이루어지고 있는 편이다. 본 연구팀의 관심사인 재해 연구에서도 조선시대의 연구가 좀 더 활성화되어 있는 것도 자료의 양적·질적 차이에서 기인한다고 해도 무리가 없을 것이다.

전통사회에 관한 학문 연구가 균형 발전을 하기 위해서라도 내적인 자료의 한계를 극복할 방안이 필요하였고, 이는 오래전부터 중국 자료로 보완하고자 하였다. 재해 연구에서도 고대사회와 고려시대의 자료적 한계도 중국 자료로부터 보완할 방안을 찾아왔고, 조선시대도 비교 연구 대상이었다. 이 때문에 중국 문헌 중에서 재해 관련 자료의 DB 구축은 환경사 연구에서 가장 필요한 것이라고 할 수 있다.[42)]

4. 재해의 연관성

우리나라 재해 DB의 자료적 한계는 분명하다. 이를 보완하기 위해 중국 재해 DB의 필요성이 주목받는 이유이다. 하지만 중국의 독특한 자연환경으로 인한 특수성을 우리나라에 막연하게 적용할 수는 없다. 관건은 비슷한 '지역성과 시간성'의 상관관계 설정이 중요하다고 하겠다. 이를 위해서는 재해 DB의 효율적인 정리 방안, 통계 처리, 이용 방법론 탐구 등의 해결이 선결 과제이다. 본 연구팀에서 설정한 우리나라 고대~19

42) 최근에 이루어진 중국의 재해 DB 및 연구성과 상황이 이를 알려주고 있다. 滿志敏, 『中國歷史時期气候變化研究』, 山東教育出版社, 2009 ; 葛全腥 等, 『中國歷朝气候變化』, 科學出版社, 北京, 2011 ; 方修琦 等, 『歷史气候變化對中國社會經濟的影響』, 科學出版社, 北京, 2019 ; 龔勝生編著, 『中國三千年疫災史料彙編(5卷)』, 齊魯書社, 2019 ; 龔勝生主編, 『中國近代報刊疫情史料彙編(4卷)』, 華中師範大學, 2021 ; 龔勝生主編, 『中國歷史疫災地理研究(6卷)』, 華中師範大學, 2021.

세기까지 재해 DB의 시간적 범주는 중국에서는 당나라~청대까지이다. 이 시기의 우리나라` 왕조는 '통일신라·고려·조선'이고, 중국은 '당·5대10국·송·거란[요]·여진[금]·몽골[원]·명·청'이다. 이러한 정치적인 변화에 비해서 자연환경은 어떻게 비교할 수 있을까?

우리나라와 중국은 서해를 중심으로 동서로 나뉘어 있다. 왕조의 중심 또한 장안·낙양·개봉 등 내륙 지역에 있었을 때는 공간적으로 상당한 거리에 위치하였기 때문에 우리나라와 근거리에 있는 지역을 제외하면 자연환경을 비교하기 쉽지 않다. 이후 항주·소주·북경 지역은 그래도 우리나라와 근거리에 있어 공유할 사항이 있었을 것으로 보인다. 이런 문제점들을 극복하면서 상호 공유할 수 있는 공간적 조건들을 면밀하게 검토하는 것이 중요할 것이다. 〈표 3〉은 『고려사』 『송사』 『요사』 『금사』의 세가와 본기에서 찾아볼 수 있는 각각의 재해 사례들이다.

〈표 3〉에서는 재해 발생을 송·거란[요]·여진[금]의 왕조 존속 기간을

〈표 3〉 한·중 재해 발생 비교[43]

<table>
<tr><th colspan="2">재해 분류</th><th colspan="8">『고려사』『송사』『요사』『금사』 세가 및 본기(단위 : 건)</th></tr>
<tr><th rowspan="2">대분류</th><th rowspan="2">중분류</th><th colspan="8">소분류</th></tr>
<tr><th colspan="2">고려(태조~원종)
(918~1274)</th><th colspan="2">송
(960~1279)</th><th colspan="2">거란 요
(907~1125)</th><th colspan="2">여진 금
(1115~1234)</th></tr>
<tr><td rowspan="15">2 災害</td><td>01 水災</td><td colspan="2">185(29.3%)</td><td colspan="2">579(47.6%)</td><td colspan="2">44(25%)</td><td colspan="2">79(27%)</td></tr>
<tr><td>02 旱災</td><td colspan="2">105(16.6%)</td><td colspan="2">137(11.2%)</td><td colspan="2">12(6.8%)</td><td colspan="2">44(15%)</td></tr>
<tr><td>03 寒災</td><td colspan="2">10(1.6%)</td><td colspan="2">9(0.7%)</td><td colspan="2">0</td><td colspan="2">6(2%)</td></tr>
<tr><td>04 火災</td><td colspan="2">21(3.3%)</td><td colspan="2">23(1.9%)</td><td colspan="2">0</td><td colspan="2">4(1.3%)</td></tr>
<tr><td>05 地災</td><td colspan="2">83(13.1%)</td><td colspan="2">115(9.4%)</td><td colspan="2">10(5.7%)</td><td colspan="2">28(9.5%)</td></tr>
<tr><td rowspan="3">06 風災</td><td>01風災</td><td>02沙災</td><td>01風災</td><td>02沙災</td><td>01風災</td><td>02沙災</td><td>01風災</td><td>02沙災</td></tr>
<tr><td>50</td><td>2</td><td>68</td><td>2</td><td>8</td><td>1</td><td>23</td><td>2</td></tr>
<tr><td colspan="2">52(8.2%)</td><td colspan="2">70(5.7%)</td><td colspan="2">9(5.1%)</td><td colspan="2">25(8.5%)</td></tr>
<tr><td>07 蟲災</td><td colspan="2">27(4.3%)</td><td colspan="2">62(5.1%)</td><td colspan="2">10(5.7%)</td><td colspan="2">15(5.1%)</td></tr>
<tr><td>08 氣溫</td><td colspan="2">0</td><td colspan="2">5(0.4%)</td><td colspan="2">34(19.4%)</td><td colspan="2">23(7.8%)</td></tr>
<tr><td rowspan="3">09 疾病</td><td>01疾病</td><td>02家畜</td><td>01疾病</td><td>02家畜</td><td>01疾病</td><td>02家畜</td><td>01疾病</td><td>02家畜</td></tr>
<tr><td>52</td><td>0</td><td>34</td><td>1</td><td>5</td><td>0</td><td>7</td><td>0</td></tr>
<tr><td colspan="2">52(8.2%)</td><td colspan="2">35(2.8%)</td><td colspan="2">5(2.8%)</td><td colspan="2">7(2.4%)</td></tr>
</table>

		01凶年	02飢饉	01凶年	02飢饉	01凶年	02飢饉	01凶年	02飢饉
	10 凶年	30	33	27	85	14	28	26	23
		63(10%)		112(9.2%)		42(24%)		49(16.7%)	
	11 기타	32(5%)		67(5.5%)		9(5.1%)		12(4.1%)	
합계		630		1,214		175		292	

중심으로 고려의 사례들과 비교해 보았다. 존속 기간을 놓고 보면, 고려는 태조~원종까지 356년, 송나라는 319년, 거란[요]은 218년, 여진[금]은 119년이다. 재해의 빈도수를 보면, '송 〉 고려 〉 여진[금] 〉 거란[요]'으로 되어 있다. 농업국가인 고려와 송나라는 물[수(水)]과 관계된 재해가 수재(水災)와 한재(旱災)로서 그 빈도수에서 절대적인 수치로 나타난다. 이로 인한 질병과 흉년의 빈도수도 높았음을 알 수 있다. 북방 민족인 거란과 여진 지역에서도 수치상으로는 비슷한 결과를 보여주고 있다.

지진(地震) 등과 같은 '05 地災'가 고려에서 다른 나라보다 많이 발생한 것으로 되어 있다. 겨울에 따뜻하거나 여름에 한랭하는(溫暖[冬]·寒冷[夏] 03暘災[夏], 04寒災[冬]) 등 '08 氣溫'과 연관된 것은 북방 민족인 거란[요]과 여진[금] 지역에서 빈번하게 나타난 것으로 파악된다. 이는 흉년과 기근으로 분류되는 '10 凶年'의 비율이 고려와 송나라보다 거란과 여진 지역이 높았던 것과 연결되는데, 이 또한 북방의 건조지역에서 나타난 지역적 차이에서 비롯된 것으로 보인다.

이와 같은 점에서 보면, '재해'라는 것이 농경 혹은 유목 지대에 따라 단절된 형태로 발생하지 않는 것으로 판단된다. 따라서 '지역성'의 상관관계를 밝혀내기 위해서는 해당 지역의 독특한 자연환경들을 찾아내어 분석 기준을 세우는 것이 중요하다고 하겠다.

지역적인 공유[지역성]와 더불어 또 하나의 중요 사항이 시간적인 공유

43) 〈표 3〉에서 보여주는 재해 건수는 학술연구발표회를 위해 제시한 것으로 아직 불완전하다는 점을 미리 밝힌다. 이는 앞으로 재해 DB가 완성되면서 재정리될 것이다. 〈표 4·5·6〉 및 〈그림 1·2·3·4〉의 통계 수치도 마찬가지이다.

〈표 4〉 한·중 재해의 시기별 비교(982~1279) (단위 : 건)

	『고려사』 세가(918~1274)				『송사』 본기(960~1279)				『요사』 본기(907~1125)				『금사』 본기(1115~1234)			
	水災	旱災	氣溫	凶年	水災	旱災	氣溫	凶年	水災	旱災	氣溫	凶年	水災	旱災	氣溫	凶年
982~1011	3	2	0	1	79	15	1	18	15	2	1	6	1115년 여진[금] 건국			
	6(1.7%)				113(15%)				24(20.3%)							
1012~1041	21	11	0	5	54	8	0	17	7	0	0	7				
	37(10.9%)				79(10.5%)				14(11.8%)							
1042~1071	16	17	0	3	43	16	2	13	3	2	0	5				
	36(10.6%)				74(9.8%)				10(8.4%)							
1072~1101	19	15	0	5	45	21	1	10	9	3	30	13				
	39(11.5%)				77(10.2%)				55(46.6%)							
1102~1131	27	9	0	8	32	6	0	8	5	2	0	8	1	0	0	7
	44(13%)				46(6.1%)				15(12.7%)				8(4.3%)			
1132~1161	33	10	0	4	30	10	0	10	1125년 거란[요] 멸망				9	0	1	4
	47(13.8%)				50(6.6%)								14(7.5%)			
1162~1191	19	13	0	6	78	21	0	16					24	8	11	13
	38(11.1%)				115(15.2%)								56(30.2%)			
1192~1221	9	7	0	3	64	23	0	11					31	26	11	18
	19(5.5%)				98(13%)								86(46.5%)			
1222~1251	8	12	0	4	40	4	0	4					10	8	0	3
	24(7%)				48(6.3%)								21(11.3%)			
1252~1279	22	9	0	19	44	7	0	2					1234년 여진[금] 멸망			
	50(14.7%)				53(7%)											
합계	177	105	0	58	509	131	4	109	39	9	31	39	75	42	23	45
	52%	30.9%	0	17%	67.6%	17.4%	0.5%	14.5%	33%	7.6%	26.2%	33%	40.5%	22.7%	12.4%	24.3%
	340				753				118				185			

[시간성]일 것이다. '시간성'은 재해의 공통성을 찾아낼 수 있는 좋은 대안이 될 수 있다. 시간성을 분석해 내기 위해서는 일정한 사례 분석이 필요하다. 위의 〈표 4〉는 앞서 〈표 3〉의 내용 중에서 '水災·旱災·氣溫·凶年'의 사례들을[44] 시기별로 나눠서 정리한 것이다.[45] 각 자료는 세가와 본기

44) 이들 사례는 각 왕조의 재해 발생 비율 중에서 많이 발생한 것을 중심으로 추린 것이다.

45) 시기적인 구별을 약 30년을 단위로 나누었는데, 이는 필자의 필요성에 따라 분류한 것이다.

만을 분석하였기 때문에 정확한 연관성을 찾기가 쉽지 않고, 이는 차후 많은 자료가 축적되면 좀 더 세분화한 비교가 이루어지리라 판단된다. 국가별 비교를 위해서는 왕조의 존속 기간을 고려하여, '고려-송-거란[요]' '고려-송-여진[금]'으로 분리하였다.

존속 기간이 거란[요]과 여진[금]보다 상대적으로 긴 고려와 송나라를 보면, 농업국가로서 재해 발생 비율이 비슷하게 나타나는 것을 확인할 수 있다. 982~1011년 사이에서는 『송사』와 『요사』의 재해 사례가 높게 나타나고 있다. 이때는 송나라의 건국(960)을 전후한 시기로 '북벌과 연운(燕雲) 16주 사건' 등 정치적으로 북방 민족과의 접촉이 비등했고, 이런 점은 거란[요] 또한 마찬가지였다.[46] 1072~1101년 사이에는 『요사』의 재해 발생 비율이 높게 나타나는데, 특히 '氣溫'과 연관된 사례들이 많았다. 이는 북방지역의 기후적 특징을 보여주는 것으로 이해된다.

〈표 4〉에서는 전반적으로 1072~1221년 기간 즉 12세기를 전후해서는 재해 발생의 비율이 다른 시기보다 압도적으로 높게 나타나는 것이 주목된다. 이 시기는 거란[요]의 멸망(1125), 금나라의 건국(1115), 북송의 멸망(1127), 몽골의 등장(1206) 등 동아시아의 정치적 격변 및 향촌사회의 유망과 항쟁 등 사회경제적 모순이 비등하던 시기였다. 그리고 수재(水災)와 한재(旱災)는 흉년과 연결될 수 있는 조건이다. 이런 점을 고려하면, 『고려사』와 『송사』에서는 수재와 한재가 흉년으로 이어지는 빈도수가 떨어지는데, 이는 국가의 재해 복구와 권농책 등이 적극적으로 시행되었기 때문으로 보인다. 반면, 『요사』와 『금사』에서는 수재와 한재의 발생이 흉년으로 이어질 가능성이 농업국가인 고려와 송보다 높았음을 볼 수 있다.

따라서 동아시아 재해 발생의 사례들이 상호 연결성을 가지기 위해서는

46) 926년 발해 멸망의 원인 중에서 재해로 인한 원인은 사료상으로 확인되지 않는다.

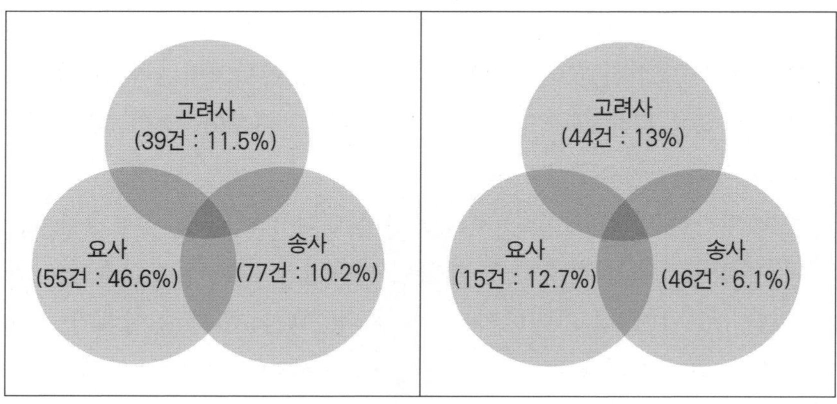

〈그림 1〉 1072~1101년 水災·旱災·氣溫·凶年 〈그림 2〉1102~1131년 水災·旱災·氣溫·凶年

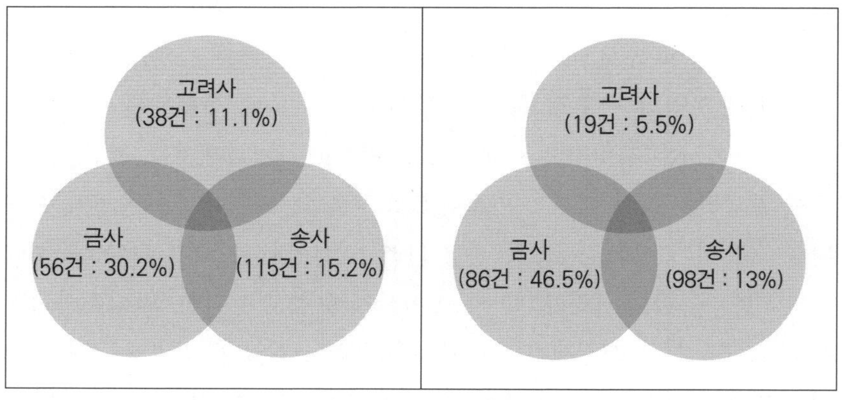

〈그림 3〉 1162~1191년 水災·旱災·氣溫·凶年 〈그림 4〉 1192~1221년 水災·旱災·氣溫·凶年

지역성과 시간성을 고려한 다양한 경향성을 찾아볼 필요성이 제기된다. 이를 좀 더 구체적으로 살펴보기 위한 것이 〈그림 1·2·3·4〉이다.

〈그림 1〉을 보면, 1072~1101년(고려 문종 26~숙종 6) 사이에서는 고려와 송나라의 재해 발생 비율이 비슷했던 반면, 거란[요]의 재해 발생 비율이 높았다. 예컨대 음력 7월의 한여름임에도 불구하고 가을과 같은 날씨가 연이어졌다.[47] 그 일례로 1082년(요 道宗 28) 요나라에서 "如秋山. 南京霖雨, 沙河溢永清·歸義·新城·安次·武清·香河六縣, 傷稼"라고[48] 하여, 음력

7월의 날씨가 가을 같고, 남경에 장맛비가 내려 沙河가 永淸縣·歸義縣·新城縣·安次縣·武淸縣·香河縣의 6縣에 넘쳐 곡식을 상하게 하였다고 하였다. 이렇듯 불안정한 기후로 인한 문제가 많이 나타난다는 것이 사회 전반에 어떤 영향을 끼쳤을까를 찾아보는 것도 의미가 있을 것으로 보인다.

〈그림 2〉에서 보면, 1102~1131년(고려 숙종 7~인종 9) 사이에서는 고려와 거란[요]의 재해 발생 비율이 비슷하게 나타나는 것을 볼 수 있다. 음력 4~8월 사이에 '久雨·大雨·雨雹·旱·旱魃·不雨' 등이[49] 이어져 기후가 불안정한 것을 볼 수 있다. 하지만 〈표 4〉에서 보면, 이런 수재와 한재가 곧바로 흉년으로 이어지지는 않았음도 알 수 있다. 이런 현상이 권농정책 등 국가 재해 대책과 어떻게 연결되는지 주목된다. 또한 1125년 거란[요]의 멸망과 1115년 여진[금]의 건국, 1127년 북송 멸망이라는 왕조 교체기의 상황 혹은 1107년(예종 2) 고려의 '여진정벌' 등과의 관계도 관심의 대상이라고 할 수 있다.

〈표 4〉와 〈그림 3〉에서 보면, 1162~1191년(고려 의종 16~명종 21) 사이에는 송나라의 재해 발생 비율이 다른 시기보다 높게 나타났음을 알 수 있다. 이는 1127년 북송 멸망 이후 남송의 기후환경을 보여주는 것으로 이해된다. 그리고 여진[금]의 재해 발생 비율도 매우 높게 나타났음을 볼 수 있다. 이런 남송과 여진[금]의 상황은 앞서 고려사회와 마찬가지로 수재와 한재가 흉년으로 이어지지 않았기 때문에, 이 시기 국가의 재해

---

47) 如秋山(『遼史』 卷23, 本紀23 道宗3, 咸雍 10年 7月 丙辰 ; 『遼史』 卷23, 本紀23 道宗3, 大康 2年 7月 戊辰 ; 『遼史』 卷23, 本紀23 道宗3, 大康 3年 7月 乙丑 ; 『遼史』 卷24, 本紀24 道宗4, 大康 7年 7月 戊子 ; 『遼史』 卷24, 本紀24 道宗4, 大康 8年 7月 甲午 ; 『遼史』 卷25, 本紀25 道宗5, 大安 4年 7月 庚申).

48) 『遼史』 卷24, 本紀24 道宗4, 大康 8年 7月 甲午.

49) 『高麗史』 卷12, 世家12 肅宗2, 肅宗 8年 4月 庚申 ; 『高麗史』 卷12, 世家12 肅宗2, 肅宗 9年 5月 甲午 ; 『高麗史』 卷12, 世家12 睿宗1, 睿宗 元年 5月 丙辰 ; 『高麗史』 卷13, 世家13 睿宗2, 睿宗 5年 5月 甲子 ; 『高麗史』 卷13, 世家13 睿宗2, 睿宗 5年 6月 辛未 ; 『高麗史』 卷13, 世家13 睿宗2, 睿宗 5年 6月 丙子 ; 『高麗史』 卷13, 世家13 睿宗2, 睿宗 7年 4月 戊戌 ; 『高麗史』 卷13, 世家13 睿宗2, 睿宗 9年 4月 乙丑 등.

대책이 주목된다.

〈그림 4〉에서 보면, 1192~1221년(고려 명종 22~고종 8) 사이에는 여진[금]의 재해 발생 비율이 매우 두드러졌음을 알 수 있다. 이 시기에는 '大雨·久旱' 등으로 인해 곡식이 상하여[傷稼] 기민(饑民)·유망(流亡)이 빈번하게 발생하였다. 1219년(고종 6) 여진[금]의 지배를 받던 거란유종(契丹遺種)의 고려 침략도 이런 선상에서 비롯되었는지가 궁금하다. 이에 비해 고려사회는 상대적으로 재해 발생 비율이 낮은 것을 알 수 있다.

이와 같은 12세기 전후 동아시아 자연환경의 상황은 다른 시기에 비해 재해 발생의 비율이 높았는데, 이에 대한 세밀한 분석이 필요한 부분이다. 이런 현상은 주변 지역과의 연관성이 중요하겠지만, 또 한편으로는 국지적인 현상에서 비롯되었을 가능성도 있어 보인다.

한편 우리나라와 중국 각각의 지역에서도 동·서, 남·북의 기후환경에 차이가 있었을 것이다. 그 실례를 일단 『삼국사기』를 통해 우리나라의 상황을 살펴보면 다음과 같다. 다음 〈표 5〉에서는 『삼국사기』 본기에서의 재해 발생 빈도수 및 비율을 작성한 것인데, 왕조의 존속 기간을[50] 고려하여 고구려가 멸망하는 668년을 기준으로 하였다. 이를 통해 한반도에서의 남·북 혹은 동·서의 지역적 특성을 비교해 볼 수 있을 것이다.

〈표 5〉에서 『삼국사기』가 신라를 중심으로 기록되었음을 고려하면, 재해의 기록 건수도 신라의 사례가 고구려·백제보다 훨씬 높게 나타나는 것을 알 수 있다. 재해 발생의 비율로 보면, 한반도 남부 지역에 있던 백제와 신라의 재해 발생 비율이 비슷한 것으로 보인다. '01 水災'는 '신라 〉 고구려 〉 백제' 순서로 발생 비율이 높았고, '02 旱災'는 '백제 〉 신라 〉 고구려' 순서로 발생 비율이 나타나고 있다. 그런데 농업에 영향력을 끼치는 水災와 旱災의 발생 비율은 백제와 신라가 거의 비슷하였다. '05 地災'의 경우에는 '고구

50) 『삼국사기』를 기준으로 하면, 고구려는 B.C.37~668년, 백제는 B.C.18~660년, 신라는 B.C.57~935년이다.

〈표 5〉『삼국사기』 본기 재해 발생 비교

<table>
<tr><td colspan="2">재해 분류</td><td colspan="6">재해 발생 빈도수(단위 : 건)</td></tr>
<tr><td rowspan="2">대분류</td><td rowspan="2">중분류</td><td colspan="6">소분류</td></tr>
<tr><td colspan="2">고구려(BC37~668)</td><td colspan="2">백제(BC18~660)</td><td colspan="2">신라(BC57~668)</td></tr>
<tr><td rowspan="17">2 災害</td><td>01 水災</td><td colspan="2">44(32.1%)</td><td colspan="2">39(27.6%)</td><td colspan="2">92(38%)</td></tr>
<tr><td>02 旱災</td><td colspan="2">16(11.7%)</td><td colspan="2">33(23.4%)</td><td colspan="2">35(14.5%)</td></tr>
<tr><td>03 寒災</td><td colspan="2">1(0.7%)</td><td colspan="2">2(1.4%)</td><td colspan="2">3(1.2%)</td></tr>
<tr><td>04 火災</td><td colspan="2">1(0.7%)</td><td colspan="2">1(0.7%)</td><td colspan="2">4(1.6%)</td></tr>
<tr><td>05 地災</td><td colspan="2">21(15.3%)</td><td colspan="2">16(11.3%)</td><td colspan="2">32(13.2%)</td></tr>
<tr><td rowspan="3">06 風災</td><td>01風災</td><td>02沙災</td><td>01風災</td><td>02沙災</td><td>01風災</td><td>02沙災</td></tr>
<tr><td>8</td><td>0</td><td>12</td><td>0</td><td>17</td><td>0</td></tr>
<tr><td colspan="2">8(5.8%)</td><td colspan="2">12(8.5%)</td><td colspan="2">17(7%)</td></tr>
<tr><td>07 蟲災</td><td colspan="2">8(5.8%)</td><td colspan="2">5(3.5%)</td><td colspan="2">17(7%)</td></tr>
<tr><td>08 氣溫</td><td colspan="2">2(1.4%)</td><td colspan="2">6(4.2%)</td><td colspan="2">3(1.2%)</td></tr>
<tr><td rowspan="3">09 疾病</td><td>01疾病</td><td>02家畜</td><td>01疾病</td><td>02家畜</td><td>01疾病</td><td>02家畜</td></tr>
<tr><td>5</td><td>0</td><td>7</td><td>0</td><td>8</td><td>0</td></tr>
<tr><td colspan="2">5(3.6%)</td><td colspan="2">7(5%)</td><td colspan="2">8(3.3%)</td></tr>
<tr><td rowspan="3">10 凶年</td><td>01凶年</td><td>02飢饉</td><td>01凶年</td><td>02飢饉</td><td>01凶年</td><td>02飢饉</td></tr>
<tr><td>6</td><td>21</td><td>1</td><td>18</td><td>8</td><td>18</td></tr>
<tr><td colspan="2">27(19.7%)</td><td colspan="2">19(13.5%)</td><td colspan="2">26(10.7%)</td></tr>
<tr><td>11 기타</td><td colspan="2">4(2.9%)</td><td colspan="2">1(0.7%)</td><td colspan="2">5(2%)</td></tr>
<tr><td colspan="2">합계</td><td colspan="2">137</td><td colspan="2">141</td><td colspan="2">242</td></tr>
</table>

려 〉 신라 〉 백제' 순서로 발생 비율이 나타나지만, 거의 비슷한 수준이었다고 할 수 있다. 특히 '10 凶年'의 경우에서 '고구려 〉 백제 〉 신라' 순서로 발생 비율이 나타나지만, 북부 지역에 있는 고구려의 흉년 발생 비율이 백제·신라보다 훨씬 높게 나타나고 있다. 이런 점들은 한반도의 남·북 혹은 동·서의 지리적인 차이점을 알아보는 데 도움을 줄 것으로 판단된다. 이를 좀 더 자세하게 알아보기 위해 작성한 것이 시기별로 구분한 〈표 6〉이다.

〈표 6〉에서 보면, 앞서 〈표 5〉에서와 같은 재해 발생 비율을 찾아볼 수 있다. 재해 발생의 비율적인 측면에서 고구려와 백제가 건국 초기에 비슷한 재해 발생 비율을 보여주고 있다. 이후 고구려에서는 261~325년, 백제에서는 456~520년, 신라에서는 131~195년과 456~520년 사이에 다른

〈표 6〉『삼국사기』 본기 재해의 시기별 비교(BC34~668) (단위 : 건)

	고구려				백제				신라			
	水災	旱災	地災	凶年	水災	旱災	地災	凶年	水災	旱災	地災	凶年
BC34~	13	2	2	2	7	6	5	2	3	2	1	2
65	19(17.7%)				20(18.7%)				8(4.3%)			
66~	3	2	2	1	5	3	2	1	7	4	4	3
130	8(7.4%)				11(10.3%)				18(9.7%)			
131~	2	0	3	4	1	0	0	0	20	4	2	3
195	9(8.4%)				1(%0.9)				29(15.7%)			
196~	1	1	2	0	4	6	1	2	10	5	4	3
260	4(3.7%)				13(12.1%)				22(11.9%)			
261~	4	2	6	8	1	1	0	0	4	7	2	1
325	20(18.7%)				2(1.9%)				14(7.6%)			
326~	2	4	1	3	4	2	2	4	7	2	4	6
390	10(9.3%)				12(11.2%)				19(10.3%)			
391~	1	0	0	0	3	5	1	3	11	3	2	4
455	1(0.9%)				12(11.2%)				20(10.8%)			
456~	1	1	2	1	7	6	0	4	18	3	5	2
520	5(4.7%)				17(15.9%)				28(15.1%)			
521~	7	3	1	3	2	0	1	1	0	2	2	0
585	14(13.1%)				4(3.7%)				4(2.2%)			
586~	9	1	2	5	5	4	4	2	12	3	6	2
668	17(15.9%)				15(14%)				23(12.4%)			
합계	43 (40.2%)	16 (15%)	21 (19.6%)	27 (25.2%)	39 (36.4%)	33 (30.8%)	16 (14.9%)	19 (17.8%)	92 (49.7%)	35 (18.9%)	32 (17.3%)	26 (14.1%)
	107				107				185			

시기보다 높은 재해 발생 비율이 나타나고 있다. 하지만 적은 수치를 가지고 삼국의 기후환경을 추적한다는 것은 어렵다고 생각한다. 이런 경우를 중국의 사례와 비교해 보는 것도 흥미롭다고 하겠다.

따라서 우리나라와 중국의 재해를 비교해 본다는 것은 매우 흥미로운 것이기는 하지만 이를 우리나라 재해사 연구에 어떻게 적용할지는 연구 과제이다. 한반도의 동·서, 남·북의 지역적인 상황에서 지역성과 시간성의 동질성을 찾아내기 어려운데, 지역적으로 멀리 떨어져 있는 중국 및 북방지역의 재해와 그 연동성을 찾아내기가 쉽지 않다. 이를 해결하기 위해서는 좀 더 구체적인 연구방법론의 개발이 절실함을 보여준다고 하겠다.

5. 맺음말

이번 제1차 학술연구발표회는 본 연구팀이 준비한 재해 DB를 어떻게 활용할 수 있을까를 선험적으로 알아보기 위한 실험이다. 아직 본격적인 재해 DB가 갖춰지지 않은 시점이지만, 내부적으로 논의되었던 일부를 제시하여 그 의의를 찾아보기 위한 노력이라고 할 수 있다. 이번 학술연구 발표회는 5가지 주제로 이루어졌다.

1주제 「11~12세기 한·중 災異 기록과 오행지의 자료적 성격」에서는 한·중 재이 기록의 비교 연구를 시도하였다. 2주제 「동아시아 전통시대 재이 용어의 개념과 분류체계의 표준화」에서는 한·중 재이 용어를 비교해 보고, 본 연구팀에서 제시하고자 하는 용어의 적합성과 표준화를 검증해 보는 것이다. 3주제 「고대~조선초기 旱災와 祈雨祭에 대한 인식과 변화」에서는 국가 제의 중에서 기우제를 시대적인 상황에 따라 어떻게 기록하고 변화했는지를 살펴보고자 한 것이다. 4주제 「조선 숙종대 『승정원일기』·『실록』의 재해 기록과 비교」에서는 재이 기록의 원천 자료가 기록화되는 과정에서의 특징을 찾아보고자 하였다. 5주제 「중국 재해 연구와 데이터베이스」에서는 중국에서 이루진 재해 연구와 관련 데이터베이스를 알려주고, 향후 우리나라 재해 연구의 방향성을 제시하고자 하였다.

이러한 주제들은 본 연구팀의 향후 재해 연구를 위한 방법론을 찾아가는 출발점이 될 것이다. 따라서 향후 본 연구팀의 재해 연구 전망은 다음과 같이 정리할 수 있다.

첫째, 동아시아 재해 DB의 동질성과 이질성을 추적해 나갈 것이다.

재해 관련 기록은 시대와 지역에 따라 차이가 있다. 예컨대 우리나라 고대사회의 기록은 상당히 적지만, 고려시대와 조선시대를 거치면서 관련 기록이 점차 증가한다. 이는 재해 발생이 아닌 기록 여부에 따른 차이이다. 또한 전통시대의 중국과 한반도의 기록 역시 양적 차이는 물론 인식과 표현의 차이가 존재한다. 기록의 양적·질적 차이를 정확하게 이해하기 위해서는 장기간의 재해 현상 추이와 의미를 확인하는 자료 검토와 용어·사례에 대한 정리가 필요하다. 재해는 단기적·국지적 현상 외에도 오랜 시간 동안 반복적으로 일어나기 때문에 장기적인 시야 안에서 체계적으로 정리하여 비교·검토할 필요가 있다.

둘째, 다양한 인접 학문과의 학제 간 교류 및 공동연구의 활성화이다. 재해 자료의 종합 정리와 용어의 표준화는 재해 관련 모든 학문 분야에 도움을 줄 수 있다. 다양한 학문 분야에서 재해 자료를 이해하기 위해서는 전통사회의 기록과 그 확장성에 대한 이해가 필요하다. 재해 자료는 발생과 피해 외에도 인구와 경작지 감소, 농업생산력 저하 나아가 전염병까지 그 정치·사회적 맥락이 연결된다. 따라서 재해는 정치적·사회경제적 문제로부터 자연과학과 의학 분야까지 연결되는 연구 주제이다.

셋째, 새로운 연구방법론의 개발이다. 재해 관련 연구는 천문학·기상학·지질학·생태학 등 자연과학의 영역에 걸쳐 있는 만큼, 학제 간 교류를 통해 새로운 연구 방향을 제시할 수 있을 것이다. 기존의 연구에서는 일식·월식·혜성·가뭄·홍수·이상기온 등 제한된 주제를 통해 전통사회의 자연환경 변화와 그로 인한 사회경제적 변화를 추적하였다. 하지만 이제는 개별 학문뿐만 아니라, 새로운 학문 분야로서 학문 간 선순환 구조를 만들 수 있는 연구방법론을 개발하기 위해 노력해야 한다. 전통사회 자료의 종합 정리와 용어 규정은 집단 연구를 통해 이루어져야 한다. 나아가 자연재해와 관련한 여러 학문이 구조적 연구 체계를 갖추고 다각적 방면에서 접근한다면 새로운 연구방법론이 만들어질 수 있다. 또한, 오늘날 우리 사회에 기후와 환경의 변화에 대한 전통적 이해를 제공함으로써 신진 연구자뿐 아니라 대중적 관심도 환기할 수 있을 것이다.

고려시대 재이(災異) 연구의 현황과 과제

채 웅 석

1. 머리말

전통시대에 재이는 천재지변뿐 아니라 일·월식이나 기형 동·식물 출현 등처럼 당시 지식으로는 비정상적이라고 여긴 자연현상을 가리켰다. 재이는 피해를 줄 뿐 아니라 정치권력의 명분과 정당성에도 민감하게 관련된 사안이었기 때문에 관련 사실들을 기록하고 방비하거나 피해를 줄이려고 하였다.

고려시대의 재이 연구를 보면, 1980년대 무렵부터 소수의 연구자들이 정치사상사의 일환으로 재이에 대한 인식과 대책을 고찰하거나 재이 사료를 활용하여 기후 특성을 밝히려고 노력하였다. 2000년대에 들어와 환경사·질병사 등으로 연구 분야와 시각이 넓어졌지만 연구자 수는 여전히 적다.

그동안 주로 연구된 주제는 유교 정치사상으로서 천인감응론(天人感應論)이 적용된 양상과 의미를 밝히는 것이었다. 재이가 발생하면 유교·불교·도교·토속신앙 등에 따라 다양한 방식으로 대응하였는데, 그중에서 재이의 원인과 대책을 체계적으로 설명한 정치사상이 천인감응론이다. 그 사상에 따라 재이를 천견(天譴)으로 간주하여 군주가 '책기수덕(責己修德)'

하고 권농·진휼정책과 기양(祈禳) 의식을 시행한 양상을 검토하였다. 그리고 12세기나 14세기의 사회변화기에 재이 대책을 둘러싸고 벌어진 정치 갈등을 고찰하였다. 기후 관련 재이 사료들을 분석하여 기후 상황을 추적하는 한편 변화의 원인을 규명하는 연구도 진행되었다. 한온(寒溫)·건습(乾濕)을 보여주는 사료를 검토하여 이른바 중세온난기에 해당한 고려전기의 기후 특성을 밝히고, 12세기와 14세기에 재해의 발생 빈도가 높아진 양상을 고찰하였다. 이러한 중심 연구주제들 외에 『고려사』와 『고려사절요』 등에 수록된 재이 기록의 사료적 성격도 검토되었다. 그리고 재이의 하나로 인식되었던 역병에 대한 연구도 최근에 진전되었다.

그동안 학계에서 고려시대 재이 관련 연구성과들을 전반적으로 검토한 적이 거의 없었다. 그렇지만 현재 자연환경 변화의 심각성, COVID-19의 팬데믹 사태 등을 겪으면서 재해에 대한 관심이 높아졌다. 이제 재이 관련 연구의 수준을 더 높이고 연구 시각을 확장하려면 사료의 성격과 한계에 대한 정확한 이해와 함께 선행연구의 성과와 쟁점들을 체계적으로 정리하고 한계를 고찰할 필요가 있다. 그럼으로써 재이 연구의 추이와 현황을 정확하게 파악하고 향후 연구의 진전 방향을 전망해볼 수 있을 것이다.

2. 재이 기록의 사료적 성격과 한계

역사상의 재이 사례들을 천인감응론의 시각에서 성격별로 분류하여 모은 것은 『한서(漢書)』 천문지와 오행지부터였다. 이후 역대 정사들은 그 방식에 따랐으며, 당(唐) 대에 편찬한 『진서(晉書)』와 『수서(隋書)』에서 이론체계를 가장 정연하게 갖추었다. 그 뒤 신유학의 영향으로 천인감응론의 이해에 변화가 생기고 재이를 기록하는 방식도 달라졌다. 『신당서(新

唐書)』는 천문지와 오행지를 두어 재이를 기록하면서도 감응적 설명을 생략하였다. 그리고 『송사(宋史)』 오행지는 『한서』이래 『신당서』까지 오행(五行)과 오사(五事. 군주의 貌·言·視·聽·事)로 구분하던 방식을 오행 하나로 통합하였다.

『고려사』는 재이를 천문지와 오행지에 나누어 기록한 『한서』의 방식을 따랐지만, 체제와 구성상으로는 『송사』·『원사(元史)』 등의 영향이 컸다는 점이 밝혀졌다.[1)] 예컨대 『송사』부터 시작된 방식에 따라 오행만으로 재이를 구분하는 한편 오행상승설이나 오행상생설에 따르지 않고 『서경』 홍범편의 오행 순서에 따라 편목들을 배열하였다. 또 흙비[雨土]를 『진서』와 『수서』는 천변으로 보아 천문지에 채록하였지만, 『송사』와 『원사』는 오행지 토행에 수록하였고 『고려사』도 그 방식을 따랐다.

그처럼 『고려사』 천문지와 오행지의 체계가 송대 이후의 변화를 반영하면서도 부분적으로는 차이가 있다. 예컨대 『고려사』는 『송사』와 『원사』가 오행지 목행에 수록한 감로(甘露) 현상을 채록하지 않았고, 화행의 서징(瑞徵)으로 수록한 산호수(珊瑚樹)를 목행으로 분류하였다. 또한 짙게 낀 안개[大霧]의 경우 『송사』는 수행으로 분류하고 『원사』는 누락시켰지만 『고려사』는 토행으로 분류하였다. 이런 점들은 『고려사』 편찬자가 오행을 자기 나름으로 이해하여 재이 사실을 수집·분류하였을 가능성을 보여준다.

『고려사절요』도 재이를 기록하였다. 기전체인 『고려사』가 재이를 세가와 지, 지의 항목 별로 분산 수록한 것과 달리, 편년체라서 전후 맥락을 파악하기 쉽다. 또 두 사서의 기사를 비교 검토하여 사료 비판과 보완도 가능하다. 『고려사절요』는 『고려사』에 없는 기사를 더러 수록하고 있으

---

1) 邊太燮, 『《高麗史》의 硏究』, 三英社, 1982 ; 朴杰淳, 「《高麗史》 天文志 小考」 『史學硏究』 39, 1987 ; 李熙德, 「《高麗史》 五行志 譯註 解題」 『高麗時代 天文思想과 五行說 硏究』, 一潮閣, 2000 ; 김일권, 「《고려사》 오행지의 자연학과 편찬 특성」 『《고려사》의 자연학과 오행지 역주』, 한국학중앙연구원출판부, 2011 ; 이정호, 「《高麗史》 五行志의 체재와 내용-自然災害의 발생추세를 중심으로」 『韓國史學報』 44, 2011.

며, 『고려사』 세가와 달리 천문 관측 기사에 지상적(地上的)·정치적 사건을 바로 연결하거나 그 관측 기사에 의미를 부여한 경우가 많다.[2)]

문제는 『고려사』와 『고려사절요』 등에 수록된 재이 기록에 대한 사료 비판이 필요하다는 점이다. 첫째, 『고려사』 천문지와 오행지에 날짜 누락과 오기가 많다. 심지어 세가와 천문지 간에도 같은 일식을 두고 발생 날짜가 다르거나 내용 표현이 다른 경우가 있다.[3)] 예컨대 의종 23년(1169) 8월 초하루에 일어난 일식을 두고 세가는 갑인, 천문지는 갑신으로 기록하였는데, 그달 초하루의 일진은 갑신이며 『고려사절요』도 갑신에 일식이 일어났다고 기록한 것을 고려하면 세가의 일진이 오류임을 알 수 있다.[4)] 또한 천문지에 의종 11년(1157) 3월 계해에 흰 기운이 태양을 가리고[白氣貫日] 4월 초하루 무진에 일식이 일어났다고 기록하였지만, 각각 세가에 의종 21년(1167) 3월 계해와 『고려사절요』에 의종 21년 4월 초하루 무진의 일로 기록되어 천문지의 연도 오기를 바로잡을 수 있다.[5)] 이처럼 여러 사서의 기사를 대조하고, 또 천문 관측 기사라면 『송사』·『금사(金史)』 등의 기록과 대조하여 교감할 수 있지만, 그럴 수 없는 오류가 많으므로 사료 활용에 주의해야 한다.

둘째, 오행지에 같은 항목에 수록된 사건이라고 하더라도 전후 맥락을 살펴 그 사건의 의미가 재해인지, 혹은 그 재해의 해소인지 파악해야

---

2) 金海榮, 「《高麗史》 世家와 《高麗史節要》의 一比較－天文觀測 記事의 敍述을 중심으로」 『慶南史學』 3, 1986.

3) 朴杰淳, 앞의 논문.

4) 『고려사』 권19, 의종 23년 8월 甲寅朔 "日食"; 같은 책 권47, 천문1 의종 23년 8월 甲申朔 "日食"; 『고려사절요』 권11, 의종 23년 8월 甲申朔 "日食"; 『宋史』 권52, 天文5 日食 乾道 5년 8월 甲申朔 "日食在翼 黔雲不見."

5) 『고려사』 권47, 천문1 의종 11년 3월 癸亥 "白氣貫日"; 4월 戊辰朔 "日食"; 같은 책 권18, 의종 21년 3월 癸亥 "白氣貫日"; 4월 戊辰朔 "日食"; 『고려사절요』 권11, 의종 21년 4월 戊辰朔 "日食"; 『金史』 권20, 天文 日薄食煇珥雲氣 大定 7년 4월 戊辰朔 "日食."

한다. 큰비가 내린 기록의 경우, 그로 인한 피해 기록이 있다면 수재로 파악할 수 있지만, 그렇지 않다면 가뭄 끝에 단비가 많이 내린 것일 수 있다.[6)] 예컨대 문종 원년(1047) 5월 기묘[1일]에 큰비가 내렸다는 기사는 그로 인한 피해 기록이 없고, 오히려 봄부터 가물어 기우행사를 하였으며 또 그달 을미[17일]에 비가 흡족하게 와서 상선(常膳) 회복을 건의한 사실 등을 미루어 보면[7)] 가뭄을 해소시킨 경우라고 볼 수 있다.

셋째, 천인감응론에 따라 정치를 한 까닭에 재이 사실이 취사선택되어 기록되었을 가능성이 있다. 재이 사실을 풍부하게 수록하고 기록의 조작이나 과장이 적다고 여겨지는 『조선왕조실록』이나 『승정원일기』 등도 재이 발생을 모두 기록하지는 않았고 기록상의 오류도 다수 발견된다. 재이가 실제 관측한 것일 가능성이 크더라도 사서에 채록되는 과정에서 정치적 의도가 반영될 수 있다. 그 때문에 사서의 재이 기록은 '과학적 기록'이 아니라 '정치적 기록'으로 보아야 한다는 견해도 있다.[8)] 사서에 기록된 재이 발생의 빈도를 절대적으로 신뢰하여 활용하기보다 재이에 대한 인식과 대응 등을 연구대상으로 삼는 편이 바람직하다는 제언도 그런 맥락에서 나왔다.[9)]

조선초기에 2차 사료로 편찬된 『고려사』와 『고려사절요』 등에서는 그

---

6) 이승민, 「11~12세기 한·중 재해 기록과 오행지(五行志)의 자료적 성격」 『한국중세사연구』 67, 2021.

7) 『고려사』 권54, 오행2 木 문종 원년 5월 己卯 ; 같은 책 권7, 문종 원년 4월 癸亥 ; 5월 乙未.

8) 朴星來, 「李泰鎭교수 "소빙기(1500~1750)의 천체현상적 원인-《조선왕조실록》의 관련기록 분석"」 『歷史學報』 149, 1996, 241쪽.

9) 朴星來, 위의 논문 ; 박권수, 「《승정원일기》 속의 천변재이 기록」 『사학연구』 100, 2010 ; 경석현, 「《朝鮮王朝實錄》 災異 기록의 재인식-16세기 災異論의 정치·사상적 기능을 중심으로」 『한국사연구』 160, 2013 ; 경석현, 「17세기(인조~현종) 연대기 자료의 災異 기록 재검토-《東宮日記》를 중심으로」 『朝鮮時代史學報』 68, 2014 ; 김창회, 「재해 DB 이용의 실례 : 숙종대 《승정원일기》와 《숙종실록》의 재이 기록 비교-일식과 지진을 중심으로」 『한국중세사연구』 67, 2021.

런 문제점이 더 크다. 『고려국사(高麗國史)』 서문이나 『고려사절요』 범례에는 재이 사실을 전부 수록한다는 원칙을 세웠으나 실제 편찬에서는 그렇지 않았다. 『고려사』 천문지와 오행지의 서문에도 재이 사실을 모두 보존하여 기록한다고 하였지만, 개수과정에서는 그 원칙을 지키지 않았다.[10] 더구나 『고려사』·『고려사절요』 등의 재이 기록에 해당 시기의 정치 상황이나 후대의 평가가 영향을 미쳤다는 점을 감안하면, 발생 빈도를 신뢰하여 통계화하거나 왕대별로 단순 비교하는 방식을 지양해야 한다는 의견에 동의할 수 있다. 그 사서들이 재이를 조작하여 기록하였을 가능성은 적지만, 사료를 선별적으로 수록하고 내용도 변형시켰을 가능성이 있다.[11]

그런데 자연과학계에서는 『고려사』 천문 관측기록의 과학성을 인정하기도 하였다. 그에 따르면, 『고려사』의 혜성과 유성 관측기록이 꾸준하고 정밀하고 정직한 것이라고 평가하고 현대 천문학에 유용한 연구자료로 활용할 수 있다고 보았다.[12] 일식과 월식 기록도 관측이 비교적 정확하고 측후관이 사회변화와는 독립적으로 직책을 성실히 수행하였다고 평가하였다.[13] 또한 흑자(黑子)와 적기(赤氣) 기록이 각각 태양 흑점과 오로라[極光] 현상과 분명한 관련이 있고 흑점 기록에 나타나는 주기성이 통계적으로 매우 높은 신뢰성을 지니는 등 천문 관측의 신뢰도가 높다는 사실을 검증하였다.[14]

---

10) 金海榮, 앞의 논문, 41~44쪽.

11) 이정호, 앞의 논문, 20~24쪽 ; 고태우, 「한국 재난 인식 연구의 성과와 과제」 『인문학연구』 59, 조선대, 2020, 38~40쪽.

12) 朴同玄, 「《高麗史》 天文志에 기록된 彗星에 관하여」 『韓國文化研究院論叢』 2-1, 1961 ; 朴同玄, 「《高麗史》 천문지에 기록된 流星에 관한 연구」 『德成女大論文集』 9, 1980 ; 朴同玄, 「《高麗史》 천문지에 기록된 流星에 관한 연구 III-2」 『德成女大論文集』 13, 1985 ; 안상현, 배현진, 조혜진, 정성욱, 「천년 전의 별똥비」 『천문학논총』 17, 2002.

13) 羅逸星, 「《高麗史》 天文志의 日月食 記錄」 『東方學志』 96, 1997.

14) 양홍진·박창범·박명구, 「고려시대의 흑점과 오로라 기록에 보이는 태양활동주기」

그런 과학계의 평가에도 불구하고 『고려사』·『고려사절요』 등의 재이 기록을 활용할 때 사료 보정이 필수적이라는 점은 분명하다. 일식처럼 계산으로 예측할 수 있거나 군주의 안위와 연관된 현상으로 여겨 중시한 천문 관측기록은 상대적으로 충실하더라도, 피해 크기나 지역별로 차이가 있는 홍수와 가뭄, 지진, 풍해와 냉해 등의 재해는 앞서 살폈듯이 정치적 목적 또는 사서 편찬상의 편의 때문에 기록을 과장·축소 또는 취사선택하였을 가능성이 있기 때문이다.

그런 문제점을 인식하고 사료 비판과 보정을 통하여 신뢰성을 확보하려고 한 연구들이 주목된다. 『한서』와 『후한서』에 수록된 한(漢) 대의 재해 기사에 대하여 피해 상황과 방재 구휼조치 수반 여부, 실제 피해를 반영한다고 보이는 식화지나 구혁지 수록 여부, 동일 기사가 여러 곳에서 반복 출현하는 경우 등을 고려하여 신뢰성 여부를 검토하였다. 그에 따르면 최소한 70%의 기사는 신뢰할 만하며, 재이설의 영향력이 크다고 하여 재해 기사를 불신하거나 기사 전부를 신뢰하고 사실로 받아들이는 태도 모두가 문제 있다고 하였다.[15] 그리고 『세종실록』 기상 기록의 통계적 신뢰도를 높여서 검토한 연구도 참고할 수 있다. 『조선왕조실록』의 기상·기후 기록은 기상·기후 현상의 물리적 특성 자체가 아니라 농작과의 관련성 속에서 관찰되고 기록되었기 때문에, 그대로 이용하면 통계적 객관성과 신뢰성을 갖기 어렵다고 인정하였다. 이에 세종 때 33년간 기우제가 진행된 시기, 기우제의 시간적 연속성, 기우제 기록과 강우 기록의 교차 비교 등을 통해서 가뭄 유형을 나누고 분석하여, 당시 가뭄의 실제가 어떠하였는지 파악하였다.[16] 그처럼 사료 비판을 통하여 신뢰성을 높이

『천문학논총』 13, 1998.

15) 金錫佑, 「漢代 자연 재해 기사의 신뢰도 검토」 『동북아문화연구』 10, 2006.

16) 이정철, 「조선왕조실록 가뭄 기록과 그 실제－세종대(1418~1450)를 중심으로」 『국학연구』 29, 2016.

는 작업이 고려시대의 재이 연구에서도 선행되어야 마땅하다.

3. 정치사상과 재이설

고려시대는 종교·사상적으로 다원성이 두드러졌다. 재이가 발생하면 유교·불교·도교·토속신앙 등을 두루 활용하여 대응하였다. 시기별로 보면, 고려초기에는 유·불·선 삼자가 복합된 양상을 보이다가 숙종대부터 재이의 발생 빈도가 높아지는 가운데 불교·도교·토속신앙 등의 종교성이 강한 대책을 많이 시행하였고, 말기에는 도교가 쇠퇴하고 유교·불교적 요소가 함께하는 추세였다고 파악되었다.[17]

유교 지식인들은 천인감응론을 재이의 발생과 대응에 대하여 체계적으로 설명하는 정치사상으로 받아들였다. 중국 선진시기부터 자연과 인간 사회의 현상들이 서로 관련된다고 보았고, 한대 유가에서 음양오행설을 활용한 재이 해석이 정치적으로 유용하다는 점을 인식하였다. 특히 전한 무제 때 유교의 관학화에 중추적 역할을 한 동중서(董仲舒)가 천인감응론을 체계적으로 제시하여, 군주가 부덕하고 실정하면 음양이 조화를 잃고 재이가 발생한다고 주장하였다. 그는 천이 규모가 작은 재해[災]를 먼저 내려 견책하고 그래도 시정하지 않으면 괴이[異]를 내려 위엄을 보인다고 하여, 재와 이를 규모의 차이로 보았다.[18] 그러다가 후한 때 백호관(白虎觀) 논의에서 재를 이미 일어난 일에 대한 응징, 이를 장래 발생할 일에 대한 예언으로 인식하고[19] 이후 하휴(何休) 등이 정식화하여, 재는 사건이 발생

---

17) 李泰鎭, 「고려~조선 중기 天災地變과 天觀의 변천」『韓國思想史方法論』, 소화, 1997, 96~102쪽.

18) 『春秋繁露』 권8, 必仁且智.

19) 『白虎通義』 권上, 災變.

한 뒤에 처벌하는 형벌, 이는 사건 발생 전에 미리 가르치는 예교와 등치시켜서 유교의 예교이론을 확립하기 위한 장치로 활용하였다.[20]

한국사에서는 삼국시대에 이미 천인감응론을 인식하였고, 신라 중·하대에는 재이 발생을 이유로 집사부의 장관이 교체되는 등 정치적 영향력을 발휘하였다. 고려시대에 천인감응론의 이해가 더욱 심화되었다. 유교 지식인들은 재이를 천견으로 인식하여 군주의 수덕과 선정을 강조하고 월령(月令)에 따라 정치하여 천의(天意)에 부응하도록 촉구하였다. 그에 따라 자연현상과 인간 사회의 일을 상관적으로 보는 인식, 천(天)을 인격적·주재적으로 이해하는 인식 등이 성리학 수용 이전 유교의 성격과 특징을 고찰하는 중요지표로 파악되었다.[21]

『고려사』 천문지와 오행지에 담긴 재이설을 이해하기 위하여 유교 경전 및 중국의 역대 정사에 제시된 천문·오행사상과 비교 검토하였다.[22] 그리고 재이 기록이 집중된 시기를 대상으로 당시 사회의 위기의식과 어떤 관련이 있었는지도 검토하였다.[23] 그 결과 천인감응론 내지 유기체적 자연론에 따른 고려시대 재이설의 계통과 작용을 확인할 수 있었다.

건국 초기부터 천인감응론을 정치에 활용하였다. 태조 때 호랑이가 도성의 흑창 담 안으로 들어오자 병재(兵災)의 예점(預占)으로 보았다. 또 서경 민가의 암탉이 수탉으로 변하고 센 바람이 불어 관사의 기와가 날아가는 재이가 발생하자, 태조는 모반의 예점으로 인식하여 '공구수신(恐懼修身)'하는 한편 관료들이 공도(公道)를 행하고 분수에 맞는 마음을

20) 김동민, 「해제」 『국가와 백성 사이의 漢(히하라 도시쿠니 著)』, 글항아리, 2013, 18쪽.

21) 李熙德, 『高麗儒教政治思想의 硏究』, 一潮閣, 1984 ; 『高麗時代 天文思想과 五行說硏究』, 一潮閣, 2000.

22) 李熙德, 위의 책, 1984 ; 위의 책, 2000 ; 김일권, 『《고려사》의 자연학과 오행지 역주』, 2011 ; 金永炫, 「高麗時代의 五行思想에 관한 一考察」 『忠南史學』 2, 1987.

23) 이정호, 「高麗前期 異變現象 기록을 통해 본 災異觀과 위기인식-《高麗史》 五行志 기록을 중심으로」 『역사와 담론』 80, 2016.

갖도록 지시하고 승려를 모아 불경을 읽어 기양하게 하였다.[24)]

그 뒤 성종 때 유교 정치이념에 따라 체제를 정비하면서 천인감응론에 대한 이해가 한층 심화되었다. 최승로는 상서문에서 군주가 실정하면 구징(咎徵)이 먼저 나타나고 재이가 빠르게 닥친다고 하였다. 그러면서 군주가 공손한 마음을 돈독히 하고 민을 걱정하는 생각을 끊지 않으면, 복이 구하지 않아도 오고 재앙은 기양하지 않아도 저절로 소멸할 것이라고 하였다. 그는 실정의 죄업을 불교 의례로써 씻으려고 한 광종 때 정치를 비판하고 유교를 정치 요체로 삼으라고 건의하였다.[25)] 그와 이양(李陽)은 월령의 규범에 따라 천도(天道)에 순응하는 정치를 강조하였다. 『예기』 월령에는 그 규범에 따라 정령을 시행하지 않으면 재이를 초래한다고 명시되어 있다. 이후 고려는 월령을 농정과 형정, 길례의 국가제사 등 국가 운영의 기준으로 삼았다.[26)]

이처럼 고려초기 천인감응론은 다원적인 종교·사상체계 속에서 유교가 정치이념으로서 강화되고 유교문화가 확산하는 데에 기여하였다.[27)] 군주를 비롯한 지배층의 부덕과 실정에 대한 천견으로 재이가 발생하기 때문에 수양하고 반성하며 덕치를 베풀도록 촉구하였다. 그 과정에서 왕도정치론과 군신 간의 소통에 대한 인식이 한층 심화될 수 있었다.

선행연구는 천인감응론이 왕조 질서를 유지하는 사상적 도구로 기능하였다는 점도 강조하였다. 유교 지식인의 사유방식이 우주 실재들과 현상들은 서로 연결되고 의존적이라는 유기체적 우주론에 입각하였고, 군주

---

24) 『고려사』 권54, 오행2 金 태조 원년 8월 戊辰 ; 같은 책 권54, 오행2 木 태조 15년 4월 ; 같은 책 권55, 오행3 土 태조 15년 5월 甲申 ; 같은 책 권2, 태조 15년 5월 甲申.

25) 『고려사절요』 권2, 성종 원년 6월.

26) 한정수, 「고려시대 월령과 국가운영」 『쌀·삶·문명 연구』 4, 2010.

27) 李熙德, 앞의 책, 1984 ; 앞의 책, 2000 ; 洪承基, 「崔承老의 儒教主義史學論」 『震檀學報』 92, 2001 ; 한정수, 「高麗前期 天變災異와 儒教政治思想」 『韓國思想史學』 21, 2003.

가 우주체계의 동요를 조정하고 회복시킬 수 있는 신성한 권위의 소유자라고 여겨서 그가 역할을 제대로 수행하지 못하면 재이가 발생한다고 인식하였다고 파악하였다. 그리고 신분질서를 자연질서의 일부로 인식하여 정당성을 부여함으로써, 재이설은 사회질서를 유지시키는 역할을 하고, 한편으로는 새로운 질서나 세계를 창조하는 인간의 능동적 주체성을 부정하는 역할도 하였다고 평가하였다.[28)]

고려중기에는 자연현상과 인사를 직접적 상관관계로 인식하는 것에 회의적이었던 송대 신유학의 영향을 받았다. 천인감응론의 정치적 효용성을 인정하면서도 자연과 인사를 도식적, 기계적으로 대응시키는 것에 대한 비판이 당·송대에 제기되었다. 예컨대 유종원은 천이 초목과 같은 자연물이기 때문에 인간에게 상벌을 내리는 일은 없으며 공을 이루거나 화를 당하거나 인간 스스로 초래한 것이라고 하였다. 또 자연현상은 음양의 기가 자발적으로 움직인 것에 불과하다고 보았다. 구양수는 천도가 우원하기 때문에 친절하게 사람을 깨우치는 것이 아니라서 그 변괴를 보면 두려워하고 조심해야 할 뿐이라고 하였다.[29)] 그들은 재이와 인사의 감응관계를 도식적으로 파악하는 것을 경계하고 다만 군주가 재이를 가볍게 여기지 말아서 덕을 닦고 실정을 반성해야 한다고 주장하였다.[30)]

송대 신유학자들이 편찬한 『자치통감』과 『신당서』의 영향을 크게 받은 『삼국사기』는 재이를 기록하되 인사와 상관된 설명은 기록하지 않았다.[31)] 김부식은 천인감응론을 받아들였지만 종교적, 신비주의적 대응이 아니라

28) 秦榮一, 『고려국왕과 재이사상』, 제주대학교출판부, 2010.

29) 『柳河東集』 권16, 天說 ; 같은 책 권44, 非國語上 三川震 ; 『新唐書』 권34, 五行1 序文.

30) 김한신, 「唐·宋代 災異論의 변화—《舊唐書》 五行志 및 《新唐書》 五行志에 대한 분석을 중심으로」 『中國古中世史硏究』 60, 2021, 94~102쪽 ; 이석현, 「중국 재이관의 성립과 변용」 『인문사회과학연구』 22-4, 부경대, 2021, 265~269쪽.

31) 이강래, 「《삼국사기》의 성격」 『정신문화연구』 24-1, 2001, 36쪽 ; 경석현, 「조선후기 재이론(災異論)의 변화—이론체계와 정치적 기능을 중심으로」, 경희대 박사학위논문, 2018, 54~62쪽.

군주수덕론에 바탕을 둔 대응을 강조하였다. 『삼국사기』의 재이 기록은 천의의 절대성, 운명론을 보여주기 위한 것이 아니라, 군주의 덕치가 천을 감동시키고 음양의 조화를 가져와 천견을 막을 수 있다는 정치론에 따른 것이다.[32] 같은 시기에 임완도 동중서의 설에 따라 재이를 이해하면서 종교 도량(道場)이나 재초(齋醮)로 대응하는 방식은 무익할 뿐 아니라 천을 모독하는 것이고 군주가 덕을 닦아 천의에 응하는 것이 복을 부르는 길이라고 주장하였다.[33]

무신집권기에 김양경도 의종 사찬에서, 당 명종 때 강징(姜澄)이 재이를 두려워할 것이 아니라 실덕과 실정을 깊이 두려워해야 한다고 상소한 글과 함께 그 글을 정치가가 경계로 삼아야 할 옳은 말이라고 본 구양수의 평가를 수록하였다.[34] 그는 의종이 재초로써 기양하려고 한 것을 비판하면서 유교이념에 입각한 수덕과 바른 정치를 강조하였다.

이규보는 천인감응론을 부정한 유종원을 비판하였다.[35] 그는 재이를 천견으로 해석하되 군주가 덕을 닦아 어진 정치를 베풀도록 경계하는 것이라고 보았다. 천을 이법적(理法的) 존재와 가깝게 여기고, 천과 인간은 도(道)를 통하여 연관을 맺고 영향을 준다고 보는 입장이었다.[36]

권경중은 명종 16~19년에 발생한 재이에 대하여 유교 경전과 중국 사서의 천문지·오행지에 수록된 재이설을 인용하여 해석하였다. 그는 재이와 인사의 직접적인 감응관계를 인정하고 재이를 정치적 예언으로 파악하였다. 그렇지만 재이 대책은 신비주의적 접근방식보다 군주의 수덕과 올바른 정치를 강조하였다.[37] 그리고 오성(五星)의 변고는 대부분

---

32) 蔡雄錫, 「고려 인종대 '惟新'정국과 정치갈등」 『韓國史研究』 161, 2013, 21~31쪽.
33) 『고려사절요』 권10, 인종 12년 5월.
34) 『고려사』 권19, 의종 24년 史臣金良鏡贊.
35) 『東國李相國全集』 권22, 非柳子厚非國語論.
36) 김인호, 「이규보의 현실이해와 정치경제 개선론」 『學林』 15, 1993, 22~32쪽.
37) 『고려사』 권101, 權敬中.

중국에 관계되고 고려와는 무관하다고 여겼는데, 이것은 그가 살던 최씨 무신정권 하에서 한계를 보여준 것이라고 평가되었다.[38)]

고려후기 성리학이 수용된 이후에 정통성에 기반한 명분의 계승 및 군주의 수양과 성학(聖學)이 강조되었다. 그에 따라 왕실의 신성성을 강조한 천인감응적 천명관과 차이를 갖게 되었지만, 그러면서도 천인감응론은 정치에서 여전히 중요한 역할을 하였다.[39)]

이곡은 홍수와 가뭄이 천수(天數)인가 인사(人事)에 말미암은 것인가 묻고, 요·탕 때도 면하지 못한 것을 보면 천수라고 할 수 있고 선악에 따라 길흉의 응보가 있는 것을 보면 인사라고도 할 수 있다고 하였다. 그러면서 옛날에는 인사를 닦아서 천수에 대응했기 때문에 7~9년의 재해를 당해도 민이 고달프지 않았지만, 후세에는 천수를 핑계로 인사를 폐하기 때문에 1~2년간의 재해에도 피해가 크다고 하였다.[40)] 그의 자연관은 인사와 천수의 불일치 즉 자연과 인사를 구별하는 인식과 함께 선악에 따른 응보를 인정하는 천인감응론의 인식이 이원적으로 혼효되어 있었다.[41)] 이곡은 진휼과 함께 관리들의 바른 업무 수행과 군주의 의지가 중요함을 강조하였다. 이처럼 천수보다 인간의 능동적 대응을 중시한 것은 고려 중기의 합리적 재이관을 따른 것이다.[42)]

이색은 동중서의 천인합일론을 높이 평가하는 한편 주희가 천은 곧 이(理)로서 사람의 도리와 사물의 법칙이 모두 천이 아닌 것이 없다는 점을 깨우쳤다고 강조하였다.[43)] 성리학자들은 이른바 이법천 즉 천과 사람을 아우르는 천리에 따라 정치를 해야 한다고 보았다. 그런데 주희도

---

38) 李熙德, 「王道와 天災地變 - 《高麗史》 權敬中傳의 檢討」 『韓國史硏究』 99·100, 1997.

39) 韓政洙, 「고려후기 天災地變과 王權」 『歷史敎育』 99, 2006.

40) 『稼亭集』 권1, 原水旱.

41) 李熙德, 앞의 책, 1984, 90~91쪽.

42) 경석현, 앞의 논문, 2018, 62~65쪽.

43) 『牧隱文藁』 권10, 直說三篇.

군주가 재이를 경계 삼아 실정을 반성하고 도덕 수양에 노력해야 한다고 인식하였다. 그는 일식·월식이 규칙성이 있어서 예측할 수 있기 때문에 재이라고 보기 어렵지만 군주가 덕을 닦아 정치를 하는지 여부에 따라 발생할 수도 그렇지 않을 수도 있다고 보았다. 자연현상에 대한 합리적·과학적 인식이 높아졌다고 하더라도 천견설은 유교이념에 따르도록 촉구하는 강력한 수단으로 활용될 수 있다고 인정되었고, 그 때문에 성리학 수용 이후에도 오랫동안 유지되었다.[44)]

4. 재이와 정치권력, 정치세력

동중서의 천인감응론은 천명을 받은 강대한 군주권에 의한 대일통(大一統)을 지향하였다. 그렇지만 군주권을 무조건 긍정하기보다 유교 정치이념을 구현할 때 정당성을 갖는다고 본다. 그의 천인감응론에 담긴 천과 군주의 상호관계를 고찰한 선행연구들을 정리하면, 군주권 신수설, 군주권력 억제론, 군주주체성론 등으로 나누어 볼 수 있다.[45)]

군주권 신수설은 군주의 행위에 감응하여 천이 내리는 견고(譴告)와 상서(祥瑞)는 바로 천이 군주를 총애한다는 것을 보여주는 증거이고, 그런 천의 총애에 의하여 군주권은 신비화되고 정당성이 보증된다고 본다. 반면에 군주 권력을 억제한다는 견해는 군주의 행위가 천의에 어긋나면

44) 權延雄, 「朝鮮前期 經筵의 災異論」 『歷史敎育論集』 13·14, 1990 ; 구만옥, 「朝鮮後期 日月蝕論의 變化」 『韓國思想史學』 19, 2002. 고려 문종 때 이미 일식과 월식은 음양의 常度라서 역법 계산으로 예측할 수 있다는 점을 알면서도 일식·월식이 발생하면 기양의식을 거행하였다(『고려사절요』 권4, 문종 원년 3월 乙亥).

45) 池田知久, 「中國古代の天人相關論」 『アジアから考える(7) 世界像の形成』, 東京大學出版會, 1994 ; 深川眞樹, 「董仲舒の天人相關論に關する一考察」 『東洋文化硏究』 16, 2014 ; 金東敏, 『董仲舒 春秋學의 天人感應論에 대한 고찰–祥瑞·災異說」을 중심으로」 『東洋哲學硏究』 36, 2004.

천이 재이를 내려 경고하기 때문에 군주는 천견을 감지하여 정치를 올바로 하여야 한다는 점을 강조한다. 그러니 천의 권위로써 군주 권력을 일정하게 억제한다고 보는 것이다. 군주주체성론은 천이 임의로 천의를 보여주는 것이 아니라 군주의 행위에 따라 감응하기 때문에 군주의 역할이 천에 대하여 능동성과 주체성을 갖는다고 본다. 군주의 바른 정치 여부가 상서와 견고의 원인이 되니 천에게 일방적으로 지배당하는 것은 아니라는 것이다.

그런 견해들을 종합해보면, 천인감응론은 군주가 교화와 왕도정치의 실현에 능동적으로 노력하는 한 그의 권위·권력이 천에 의해서 옹호된다고 본다.[46] 따라서 그 이론은 유교 정치이념에 따르도록 군주를 견인하는 한편 유교 지식인들의 정치 참여 특히 언론 활동에 명분과 근거를 제공하는 효과가 컸다.

한편 반고가 오행재이설을 집대성하여 저술한『한서』오행지의 천인감응론은 동중서의 그것과는 결이 다르다고 파악된다.[47] 반고가 제시한 오행, 오사, 황극 각 편목의 재이 원인을 분석해보면 황제를 통제하는 것만이 목적이 아니라는 것이다. 오행 편목에서는 관리, 권신, 외척, 황후·부인 등의 행동을 제약하려 하였고, 오사 편목에서는 제후를 천의로써 통제하는 의도를 보였으며, 황극 단계에서는 황제가 실정했을 경우 일어날 수 있는 재이를 수록하였다고 보았다. 반고가 여씨(呂氏) 일족의 농단, 제후의 반란 등으로 제국이 다시 혼란에 빠지는 것을 경계하기 위하여 재이의 역사적 사례들을 찾아 정치 사건과 연결하여 그런 방식으로 분류, 기록하였다고 파악하였다.

이처럼 오행재이설은 군주뿐만 아니라 관료, 외척, 후비 등으로 확장하여 재이의 원인을 찾음으로써, 군주를 비롯하여 지배층이 권력을 자의적

46) 深川眞樹, 위의 논문, 81쪽.

47) 權珉均, 「《漢書·五行志》를 통해 본 班固의 災異觀」『中國史研究』125, 2020.

으로 행사하거나 부패 또는 나태하거나 분에 벗어난 행위를 하지 않도록 견제하는 기능을 하였다. 물론 그런 지배층의 잘못을 견책하고 바로잡는 책임은 군주에게 있는 것이지만, 군주를 대상으로 한 동중서의 천인감응론만으로 오행재이설을 이해할 수는 없다.

고려초기의 천견론은 재이를 신료들의 실정 탓으로 돌리고 어떤 조짐에 대한 예시로서 해석하려는 경향이었다가, 성종대부터 신료보다 왕의 부덕 탓에 재이가 발생한다고 여기고 기양대책도 왕의 '책기수덕'이 기본이 되었다고 본 견해가 있다. 그리고 그 변화는 성종대 이후 유교 관인층의 성장이자 천인감응론에 의한 왕권 견제 기능의 강화로 볼 수 있다고 하였다.[48)]

그런데 천인감응론은 수명군주로서 군주의 권위를 정당화하였다. 또한 재이가 발생하면 유교적 책기수덕으로 해소하는 방식뿐만 아니라 불교·도교·토속신앙 등에 바탕을 둔 각종 소재의례를 병행하여 부처·신의 가호를 받는 군주의 신성성이 부각되었다. 더구나 천인감응론의 목표가 유교적 교화와 왕도정치 실현에 있다는 점을 고려해 볼 때, 그 이론은 군주권을 제약한다기보다 군주권의 올바른 행사를 촉구하는 쪽에 가깝다. 즉 군주권의 강화 또는 제약이라는 시각에서 보기보다는 군주와 신료가 조화하여 왕도정치를 추구하는 노력으로 보는 것이 적절하다.[49)]

재이설은 관료들의 부패와 비리를 비판하고 책임과 도덕적 각성을 촉구할 목적으로 종종 이용되었다. 예를 들어, 인종 때 경기에 황충(蝗虫)의 피해가 커지자, 간관은 '나라에 간사한 자가 많고 조정에는 충신이 없기 때문에 내린 재이'라고 하면서 『후한서』 오행지 등의 기록을 인용하여 하늘의 뜻은 관리가 공(功)이 없으면 벌레와 같으니 빨리 숙청하지 않으면 병란이 일어날 것이고 유덕자를 천거하여 높은 관직을 주면 재해

48) 李熙德, 「高麗初期의 自然觀과 儒敎政治思想」 『歷史學報』 94·95, 1982, 290~291쪽.
49) 한정수, 앞의 논문, 2003, 55쪽.

가 사라진다는 것을 보여준다고 아뢰었다. 왕도 동의하여 관리들이 쇄신하도록 지시하였다.[50] 이어 간관 최유청 등은 재상 최홍재가 탐학하여 법을 어지럽히고 나라에 큰 해를 끼치기 때문에 가뭄과 황충의 피해가 함께 일어나고 있으니 그를 처벌하여 하늘의 견고에 답하라고 탄핵하였다.[51] 재이 발생을 계기로 재상 이하 관리들에게 봉공의 윤리를 지키도록 촉구한 것이다.

재이가 발생하면 고위관료들이 스스로 사직을 청하기도 하였다. 예종 때 어사대부 임유문은 여름에 우박이 내린 재이의 책임을 지고 사직을 청하였다.[52] 명종 때는 재상 이광정과 최충렬, 어사대부 문장필, 평장사 한문준 등이 성변을 허물 삼아 사직을 청한 사례들이 있다.[53]

정치 대립에서 상대방을 비판하는 수단으로 재이를 이용하기도 하였다. 인종 즉위 초에 한안인파의 최기우가 이자겸의 전횡을 비판하면서 개국사 탑에 벼락이 친 것은 외척의 발호에 대한 천견이기 때문에 대책을 세워야 한다고 상언하였다.[54] 그리고 공민왕 때 이존오는 신돈과 대립하면서 재이 발생을 근거로 탄핵하였다. 그는 신돈이 득세한 뒤에 겨울에 천둥이 치고 누런 안개가 열흘 동안이나 사방에 깔렸으며 태양 흑점과 야간에 붉은 요기가 생기고 천구성(天狗星)이 떨어지는 등의 재이가 발생한 점을 들어, 신돈에게 수여한 논도섭리공신(論道燮理功臣)이라는 칭호가 합당한지 물으며 경질하도록 요구하였다.[55] 정치세력 간의 갈등이 재이에 대한 대응방식의 차이로 나타나기도 하였다. 이자겸의 난으로 정치적

---

50) 『고려사』 권16, 인종 11년 5월 乙丑.

51) 『고려사절요』 권10, 인종 11년 6월 辛亥.

52) 『고려사』 권13, 예종 9년 4월 丙寅.

53) 『고려사절요』 권12, 명종 9년 11월 辛未 ; 같은 책 권13, 명종 14년 8월 ; 같은 책 권13, 명종 15년 9월.

54) 『고려사』 권98, 崔奇遇.

55) 『고려사절요』 권28, 공민왕 15년 4월.

위기를 겪은 뒤에 묘청파는 상서를 이용하여 서경 천도의 정당성과 미래에 대한 기대감을 높이려고 하였다. 대화궁 완공 뒤 왕이 조하를 받을 때 공중에서 음악소리가 들렸으니 이는 신궐에 대하여 천이 비상한 상서를 보여준 것이라거나, 수성(壽星)이 나타나 상서를 바쳐 신궐을 만든 왕의 뜻을 축하한다고 하거나, 대동강에 신룡이 침을 통하여 상서로운 기운이 서렸다고 선전하였다. 그러면서 왕조를 부흥시키기 위하여 다양한 종교행사와 신비주의적 법술을 벌였다. 그렇지만 서경 중흥사 탑이 불타고 대화궁의 건룡전에 벼락이 치는 등 재이가 계속 발생하자, 군주수덕론을 지지하는 관료들은 종교 도량과 재초 등으로는 재이를 물리칠 수 없으며 재이가 생긴 것은 오히려 간신인 묘청파가 왕을 미혹한 데 대한 천견이니 그들을 숙청해야 한다고 건의하였다.[56)]

고려 말에는 재이 대책을 둘러싸고 척불론과 호불론으로 나뉘어 대립하였다. 공양왕은 별전(別殿)에 인왕불상을 두고 재이 기양을 하는 한편 국태민안을 빌기 위하여 연복사 탑전 건립공사를 벌였다. 그러자 김초는 구언에 응하여 불교를 이용해서는 재이를 해소할 수 없고 또 예에 맞지 않는 음사는 오히려 사악한 기운이 뭉치게 하여 음양이 도를 잃고 재이를 초래할 뿐이니 불교를 축소하고 무격을 추방하라고 상서하였다. 그런 주장에 대하여 이첨은 태조 이래 역대로 불법을 숭앙하였는데 김초가 그것을 배척한 것은 선왕이 정한 법식을 허무는 것이니 처벌하라고 건의하였다.[57)] 정도전과 정총 등도 구언에 응하여 동중서의 재이설에 따라 천견을 두려워하여 덕치를 하라고 건의하였다. 특히 그들은 공양왕이 왕도를 체득하지 못하였다고 지적하여, 공양왕의 권위를 부정하고 새 왕조 창출을 위한 혁명의 논리로 재이설을 원용하였다고도 평가되었다.[58)]

---

56) 蔡雄錫, 앞의 논문.

57) 『고려사절요』 권35, 공양왕 3년 5월 ; 『고려사』 권117, 李詹.

이상에서 살펴보았듯이, 천인감응론의 재이설은 유교이념에 따른 정치를 강조하였다. 재이설을 군주권의 강화 또는 제약이라는 관점에서도 고찰할 수 있지만, 그보다 유교 정치의 정착과 심화에 기여한 것에 더 큰 의미가 있었다. 군주를 비롯한 지배층이 도덕 수양과 민생 중시의 덕치에 힘쓰도록 견인하였으며, 유교 지식인들의 정치 참여 특히 언론 활동을 활성화하는 기능을 하였다. 재이설이 군주권을 강화하였는지 제약하였는지는 군주의 리더십 내지 국정 장악력 수준 또는 정치를 주도한 세력이 재이를 정치 운영에 어떻게 이용하는지에 따라 가변적이었다.

5. 중앙집권체제와 재이 대책

재이 정보의 수집과 해석 및 대책은 군주를 중심으로 한 관료기구가 일원적으로 장악하였다. 군주와 재상이 음양을 조화시켜 계절이 순조롭게 운행하도록 하는 책임을 지고, 천문·기상 관측을 담당하는 태복감(太卜監, 司天臺)과 태사국(太史局) 등을 설치하여 운영하였다. 그리고 재이가 발생하면 군주의 근신과 구언, 관리 규찰과 인재 등용, 원억을 풀어주는 형정, 진휼과 구료(救療), 부세 감면과 권농책 실시 등으로 대응하였다. 진휼·구료 담당 기구로서 의창·상평창·제위보·동서대비원 등을 설치 운영하였고, 재이 기양 의례를 국가·왕실 차원에서 거행하였다.[59]

천문·기상 관측 기구를 보면, 경종 원년(976) 이전에 사천원(司天院,

58) 李熙德, 「董仲舒의 災異說과 高麗時代의 정치」 『黃元九敎授定年紀念論叢』, 1995.

59) 자연재해로 인한 기근 대책들은 『周禮』 이래 荒政의 범주로 포괄되었다(金錫佑, 「荒政 연구의 대상-漢代 荒政史 연구를 위한 예비적 검토」 『中國史硏究』 32, 2004). 그런데 고려시대 사료에서는 황정이라는 용어가 아주 드물게 보인다.

사천대)가 있었고 성종대 초기에 태사국과 태복감이 분치되었다. 태사국은 관측 업무, 태복감은 점복[卜筮] 업무를 맡은 듯하며, 현종 14년(1023)에 태복감을 사천대로 개칭하였다. 그 개칭은 태복감이 천문 관측기구로 성격이 변했기 때문이라거나, 태사국이 천문·기상·역법의 업무를 맡고 사천대는 풍수의 소임 등을 수행하며 천문·측후 등의 업무가 점서와 관련이 있는 경우만 두 기구의 관원이 함께 관계하였다고 보는 견해가 있다. 천문을 관찰하고 역(曆)을 만드는 태사국[사천대]과 복서를 담당한 태복서(太卜署)로 이원화되었던 당(唐)과 달리 태사국과 사천대의 업무에 중복이 있고, 직제상 사천대가 태사국을 통제하는 상·하 예속관계였다는 점 등도 검토되었다. 그 뒤 예종 11년(1116)에 송의 제도를 본받아 사천대를 사천감으로 바꾸었다. 또 충선왕 복위년(1308)에 사천감과 태사국을 합쳐서 서운관으로 바꾸었다가, 공민왕 5년(1356) 문종 구제로 복귀할 때 다시 사천감과 태사국으로 분치하였고, 이후 병합과 분치를 반복하였다. 그 기구들에는 일관(日官)이 속하여 천문과 기상의 관측, 시각 측정과 역 제작 등을 비롯하여 각종 재이에 대한 관찰과 점후(占候) 등을 맡았다.[60)]

재이가 발생하면 군주는 자책하여 정전(正殿)을 피하고 상선(常膳)을 감하며 음악을 정지하는 등 근신하는 한편 언로를 열고 인재를 구하였다. 그리고 이재민에게 관곡을 풀어 식량과 종자를 지급하고 부세를 감면해주었다. 진휼기구로는 국초에 개경에 흑창을 두었다가, 성종대 전국에 의창을 설치하였다. 주현과 속현의 구분과 관계없이 군현 단위로 의창을 설치하고, 중앙정부의 책임 아래 의창곡을 운용하였다. 12세기 전반 무렵부터 의창이 기능을 상실하기 시작하여 13세기 말 이전에 소멸하고, 이후 관곡

60) 金海榮, 「高麗史 天文志의 檢討」『慶尙史學』2, 1986 ; 金昌賢, 「高麗時代 日官에 관한 一考察－日官의 役割과 그 地位를 중심으로」『史學硏究』45, 1992 ; 朴龍雲, 『高麗史 百官志 譯註』, 신서원, 2009, 335~344쪽.

을 이용하여 진대하였으며 충선왕의 주도하에 유비창·전농사 등을 설치하여 의창 기능을 대신하기도 하였다. 의창은 창왕~공양왕대에 복설되었다.[61]

민간영역에서도 사찰이나 부민 등이 먹거리를 제공하고 질병을 치료하는 등 구호활동을 벌였다. 그런 민간 구호에는 보시(布施)를 강조하는 불교의 영향이 있었다고 파악되며, 국가가 불교사찰에 진제업무를 위임하거나 사찰에 진제시설을 설치하여 운영하기도 하였다.[62]

한편 재해로 인한 유망을 방지하고 농업 생산을 안정시키기 위한 권농책을 초기부터 중시하였다. 『예기』 월령에 따라 정령(政令)이 절기에 맞아야 하며 그렇지 않으면 가뭄과 같은 구징이 나타난다고 인식하였다. 그리고 농시(農時)를 보장하여 안정적으로 농사를 할 수 있도록 하였다.[63] 농사가 시작되면 외관이 청송을 중단하였다가 추수가 끝난 뒤에 재개하도록 한 무정무개법(務停務開法)을 시행한 것도 그런 맥락에서였다.[64] 또한 재해로 발생한 유민을 정착시키고 진전 개간을 장려하며 재해에 대비하여 수리시설을 보강하였다. 특히 12세기에 자연재해가 두드러지게 증가하자, 외관의 책임과 역할을 강조하고 경지의 활용도를 높여 일종의 '영농다각화'를 도모하는 등 권농의 내용이 보다 진전되었다.[65]

---

61) 朴杰淳, 「高麗前期의 賑恤政策 1, 2」 『湖西史學』 12·13, 1984·1985 ; 朴鍾進, 「高麗前期 義倉制度의 構造와 性格」 『高麗史의 諸問題』, 三英社, 1986 ; 박종진, 「고려시기 경제운영의 단위와 지방제도」 『韓國學研究』 7, 1997 ; 李碩圭, 「高麗時代 民本思想의 性格－賑恤政策과 관련하여」 『國史館論叢』 87, 1999.

62) 이병희, 「高麗時期 佛敎界의 布施活動」 『禪文化研究』 4, 2008.

63) 韓政洙, 「高麗前期 儒敎的 重農理念과 月令」 『歷史教育』 74, 2000 ; 김인호, 「고려시대 관료의 농업관과 농민의식」 『歷史와 實學』 74, 2021.
한정수는, 월령이 농사력을 제공하고 농시의 보장을 유념하여 안정적인 농업생산을 할 수 있게 하였지만 재이가 음양의 조화가 깨진 것에서 비롯된다고 여겨서 현실적인 농업개발책, 적극적인 개척의 의지보다 천시에 순응해야 한다는 인식과 자연관을 형성함으로써 고려전기 사회의 한계가 되었다고 파악하였다.

64) 채웅석, 「고려시대의 사송(詞訟) 인식과 운영」 『한국중세사연구』 63, 2020, 16~17쪽.

재이에 대한 천인감응론적 대응은 형정에서도 중시되었다. 역질에 걸리고 음양이 어그러지는 것은 형정을 때에 맞지 않게 하기 때문이라고 보았다. 그에 따라 월령에 따라 형정을 시행하도록 법식을 정하였으며, 봄과 여름에는 형벌을 집행하지 않고 가을·겨울에야 집행하도록 하였다. 그리고 불법적이거나 부적절한 구금·형벌과 오결(誤決)·체송(滯訟)으로 원억이 쌓여 화기를 상하게 하면 재이가 발생한다고 여겨서 신속하고 정확하게 판결하도록 강조하였다. 재이가 발생하면 휼형을 시행하고 형정을 관대하게 함으로써 천견에 응답하고 민심을 위로하여 화기를 불러 모아 재이를 해소할 수 있다고 여겼다.[66]

한편 유교정치에서도 군주가 신에게 제사를 지내서 재이를 극복하는 방식을 인정하였다. 예컨대 『주례』의 황정 12조에 귀신을 찾아 제사 지내는 행위[索鬼神]가 들어 있고, 큰 재해에는 상·하의 신들에게 기도하고 제사를 올린다고 하였다. 또 『한서』 오행지에서는 군주가 즉위하면 반드시 천지에 교사(郊祀)하여 기도하고 산천신(山川神)의 급에 맞추어 제사 지내는데, 근신과 공경을 다하면 신이 흠향하여 많은 복과 도움을 준다고 하였다.[67] 그에 따라 재이가 발생하면 국가 차원에서 우제(雩祭), 기청제(祈晴祭) 등 다양한 제사를 거행하였다.

그뿐 아니라 사상과 종교의 다원성을 기반으로 하여 군주가 불·보살과 도교신 등에게 재초를 올리고 도량을 개설하여 소재를 빌었다. 소재도량의 경우 문종 원년(1047)부터 우왕 원년(1375)까지 150회 이상 개설되었다. 특히 그 도량에서는 소의경전에 언급되지 않은 지변(地變)도 대상으로

65) 李正浩, 「高麗前期 自然災害의 발생과 勸農政策」 『역사와 경계』 62, 2007.

66) 蔡雄錫, 「고려시대 刑政의 '原情'認識과 月令 활용」 『한국중세사연구』 27, 2009.

67) 『周禮』 地官 大司徒 "以荒政十有二…十有一日 索鬼神"; 같은 책, 春官 小宗伯 "大烖及執事 禱祠于上下神示"; 『漢書』 권27上, 五行志7上 水 "說曰…王者即位 必郊祀天地 禱祈神祇 望秩山川 懷柔百神 亡不宗事 愼其齊戒 致其嚴敬 鬼神歆饗 多獲福助 此聖王所以順事陰氣 和神人也."

삼고 있어서, 천변은 물론 오행의 이상으로 인한 재이까지 소재도량을 통하여 해결하려고 한 점이 특징이라고 지적되었다.[68)]

다원적 대응 방식의 구체적인 사례로서 기우행사가 주목된다. 가뭄이 들면 군주가 '책기수덕'하고 인정(仁政)을 베푸는 한편 각종 종교의례를 실시하여 초현실적인 권능자에게 호소하였다. 재초의 경우에도 그 기원문을 분석한 결과 가뭄이 발생한 근본 원인은 어디까지나 부덕한 정치로 인한 천견으로 인식하였다고 본 견해가 있다.[69)] 그 연구는 기우행사의 사상 기반으로서 유교의 천인감응론을 강조한 것이지만, 기우제 관련 연관색인어들을 분석한 연구에 따르면 조선초기와 비교하여 유학은 물론 불교·도교·토속신앙 등을 다원적으로 이용한 점이 고려시대의 특징이라고 하였다.[70)] 연구의 초점을 유교가 정치이념으로 정립된 점에 맞출 것인지 아니면 다원적 사상지형에 맞출 것인지의 차이에 따라 서로 다른 결론이 나온 것이다.

요컨대 재이 대책은 국가 통치에서 매우 중요하였다. 재이 인식과 대책이 군주와 관료, 관료 상호 간에 권력을 둘러싸고 벌어진 정치적 긴장관계에서 중요 변수로 작용하였을 뿐만 아니라, 중앙집권체제를 유지하는 데에서도 큰 역할을 하였다. 그에 따라 정치에서 유교적 대응을 기본으로 하면서도 다원적 사상·종교체제를 이용하여 재이 해소에 부심하였다.

---

68) 김수연, 「소재도량(消災道場)을 통해 본 고려시대의 천문기양사상(天文祈禳思想)」 『韓國思想史學』 45, 2013.

69) 李熙德, 「高麗時代 祈雨行事에 대하여-《高麗史》 五行志를 중심으로」 『東洋學』 11, 1981.

70) 최봉준, 「한재와 기우제 관련 연관색인어로 보는 고려~조선초기 사상적 변화」 『한국중세사연구』 67, 2021.

6. 자연환경의 변화

앞서 살폈듯이, 사서의 재이 기록은 과학적 기록이 아니라 정치적 기록에 가까워서 자연환경 고찰에 활용하려면 사료 비판이 필수적이다. 그런 점을 고려한 사료 보정은 아직 충분하지 않지만, 최근에는 『고려사』 오행지의 기록을 토대로 홍수와 가뭄을 비롯하여 우뢰와 번개, 대설과 우박, 극광[오로라], 큰 바람과 지진, 황충해 등 기상·기후 요소들의 월별, 시기별 특징을 전반적으로 고찰한 연구도 이루어졌다.[71]

기후 관련 선행연구는 주로 온랭과 건습을 고찰하였다. 초기 연구는 홍수와 가뭄, 고온과 한랭 관련 재이 사료들을 분석하여 1000~1250년에 상대적으로 온난하고 1250~1400년에는 한랭하였다고 파악하였다. 그런 특성은 세계의 중세온난기인 소기후적기(小氣候適期. little climatic optimum)와 일치되고 고려말에는 냉량해져서 다음 소빙기로 이어졌다고 하였다. 그리고 건습 상황은 900~1100년에 건조하다가 1100~1200년에 습윤하고 1200~1350년은 건조하다가 1350~1400년은 몹시 습윤하였다고 파악하였다.[72] 그렇지만 후속 연구에서는 고려전기가 상대적으로 따뜻하였다고 하더라도 유럽과 같은 온난기가 아니라서 1001~1150년은 한난(寒暖)지수가 높은 한랭기였고 중·말기에도 한랭하였다고 수정하였다.[73] 과학적인 기후자료가 없기 때문에, 한온과 건습 분석 지표의 내용 또는 참고할 수 있는 동아시아 인접지역의 기후환경사 연구 수준 등에 따라 결론이 달라질 수 있다.

---

71) 김일권, 앞의 책, 57~101쪽.

72) 金蓮玉, 「高麗時代의 氣候環境 ; 史料分析을 中心으로」 『韓國文化研究院論叢』 44, 1984.

73) 金蓮玉, 「中世 溫暖期의 氣候史的 研究」 『문화역사지리』 4, 1992. 그렇지만 이 수정된 견해는 현재 학계에서 한계가 지적되고 수정되고 있는 竺可楨의 연구에 의존한 한계가 있다(김문기, 「중세온난기와 11세기 동아시아의 기후변동」 『생태환경과 역사』 7, 2021, 97~98쪽).

고려전기에 비교적 온난하게 안정되었던 기후가 12세기에 급격하게 바뀌어 냉량한 여름과 따뜻한 겨울이 다발하는 등 극단적인 형태로 나타나서 후반기에 한랭하고 불안정한 기후가 되었다는 견해가 제시되었다. 그런 변화의 원인으로 백두산과 일본 아사마산[淺間山]의 대규모 분화를 비롯하여 이탈리아 에토나화산 분화 등의 영향이 있었을 것으로 추정하였다. 화산재가 성층권에 도달하여 햇빛을 가려서 한랭한 기후를 초래하였다고 보았다.74) 기후 추세를 중국·일본과 비교 분석한 연구에서는 동아시아 3국이 각각 기후 변화의 시작 시점에 다소 차이가 있지만, 대체로 모두 10~11세기에 온난기를 유지하다가, 12세기에는 한랭기로 변하고, 이후 일시적인 소강기를 거쳐서 다시 13세기 후반~14세기의 한랭기로 이어졌다고 파악하였다. 그리고 12세기 동아시아의 한랭한 기후는 같은 시기 유럽과 북아메리카 지역, 특히 북대서양지역이 중세온난기 혹은 소난기(小暖期, Little Climate Optimum Period)로 불릴 만큼 온난한 상황이었던 점과는 차이가 난다는 사실에 주목하여, 그 점이 기후상에 나타나는 동아시아 지역의 공통점이자 유럽 등의 지역과 구별되는 차이점이라고 보았다.75)

고려중기와 말기에는 기후 변화가 심하였다. 자연재해의 증가 추세가 두드러져서 고려시대 전체기간 중에서 12세기 전반기와 14세기 후반기에 가장 많은 자연재해 기록을 남기고 있고 전체기록 중에서 약 38%가 이 시기에 집중되었다고 파악되었다.76) 이상고온·이상저온 등 기온 변화가

74) 須長泰一,「高麗後期の異常氣象に關する一試考」『朝鮮學報』119·120, 1986.

75) Lee Jung-ho, Climate Change in East Asia and Agricultural Production Activities in Kory and Japan during the 12th~13th centuries, *International Journal of Korean History* Vol.12, 2008.
김문기는 최신 연구들을 활용하여 11세기에 한국을 비롯한 동아시아 국가들이 온난하고 상대적으로 안정된 상태였으며 12세기에는 한랭하고 불안정해졌다고 파악하였다(앞의 논문).

76) 李正浩, 앞의 논문, 2007 ; 앞의 논문, 2011.

불규칙하기도 하였다. 1100~1200년, 1340~1420년 등에 천재지변이 집중적으로 나타난 원인을 외계 충격에서 찾는 견해도 제시되었다.[77] 외계충격설은 1490~1760년의 소빙기 연구에서 출발하여 한국사 상의 사회 변화에 대한 이해로 확장되었다. 그에 따르면 외계 충격으로 대기권의 온도가 장기간에 걸쳐 내려가면 기류에 이상이 생겨서 국지적 폭우와 가뭄이 빈발하고 해상에서도 해일이 생겨서 재난이 심해진다고 하였다.

자연과학계에서도 문헌사료를 검토하여 자연재해의 추이를 살폈다. 그 결과 평균 7년에 한 번꼴로 가뭄이 발생하였고, 286~335년, 786~835년, 1261~1320년경에 가뭄의 발생 빈도가 상대적으로 높았다고 하였다. 홍수는 5회의 발생기록만 있고, 서리 피해는 골고루 발생하면서도 특히 1261~1300년 사이에 빈도가 가장 높았다고 파악하였다.[78] 그런데 그 논문은 가뭄·홍수·서리 피해 등의 발생 빈도가 가장 낮았던 시기가 1021~1180년으로서 고려 전성기와 대비된다고 파악하여, 12세기에 재해가 크게 늘었다고 파악한 위의 연구들과는 차이가 있다. 12세기 역사에 대한 평가나 분석 방식 등이 달라서 차이가 생긴 것으로 보인다.

한편 자연과학계에서 호수 및 습지퇴적물을 이용하여 고기후를 연구하고 있어서 참고된다. 경포호 퇴적물을 이용한 식물규소체 분석 연구에서 2000~900년BP 경에는 온난 습윤하였고 이후 500년BP까지 매우 냉량 습윤하였다고 파악하였다.[79] 점봉산습지, 정족산 무제치늪, 대암산 용늪, 오대산 질뫼늪, 지리산 왕등재 늪 등 고산습지의 퇴적 화분을 분석한 연구에서는 1000~400년BP에 온난 습윤하였는데 약 2000~1000년BP보다도 고온이었다고 보았다.[80] 공검지 토양실트층의 시료를 식물규소체 분석한 연구

77) 이태진, 『새 韓國史』, 까치, 2012, 208~212쪽.

78) 윤순옥·황상일, 「고려사를 통해 본 한국 중세의 자연재해와 가뭄주기」 『한국지형학회지』 17, 2010.

79) 윤순옥·김효선·황상일, 「경포호의 식물규소체(Phytoliths) 분석과 Holocene 기후변화」 『대한지리학회지』 44-6, 2009.

는 9~11세기에 해당하는 1220~980년BP에 온난하였고, 980~950년BP에는 온난하지만 모래가 퇴적된 것으로 볼 때 자연환경이 변화하여 벼를 거의 재배하지 않고 밭도 황폐화하였다고 보았다. 이어 공검지의 제방 개축 시기에 해당하는 1195년 전후인 950~800년BP는 기후가 변동을 반복하며 냉량한 기후가 나타났고, 13~15세기에 해당하는 800~600년BP는 다소 냉량하였다고 파악하였다.[81] 제주도 물영아리 습지의 시료를 분석한 결과는 1000~1080년과 1180~1320년에 기후가 상대적으로 건조하였으며 특히 지난 1000년간 가장 매서웠던 장기간의 가뭄이 1180~1320년에 나타났다고 파악하였다.[82] 그리고 그런 변화의 원인은 중세온난기에 엘니뇨가 강화되어 서태평양에서 열대성 저기압의 생성 빈도가 줄어든 결과 한반도로 전달되는 강수량은 감소하였고, 그와 반대로 소빙기에는 라니냐의 강화로 한반도의 강수량이 상대적으로 많았다고 보았다. 지리산 왕등재늪의 화석화분을 분석한 연구에서도 중세온난기로 추정되는 950~1250년의 시기에 강수가 낮다가 1150년부터 연평균기온이 급격히 떨어지기 시작하고 강수량이 증가하였다고 파악하였다. 그런 변화는 동아시아 내륙의 소빙기 강수량 감소와는 다른 양상이며, 지리산을 비롯한 한반도 남부의 내륙산간지역들도 비슷한 경향을 보인다고 하였다.[83]

동굴 석순의 성장도를 분석하여 기후 추세를 고찰한 연구도 제시되었

---

80) 윤순옥·김민지·황상일, 「점봉산 고산습지의 화분분석과 홀로세 후기 기후 변화」 『한국지형학회지』 20-4, 2013 ; 「한반도 고산습지의 식생환경과 역사시대 기후변화」 『한국지형학회지』 21-4, 2014.

81) 윤순옥·안은정·김효선·황상일, 「상주 공검지 일대의 고대 이후 고기후 변화와 농경활동」 『한국지형학회지』 20-4, 2013.

82) 박정재, 「한반도 홀로세 후기 기후와 적도 태평양 해수면 온도 간의 연관성」 『한국지역지리학회지』 24-1, 2018.

83) 이재영·전창표·이상헌·김동욱, 「현생화분을 이용한 화석화분 기반의 정량적 고기후 복원－연구방법 소개 및 사례연구」 『지질학회지』 56-5, 2020.

다. 제주도 당처물동굴 석순의 성장도를 분석하여 고려전기에 해당하는 1249~830년BP는 강수량이 적었고 고려후기~조선초기인 830~568년BP는 강수량이 많아 상대적으로 습윤하였다고 하였다. 그런 동아시아 몬순의 변화는 일사량의 변화 곧 태양활동의 변화와 직접적으로 연관된다고 파악하였다.[84] 강원도 평창 동굴의 석순을 연구한 결과도 비슷한 양상을 보였다. 1100년BP 무렵부터 점차 건조해지는 양상을 보이다가 약 920~660년BP에 빠른 성장 속도를 보여서 강수량이 많은 환경을 보여준다고 하였다.[85]

자연과학계의 연구들을 종합해보면, 대체로 9~13세기까지는 온난 건조하였고 말기에는 냉량 습윤하였던 듯하다. 연구에 따라 결과에 차이가 나는 까닭은 분석 방법의 차이, 연구대상의 지리적 환경의 차이 등에 따른 것일 수 있다. 또한 화분을 분석하여 기후를 추정하는 경우, 현생화분 데이터 수에 의존하는 화분군집 변수와 기후변수의 부족 등이 고기후 복원에 왜곡을 일으킬 수 있다.[86] 보다 신뢰성을 갖추고 시기 구분 등에서 세밀한 분석이 더해지면 문헌 사료를 통한 연구를 크게 보완해줄 수 있을 것으로 본다.

한편 백두산 분화 사례를 문헌에서 찾아 화산학적으로 해석한 연구도 있다. 공중에서 천둥과 같은 소리가 들리는 현상, 흰 기운이 해를 꿰뚫는 현상, 흙비 등의 재이를 화산 분화의 충격파, 화산재의 확산으로 인한 대기의 이상 현상, 화산재가 비처럼 내리는 현상 등을 관측한 것으로 추정하였다. 그 결과 백두산이 939년, 946년, 1014년, 1016~1019년, 1124년, 1199~1201년, 1265년, 1373년 등에 분화하였다고 보았다.[87] 그렇지만

---

84) 홍석우·우경식·이상헌·조경남, 「제주도 당처물동굴 석순의 조직적 특징을 이용한 지난 2000년간의 고기후 변화 연구」 『지질학회지』 48-6, 2012.

85) 유근배·공달용·이현아·김찬웅·임종서, 「동굴생성물(석순)을 이용한 한반도 고기후 연구−홀로세의 몬순 변화를 중심으로」 『한국지역지리학회지』 22-2, 2016.

86) 이재영·전창표·이상헌·김동욱, 앞의 논문, 599쪽.

그런 재이가 모두 화산 분화로 인한 것이었는지는 검토가 필요하다. 946년, 1668년, 1702년, 1903년의 백두산 분화물은 지질조사에서 확인되어 있다. 특히 밀레니엄 분화(Millennium eruption)로 불리는 946년의 분화는 화산폭발지수 7 규모의 초거대분화였다고 추정한다. 그 화산재는 일본의 것과는 구성광물의 종류와 성분 및 암석 지구화학적 성분 차이로 쉽게 구분된다고 한다.[88]

한편 자연재해, 기상이변의 원인을 개간과 벌목 확대 등으로 인한 산림 훼손에서 찾는 견해도 있다.[89] 산림이 훼손되면 토사가 유출되어 하류지역에 축적됨으로써 수재가 발생하는 요인이 될 수 있다. 또 개경의 도시 발달에 따라 주택과 땔감 등의 수요가 늘어 주변의 산이 민둥산이 되고 대기와 수질의 오염이 심해졌다.[90] 그리고 천도론의 근거였던 지기(地氣. 地德) 쇠약이 야생동물의 출몰, 우물과 연못의 이상현상, 궁중 화재와 대형화재의 발생 등과 깊은 관련이 있고, 그런 재이는 도시 확대로 인한 임야 축소와 산림 훼손 때문에 생태환경이 악화된 것이 근본 원인이라는 연구도 제시되었다.[91]

농지 개간의 추세를 보면, 이전에는 산전 개간 중심이다가 12세기부터 저습지와 연해지 개간이 나타났다. 재해를 입거나 수탈을 피하여 유망한 농민이 도시로 유입되거나 농지 개간에 나섰다. 개간이 활발하게 이루어지면서 후기에 새로운 촌락이 다수 형성되었다.[92] 그렇지만 산전이나

---

87) 윤성효,「백두산의 역사시대 분화 기록에 대한 화산학적 해석」『韓國地球科學會誌』 34-6, 2013.

88) 윤성효·고정선·장철우,「역사시대에 분화한 백두산 화산재의 화학 성분」『암석학회지』 27-1, 2018.

89) 이정호,「高麗時代 숲의 개발과 環境變化」『사학연구』 111, 2013.

90) 이정호,「高麗中期 自然災害의 발생과 生活環境」『韓國史研究』 157, 2012 ; 박진훈,「고려시대 개경민의 주거 문제와 생활 공간」『서울학연구』 83, 2021.

91) 이병희,「高麗時期 遷都論의 提起와 生態環境」『歷史敎育』 148, 2018.

92) 李炳熙,「高麗後期 農地開墾과 新生村」『湖西史學』 34, 2003.

저습지역·연해의 개간지는 비옥도가 상대적으로 낮으며, 후자의 경우는 큰 규모의 수로와 제방이 필요하였다. 홍수와 가뭄이 들면 그런 한계농지에 타격이 커서 쉽게 경작 포기될 가능성이 컸다. 즉 재해 대책으로서 새로운 농지를 개간하더라도 기상이변이 잦은 시기에 한계농지는 생산성이 급격히 떨어져서 진전화 되기 쉽다는 점을 고려해야 할 것이다.

7. 역병과 구료(救療)

현종 9년(1018) 문하시중 유진 등은 '민들이 역병에 걸리고 음양이 계절에 맞지 않는 이유는 형정을 때에 맞게 시행하지 않았기 때문'이라고 왕에게 아뢰었다. 천인감응론에 따라 역병을 재이로 본 것이다. 마찬가지로 예종과 인종도 자기가 역병에 걸려 낫지 않는 이유를 부덕으로 인한 천견이라고 인식하였다. 그리고 공민왕 때 신돈은 전민변정도감을 설치한 뒤 전국에 붙인 방문에서 농장의 폐단이 민과 나라를 병들게 하여 홍수와 가뭄을 불러일으키고 역병이 그치지 않는다고 하였다.[93)]

『고려사』 오행지는 역병 곧 유행병을 토행 재이의 하나로서 채록하였다. 그런 분류법은 『원사』에 따른 것으로서, 『후한서』와 『신당서』에서 역병을 황지불극(皇之不極) 항목에 채록하고 『송사』에서 수행으로 분류한 것과는 다르다.

중세온난기 초기(900~970년)에 해수면이 현재보다 20cm 높은 고도까지 상승했다가 이후 하강하였다(양동윤·한민·김진철·박수정·임재수, 「화성 연안의 중세온난기 이후 해수면 변동에 연동된 침식·퇴적 흔적 연구」 『한국지형학회지』 26-2, 2019). 그런 해수면 하강을 고려중기 이후 저습지와 연해지 개간이 진행되는 배경의 하나로도 볼 수 있을 것이다.

93) 『고려사절요』 권3, 현종 9년 윤4월 ; 같은 책 권14, 예종 17년 4월 乙未 ; 같은 책 권10, 인종 24년 2월 甲子 ; 『고려사』 권132, 반역6 辛旽.

질진(疾疹)과 장역(瘴疫) 및 온역(溫疫)은 많은 희생자를 낸 유행병이었다. 질진은 치사율이 높은 발진성 질환으로서 신라 때부터 기록되었고, 장역은 11세기 초 중국 변방지역에서 유행하다가 고려에 전파되어 현종 9년(1018년) 개경지역에서 발생하였다. 온역은 숙종 5년(1100)부터 기록에 나타났다.[94]

그런 역병의 대규모 유행 배경에는 기근과 전쟁이 있었다. 자연재해나 기상이변으로 농업이 타격받으면 기근이 발생하고 역병 유행으로 이어졌다. 특히 12세기처럼 온난기에서 급격하게 한랭기로 변화한 시기에 역병이 주로 나타났다고 파악되었다. 특히 12~13세기에 온역이 유행하였는데, 열성감염병인 온역의 유행은 그 시기의 기후 변화와 관련되었을 가능성이 크다고 보았다. 즉 한랭화가 진행되어 가뭄과 기근이 빈발하고 역병의 발생 빈도가 월등하게 높아졌다는 것이다.[95]

전쟁은 외부에서 풍토병이 유입되는 계기가 되었다. 현종 연간에 장역이 처음 발생한 계기는 거란과의 전쟁이었을 것으로 추정하였다.[96] 외부에서 유입된 역병이 아니라도 군중은 역병이 돌기 쉬운 환경이었고 귀환병을 따라 민간에도 퍼졌다. 고려시대에 36회의 역병이 발생하였는데, 그중에서 전쟁 기간에 발생한 경우가 26회로서, 전쟁기에는 비전쟁기보다 2.2배 자주 발생하였다. 그리고 대몽항전기에 그 직전보다 인구가 1/3 정도 감소하였는데, 인명 살상과 역병, 기근으로 인한 인구감소율이 14% 정도였다고 추정하였다.[97]

---

94) 이현숙, 「고려시대 역병에 대한 인식－질진·장역·온역을 중심으로」『韓國思想史學』 30, 2008.

95) 宋涍禎, 「高麗時代 疫疾에 대한 硏究－12·13세기를 중심으로」『明知史論』 11·12합, 2000 ; 이경록, 「고려시대의 유행병 대응과 그 성격」『역사학보』 252, 2021.

96) 이현숙, 앞의 논문, 53~54쪽 ; 「전염병, 치료, 권력－고려 전염병의 유행과 치료」『梨花史學硏究』 34, 2007, 53~54쪽.

97) 김순자, 「고려시대의 전쟁, 전염병과 인구」『梨花史學硏究』 34, 2007.

고려는 인정(仁政) 구현의 일환으로 중앙집권적 의료체제를 운영하였다. 중앙에 태의감, 상약국, 동서대비원, 제위보, 혜민국 등을 운영하면서, 의료 전문인을 양성하여 관료로 채용하였다. 그리고 조공무역과 공납을 통하여 수입약재와 향약재를 독과점 함으로써 의료의 헤게모니를 장악하였다. 지방에는 현종 때 4도호 8목에 의사, 그 아래 지역에는 약점사를 배치하였다가, 예종대 이후로는 의사가 파견되지 않고 약점사만 남았다. 그리고 특정 지역에서 역병이 창궐하면 구제도감, 구급도감 등을 임시로 설치하여 구료하였다.[98)]

동서대비원과 혜민국 등은 민을 대상으로 하는 의료기구로 운영하였으며 약점을 전국에 설치하고 향리 출신의 약점사를 배치하는 등 의료망을 구축하였다. 이처럼 대민의료기구가 등장하여 민에게까지 의료 대상이 확대된 것은 의료사적으로 의의가 크다고 평가되었다. 그렇지만 한계가 있어서, 의료제도의 혜택을 누리는 계층은 고위관원 중심이고, 제위보와 동서대비원도 구휼기관의 성격이 강하여 민의 일상적 치료를 담당하였다고 보기는 어렵다고 보았다.[99)]

장역과 온역이 전파되자 문종~인종대에 국가가 나서서 송으로부터 『신의보구방(神醫普救方)』 등의 의서를 들여오고 의사를 초빙하여 교육하도록 하였다. 그처럼 송 의학을 수용하여 의학 수준이 한 단계 더 발전하였다고 평가되기도 하지만,[100)] 한편으로는 장역과 온역을 치료하기 위하여 최신 의서를 도입하였더라도 큰 도움이 되지 못하고 역병을 막는 벽온방류가 발전하였다는 평가도 있다.[101)]

---

98) 이경록·신동환, 「고려시대의 의료제도와 그 성격」 『의사학』 10-2, 2001 ; 李京錄, 「고려초기 구료제도의 형성－광종대와 성종대를 중심으로」 『大東文化硏究』 61, 2007 ; 이경록, 「고려전기의 대민의료체계」 『韓國史硏究』 139, 2007 ; 이현숙, 「고려시대 官僚制下의 의료와 民間의료」 『東方學志』 139, 2007.

99) 위와 같음.

100) 三木榮, 『朝鮮醫學史及疾病史』, 1962, 47~51쪽.

12세기 초부터는 향약(鄕藥) 개발도 이루어져서 향약 의서의 처방과 약재를 통하여 의술로 구현되었다. 14세기 이후 평균수명이 늘어나고 소아 사망률이 낮아진 것을 그런 향약 의술의 발달에 따른 성과로 파악한 연구가 있다. 향약 의술의 발달에 신흥사족의 영향이 컸으며. 그들의 의술 개발과 보급 열의는 신유학의 위민론(爲民論)과 밀접한 관계가 있다고 보았다.[102]

그런데 13세기 전반에 간행된 것으로 추정되는『향약구급방(鄕藥救急方)』의 성격에 대해서는 이견이 있다. 몽골과 전쟁하던 시기에 정상적인 치료를 받지 못하는 일반대중이 간단하게 치료할 수 있도록 하기 위한 구급법이나 간단한 치료방법을 모아 놓은 민간구급방에 지나지 않다는 견해가 있고,[103] 중국 약재를 수입할 수 없는 전란기 상황에서 약재의 구성을 향약으로 할 수밖에 없었던 지배층을 위한 구급 의학서였다고 보는 견해가 있다.[104]

무신집권과 대몽항쟁을 거치면서 공적 의료체제가 약화되자 승의(僧醫)·유의(儒醫) 등 민간인에 의한 구료가 부각되었다. 예컨대 채홍철은 선승들이 생활하는 전단원(旃檀園)을 짓고 약방을 차려 많은 이들이 덕을 보고 활인당(活人堂)이라고 불렀으며, 허금과 원선지 등도 약을 제조하여 사람들을 치료하였다. 특히 김해에 거주하던 배덕표는 약초를 캐서 정성껏 조제하였다가 동네에서 병자가 생기면 치료해주었다.[105] 의서의 보급으로 민간인의 의학지식이 높아지고 향약을 이용하면서 민간의료가 활성화

101) 이현숙, 앞의 논문, 2008, 36쪽.

102) 李泰鎭,「高麗後期의 인구증가 要因 生成과 鄕藥醫術 발달」『韓國史論』19, 1988.

103) 신영일,「향약구급방에 대한 연구」, 경희대 박사학위논문, 1994.

104) 이현숙, 권복규,「고려시대 전염병과 질병관-《향약구급방》을 중심으로」『사학연구』88, 2007.

105)『稼亭集』권11, 蔡洪哲墓誌銘 ;『고려사』권105, 許珙 附 許錦 ; 같은 책 권107, 元傅 附 元善之 ;『동문선』권77, 弘仁院記(李詹).

되었다.[106]

한편 역병이 발생하면 의술 대응 외에도 재이설적 질병관과 원귀나 역신(疫神)의 소행으로 보는 병인론(病因論) 등에 따라 군주의 수덕과 구휼, 불교·도교의 의술과 종교의례, 토속신앙적 대응방식 등을 모두 활용하여 대처하였다.[107] 정부와 민간 차원에서 다원적인 종교·사상체계를 이용하여 각종 치병의례를 행하고 무속적 대응을 하였다. 불교의 소재도량·보성도량·반야도량·약사도량 등과 도교의 천황대제·태일·오온신(五瘟神) 등에게 소재를 비는 초례(醮禮), 무격의 푸닥거리 등을 행하였다. 그런 대응을 조선시대와 비교하면 종교적인 색채가 더 진하고 제도적인 수준은 미비하였다고 평가되었다.[108]

특히 예종은 구세군주를 지향하여 송으로부터 교단도교를 수용하였다. 도사들이 장생술에 관심을 갖고 단약 제조와 의술의 역량을 갖추었을 뿐 아니라, 교단도교를 수용함으로써 재초를 보다 체계적으로 시행할 수 있었다. 그때부터 의종대까지 도교 의례가 급증하는데, 이는 전쟁, 기근, 역병이라는 요인이 작용하였기 때문이었다. 그 추이를 보면, 예종대는 도교 수용을 배경으로 국가 차원의 의료시스템이 정비되었지만, 의종대는 재초에만 의존하여 대비되었다. 또 고종대 이후에 역병이 자주 발생하였으나 역병을 물리치기 위한 국가 차원의 도교 의례는 거행되지 않았다.[109]

---

106) 이미숙·김은희, 「고려시대 민간인에 의한 구료활동」 『한국사상과 문화』 100, 2019.

107) 金南柱, 「고려시대에 유행된 전염병의 사적 연구」, 서울대 박사학위논문, 1988 ; 金英美, 「고려시대 불교와 전염병 치유문화」 『梨花史學研究』 34, 2007 ; 이정숙, 「고려시대 전염병과 치병의례」 『梨花史學研究』 34, 2007 ; 이현숙, 앞의 논문, 2008 ; 이현숙, 「고려 불교의학의 한 단면-승려의 질병과 치료」 『한국중세사연구』 48, 2017 ; 김수연, 「고려시대 밀교 치유 문화의 양상과 특징」 『의사학』 30-1, 2021.

108) 이경록, 앞의 논문, 2021, 30쪽.

109) 이정숙, 앞의 논문, 101~112쪽.

8. 전망과 제언

지금까지 천인감응론의 재이설은 왕도와 민본주의를 추구하는 유교 정치이념과 관련하여 주로 연구되었다. 자연과 인사의 조화를 책임지는 군주의 권위와 그 권력의 정당성, 천견을 빙자한 군주권 억제 등이 주요한 연구 테마였다. 그렇지만 동중서 이후의 재이설은 적용대상이 훨씬 넓었다. 오행재이설의 경우 군주만이 아니라 왕실인사·비빈·고위관료 등 지배층의 수양과 올바른 처신을 촉구하였다. 시기별로 정치상황에 따라 상대적으로 강조된 대상은 차이가 있을 수 있지만, 군주에 한정하여 재이설의 정치적 성격을 살피는 것은 일면적이다.

재이설은 통치체제의 관점에서도 고찰할 수 있다. 형정과 신분제 운영과 관련하여 천인감응론이 기존의 사회질서를 안정시키고 옹호하는 성격이 있다는 점이 지적되었다. 자연과 사회질서가 정합적이고 인간은 거기에 순응해야 하는 존재로 본다는 것이다. 또한 재이설에 담긴 천의에 빗대어 군주나 관료들의 정치적 발언력, 설득력이 강화될 수 있었고, 특히 재이의 원인을 군주를 비롯한 지배층의 윤리적·정치적 잘못에서 찾아 그 시정을 요구함으로써 정치에 대한 기대감을 잃지 않게 하였다. 그럼으로써 천인감응론은 유교문화가 정치·사회적으로 정착하고 강화되는 데에 큰 역할을 하였다. 정치문화론으로 말하자면, 유교적 지배를 받아들인 사람들의 가치관과 기대 등이 천인감응론을 매개로 정치에서 힘을 발휘하였다는 점에 주목할 필요가 있다.

그런 기능 외에 재이에 대한 적절한 대응은 중앙집권체제를 공고화하는 효과가 있었다. 재해의 피해가 심각한 데도 대응에 실패하면 민의 항쟁을 유발하고 통치력이 흔들렸다. 그 때문에 중앙권력은 재이에 대한 정보 수집과 해석은 물론 진휼·권농·구료 등 재해 해소를 위한 제도를 마련하고 체계적으로 대책을 시행함으로써 집권력을 높였다. 민간 차원에서도 재이를 해석하고 소재행위를 하였지만, 정부 차원에서 음양서(陰陽書)를 산정(刪定)하고 민간에서 음양서가 유포되는 것을 막았다.[110] 소재를 위한 노력도 정부의 관리 아래에 두려고 하였다.

왕과 관료들은 천인감응론에 익숙하여 재이가 발생하면 『서경』·『춘추좌전』 등의 경전과 『한서』·『후한서』·『진서』·『수서』 등의 천문지와 오행지 등을 전거로 재이를 풀이하고 대책을 세웠다. 그 사서들은 오행재이설에 따라 재이를 분류하고 그와 관련된 역사적 사실들을 모아 법칙성을 찾아서 해석에 객관성을 확보하려고 하였다. 경전과 함께 그런 사서를 통하여 이해함으로써 관료들은 불가사의한 재이에 대하여 당시로서는 객관적으로 이해하려고 하였다.

그런데 천인감응론은 동중서의 견해뿐만 아니라 여러 갈래가 있었다는 점에 유의할 필요가 있다. 학계에서도 당·송대 재이 인식의 변화에 주목하여, 고려중기 신유학의 영향과 고려말 성리학의 영향에 따른 재이 인식의 변화를 고찰하였다. 그 점 말고도 재이를 예점으로 보는 인식을 살펴볼 필요가 있다.

동중서가 천견설을 제시한 데에 이어 유향(劉向)은 「홍범오행전(洪範五行傳)」을 근간으로 삼고 음양론, 상수역(常數易) 등을 동원하여 여러 재이현상들을 풀이하면서 객관성과 합리성을 확보하려고 하였으며, 경방(京房)은 『주역』을 점산(占算)하는 책자로 보고 역괘를 이용하여 재이를 해석하였다. 후한대의 『한서』 오행지에는 동중서의 견해는 물론 이러한 유향의 재이설과 역학에 의한 예점화 등 다양한 재이 해석방식이 섞여 있다.[111] 후한 때에는 참위가 재이설과 결합되어 재이를 예점으로 보는 경향이 심하였다. 재이를 장래에 발생할 사건·상황에 대한 예언으로 여겨서 신비

110) 『고려사』 권11, 숙종 6년 3월 ; 같은 책 권12, 예종 원년 3월.

111) 鄭日童, 「前漢 後期에 있어서 재이해석과 讖緯」 『中國學論叢』 36, 2012 ; 洪承賢, 「《續漢書》 五行志 災異 해석의 특징」 『中國古中世史研究』 57, 2020.

주의적 경향이 더하게 되었다. 그리고 이제 재이 그 자체를 문제시하기보다 권력의 동향이나 군주 자리의 귀추와 같은 국가적 문제와 결부하여 파악하게 되었다.[112)]

그에 따라 후한 이후 유교 정치에서 재이에 대한 해석과 대응은 크게 두 가지 방향이 병존하였다. 경전과 사서에서 근거를 찾아 재이를 합리적으로 해석하고 대응하려는 방향이 하나이고, 참위적 교의에 의거하여 예언적으로 해석하고 대응하는 방향이 다른 하나이다. 전자가 군주수신론을 근간으로 하는 정치론으로서, 학계의 천인감응설 연구는 주로 거기에 치중되어 있다. 그렇지만 『한서』 이래 역대 정사에는 천문과 오행의 재이 사실과 그 예언적 해석을 담고 있는데, 그것은, 위에서 살폈듯이, 당시로서는 불가사의한 것으로 여겨진 현상을 역사적 경험과 공인된 텍스트를 통하여 이해하려는 시도의 하나였다. 유교 지식인들은 재이를 예점으로 보거나 신에게 제사하여 기양하는 것을 경계하기도 하였지만 대개는 수긍하였고 그런 예점적 이해가 정치에서 영향력을 발휘하였다.

이 점은 고려시대에도 마찬가지였다. 특히 공식 관료인 일관들이 정사의 천문지·오행지뿐만 아니라 『천지서상지(天地瑞祥誌)』, 『개원점경(開元占經)』 등의 점사(占辭)를 근거로 재이를 예언적으로 해석하였다. 그런 해석을 통하여 그들은 군주의 실정만 아니라 권력의 이상 동향이나 권신의 횡포 등을 비판하는 역할을 수행하였다. 심지어 언로가 막혔을 때도 일관이 재이 점사를 이용하여 군주에게 덕을 닦아 소재하도록 아뢰었다.[113)] 그런 예언적 점사를 참위설 또는 토착신앙의 소산으로 치부하고 말 것인가? 그 정치적 성격과 의미를 고찰하기 위해서는 당시 점사의 전거와 내용, 정치적 기능 등에 대한 검토가 필요하다.

소재 대책은 다원적인 종교·사상체계 속에서 유교뿐만 아니라 다양한

---

112) 히하라 도시쿠니, 김동민(역), 『국가와 백성 사이의 漢』, 글항아리, 2013, 47~143쪽.
113) 『고려사절요』 권16, 고종 37년 12월 甲寅.

종교·사상을 이용하였다. 심지어 유교이념과는 괴리되는 의례도 국가 차원에서 시행하였다. 예컨대 무격이 풍속을 더럽힌다고 하여 왕경의 성안에 거주하지 못하도록 금령을 반포하면서도 가뭄이 들면 무격을 도성(都省)과 같은 정부기관의 청사에 모아 비를 빌게 하기도 하였다. 재이가 심각하다고 판단되면, 유교 지식인이라 하더라도 자신들이 추구하는 정치문화가 다른 종교에 의해서 위협받거나 훼손되지 않는 한 그런 다원적 대응을 용인하였다. 최근 불교·도교·토속신앙 등을 이용한 소재의례에 대한 연구가 진척되고 있는데, 그런 다원적 대응양태에 대한 연구는 고려시대의 다원성과 통합성을 이해하는 데 유용하다.

한편 고려시대의 재이 분류와 해석은 대체로 중국의 영향을 받았다고 파악되고 있다. 그런데 능묘 벽화의 천문도를 분석하여 고구려와 유사한 천문시스템을 구축한 흔적들이 드러나고 고구려의 천문문화가 계승되고 재해석된 것으로 파악하거나, 고려가 28수 천문도 양식을 적용하면서도 당·송대 천문도에서 북극3성좌 대신에 북극5성좌를 항상 표현한 것과 달리 고구려식의 북극3성좌를 견지하였고, 별의 밝기에 따라 크기를 다르게 그린 지역 전통이 나타나는 등 중국의 선행 모델과는 차이를 보이는 점에 주목한 연구들이 있다.114) 그렇다면 그런 재래의 천문사상은 재이설에 어떻게 반영되었을지 밝히는 연구도 필요하다.

또한 일식·월식을 비롯한 천변을 중국 천자와 다를 바 없이 고려 군주의 정치에 적용하여 해석할 것인가, 또는 하늘의 어느 구역이 지상의 어느 지역에 대응한다는 설에 따라 고려를 가리키는 분야(分野)의 천변이 아니면 근심할 필요 없다고 볼 것인가도 문제가 된다.115) 예컨대 명종대 권경중

114) 김일권, 「고구려의 천문 문화와 그 역사적 계승—고려시대의 능묘천문도와 벽화무덤을 중심으로」『高句麗硏究』 23, 2006 ; 김소연, 「별의 시각화—한반도 천문 전통으로서의 여말선초 별자리도 고찰」『미술사와 시각문화』 25, 2020.

115) 分野說에 대해서는 이문규, 『고대 중국인이 바라본 하늘의 세계』, 문학과지성사, 2000, 66~74쪽과 박성래, 『한국과학사상사』, 유스북, 2005, 486~490쪽 참고.

이 오성(五星)의 변고는 대부분 중국에 관계되고 우리나라에는 관계가 없다고 하였는데, 만약 후자의 설에 따랐다면 권경중의 주장을 최씨무신정권 하에서 한계를 드러낸 것이라고 평가하는 것은[116] 일면적이라고 하겠다. 분야설에 따라 천변의 대부분은 중국 천자의 책임이고 고려를 가리키는 구역에 해당하는 것만 고려 군주의 책임이라고 본 것이기 때문이다. 또 공양왕 때 금성이 달을 꿰뚫은[貫月] 재이가 발생하였을 때 왕이 장차 무슨 재앙이 있겠는지 묻자, 정도전은 허물이 상국에 있으니 우리나라와 관계가 없다고 답하였다.[117] 당시 여론은 이를 그릇되게 여겼다지만, 그 역시 분야설에 따르면 정도전의 대답이 근거 없는 것은 아니다. 일월성변 전체를 고려 군주에 대한 천견으로 해석하려면 그가 독자적으로 천명을 받는 존재라고 인식해야 한다. 다시 말하여 일월성변에 대한 해석은 천명과 천하에 대한 주체적 인식과 연결된 문제였다.

최근에는 재이 사료를 활용한 연구가 농업 개발, 도시문제, 기후와 질병 등 경제사와 생활사 및 환경사 등의 분야로 확장되고 있다. 인간은 생활하면서 자연환경과 밀접하게 영향을 주고받기 마련이기 때문에 그 분야로 역사연구자의 관심이 확장된 것은 때늦다는 느낌이 들 정도이다. 다만 『고려사』와 『고려사절요』 등에 수록된 재이 사료에 오기가 많고 정치성이 반영되었기 때문에, 그 자료들을 별다른 고민 없이 통계 처리하여 활용할 때는 한계가 있을 수밖에 없다는 점에 유의하여 적절한 사료비판과 보정작업이 선행되어야 한다.

그 문제와 관련하여, 중국·일본측 사서의 재이 기록과 비교 검증하고 문집과 일기류, 문학작품 등으로 자료의 폭을 넓혀야 한다는 제언에 공감한다. 자연과학 분야의 연구도 참고할 수 있는데, 다만 아직 표본 수집과 분석에 한계가 있다는 지적이 있으며, 그 연구들이 문헌사학 쪽의 연구

116) 註 38)과 같음.

117) 『고려사절요』 권34, 공양왕 2년 4월 丁酉.

결과를 근거로 삼아 데이터를 해석하는 경향도 있다. 그렇기는 하지만 재이 관련 학문 분야 간에 협력하여 동아시아 범위에서 수준 높은 DB를 구축함으로써 오류를 줄이는 한편 그것을 바탕으로 효율적인 학제 간 연구 방법이나 연구 방향을 모색할 필요성이 커지고 있다.[118)]

118) 신안식, 「동아시아(한·중) 전통사회의 재해 DB 구축과 의의」 『한국중세사연구』 67, 2021.

제1부

재해 기록의 사료적 성격

| 제1장 |

11~12세기 한·중 재해 기록과 오행지(五行志)의 자료적 성격

이 승 민

1. 머리말

전통사회에서 자연재해와 천문, 동식물의 변이 현상은 대개 천변재이(天變災異)라고 말한다. 일식과 월식, 별의 움직임 등의 천문현상은 국가가 예측하고, 해석해야 하는 일이었으며, 홍수나 가뭄을 비롯한 여러 자연재해의 발생은 국왕과 조정이 원인을 이해하고 농경 사회에 악영향을 최소화하도록 대응해야 하는 일이었다. 한대에 동중서가 천인감응설(天人感應說)을 체계화한 이래 천변재이 현상을 파악하며, 대책을 마련하고 수습하는 일은 국가를 운영하는 중요한 축이었다.

그렇기 때문에 한국과 중국의 왕조들은 천변재이를 중요한 기록으로 남겼다. 전통사회 재이에 관한 기본 자료는 왕조 중심의 정사(正史)이다. 천변에 대한 내용은 천문지(天文志), 자연 재해 기록은 오행지(五行志)에 성격에 따라 분류하여 정리했다. 이는 『한서』를 시작으로 정사 편찬의 기본 구성이 되었으며[1] 중국 정사는 물론 『고려사』도 이러한 편성체계를

1) 『한서』는 '皇極王道論' 내지 '皇極災異論'을 皇之不極篇으로 이론화한 뒤 「오행지」의 주요 구성 요소로 삼았다. 「오행지」 志名은 『위서』의 「靈徵志」 『청사고』의 「災異志」

따르고 있다.

이러한 천문·오행지는 전통사회 재이 분석의 기초 자료로 활용된다. 현재까지 한국 역사학계의 10~14세기 재이 연구는 주로 『고려사』 오행지 분석을 중심으로 이루어지고 있다.[2)] 대개 『고려사』 세가와 『고려사절요』의 기록을 참고하면서 오행지 기록의 왕대별 혹은 시기별 발생 비중을 분석하고, 고려시대 재이의 현황과 의미를 설명했다. 그 동안의 연구 결과 자연 재해가 집중적으로 발생한 것은 12세기 전후이며, 정치·사회 혼란과 재이 기록의 관계, 천변 및 자연재해의 추세와 그 의미, 천인감응설을 비롯한 재이관과 유교정치 사상의 영향, 권농 정책 등에 관한 내용이 정리되었다.[3)] 중국 역사학계의 경우 정사, 지방지, 각종 문헌 자료를 바탕으로 하는 통시대적인 데이터베이스 구축과 연구 등이 이루어져 왔다.[4)]

로 개칭하기도 한다(김일권, 『고려사의 자연학과 오행지 역주』, 2011, 150쪽).

2) 『고려사』와 『고려사절요』의 천문 기록을 비교하여 자료적 성격을 밝힌 다음의 연구가 있다. 김해영, 「「高麗史」세가와 「高麗史節要」의 一比較－天文觀測 記事의 敍述을 중심으로」 『역사와 경계』 3, 1986. 『고려사』 오행지 분석과 관련한 논저는 다음과 같다. 이희덕, 『高麗儒敎政治思想의 硏究－高麗時代 天文五行說과 孝思想을 중심으로』, 일조각, 1984 ; 「고려사 오행지 역주(1)」 『동방학지』 85, 1994 ; 「고려사 오행지 역주(2)」 『동방학지』 87, 1995 ; 「고려사 오행지 역주(3)」 『동방학지』 89~90, 1995 ; 「고려사 오행지 역주(4)」 『동방학지』 91, 1996 ; 「高麗時代 祈雨行事에 대하여－『高麗史』 五行志를 중심으로」 『동양학』 11, 1981 ; 김일권, 『고려사의 자연학과 오행지 역주』, 한국학중앙연구원출판부, 2011.

3) 한정수는 천재지변 즉 천문과 자연재해를 모두 분석의 대상으로 삼았다. 한정수, 「高麗前期 天變災異와儒敎政治思想」 『韓國思想史學』 21, 2003 ; 「고려시대 기곡의례(祈穀儀禮)의 도입과 운영」 『韓國思想과 文化』 26, 2004 ; 「고려후기 天災地變과 王權」 『歷史敎育』 99, 2006. 이정호는 자연재해에 대한 분석에 초점을 맞춰서 연구를 진행했다. 이정호, 「『高麗史』五行志의 체재와 내용－自然災害의 발생 추세를 중심으로」 『한국사학보』 44, 2011 ; 「高麗前期 自然災害의 발생과 勸農政策」 『역사와 경계』 62, 부산경남사학회, 2007 ; 「여말선초 자연재해 발생과 고려·조선정부의 대책」 『韓國史學報』 40, 2010.

4) 중국의 재해연구는 商의 갑골문부터 『周禮』의 荒政12조, 정사류, 회요류 등 각종 문헌 자료를 바탕으로 진행되었고, 1920년대부터 역사지리학과 자연과학 분야에

이 글은 한국와 중국의 전통사회 재해 데이터베이스 구축 과정의 하나로서, 그 기반이 되는 문헌 자료의 성격을 이해하기 위한 연구이다. 재해 데이터베이스는 일식과 월식, 별의 변화와 같은 천문 현상부터 기상 상황을 포함하는 자연재해, 동식물을 비롯한 자연의 이상 현상인 상서와 변괴까지 포함한다. 앞으로 각각의 천변재이에 대한 원인과 현상, 사회적 배경과 의미에 대한 다각도의 분석이 이루어져야 할 것이며, 그 선행 작업으로서 11~12세기 고려와 송의 문헌 기록을 구체적으로 분석하여 오행지의 자료적 성격을 확인하고, 보완 자료로서 『고려사절요』와 『송회요집고』에 실린 기록의 특성을 살펴보고자 한다.

2. 『고려사(高麗史)』와 『송사(宋史)』 오행지의 의미와 한계

『한서』 오행지 이래 정사에서는 오행의 성격에 맞춰 재이를 분류하고 기록했다. 이후 25사 중 대부분의 역사서에서 오행지를 편찬했다. 오행지가 없는 정사는 본기와 열전으로 구성된 『삼국지(三國志)』, 『양서(梁書)』, 『진서(陳書)』, 『북제서(北齊書)』, 『주서(周書)』와 본기·지·열전으로 구성되어 있으나 오행지가 없는 『요사(遼史)』가 있다. 그리고 오행이라는 용어 외에 『위서(魏書)』는 영징(靈徵), 『청사고』는 재이(災異)라는 이름으로 관련 기록을 실었다.

대개 정사 오행지 서문에는 오행과 만물이 연결되어 있으며, 하늘과 사람의 관계, 자연 현상과 인간 사회가 서로 감응한다는 것을 서술한다.

서 재해의 유형, 빈도, 주기와 규칙 등을 주제로 연구와 데이터베이스 구축이 이루어졌으며, 역사학에서는 제도사 및 사회사의 하나로서 災荒史가 주축이 되어 재해와 정치·사회의 관계를 연구했다(이석현, 「중국의 재해, 재난 연구와 '재난인문학'」, 『인문학연구』 59, 2020, 조선대학교 인문학연구원).

이미 여러 연구에서 지적되었듯이 음양오행으로 만물이 생성하고, 인간 역시 그러하며, 음양오행의 기운에 따른 오성(五性)과 만사(萬事), 상서와 재이가 연결되어 있다는 것,[5] 오행과 오운(五運), 오재(五材), 오성, 오사(五事)가 연결되어 상서와 재이가 발생한다는 등 표현과 서술의 차이가 있지만[6] 오행과 만물의 관련성을 강조하는 관념을 담고 있다. 이에 오행의 순서와 일부 항목의 차이가 있으나,[7] 오행의 성질에 따라 재이를 분류한다는 점에서 기본적으로 한국과 중국의 정사 재이 기록은 같은 구성 원리를 가진다고 할 수 있다. 10~14세기에 해당하는 『송사』, 『금사』, 『원사』도 이와 같은 편찬 구성에 따라 오행지의 내용이 분류 기록되었으며, 이는 『고려사』에도 그대로 적용되었다.

수·화·목·금·토 오행의 분류와 기록의 많고 적음으로 10~20년 단위 혹은 왕대별 재이 현상을 파악하고 시기적 특성을 확인하여 자연환경의 악화와 사회 문제를 분석하는 것은 500년 남짓의 고려 역사와 재이의 상관 관계를 파악하는 데에 효과적이다. 또한, 기존 연구성과에서 오행지 기록을 분석한 결과, 『고려사』 오행지의 편찬 과정에서 기록이 누락되거나 정치적 해석에 의해 가감되었다 하더라도 장기 추세를 파악하는 데

5) 『송사』 오행지 서문 "天以陰陽五行 化生萬物 盈天地之間 無非五行之妙用 人得陰陽五行之氣以爲形 形生神知而五性動 五性動而萬事出 萬事出而休咎生 和氣致祥 乖氣致異 莫不於五行見之."

6) 『고려사』 오행지 서문의 내용은 『원사』 오행지 서문을 인용한 것이다(이희덕, 앞의 논문, 1978 ; 변태섭, 「'高麗史'·'高麗史節要'의 纂修凡例」 『韓國史硏究』 46, 1984, 52쪽). 『고려사』 오행지 서문 "天有五運, 地有五材, 其用不窮. 人之生也, 具爲五性, 著爲五事. 修之則吉, 不修則凶. 吉者, 休徵之所應也, 凶者, 咎徵之所應也. 此箕子, 所以推演洪範之疇, 而拳拳於天人之際者也. 厥後, 孔子作春秋, 災異必書, 天人感應之理, 豈易言哉. 今但據史氏所書當時之災祥, 作五行志."

7) 오행지의 구성은 정사마다 차이가 있는데, 五行과 五事를 병립하는 방식과 오행과 오사를 통합하여 포괄하는 방식이 있으며, 오행의 순서 역시 相生說과 相勝說에 따른 차이가 있다. 김일권은 五行과 五事의 병립 여부, 상생설과 상승설의 순서의 차이에 따른 정사 오행지 체계를 다섯 가지 방식으로 분류하였다(김일권, 『고려사의 자연학과 오행지 역주』, 2011, 29쪽).

지장을 주지는 않는다는 견해도 있다.[8] 그럼에도 불구하고 한국과 중국의 전통사회 재이 기록에 대한 다른 각도의 분석 방식을 궁구할 필요가 있다.

정사의 오행지는 전통사회의 재이관을 반영하고, 그 체계에 따라 기록을 일목요연하게 정리했다는 점에서 역사적 의의가 분명하게 있다. 그러나 자료의 특성으로부터 발생하는 세 가지 의문점을 생각해보아야 한다. 첫째, 오행지의 같은 편목에 실린 동일한 표현, 내용이 모두 같은 재해 현상인가? 둘째, 현상을 기록의 건수 파악할 때에 다수의 기록이 재해의 심각성을 보여주는 지수인가? 셋째, 복합적인 자연 현상을 오행으로 정리하는 것은 재이관의 역사성을 이해하는 방식이기는 하지만, 오히려 현재 시점에서 전통사회 재해의 실체를 이해하는 데 한계를 주지 않는가?

먼저, 오행지 기록 가운데 같은 내용이라 하더라도 전후의 맥락을 살펴 재해 여부를 확인할 수 있는 대표적인 예가 있다. "대우(大雨)"는 말 그대로 큰 비를 의미하는 것으로 오행의 목에 해당한다. 큰 비에 의한 수해나 산사태 등은 현대 사회에서도 재해의 원인이 되기 때문에 오행지 목의 "대우" 기록의 상당수는 자연 재해로 이해할 수 있다. 그러나 이 모든 "대우" 기록이 재해는 아니다.

〈표 1〉은 문종 원년(1047) 4~5월의 기상 상황이다. 『고려사』 오행지 금과 목에 각 1건씩을 기록했으며, 세가에도 역시 같은 내용이 실렸고, 식화지에는 관련 진휼 기록이 있다.

문종 원년은 오행지에 단 2건이 기록되어 있으므로 기존 연구에서 재해가 두드러지게 나타난 해는 아니다. 그러나 4월 계해일(5.16)의 기록을 보면 "봄부터 비가 내리지 않았다"고 하여, 그 이전부터 가뭄이 있었던

8) 오행지에서 자연재해를 고찰하기 위해, 인위적 평가 혹은 정치적 해석이 첨가된 재이 기록을 제외하고 자연재해로 간주되는 기사만을 분석해도 기록수의 증감 추세는 유사하다(이정호, 앞의 논문, 2011, 21~23쪽).

〈표 1〉 문종 원년 4~5월 기상 상황 및 관련 기록

연번	왕력 월.일	양력 월.일	사료	지	세가	절요	DB 분류	비고
1	3월 계미~무자	1047. 4.6 ~11	親設般若道場 於乹德殿五日	×	○	×	대책	불교 의례, 가뭄 대응인지 분석 필요
2	4월 계해	1047. 5.16	王以自春不雨 避殿 輟常朝 斷屠宰 止用脯醢 令中外慮囚	오행-금	○	○	대책	정치적·상징적 조치
3	4월 정묘	5.20	親設百座仁王道場 於會慶殿 飯僧一萬 于毬庭	×	○	○	대책	불교 의례, 가뭄 대응인지 분석 필요
4	5월 미상	6. 미상	制, 去年久旱 邊民饑餓 其發義倉 賑之	식화-진휼	×	○	대책	진휼-의창
5	5월 기묘	6.1	大雨	오행-목	○	×	수재	가뭄 해소
6	5월 을미	6.17	門下省奏, 時雨旣洽 請復常膳 從之.	×	○	×	대책	정치적·상징적 조치 해제

* 양력 서기는 국사편찬위원회 고려사 일자를 참고했으며, 기상 상황을 용이하게 파악하기 위해 표 및 본문의 괄호( )에 양력을 병용한다(이하 표, 본문 형식 같음).

** 지와 세가는 『高麗史』 志, 世家를 지칭하며, 절요는 『高麗史節要』이다(이하 표 형식 같음).

것을 짐작할 수 있다. 이와 함께 식화지에 작년부터 오래 가물어 변경의 민들이 굶는 상황이 발생했으니, 의창을 열어 진휼하도록 한 것을 보면, 2년 연속 가뭄으로 인한 피해가 발생했음을 알 수 있다. 이에 국왕은 가뭄에 대한 대응으로서 이에 정전에서 물러나고, 조회를 열지 않았으며, 가축 도살을 금지하고, 포와 젓을 사용하지 않도록 하며, 죄수를 다시 심리하도록 하는 수신에 중점을 둔 정치적이고 상징적인 조치가 내려졌다.

그리고 가뭄 기록을 전후로 3월에 반야도량, 4월에 백좌인왕도량 및 반승이 설행되었다. 문종이 즉위한 후 1년 동안 화엄경도량, 백좌인왕도량, 반승, 소재도량, 반야도량이 열렸고, 사찰에 분향하는 의례까지 이루어지고 있다. 그 가운데 즉위년 10월의 소재도량은 앞서 식화지에서 말한 가뭄과 관련한 불교 의례가 분명하다고 생각한다. 또한, 반야도량이나 백좌인왕도량은 여러 재난과 외적의 침입을 막기 위한 불교 의례이므로,[9] 가뭄으로 민들이 피해를 입고 있는 상황을 반영했을 가능성이 있다.

가뭄으로 인한 국왕의 수신, 형정이 이루어진 보름 후인 5월 기묘일(6.01), 큰 비가 내렸고, 다시 보름 후인 5월 을미일(6.17)에 비가 흡족할 만큼 내렸다고 하여 상선(常膳)을 회복하도록 했다. 이 과정을 정리해보면 작년부터 가물었던 상황에 더하여 봄부터 여름까지 비가 오지 않기에 대응 조치가 시행되었고, 5월 초와 보름 즈음에 비가 내리자 이를 거두기까지 대략 한 달이 소요되었다. 기록의 기간은 약 한 달이지만, 가뭄은 그보다 길었던 것으로 추정된다.

그렇다면 봄부터 계속된 가뭄 끝에 5월 기묘일에 내린 비는 재해인가? 가뭄을 해소하는 비이므로 재해가 분명하게 아니다. 또한 그로부터 대략 보름 후에 비의 결과에 따라 상선이 행해졌으므로 이는 국왕 수신의 결과로서 오히려 국왕과 조정의 노력에 대한 하늘의 응답으로 이해했을 가능성이 크다. 이에 오행지 목의 '대우' 기록 전체를 재해로 파악해서는 안 되며, 다른 기록과 비교 검토하여야 한다는 것을 알 수 있다.

다음으로 문종대 기록보다 상세하게 정황을 살필 수 있는 것으로 예종 16년 4~6월의 기록이 있다. 오행지 금에 가뭄[旱]과 비를 기원한[禱雨] 기록이 12건 있으며, 토에 북산도솔굴산의 돌이 무너졌다는 기록, 목에 대우 기록까지 총 14건에 달한다. 그 외 세가에 있는 재해 관련으로 추측할 수 있는 기록까지 정리하면 다음의 〈표 2〉와 같다.

이 해에는 5월부터 가뭄이 문제시되기 시작하여 곳곳에서 기우제를 열어 비를 기원했다. 가뭄과 기우제 기록은 오행지 금에 집중적으로 실려, 당시 가뭄이 큰 문제였음을 보여준다. 5월 계해(6.16)부터 윤5월 임신(6.25)까지 약 열흘 간 백관들이 흥국사에서 5일 동안 비를 기원했고, 연이어 왕사 덕연이 건덕전에서 비를 빌었으며, 무인(巫人)을 모아 비를

9) 인왕도량은 9월이나 10월에 반승을 수반하여 대규모로 열리는 백고좌인왕도량과 특정 목적을 가지고 수시로 열린 도량으로 구분된다(안지원, 『고려의 불교 의례와 문화』, 서울대학교출판문화원, 2005, 302쪽).

〈표 2〉 예종 16년 4~6월 기상 상황 및 관련 기록

연번	왕력 월.일	양력 월.일	사료	지	세가	절요	DB 분류	비고
1	4월 무진	4.22	慮囚	×	○	×	대책	형정(刑政)
2	5월 미상	11.21 미상	旱	오행-금	×	×	한재(旱災)	
3	5월 정유	5.21	慮囚	×	○	×	대책	형정
4	5월 기유	6.2	北山兜率堀山石頹	오행-토	×	×	지재(地災)	
5	5월 갑인	6.7	設消灾道場於賞春亭及日月 王輪高峯極樂寺三七日	×	○	×	대책	소재, 불교
6	5월 을묘	6.8	慮囚	×	○	×	대책	형정
7	5월 계해~정묘	6.16~20	百官 禱雨于興國寺 五日	오행-금	○	○	대책	기우제, 불교
8	윤5월 병인	6.19	慮囚	×	○	×	대책	형정
9	윤5월 정묘~신미	6.2~24	召王師德緣 禱雨於乾德殿五日 又禱 于佛宇神祠	오행-금	○	×	대책	기우제, 불교
10	윤5월 신미	6.24	聚巫又禱	오행-금	○	×	대책	기우제, 무속
11	윤5월 임신	6.25	復召德緣 禱于山呼亭	오행-금	○	×	대책	기우제, 불교
12	윤5월 을해	6.28	制曰 天時失順 旱暵爲灾 顧寡人否德以降殃 憫庶民無辜而殞命 祈禳無應 恐懼未遑 庶幾推恩 以召和氣 凡在獄囚 除斬絞二罪外 皆原之 其或官吏 因緣公法 苛刻作弊 或以腐朽之穀 强給取息 或徵荒田之租 或興不急之役者 令中外攸司 一切禁治	×	○	○	대책	형정, 부패한 관리, 부당한 세금, 요역징발 단속
13	윤5월 병자	6.29	親醮于純福殿 禱雨 又禱于王輪寺	오행-금	○	×	대책	기우제, 도교·불교
14	윤5월 무인	7.1	又禱于日月寺	오행-금	×	×	대책	기우제, 불교
15	윤5월 경진	7.3	聚僧于山呼亭 講經祈雨	오행-금	×	×	대책	기우제, 불교
16	윤5월 신사	7.4	命有司 雩祀圓丘	오행-금	×	×	대책	기우제, 雩祀
17	윤5월 임오	7.5	禱雨于法雲寺	오행-금	○	×	대책	기우제, 불교

18	윤5월 신묘	7.14	御淸讌閣 命起居舍人林存 講詩雲漢	×	○	○	대책	경전(운한) 강독
19	윤5월 미상	미상	御淸讌閣 命朴昇中講洪範	×	×	○	대책	경전(홍범) 강독
20	6월 계사	7.16	御長齡殿 命朴昇中講禮月令	×	○	○	대책	경전(월령) 강독
21	6월 을미	7.18	設道場于文德殿三日	×	○	×	대책	불교 의례, 가뭄 대응인지 분석 필요
22	6월 기해	7.22	再雩	오행-금	○	×	대책	기우제, 雩祀
23	6월 경자	7.23	命百官 設羅漢齋禱雨	오행-금	○	×	대책	기우제, 불교
24	6월 병오	7.29	大雨 自四月 旱 至是乃雨	오행-목	○	×	우재(雨災)	가뭄 해소

기원하는 것은 물론, 재차 왕사 덕연을 불러 산호정에서 비를 빌었다. 그 사이 죄수를 다시 심사하고, 제서를 내려 가뭄 해소를 위한 상징적 조치들을 시행하도록 했으며, 왕이 친히 순복전에서 초(醮)를 지내기도 했다. 그리고 왕륜사, 일월사, 법운사에서도 비를 빌었고, 별도로 백관들이 나한재를 설행하기도 했다. 그 외에도 원구에서 우사(雩祀)를 2차례 지내는 등 유·불·도·무의 비를 비는 거의 모든 대응을 했다.

드디어 6월 병오(07.29)에 비가 내리는데, 가뭄에 관한 조치가 시행된 지 대략 한 달 열흘이 지난 후였다. 이때 목의 "대우" 기록은 문종 원년과 마찬가지로 재해가 아닌, 가뭄을 해소시킨 비로 보는 것이 타당하다. 즉, 기상 현상의 맥락 따라 "대우"를 다르게 파악하면서 오행지 기록의 내용과 의미를 보정할 필요가 있다.

〈표 1〉과 〈표 2〉의 기록에서 가뭄이라는 재해를 해소하는 큰 비의 성격을 살펴보았다. 이 두 해의 기록은 두 번째 제기한 빈도가 강도와 직결되는지에 대한 의문과도 연관된다. 문종 원년과 예종 16년의 기록은 오행지에 국한한다면 2건과 13건으로 차이가 확연하다. 그러나 기록의 기간을 살피면 한 달여로 비슷하다. 즉, 건수 외에도 재해의 지속성 여부 역시 고려할 필요가 있다.

한 달여간 지속되는 가뭄에 문종 원년보다 예종 16년 기록이 더 많은 이유는 무엇일까? 표에 정리한 'DB 분류'와 '비고'를 보면 그 차이를 확인할 수 있다. 문종 원년에서는 정치적 조치와 구휼 기록이 있으며, 가뭄을 직접적으로 거론한 의례는 없으나, 가뭄 기록의 전후로 불교 의례가 2건이 시행된 것이 확인된다. 반면 예종 16년 윤5월의 형정, 민을 가혹하게 동원하는 폐단이나 부당한 세금, 요역 징발을 단속하는 조치가 내려진 세가의 기록과 오행지 금 편목의 12건 중 "가물다[旱]"는 재해 기록을 제외한 나머지 11건은 모두 기우제에 관한 것이다. 즉 오행지에 의례 대책이 기록의 건수의 차이를 만들어내고 있는 것이다.

가뭄이 심하여 비가 내릴 때까지 대책으로서 시행되는 조치들은 크게 세 갈래로 나눌 수 있다. 첫째는 국왕의 정치적·상징적 정치 행위로서 자기 수행적 근신과 형법적 조치들의 시행, 둘째는 유·불·도·무 등을 아우르는 의례, 마지막으로 구휼과 같은 실질적 지원이다. 예종 16년은 그 중 기우제가 다수 시행되고, 기록이 남겨진 것으로 보인다. 이때 기우제가 문종 원년보다 자주 의례가 시행된 것인지, 혹은 문종 원년의 기록이 누락된 것인지는 분명하게 말하기는 어렵다. 다만, 국왕, 백관, 왕사, 무인까지 기우제의 다양한 주체와 내용, 궐내 전각과 여러 사찰을 아우르는 의례 장소까지 문종 원년에 비하면 상당히 기록이 구체적이라는 것을 볼 수 있다.

기우제의 유형은 다양한데, 그것을 한 건으로 기록하는지, 혹은 여러 건으로 기록하는지에 따라 빈도는 달라질 수 있을 것이다. 예를 들면, 문종 11년 5월 무인일에 내린 기우제 시행 명령을 보면 초여름부터 비가 제때 내리지 않자, 송악(松岳)·동신사(東神堂)·여러 신묘(神廟)와 산천, 박연 등에서 7일에 1번씩 비를 빌도록 했다.[10] 다행스럽게도 열흘 후인

10)『高麗史』卷54, 오행2, 금, 가뭄 ; 권8, 문종 11년 5월 무인.

무자일에 비가 내려 기우제가 여러 차례 시행되지는 않았으나, 만약 한 달 이상 기우제를 지내고, 개별적으로 그 기록을 남겼다면 기록이 크게 증가할 수 있었을 것이다.

즉, 이로써 오행지 재해 기록이 내용에 따라 건수의 차이가 있음을 확인했다. 이에 재해의 현상과 대책을 구분하여 파악할 필요가 있음을 알 수 있다.

물론 예종 16년, 의례 기록이 많은 것은 재해의 정도가 심했기 때문으로 이해할 수도 있다. 그러나 문종 원년과 예종 16년의 재해 정도를 정확하게 수치로 비교하는 것은 불가능하다. 『고려사』에서는 문종 즉위년과 예종 15년에 모두 가뭄이 있었다고 기록하고 있다. 다만, 예종 15년은 가뭄이 계속되어 전염병이 크게 유행하는 등[11] 가뭄 피해가 문족 즉위년보다 컸던 것으로 보인다. 이에 이듬해의 가뭄이 더 큰 재해가 되었을 수 있으며, 동시에 작년의 상황에 비견해 대책으로서 의례가 강조되었을 가능성도 있다.

결과적으로 문종 원년과 예종 16년은 가뭄의 기간은 비슷했으나, 전년의 가뭄 재해 피해 정도에 따라 사회에 미치는 영향이 차이가 있었으며, 예종대 기우제의 빈번한 설행은 이를 반영한 것으로 이해할 수 있다.

재해 기록의 많고 적음은 500년에 이르는 고려시대의 흐름을 파악하는 데에 유용하다. 그러나 구체적인 재해를 다각도로 설명하고 분석하기 위해서는 개별 사례를 확인하고 보정하는 것이 필요하다. 특히, 적기(赤氣)나 흑기(黑氣) 같은 일시적 현상으로 관찰되는 것이나, 알비노나 기형과 같은 동식물 이변 현상 등은 단발성을 가진 사건이며, 자연 재해에 비해 천인감응에 따른 현상의 해석, 기록의 차이에 영향을 크게 받을 수 있다. 그러나 상대적으로 자연 재해는 발생과 피해가 다른 재이현상에 비해 분명하고 사회적으로 미치는 영향이 크기 때문에 오행지의 성격에 따라

11) 『고려사』 권14, 예종 15년 8월.

종합적이고, 다각적인 검토가 필요하다. 이에 지속 기간을 파악하고, 다음으로 발생 시기의 특성, 그 현상이나 피해 기록인지, 하나의 문제에 대한 여러 대응인지 등 기록의 성격에 따라 이해할 수 있어야 한다.

마지막으로 기상 상황을 오행에 따라 분절적으로 이해하는 한계를 짚어볼 수 있다. 비는 단발적으로 내리기도 하지만, 장기간 오랜 비로 인해 홍수 등의 피해가 발행하기도 한다. 때로는 천둥과 번개, 우박 등을 동반하기도 하며, 여름철에는 강한 바람과 함께 비가 내리는 태풍이 불기도 한다. 이러한 기상 상황을 오행으로 구분하면 모두 별개의 현상으로 분류된다. 홍수는 수에 정리되지만, 대우는 목에 기록되어 있다. 천둥과 번개, 우박은 수에 속하지만, 각 현상은 수의 항목 내에서 각기 구분된다. 가뭄에서 벗어나고자 올리는 기우제는 가뭄에 해당하는 금인데, 기우제와 가뭄 끝에 비가 왔다는 기사는 기우제와 연결되어 금에 기록된 경우보다, 대개 세가나 목에서 찾을 수 있다. 서리는 수에 별도로 정리되어 있으나, 나무가 어는 것이나 서리의 결과가 나무에 나타나는 것은 목으로 분류되어 있다. 다시 말하면 연관성을 가진 기상 변화가 오행지 편성에서는 각 편목으로 분류 기록되어 기상 상황에 대한 자연 그대로의 파악을 어렵게 하는 것이다.

다음 〈표 3〉은 인종 9년 9월부터 12월의 기상 상황에 관한 기록이다. 기록의 수는 21건이지만, 기간과 기상 내용을 종합하여 이해하고, 종류에 따라 9월에서 10월 초의 기상 상황과 11월, 12월의 기상의 내용으로 구분하여야 한다.

먼저, 9월 정사(10.16)부터 10월 무진(10.27)까지이다. 비가 내리는 것뿐만 아니라 바람이 세차게 불고, 우박과 천둥 번개를 동반한 비가 내렸다. 이에 개경 덕풍방, 오정방, 영창방, 현화사, 해안사, 남산의 나무들이 흔들리는 등의 피해를 입었다. 이 내용은 수에 각각 대수(大水), 박(雹), 뇌(雷)에 나누어 정리되어 있으며, 토의 대풍(大風), 목의 대우로 나눠

〈표 3〉 인종 9년 9~12월 기상 상황 및 관련 기록

연번	왕력 월.일	양력 월.일	사료	지	세가	절요	DB 분류	비고
1	9월 정사	1131. 10.16	大風 暴雨 雷電 水深平地一尺 震玄化海晏兩寺南山樹	오행-수 -대수	×	×	풍·우· 뇌·진재	비, 바람, 천둥, 벼락 피해
2	9월 무오	10.17	雹 雷鳴 晝夜不已 震德豊五正二坊栗樹	오행-수 -뇌	×	×	박·뇌재	우박, 천둥, 벼락 피해
3	9월 무오	10.17	雨雹 雷鳴 晝夜不已	오행-수 -박	×	×	우·박· 뇌재	우박, 천둥
4	9월 기미	10.18	雨 雷鳴 晝夜不已	오행 -수-뇌			우·뇌재	
5	9월 기유	10.20	雨雹	오행 -수-박	×	×	우·박재	우박
6	9월 임술	10.21	夜 大雨雹 雷震令昌德豊二坊樹木	오행 -수-뢰	×	×	우·박· 뇌·진재	우박, 천둥 벼락 피해
7	9월 계해	10.22	暴風 雷電 雨雹	오행-토 -대풍	×	×	풍·뇌· 우·박재	폭풍, 천둥 번개, 우박
8	10월 미상	11. 미상	雷雨	오행-목 -대우	×	×	뇌·우재	천둥, 비
9	10월 을축~ 무진	10.24~ 27	大雨 凡四日	오행-목 -대우	×	×	우재	4일동안 비
10	10월 임신	10.31	大霧	오행-토 -무	×	×	무재	안개
11	10월 임오	11.10	霧	오행-토-무	×	×	무재	안개
12	10월 을유	11.13	大風 拔木	오행 -토 -대풍	×	×	풍재	강한 바람 피해
13	10월 임진	11.20	雨土 大風 雨雹	오행-토-우토	×	×	풍·우· 박재	흙비, 바람, 우박 피해
14	10월 계사	11.21	雨土	오행-토-우토	×	×	우재	흙비
15	11월 갑오	11.22	雨土	오행-토-우토	×	×	우재	흙비
16	11월 을미	11.23	[雨土]亦如之	오행-토-우토	×	×	우재	흙비
17	11월 병신	11.24	天鳴如雷	오행-수-명	×	×	뇌재	천둥
18	11월 정유	11.25	雷	오행 -수-뢰	×	×	뇌재	천둥
19	11월 기해	11.27	大風雨雷電	오행-토-대풍	×	×	풍·우· 뇌재	비, 바람, 천둥번개

20	11월 을묘	12.13	移御壽昌宮	×	○	×	대책	국왕 이어
21	11월 미상	11. 미상	祈雪	예-길례대사-사직	×	×	대책	기설제, 11월 계유일로 기록, 계유일 없음.
22	12월 갑자	12.22	祈雪	예-길례대사-사직	×	×	대책	기설제
23	12월 임진	1132. 1.19	大雨 溝渠解凍 如三月時	오행-화-무빙	○	×	우재, 온난[겨울]	이상기온으로 비가 내림.

수록되었다. 약 열흘의 기간 동안 발생한 천둥, 번개, 바람, 비, 우박은 구분하기 어려운 복합적인 기상 상황이다. 그러나 이것이 오행의 각 항복 내에 별도로 기록되면서 실제로 연관된 기상 상황으로 파악하기 어렵게 만든다.

특히 9월 무오(10.17)의 기록은 우박이 내리고 천둥소리가 주야를 그치지 않았다는 같은 현상은 수의 천둥, 번개와 우박으로 나누어 기록되어 있으며, 실제는 하나의 현상이 중복 기록된 경우라고 할 수 있다. 9월 무오일처럼 같은 기록이 다른 항목에 있는 것은 물론이거니와 9월 계해(10.22)에 있었던 폭풍과 천둥, 번개, 비, 우박은 모두 토에 수록되어 있는데, 이는 오행으로 정확하게 구분하면 수의 대수나 우박, 천둥, 번개 항목에 기재할 수도 있다. 이는 이어지는 같은 해 11월 기해(11.27)에 발생한 대풍, 비, 천둥, 번개도 마찬가지이다.

이를 보면 복합적인 재해 상황을 오행으로 나누어 정리하는 것은 편찬자 입장에서도 쉽지 않았던 것으로 보인다. 일반적으로 복합적인 기상 상황을 발생지에서 중앙으로 보고할 때, 오행을 구분하지 않고, 현상 자체로 조정에 보고가 되었을 것이다. 정사 편찬 과정에서 이를 오행으로 구분해 정리하는데, 이를 하나하나 구분하여 나눠 싣기보다 사료상 가장 주요한 현상을 중심으로 오행으로 분류했던 것으로 보인다.

한편, 10월 무진(10.27)에 내린 비를 끝으로 짙은 안개가 발생한 것을 제외하고는 기상 상황이 안정되었다가, 을유(11.13)에 나무가 뽑힐 정도의 큰 바람이 몰아친 뒤에 임진(11.20)부터 11월 을미(11.23)까지 바람, 우박, 번개와 함께 흙비가 내린다. 흙비는 대개 황사라고 이해한다.[12] 그러나 대풍과 우박을 동반한 것을 보면, 이때는 단순 황사현상이라기보다, 실제 기상악화와 함께 흙먼지가 함께 내린 것으로 보인다. 이러한 흙비는 10월 초의 비바람과 구별되는 것이기도 하지만 흙비에 이어서 11월 병신~정유(11.24~25)에 천둥이 연이어 일어나므로 기상 상황의 불안정성은 계속 이어지고 있었다. 10월부터 11월까지 이어진 비, 천둥, 번개, 대풍, 안개, 흙비는 이 해 늦가을에서 초겨울까지 태풍과 같은 기상 상태였다는 것을 보여주는데, 이러한 재이는 겨울까지도 이어진다.

12월 임진(1.19)에 내린 대우는 오행지 목이 아닌 화에 실려있다. 그 이유는 비로 인한 피해가 있었던 것이 아니라 겨울임에도 날이 따뜻해 눈이 내리지 않고 비가 온 것이 문제였기 때문이다.

늦가을의 태풍에서 이어지는 따뜻한 겨울이었기 때문에 평상적인 기온 회복을 위해 기설제가 시행되었다. 흥미로운 점은 인종 9년의 기설제가 오행지가 아닌 예지에서 확인할 수 있다는 것이다. 기설제가 오행지에 없는 것은 아니다. 오행지 화에는 날씨가 봄과 같은[如春] 경우와 얼음이 얼지 않는[無冰] 사례들이 겨울에 따뜻한 기온 현상으로 묶이고, 이어서 기설제 시행 내용이 수록되어 있다. 기설제는 대개 10~12월에 열리는데, 배경은 크게 두 가지로 구분할 수 있다. 하나는 겨울 가뭄으로 일정한 수량이 유지되지 못했을 경우 겨울이기 때문에 기우제가 아닌 기설제를 지내는 것이다. 다른 하나는 위와 같이 이상 고온으로 눈이 아닌 비가 내리는 경우 겨울 기온을 회복하기 위해 기설제를 지내는 것이다.

오행지의 기설제 내용은 대개 "기설"이나 "눈이 오지 않음[無雪]"으로만

12) 흙비는 건조한 겨울과 봄에 몽골과 중국의 사막에서 발생하는 황사를 의미하며, 오행지에는 2~4월의 기록이 많은데, 이는 봄철 황사가 심했던 것을 보여준다(김일권, 앞의 책, 2011, 94쪽).

기록되어 있으며, 인종 24년 11월과 같이 입동 이후 큰 눈이 오지 않았다는 기상 현상을 지적하거나, 의종 11년 10월의 사례와 같이 따뜻해서 눈이 오지 않았다는 원인, 공민왕 21년 겨울처럼 우물이 말라 물가가 올랐다는 재이의 원인, 사회문제가 같이 기록된 경우가 있다. 즉, 여러 원인을 가지고 시행된 기설제 기록이 오행지에 수록이 된 것이다.

다만 기설제 기록은 예지에서도 찾을 수 있는데, 오행지와 거의 중복되지 않는다. 예지에 있는 기록은 길례대사 사직조에 있는 인종 9년의 사례 외에는 길례 소사에서 천상(川上)에서 설행되는 의례와 초 등 잡사에 포함된 의례에서 기설과 관련된 내용이 수록되었다. 또한 세가에도 오행지·예지와 중복되지 않는 기설제 기록이 있다. 정리하면, 기설제는 대개 겨울 가뭄으로 인해 시행된다고 이해했지만[13] 원인은 크게 겨울 가뭄과 이상 기온으로 구분되며, 오행지 외에도 예지와 세가에 중복되지 않는 기설제 기록이 있는 것이다. 이는 재이와 관련한 모든 기록이 오행지에 실린 것이 아니며, 세가나 다른 지에 정리된 재이 관련 기록에 대한 정리가 필요하다는 것을 보여준다.

앞에서 언급했듯이 오행지는 오행의 성질에 따라 기록을 분류하고 수록했다. 그렇기 때문에 편찬 과정에서 오행지 기준에 따라 자료의 차이가 생긴다. 이에 『고려사』 오행지에 없는 편목이 『송사』 오행지에는 포함되기도 하고, 그 반대의 경우도 있다.[14]

앞서 언급한 기설제를 예로 살펴보면 『송사』 오행지와 『고려사』와의 차이를 어렵지 않게 확인할 수 있다. 다음의 〈표 4〉는 신종이 즉위한 치평 4년(1067) 겨울과 이듬해인 희녕 원년(1068) 봄까지의 『송사』 기록이

---

13) 현재 국사편찬위원회에서 제공하는 한국사데이터베이스 고려사 오행지 항목은 기설제 기록이 "겨울 가뭄"으로 분류되어 있다.

14) 『고려사』와 『송사』, 『원사』의 오행지 상세 편목에 관한 비교 연구는 다음을 참고할 수 있다. 김일권, 앞의 책, 2011 ; 이정호, 앞의 논문, 2011, 8~14쪽.

다. 이때 송에서는 겨울부터 가뭄에 대한 보고가 중앙으로 올라오더니, 이듬해 봄까지 계속되었다.

10월 경술일 기사를 보면, 섬서 지역에 서리와 가뭄이 문제가 되고 있다는 사실을 알 수 있다. 11월 무자에는 재신들에게 기설제를 올리도록 했으며, 이는 겨울 가뭄이 섬서 지역 외에도 영향을 미치는 재해가 되었다는 것을 의미한다. 이듬해 정월까지도 가뭄이 지속되면서 정축(음1.4)에 형정 대책으로서 죄 1등을 감하여 주고, 장 죄 이하는 풀어주는 조치가 내려졌다. 열흘 후인 정해(음1.14)에는 재신 증공량(曾公亮) 등에게 극언(極言)을 하도록 명하였으며, 임진(음1.19)에는 사관에 행차하여 기우제를 올리기도 하는 등 가뭄을 해소하기 위한 정치적 조치와 의례가 이루어졌다.[15)]

〈표 4〉 치평 4년 10월~희녕 원년 2월 가뭄과 기설·기우 기록

연번	연호 연.월.일	음력 월.일	『송사』 본기	『송사』 오행지	비고
1	治平 4년 10월 경술		給陝西轉運司度僧牒 令糴穀振霜旱州縣	×	
2	11월 무자		分命宰臣祈雪	×	
3	熙寧 원년 정월 정축	음1.04	以旱 減天下囚罪一等 杖以下釋之	×	
4	정월 정해	음1.14	命宰臣曾公亮等 極言闕失	×	曾公亮 열전 해당 내용 없음.
5	정월 임진	음1.19	幸寺觀 祈雨	×	
6	2월 신해		令諸路每季上雨雪	×	

그러나 이와 같은 약 4개월 간의 겨울 가뭄과 그에 대한 대응은 오행지에서는 찾아볼 수 없다. 앞서 말했듯이 겨울에 눈이 내리지 않는 것은 오행지 화에 속하는데, 『송사』 오행지에서는 무설, 무빙 등의 현상만을 기록하고, 눈이 내리길 기원하는 "기설"은 본기에만 수록했다.

『송사』 편찬 과정에서 기설제는 오행지에 수록 대상이 아니라고 본

15) 『송사』 권14, 신종1, 희녕 원년 정월 정축, 정해, 임진.

것인데, 『고려사』에서 “무설”과 “기설”이 모두 오행지에 실려있는 것과 대조적이다. 또한, 『송사』 오행지에 기우가 있는 것과 비교하면 단순히 현상과 의례라는 구분만으로 설명하기 어렵다.16)

즉, 정사마다 편찬 기준에 따라 같은 재이 내용의 수록 여부가 달라지기도 하며, 원전 자료에서의 재이를 판단하는 것과 정사 편찬 작업에서 오행지 수록 여부, 재이를 판단하는 기준의 차이가 달라질 수 있음을 보여준다.

지금까지 살펴본 것에 의하면 『고려사』와 『송사』의 구체적인 사례를 통해 오행지 기록에 대한 종합적이 분석이 필요하다는 것을 확인할 수 있다. 첫째, 오행지의 같은 편목에 실린 동일한 내용이라 하더라도 각각의 전후 맥락을 살펴보고 이를 자연재해로 이해할 수 있는지 확인해봐야 한다. 둘째, 재이현상을 기록의 건수를 파악할 때 나타날 수 있는 오해를 보완하기 위해 재이의 지속성을 확인하고, 그에 따른 기록의 차이에 관한 해석 방식을 모색해야 한다. 셋째, 복합적인 자연 현상을 오행에 따라 구분하고 기록함으로써 나타나는 분절성을 파악하고 종합하려는 노력이 필요하다.

3. 재이 기록에 대한 보완 자료

1) 수록 기준의 차별성-『고려사절요(高麗史節要)』

『고려사』와 함께 고려의 재이를 파악할 수 있는 기본적인 자료는 『고려

16) 이에 대한 문제를 본고에서 본격적으로 다루기는 어려우나, 평균적인 섬서성의 기후를 고려하여 서리와 한재의 발생 등의 문제를 우선 분석해야 할 것으로 생각한다. 이와 같은 중국 기후의 문제는 추후 재해DB를 바탕으로 효과적인 분석이 가능할 것으로 기대한다.

사절요』이다. 『고려사절요』는 『고려사』를 저본으로 한 것이 아니라 그 전에 편찬된 『수교고려사』를 정리한 것으로 내용과 편찬 의도에 차이가 있다.[17] 그 범례도 『고려국사』를 모델로 삼은 것으로 보는데[18] 재이와 관련한 수록 원칙 역시 거의 다르지 않다. "재이의 징험이 있는 일은 비록 작더라도 반드시 쓰는데, 천견을 경계하는 것이다[災異之驗於事者, 雖小必書, 謹天譴也]."라는 재이 기사 수록의 기준은 천인감응설에 따라 재이 기록을 이해하고 수록했다는 것을 의미한다. 그렇기 때문에 천인감응설에 의한 재이 기록이 다수 수록되어 있을 것으로 짐작할 수 있지만, 오히려 『고려사』 오행지와 비교했을 때 그 기록 수는 적다. 게다가 상당수는 이미 『고려사』 오행지와 세가와 중복되는 것으로서 『고려사절요』에만 기록된 재이는 거의 없다고 볼 수 있다. 이에 대해서는 편찬 과정에서 취사선택하거나 첨삭을 거듭하면서 자료의 누락이 발생했을 가능성이 있다.[19]

그럼에도 『고려사절요』의 재이기록은 『고려사』 오행지와 세가의 전후 맥락을 살필 수 있으며, 자료의 성격을 보완할 수 있다는 점에서 의미가 있다. 특히, 앞서 말한 기상 현상의 분절적인 파악은 편년체 사서에서 많은 부분을 보완할 수 있다. 오행에 따라 재이를 분류하지 않고 편년으로 수록하면서, 같은 내용이라 하더라도 『고려사』보다 재이의 연결성을 이해하기 용이하다.

예를 들어 문종 36년(1082) 3월 경자(4.19)에 산천과 사직에서 비를 빌고, 5월에도 기우제를 설행하다가 5월 정미(6.25)에 비로소 비가 내리는데, 이때 내린 "대우" 기록은 세가에는 있으나, 오행지에는 없다. 그러나 『고려사절요』에는 "오월에 가물어서 비를 기원했다. 정미일에 큰 비가

17) 『고려사』는 국왕의 입장에서 군주 중심의 서술을 강화하는 방향으로 서술되었으며, 이와 반대로 『고려사절요』는 신료의 입장을 강조했다고 보는 견해가 있다(한영우, 「《高麗史》·《高麗史節要》의 比較研究」 『진단학보』 48).

18) 변태섭, 앞의 논문, 1984, 56~57쪽.

19) 이정호, 앞의 논문, 2011, 17~18쪽.

내렸다[五月 以旱 禱雨 丁未 大雨].”라고 하여 기우제 내용을 축약하고 이어 비가 왔다는 정미일 기사가 이어지면서 자연스럽게 기우제 시행과 비를 연결시킬 수 있다.

좀 더 자세한 기록으로 〈표 5〉의 명종 18년(1188) 7월의 동계 상황에 대한 정리 방식의 차이를 살펴보자.

〈표 5〉 명종 18년 재이 기록

<table>
<tr><th>고려사</th><th>기사 내용</th><th>고려사절요</th><th>기사 내용</th></tr>
<tr><td>권53, 지7, 오행1, 수</td><td>(명종 18년)七月戊申　定長宣豫高和 六州 大水 城郭頹圮 民屋漂流者不可勝數</td><td rowspan="2">권13, 명종 18년</td><td rowspan="2">秋七月
定長宣豫高和 六州 漂流民屋 不可勝數
又鎭溟境內 黃蟲黃鼠 隨雨而下 大損禾稼</td></tr>
<tr><td>권55, 지9, 오행3, 토</td><td>(명종) 十八年七月戊申　東界鎭溟境內 黃虫黃鼠 隨雨而下 大損禾稼</td></tr>
</table>

이때 동계 지역에서 수재와 황충·황서 피해가 있었다. 『고려사』에서는 이를 각각 오행의 수, 토에 나눠 수록했다. 그러나 같은 날짜라 하더라도 오행의 수와 토에 나눠져 있기 때문에 시기를 확인하기 전까지 연결시켜 파악하기 어렵다. 7월 무신일 지역은 북계에 속한 선주를 제외하고 정주, 장주, 예주, 고주, 화주에 홍수가 발생하면서 인명과 가옥을 잃는 피해가 광범위하게 있었으며, 같은 날 동계의 진명 경내에도 비로 인한 황충과 황서 피해를 입었다.

반면, 『고려사절요』에는 이를 7월에 해당하는 하나의 기사로 싣고 있다. 이 기사를 통해 자연스럽게 동계지역 전반의 피해 상황과 전후 맥락에 대해 더 잘 이해할 수 있다. 이때의 상황을 종합하면 동계와 북계 지역에 비가 내렸고, 이로 인해 홍수가 발생했으며, 황충과 황서에 의한 농산물 피해까지 있었던 것이다. 이 해 8월에도 등주, 문주, 의주, 진명현, 용진진, 영인진에 홍수로 인한 사상자가 발생하였으니[20] 7~8월에 걸쳐 동계 지역

20) 『고려사』 권53, 지7, 오행1, 수, 대수, 명종 18년 8월.

에 큰 수재가 발생했다는 것을 한 눈에 연결시켜 파악할 수 있다.

이와 같이 편년체 사서의 서술방식으로 인한 사건의 맥락을 파악하기 용이한 점 외에도 『고려사』와의 자료 비교를 통해 생략된 기록, 추가된 기록을 확인함으로써 편찬자의 의도와 자료의 성격을 이해하고 나아가 고려시대 재이를 여러 관점에서 접근할 수 있다.

다음의 표는 앞에서 살펴본 예종 16년의 기록이다. 앞의 〈표 2〉에서 예종 16년은 심한 가뭄으로 여러 차례 기우제가 시행되었다. 그러나 같은 시기 『고려사절요』 5월, 윤5월, 6월 기사는 모두 6건에 불과하며, 가뭄을 직접적으로 파악할 수 있는 사료는 2건이다.

〈표 6〉 『고려사절요』 권8, 예종 16년 기사

	예종 16년	『고려사절요』 기사 내용	『고려사』	
			세가	지
1	5월	百官禱雨于興國寺五日	○	○
2	윤5월	制曰 天時失順 旱熯爲災 顧寡人否德以降殃 憫庶民無辜而殞命 祈禳無應 恐懼未遑 庶幾推恩以召和氣 凡在獄囚 除斬絞二罪外 皆原之 其或官吏因緣公法苛刻作弊 或以腐朽之穀强給取息 或徵荒田之租 或興不急之役者 一切禁治	○	×
3	윤5월	命起居舍人林存 講詩雲漢	○	×
4	윤5월	御淸讌閣 命朴昇中講洪範	×	×
5	6월	御長齡殿 命朴昇中講禮月令	○	×
6	6월	參知政事致仕朴景仁卒(후략)	○	×

내용별로 구분하면 마지막의 박경인 사망 기사를 제외하고, 두 건은 가뭄에 의해 기우제를 지내고, 제서를 내린 것으로 직접인 재이 내용이며, 3건은 홍범, 운한, 월령에 관한 강경(講經)을 진행한 것이다. 〈표 2〉를 보면 5월에서 윤5월, 6월까지 기우제가 끊이지 않고 열렸던 시기였음에도, 『고려사절요』의 기록만으로는 가뭄이 있었다는 것만 파악될 뿐 다른 대응은 전혀 알 수 없다. 오히려 윤5월과 6월에 연이어 열린 『서경』 홍범, 『시경』 운한, 『예기』 월령의 강경 기록이 두드러지게 보인다. 세가에도 2건의 중복 기록이 있다. 이것이 가뭄에 대한 대응으로 시행된 것인지,

직접적인 언급은 없으나 홍범이 오행과 오사 등 천인감응설에 의한 재이론과 관련이 있으며, 운한은 가뭄과 기근에 대한 군주의 대응을 쓴 것이라는 점에서 재이와 관련이 있다. 또한 월령도 때에 맞는 정령(政令)을 시행해야 함을 보여주는 것으로써 예종대에 두드러진 강경은 군주의 수덕(修德) 외에도 소재(消災)를 위한 조치로 이용되기도 한다.[21]

즉, 예종 16년의 기록은 국왕과 신료가 정사의 올바름을 살피기 위해 시행하는 일반적인 의미보다 천견으로 드러나는 재이에 대한 대응으로 수록된 것으로 볼 수 있다. 특히 세가에서 왕사 덕연과 무인의 기우제, 국왕의 친초(親醮), 백관의 불교 사찰의 기우제 등과 함께 유·불·도·무의 기록의 하나로 이해되나, 〈표 6〉에서는 〈표 2〉에 두드러졌던 불교, 도교, 무속의 의례가 거의 삭제되고, 백관들의 불교 기우제와 국왕의 제서, 군신의 경전 강독이 수록되어 오히려 유교적 대응이 더욱 강조되고 있다.

이것이 바로 범례에서 말한 재이를 통한 징험과 천견을 보여주는 것이다. 즉 그의 기준은 유교 정치 사상에 기반한 국왕의 수신과 정치를 강조하는 데에 있었던 것이다. 조선 초 편찬자들은 많은 재이 기록 가운데 천견의 징험을 보여주는 재이와 그렇지 않은 것을 분류하고, 징험에 대한 대응면에서 유교 사상적 면모를 분명히 보여주고자 했던 의도를 가졌던 것으로 보인다.

이러한 점은 추가된 내용으로도 확인할 수 있다. 다음은 선종 7년 8월에 있었던 우박과 벼락으로 인한 피해 내용이다.

8월 신해일에 우박이 내리고 벼락으로 사람과 말, 건릉과 도성 동북산의 소나무가 피해를 입었다. 이에 대해 태사는 『서상지(瑞祥志)』를 인용해 원인을 파악하고 대응책을 제시했으며, 왕도 이를 따랐다. 태사는 천둥

21) 예종과 인종대에는 경전 강학이 집중적으로 이루어졌으며, 이는 경학의 발전과 함께 12세기 재이 상황과도 관련이 있다고 보았다(한정수, 앞의 논문, 2003, 72~73쪽).

〈표 7〉 선종 7년(1090) 재이기록

고려사	기사 내용	고려사절요	기사 내용
권53, 지7, 오행1, 수	(선종)七年八月辛亥 雨雹 震市西巷人馬 又震乾陵松木 都城東北山松木	권6, 선종 7년	八月辛亥 雨雹, 震市西巷人馬 又震乾陵松木 都城東北山松木 太史奏 瑞祥志曰 雷電殺人傷六畜破丘陵樹木者 人君刑斬不以道理受讒而枉誅 不救 則必有劫盜之憂 救之之法 退讒臣 治驕暴 審文書 則災消矣 王懼 遍告諸陵 又命禳之

번개가 사람을 죽이고 가축[六畜]을 다치게 하고 구릉과 수목을 파괴하는 것은 군주가 형참(刑斬)을 도리대로 하지 않고 참소를 받아들여 그릇되게 처형했기 때문이라고 하면서 참소하는 신하를 물리치고 교만하고 포악한 자를 다스리고, 문서를 잘 살핀다면, 재앙이 소멸할 것이라고 아뢰었고, 왕은 이에 여러 릉에 이러한 기양의 뜻을 알리도록 했다.

『서상지』는 편찬 주체에 대한 논란이 있지만,[22] 천인감응설의 재이관과 의례적 대응 등을 확인할 수 있는 책으로, 고려에서도 이를 활용하고 있었다. 『고려사절요』에서는 세가에서 싣지 않은 태사의 발언을 그대로 넣었는데, 이는 천인감응의 재이관과 관련된 기록에 중점을 두고 편찬한 의도, 즉 징험과 천견의 의미가 두드러진 결과일 수 있다. 고려시대 재해가 모두 천견의 징험이 될 수 없기 때문에 『고려사절요』에서는 통상적인 사례이거나 재해의 배경과 원인을 징험으로 파악하지 않았던 사례들을 제외하고, 징험과 천견의 의미가 강조된 기록이 『고려사절요』에 실린 것이다.

이러한 인식은 당대에도 있었던 것으로 보인다.

---

22) 『천지서상지』가 신라인에 의해 편찬되었다는 견해(권덕영, 「『천지서상지』 편찬자에 대한 새로운 시각」 『백산학보』 52, 1999), 당 조정과 밀접한 관련이 있는 인물이라는 견해가 있다(김일권, 「『천지서상지』의 역사적 의미와 한국사에서의 자료적 가치－찬자의 상반된 견해 재검토와 『고려사』에 인용된 자료를 중심으로」 『한국고대사연구』 26, 2002).

직한림원(直翰林院) 이원목이 기우소(祈雨疏)를 지어 올리면서 시정(時政)의 잘못을 많이 언급하자, 왕이 이원목을 불러 전지(傳旨)하기를, "속담[野諺]에 '봄 가뭄은 밭에 거름을 주는 것과 같다'고 한다. 간혹 비가 내리므로 천심의 인자한 마음을 어찌 알지 못하겠는가? 얼마 전에 태사가 도우(禱雨)를 청하였으나 내가 거듭 받아들이지 않다가 허락했거늘, 그대의 기우소에는 어찌 나의 잘못만을 끌어들여 지었는가?"라고 하면서 즉시 고치도록 명하였다. 정월부터 이때까지 비가 오지 않았는데도 왕이 이같이 말한 것은 여러 소인들이 잘못 이끌었기 때문이다.[23)]

위의 사료는 명종 11년(1181) 4월 정미(5.16) 봄 가뭄에 대한 국왕과 태사, 직한림원 이원목의 입장을 읽을 수 있다. 가뭄의 시작은 알 수 없으나, 이미 4월 정미일 이전 태사가 기우제 시행을 여러 차례 건의했고, 명종이 이때에 들어서야 기우제 시행을 허락했다. 안타깝게도 이 해의 가뭄은 상당히 오래 지속되었는데, 4월 신유(5.30)부터 종묘와 능침을 비롯한 여러 신사에서 기우제를 시행했고[24)] 6월 신유(7.29)에 이르러서야 비가 내렸다.[25)] 어쨌든 4월 명종은 한림원이 작성한 기우소에 대해 수정을 명령하면서 반론을 제기하고 있다. 당시 실정을 비판하는 직한림원 이원목의 기우소 내용에 대응하는 논리이긴 하지만, 봄 가뭄이 분전(糞田)과 같다는 속담을 거론하고 부족하나마 비가 내렸다는 것을 들어 기우소를 수정하도록 했다.

이를 통해 몇 가지 사실을 추정할 수 있다. 첫째는 통상적으로 봄가뭄이 반복되고 있다는 것을 고려인들이 충분히 알고 있다는 것이며, 둘째는

23) 『고려사』 권20, 명종 11년 4월 정미 ; 『고려사절요』 권12, 명종광효대왕1, 명종 11년 4월.

24) 『고려사』 권54, 지8, 오행2, 금.

25) 『고려사』 권20, 명종 11년 6월 신유.

완전한 가뭄이 아니더라도 농업에 필요한 충분한 비가 내리지 않는 상황도 가뭄으로 인식하고 기우제 등의 대응을 논의했다는 것이다. 나아가 국왕의 대응에 따라 상징적인 수덕의 조치들이 달라질 수 있다는 것도 짐작할 수 있다. 이 해의 가뭄의 기간이 길었음에도 국왕이 정전을 피하거나 감선(減膳), 구언(求言) 등은 시행되지 않았다. 이 역시 앞서 말한 가뭄의 기간과 정도, 기록의 횟수를 보정할 수 있는 근거가 된다.

가뭄과 장마는 분명 자연재해이긴 하지만, 고려인들조차 통상적인 봄 가뭄을 이해하고 있다는 점은 재이 기록에 대한 분석에서도 고려할 부분이다. 한반도에서 수 십년 혹은 수 백년 반복적으로 겪은 기상 현상일 경우 하나하나의 사례를 모두 징험과 천견으로 이해하지 않는 것이 어쩌면 당연하다고도 할 수 있기 때문이다. 이에 『고려사절요』에서 징험으로 이해하고 수록한 자료와 그렇지 않은 기록을 비교하고 검토해야 하며, 데이터베이스 구축이 이러한 작업의 기반을 만들 수 있을 것이다.

2) 대응 과정의 구체성-『송회요집고(宋會要輯稿)』

오행지로 구분·정리된 자료를 보완할 수 있는 것으로 중국 왕조에서 편찬된 회요류를 검토할 필요가 있다. 이 역시 후대에 정치적 정책적 필요에 의해 편찬된 것으로 『당회요』, 『송회요집고』, 『명회요』 등이 있다. 회요는 정사와 구성과 내용의 차이가 있다. 각 편목별로 발생 내용을 간략히 정리하거나, 재해 대응을 위한 조(詔)나, 조정의 주(奏)를 정리하는 내용이 정사보다 구체적으로 기록된 경우가 있다. 이에 당시에 주요하게 다루어졌던 재이관이나 대책을 정리하여 확인할 수 있다는 점에서 정사와 상호 보완할 수 있는 자료이다.

『고려사』, 『고려사절요』와 같은 시기 기록으로서 검토할 수 있는 것이 『송회요집고』이다. 다음의 〈표 8〉은 정사와 회요의 편목 구성을 비교하기 위한 것이다.

〈표 8〉『송사』와 『송회요집고』의 항목

송사	송회요집고
五行1 上, 水上, 河決 水災, 河淸, 醴泉	瑞異一 天瑞 物瑞 祥瑞雜錄 天書
五行1 下, 水下, 恆寒, 雨雪, 霜雪, 雨雹, 雷震, 魚孽, 蝗旱, 豕禍, 黑眚, 黑祥, 晝晦, 虹見, 龍蛇之孽, 馬禍, 人痾, 疾疫, 天鳴, 隕石	瑞異二 日食 日中黑氣 彗孛 星變 虹異 雪異 雷震 旱 火災
五行2 上, 火, 火災, 恆燠, 芝草	
五行3 下, 火, 嘉禾, 祥瑞, 羊禍, 赤眚, 赤祥	瑞異三 水災 地震 地坼 地生毛 蝗災
五行3 木, 木連理, 木冰, 狂咎, 恆雨, 甘露, 服妖, 龜孽, 雞禍, 鼠妖, 靑眚	
五行4 金, 僭咎, 恆暘, 詩妖, 民訛, 毛蟲之孽, 犬禍, 白眚白祥, 金變怪	
五行5 土, 饑凶, 恆風, 晝霾, 華孽, 蠃蟲之孽, 牛禍, 黃眚黃祥, 地震, 山崩, 天地毛	

『송사』 오행지는 수·화·목·금·토의 순으로 그 오행의 원리와 성격에 따라 세부 항목이 구성되어 있다는 것을 알 수 있다. 반면, 『송회요집고』는 모든 재이의 유형을 망라한 것이 아니라, 필요한 주요 항목을 선정하고 그에 대한 내용을 수록했다는 것을 한 눈에 알 수 있다. 재이와 관련된 것은 서이(瑞異)1~3으로 나누었는데, 이는 상서와 재이를 포괄하는 명칭으로 보이며, 내용도 천문 현상에서 자연 재해까지 담고 있다.

『송회요집고』에서 가장 앞세운 것은 상서이다. 천서(天瑞)는 천문에서 관측되는 상서를 정리한 것이며, 물서(物瑞)는 동물과 식물에서 나타나는 상서이며, 이어서 기타 상서를 모아 수록했다. 그 다음으로 일식, 해에서 검은 기운이 있는 것[흑점] 등 해와 관련한 주요 이변을 다루고, 이후 각종 성변과 하늘의 변화를 정리했다. 다음으로 자연 재해 가운데 눈, 천둥, 번개, 가뭄, 화재, 수재, 지진, 동물의 재변 순으로 기록을 정리했다. 『송사』 오행지와 비교하면, 편목의 수는 현저하게 적다. 또한, 오행의 수·화·금·토에 해당하는 일부 항목을 중심으로 수록하고 있어 오행에 따르지 않았다는 것은 분명하게 확인할 수 있다. 즉, 천변재이를 파악하고 기록을 정리하는 기준이 다르다는 것이다.

『송회요집고』는 주요 현상의 간략한 정리와 함께 대응의 구체적 내용에 초점을 맞추고 있다. 다시 말하면 서이편의 편찬 목적은 주로 황제의 조(詔)나 비답(批答), 신하들의 주(奏), 상호 논의 과정을 정리하여 본기와 오행지, 열전에 나누어져 있거나 혹은 누락된 자료들을 정리했다. 앞서 살펴본 희녕 원년 정월의 가뭄과 기우제는 본기에만 간략하게 기록되어 있고, 오행지와 열전에는 기록이 없었는데, 『송회요집고』에는 구체적인 논의 과정을 확인할 수 있다.

다음 〈표 9〉는 신종과 재신 증공량 등이 재이의 원인과 대응에 대해 논의한 구체적인 과정과 내용을 보여준다. 〈표 4〉에 정리한 희녕 원년 정월 14일(정해)의 기록은 『송사』 본기에는 재신 증공량 등에게 극언하도록 명령을 내린 사실만 기록되어 있다. 본기를 보면 이전에 재신에게 눈이 내리기를 빌도록 했고, 가뭄의 대책으로서 죄 1등을 감해주고 장죄 이하는

〈표 9〉『송회요집고』 희녕 원년 가뭄 대응 기록

	희녕 원년	『송회요집고』 서이2, 가뭄[旱]	『송사』 수록 여부
1	정월 14일	詔 以經冬無雪 令各述朕躬過失 時政未符天意者 宰臣曾公亮等同對 引咎拜謝 上曰 日與卿等相見 議政之外 未聞忠規 朕非欲文飾 誠冀卿等極言闕失 以答天變也	본기, 희녕 원년 정월 정해 "命宰臣曾公亮等 極言闕失"
2	정월 17일	曾公亮言 臣二上表及再進箚子 以陰陽不調 雨雪愆亢 乞從免黜 面蒙敦諭 未賜允從 伏望體臣至誠 許從罷黜 手詔答曰 亢沴踰時 物蒙其害 此上帝之警予 奚煩輔臣累牘請避書經百上 朕亦不聽也	×
3	정월 22일	以尚書職方郎中知登州許遵 權判大理寺知諫院吳申言 陛下虔精請雨 未獲近應 古有望祭山川之禮 今徧祈羣神 此理獨闕 宜令禮官講復其故 及諸路州縣仙聖之祠 雖不在祀典 而水旱應祈者 並委州縣遣官潔齋致禱 從之	×
4	정월 25일	至二十五日方雨	×
5	정월 27일	雨雱霈 上曰 好雨 春苗有望 樞密使文彦博等奏曰 雨雪久愆 若非陛下精神動天 何以致此 上曰 天道不遠苟 懷康濟之心 必蒙昭答者 韓絳曰 若上下協心 專務康濟生靈 必獲天祐	×

풀어주는 조치를 내렸으나, 그 이후에도 비나 눈이 내리지 않았기 때문에 이때 다시 신하들에게 극언을 명하는 것이지만, 그 내용과 의도를 상세히 알 수는 없다. 이를 보완할 수 있는 것이 위 표에 정리된 내용이다. 신종은 정월 14일 정해일에 조서를 내려 겨울에 눈이 오지 않는 것은 황제 본인의 과실이거나 시정이 천의(天意)에 부합하지 않은 것이라고 말하며, 증공량 등에게 천변(天變)에 답할 수 있는 극언을 하도록 명하였다.

다음 25일부터 비가 내리는데, 극언하도록 한 조서를 내린 이후 비가 내렸다는 기록은 본기와 오행지에 없기 때문에 『송회요집고』를 통해 그 내용을 알 수 있었다. 신종이 조서를 내린 후 17일에 증공량은 음양이 조화롭지 못해 가뭄이 있는 것이고, 이에 본인을 자책하며 관직에서 물러날 것을 요청했으나 신종은 허락하지 않았다. 다음의 대책은 22일에 나오는데, 허준(許遵)과 오신(吳申)이 산천에 제사를 지낼 것을 건의했고, 이는 받아들여졌다. 여기에서 예전에는 산천 제례가 행해졌으나, 지금은 군신(群神)에게 두루 기원하는 세태가 있다는 것과 각 지역의 선성(仙聖)을 모시는 사당뿐만 아니라 사전(祀典)이 없는 곳에서도 기우제를 시행하도록 하는 등 기우제의 구체적인 내용을 확인할 수 있다. 그러자 25일에 비로소 비가 오고, 흡족하게 내리는 비에 대해 황제와 신하들은 정성스러운 마음에 천심이 움직였다고 말하며 끝을 맺는다.

신종 즉위 초 겨울 가뭄은 봄비가 내려서 해소되었다. 이때의 겨울 가뭄은 신종 스스로도 농사를 망치지 않았다고[春苗有望] 평가하는 것을 보면, 심각한 피해를 야기한 것은 아니었다. 다만, 대대적인 기우제가 시행되었던 배경에는 신종의 즉위가 있었던 것으로 생각한다. 즉위하자마자 가뭄이 지속되는 현상은 황제의 권위를 높이거나 정치적 행보에 도움이 되지 않기 때문이다. 이에 기우제와 형정을 시행했지만, 비가 내리지 않았으므로, 여러 방식의 정치적이고 상징적인 행위를 이어가며 비를 기다렸다. 또한, 신종이 신하들에게 구언을 하자, 신하들이 사직을 요청하고, 황제는 이를 거부하는 등 서로 책임을 나누어 감수하는 정치적 소통이 이루어졌다고 보인다.

즉, 희녕 원년 초의 가뭄은 『송사』 본기에서 재해의 내용과 대응을 파악할 수 있는 것 외에도, 『송회요집고』를 통해 황제와 신하들의 재이관, 논의 과정, 대응책, 결과에 대한 이해를 살필 수 있다. 해당 기록이 없는 오행지를 보완하는 것은 물론이며 자료를 종합적으로 검토하면서 심화된 분석과 관점을 이끌어 낼 수 있을 것이다.

4. 맺음말

한국과 중국의 정사 오행지는 동아시아의 자연환경 이해와 정치사상의 관계를 반영한 것이며, 오늘날 자연과학적 재해 인식과는 근원부터 이해를 달리한다는 것에서 중요한 의미가 있다. 천인감응론과 오행의 순환·조화에 기반을 둔 재이관은 전통사회의 자연 현상을 이해하는 기본이기도 하다.

그러나 이는 동전의 양면처럼 실제 기상 상황을 이해하는 데에는 제약이 된다. 즉 자연 현상을 오행으로 파악하여 민심과 천심, 하늘과 인간의 감응으로 이해하는 것은 유교 정치 이데올로기에 의한 군주와 신료의 책임론과 민본 정치를 추구하는 효과는 있지만, 동시에 현재의 관점에서 역사의 자연재해나 기상 현상, 대응을 파악하기 어려우며, 나아가 전통사회의 자연관의 다양하게 이해하기 어렵게 만들기도 한다. 이에 재이에 대한 다양한 분석과 이해를 확장하기 위해 자료를 종합하고, 나아가 내용에 따라 분류하고, 세부적으로 연대·지역 등의 기사 정보를 정리하는 것이 필요하다.

이에 지금까지 그 선행 작업 중 하나로서 기초 자료가 되는 오행지와 보완 자료의 성격을 확인했다. 『고려사』와 『송사』 오행지는 화·수·목·금·토의 구성에 따라 기상 현상을 비롯한 여러 재이 기록을 분류하고 정리했다. 오행지의 기록은 같은 항목에 기록된 동일한 내용의 재해라고 하더라도 전후 맥락을 살펴 재해인지, 혹은 그 재해의 해소인지 그 의미를 파악해야 한다. 이와 함께 가뭄이나 비, 천둥번개와 같은 일회적 현상이 아닌 경우, 지속 기간과 발생 시기 등을 고려하여 재이의 정도를 이해할 수 있어야 한다. 또한, 같은 날 발생한 복합적인 기상 현상을 오행에 따라 기록되어 종합적으로 파악하기 어려운 점을 확인했다.

이러한 정사 오행지 기록은 다른 자료에 의해 보완하여 다양한 역사상을 그려낼 수 있을 것이다. 특히, 『고려사절요』는 편년체 사서로서 연속된 재해 상황을 보여주어 오행지의 분절성을 보완해준다. 또한 징험과 천견의 기준에 따라 재이를 기록했다는 점에서 편찬자들의 천인감응의 재이관을 더욱 확연하게 드러내어 『고려사』 기록 성격에 대한 다양한 시사점을 줄 수 있다. 그리고, 『송회요집고』는 『송사』 본기나 오행지보다 재해 대응 과정을 더욱 자세히 싣고 있으므로 재이에 관한 기록의 보완 외에도 대응에 관한 구체적인 과정과 인식을 확인할 수 있는 자료가 될 것이다.

| 제2장 |

『고려사』 오행지(五行志)의 체제와 내용

이 정 호

1. 머리말

고려시대 사람들에게 자연재해는 각별한 관심의 대상이 되었다. 당시 사람들은 천재지변(天災地變)과 같은 자연현상과 인간의 행위, 특히 국왕의 통치행위가 밀접한 관련을 가지고 있다고 생각했다. 유교정치사상에서 강조하는 천인감응적(天人感應論的) 인식에 영향을 받아, 천재지변의 발생을 국왕의 잘못된 정치에 대한 경고(警告) 혹은 징벌(懲罰)로 간주했던 것이다.

이와 같은 관심은 기전체(紀傳體) 사서인 『고려사(高麗史)』의 편찬에도 반영되어, 천재지변 기록들을 천문지(天文志)와 오행지(五行志)에 별도로 모아 정리하기도 하였다. 특히 오행지의 경우 수재(水災), 한재(旱災), 충재(蟲災), 상재(霜災) 등 자연재해에 대해 상세한 기록을 남기고 있었다. 자연재해에 대한 관심과 중요성이 반영되어 오행지가 작성되었던 만큼, 그 내용은 자연재해의 발생 상황과 이에 대한 당시 사람들의 인식을 살펴보는데 유용한 자료가 된다 하겠다.

그동안 『고려사』 오행지에 대해서는 내용 분석을 통해 오행사상(五行思想)을 비롯한 유교정치이념과 고려시대 정치운영의 관계를 규명하기 위한 연구가 진행되었다.[1]『고려사』 오행지의 체재에 대한 검토가 병행되어, 중국 정사(正史)와 비교한 결과 특히 『원사(元史)』의 체재를 따라 편찬되었다고 보았다.[2] 오행지에 수록된 기상이변(氣象異變) 기록을 정리하여 장기적인 기후변화의 추세를 파악하려는 시도도 있었다.[3] 최근에는 『고려사』 오행지 역주(譯註) 작업 또한 진행되어 향후 연구의 심화에 토대를 마련해 주고 있기도 하다.[4]

오행지는 자연재해의 발생 기록이 주를 이루고 있어, 당시 자연환경의 상황과 변화를 살펴보는 데 유용한 자료가 될 수 있다. 이에 따라 기존의 연구 가운데에도 『고려사』 오행지를 활용하여 자연재해의 발생 추세를 고찰한 연구성과를 살펴볼 수 있다.[5] 그러나 한편 이러한 기존 연구의 경우 기록의 사실 여부에 대한 충분한 검토를 결여한 채 연구가 진행되는 등 몇 가지 문제점이 있어 보완이 필요한 상황이다. 왜냐하면 『고려사』 오행지를 통해 자연재해의 발생 추세를 고찰함에 있어서는, 그것이 경우

1) 李熙德, 『高麗儒教政治思想의 硏究－高麗時代 天文·五行說과 孝思想을 中心으로』, 一潮閣, 1984 ; 李熙德, 『韓國古代 自然觀과 王道政治』, 혜안, 1999 ; 李熙德, 『高麗時代 天文思想과 五行說 硏究』, 一潮閣, 2000 ; 秦榮一, 「高麗前期의 災異思想에 관한 一考」 『高麗史의 諸問題』, 三英社, 1986 ; 秦榮一, 「『高麗史』 五行·天文志를 통해 본 儒家秩序概念의 分析」 『國史館論叢』 6, 1989 ; 金永炫, 「高麗時代의 五行思想에 관한 一考察」 『忠南史學』 2, 1987 ; 韓政洙, 「高麗前期 天變災異와 儒教政治思想」 『韓國思想史學』 21, 2003 ; 韓政洙, 「고려후기 天災地變과 王權」 『歷史敎育』 99, 2006.

2) 李熙德, 「高麗時代 五行說에 대한 硏究－高麗史 五行志를 중심으로」 『歷史學報』 79, 1978 ; 李熙德, 앞의 책, 1984(재수록) ; 邊太燮, 「「高麗史」의 內容分析」 『「高麗史」의 硏究』, 三英社, 1982.

3) 須長泰一, 「高麗後期の異常氣象に關する一試考」 『朝鮮學報』 119·120, 1986 ; 李泰鎭, 「고려~조선 중기 天災地變과 天觀의 변천」 『韓國思想史方法論』, 小花, 1997.

4) 李熙德, 「高麗史五行志譯註 (1)·(2)·(3)·(4)」 『동방학지』 85·87·88·89, 1994~1996 ; 李熙德, 앞의 책, 2000(재수록) ; 김기덕, 「『高麗史』 五行志의 譯註現況과 새로운 譯註方向」 『고려시대연구』 3, 한국학중앙연구원, 2001 ; 김기덕, 「『高麗史』 五行志 譯註 (1)·(2)」 『고려시대연구』 4·7, 한국학중앙연구원, 2002·2004 ; 김일권, 「『高麗史』 五行志 譯註 (3)·(4)·(5)」 『고려시대연구』 8·10·12, 한국학중앙연구원, 2005·2006·2007.

5) 金永炫, 앞의 논문, 1987 ; 須長泰一, 앞의 논문, 1986.

에 따라 정치적 상황을 반영한 것이거나 혹은 후대(後代)의 평가에 영향을 받아 실상과 차이가 있을 가능성을 염두에 둘 필요가 있기 때문이다.[6)] 아울러 『고려사』 오행지의 내용과 특성을 제대로 파악하고, 또 이를 이용하여 자연재해 발생추세를 고찰하기 위해서는, 오행지 구성과 항목 설정 등 체재(體裁)뿐만 아니라 수록 내용의 사실성(事實性) 여부에 대해서도 면밀한 검토가 필요할 것으로 생각된다.

이러한 점들을 감안하여 본고에서는 『고려사』 오행지의 특성을 고찰하는 한편 이를 토대로 당시의 자연재해 발생추세를 고찰하고자 한다. 먼저 『고려사』 오행지의 특성을 검토하기 위해 그 구성과 내용이 어떠한지 중국 사서(史書), 특히 체재와 내용에서 유사한 점이 많은 『원사(元史)』와 『송사(宋史)』의 경우와 비교 검토하도록 하겠다. 이어서 내용에 드러나는 특징을 검토함으로써 실제 자연재해 발생을 어느 정도 사실에 가깝게 반영하고 있는지 살펴보도록 하겠다. 이를 토대로 『고려사』 오행지 자연재해 기사를 통해 당시의 자연재해 발생추세를 고찰해 보고자 한다.

2. 『고려사』 오행지의 구성과 내용

중국의 25사 가운데 오행지가 설정된 것은 『한서(漢書)』로부터 비롯되었다. 『한서』 이후 역대의 사서들은 오행지를 편성하고, 오행(五行)의

6) 예를 들어 『고려사』 천문지와 오행지 기록을 토대로 고려전기 왕대별 在位 기간과 災異 발생 수치를 비교해 보면 獻宗代의 災異 발생 빈도가 가장 높게 나타난다. 그런데 獻宗은 11세의 어린 나이에 즉위하여 재위기간 약 1년 5개월만에 왕위를 숙부인 鷄林公 熙, 즉 肅宗에게 양위한 왕이었다. 이러한 헌종대에 재이 발생 수치가 최고로 기록되고 있다는 점은, 그 기록이 후대의 평가 혹은 정치적으로나 심리적으로나 당대인들의 불안감을 반영하여 기재되었을 가능성이 높다(이에 대해서는 金永炫, 앞의 논문 및 이정호, 『고려시대의 농업생산과 권농정책』, 경인문화사, 2009, 23쪽 참조).

운행과 관련한 각종 자연현상들을 일정한 원칙에 따라 항목별로 분류하여 정리하였다. 그 구성과 내용은 대체로 『서경(書經)』 홍범편(洪範編), 『상서대전(尙書大傳)』 홍범오행전(洪範五行傳) 등의 내용을 토대로 하고 있었다.

한국의 사서로서는 『고려사』에서 처음으로 오행지를 설정하고 있는데, 그 체재는 중국의 사서 가운데 특히 『원사』와 유사한 것으로 이해되고 있다.[7] 예를 들어 『고려사』 오행지의 전체 서문(序文)과 각 오행별 서문의 문구 가운데는 『원사』의 그것으로부터 그대로 전재한 부분이 다수 발견된다.[8] 후술하듯이 오행지의 편목(編目) 설정, 서술 방식, 재이(災異)에 대한 해석 등 여러 가지 면에서도 유사한 점을 발견할 수 있다.

그러나 한편 『고려사』 오행지의 체재를 검토하는 데는 『원사』뿐만 아니라 여타 중국 사서로부터의 영향 또한 함께 고찰할 필요가 있다. 왜냐하면 『고려사』 오행지의 항목 가운데는 『원사』에서는 찾아볼 수 없는 대신 여타의 중국 사서에서 그 유래를 찾아볼 수 있는 경우도 있기 때문이다.[9]

한편 중국의 역대 사서들은 오행지의 구성상 『한서』 이래 『신당서(新唐書)』까지 대체로 목(木)·화(火)·토(土)·금(金)·수(水)의 오행(五行)에 이어

---

7) 李熙德, 앞의 논문, 1978 ; 李熙德, 앞의 책, 1984, 95~97쪽 ; 邊太燮, 앞의 논문, 1982, 69~71쪽.

8) 邊太燮, 앞의 논문, 1982, 70~71쪽 ; 김기덕, 앞의 논문, 2001, 184~187쪽. 예를 들어 『고려사』와 『원사』 오행지의 전체 序文에서 서로 일치 혹은 유사한 부분을 표시해 보면 다음과 같다.
『고려사』 卷53, 오행1 서문, "天有五運 地有五材 其用不窮 人之生也 具爲五性 著爲五事 修之則吉 不修則凶 吉者休徵之所應也 凶者咎徵之所應也 此箕子 所以推演洪範之疇 而拳拳於天人之際者也 厥後 孔子作春秋 災異必書 天人感應之理 豈易言哉 今但據史氏所書當時之災祥作五行志" ; 『원사』 권50, 오행1 서문, "人與天地 參爲三極 災祥之興 各以類至 天之五運 地之五材 其用不窮 其初一陰陽耳 陰陽一太極耳 而人之生也 全付畀有之 具爲五性 著爲五事 又著爲五德 修之則吉 不修則凶 吉則致福焉 不吉則致極焉 徵之於天 吉則休徵之所應也 不吉則咎徵之所應也 … 其後箕子因之 以衍九疇 其言天人之際備矣 … 天人感應之機 豈易言哉 … 昔孔子作春秋 所紀災異多矣."

9) 예를 들어 『고려사』 권55, 五行五曰土에 수록된 '像頭自落忽亡' 항목은 『元史』와 『宋史』에서는 찾아볼 수 없고, 그 유래를 『新唐書』 오행지에서 찾을 수 있다.

여섯 번째로 황지불극(皇之不極)을 추가하여 서술하고 있었다.[10] 그러나 『송사』, 『원사』, 『고려사』는 이와 같은 방식에서 벗어나 황지불극의 설명 없이 오행으로만 서술되어 있다는 공통점을 지닌다. 또 오행의 배열에서 생성설(生成說)에 따라 수·화·목·금·토의 순으로 하고 있다는 점에서도 공통점을 지닌다.[11]

세 사서는 모두 상서(祥瑞)에 대한 기록을 수록하고 있다는 점도 유사하다. 이전의 중국 사서와 달리 『송사』 오행지에서부터 재이(災異)뿐만 아니라 상서(祥瑞)를 포함하여 오행지를 구성하는 특징이 있다.[12] 이와 관련해 지초(芝草)와 주초(朱草), 화(華[개화(開花)]), 연리목(蓮理木), 경운(卿雲), 가화(嘉禾) 등과 같은 상서(祥瑞) 기사들을 채록한 『고려사』 오행지는[13] 『송사』의 경향에 영향을 받았을 가능성이 있다.

이러한 점들을 감안할 때 『고려사』 오행지의 체재를 검토하기 위해서는 『원사』와 아울러 『송사』 또한 함께 비교할 필요가 있다.

먼저 세 사서의 오행지 편목(編目)을 비교해 보면 다음과 같다.

---

10) 중국 二十五史 가운데 『漢書』·『後漢書』·『晋書』·『宋書』·『南齊書』·『隋書』·『新唐書』·『舊唐書』 등이 그러하다. 이에 대해서는 김기덕, 앞의 논문, 2001, 187쪽 참조.

11) 중국 사서 가운데 오행지의 오행 배열을 살펴보면 『漢書』·『後漢書』·『宋書』·『隋書』는 五行相勝說(相剋)에 따라 木·土·水·火·金의 순서이고, 『晋書』·『南齊書』·『舊唐書』·『新唐書』는 五行相生說에 따라 木·火·土·金·水의 순서이다. 한편 이와 달리 『宋史』·『元史』는 五行生成說(始生)에 따라 水·火·木·金·土의 순서인데, 이것은 『書經』 洪範編에서 설명하고 있는 오행의 순서를 따른 것이다(李熙德, 앞의 논문, 1978 ; 李熙德, 앞의 책, 1984, 95쪽).

12) 이에 대해서는 김일권, 앞의 논문, 2005, 6~8쪽 및 다음의 사료 참조. 『송사』 권61, 오행1 서, "文人之一身 動作威儀 猶見休咎 人君以天地萬物爲體 禎祥妖孽之致 豈無所本乎 故由漢以來 作史者皆志五行 所以示人君之戒深矣 自宋儒周惇頤太極圖說行世 儒者之言五行 原於理而究於誠 其于洪範五行五事之學 雖非所取 然班固範曄志五行已推本之 及歐陽修唐志 亦采其說 且於庶征惟述災眚 而休祥闕焉 亦豈無所見歟."

13) 『고려사』 권53, 오행1 五行二曰火 瑞草·草妖 ; 권54, 오행2 五行三曰木 木妖祥·卿雲 ; 권55, 오행3 五行三曰土 嘉禾.

〈표 1〉『고려사』·『원사』·『송사』 오행지 編目 비교

사서	『고려사』 오행지	『원사』 오행지	『송사』 오행지
편목	권53, 오행지1 五行一曰水… 五行二曰火… 권54, 오행지2 五行三曰木… 五行四曰金… 권55, 오행지3 五行五曰土…	권50, 오행지1 五行一曰水… 五行二曰火… 五行三曰木… 五行四曰金… 五行五曰土… 권51, 오행지2 水不潤下 火不炎上 木不曲直 金不從革 稼穡不成	권61, 오행지1 상 : 水上 권62, 오행지1 하 : 水下 권63, 오행지2 상 : 火上 권64, 오행지2 하 : 火下 권65, 오행지3 : 木 권66, 오행지4 : 金 권67, 오행지5 : 土

이상의 편목을 비교해 보면 『고려사』 오행지는 『원사』·『송사』와 비교해 공통점과 차이점을 각각 가지고 있는 것을 살펴볼 수 있다. 우선 『고려사』와 『원사』는 오행의 서술이 별도의 제목을 설정하지 않고 '五行一曰水 …'·'五行二曰火 …' 등의 형식으로 시작되고 있다는 점이 일치한다. 그러나 한편 『원사』에서는 오행(수·화·목·금·토)과 실기본성(失其本性 : 수불윤하[水不潤下]·화불염상[火不炎上]·목불곡직[木不曲直]·금불종혁[金不從革]·가색불성[稼穡不成])을 구분하고 권수(卷數)를 달리하여 기록함으로써 동일한 내용이 반복되어 서술되는 경우도 발생하고 있다.[14] 이와 달리 『송사』와 『고려사』는 이를 통합하여 정리 기록함으로써 보다 체계화되어 있다는 점에서 유사성을 지닌다. 이로 보아 『고려사』는 『원사』와 『송사』 어느 한쪽만을 토대로 한 것이라기보다는 이들 사서를 모두 참작한 가운데 체재를 구성하였을 가능성이 있다고 여겨진다.[15]

『고려사』 오행지가 『원사』·『송사』 모두로부터 영향을 받았다는 점은

14) 예를 들어 『원사』 오행지에는 大水, 河淸, 人痾 등의 기사가 권50 五行一曰水와 권51 水不潤下에 분산되어 수록되어 있다.

15) 기존의 연구성과 가운데서도 『고려사』·『송사』·『원사』 오행지 항목을 비교 검토하는 가운데, 특히 항목 설정의 차이점, 『고려사』 오행지의 독자적인 항목 설정 등을 주목한 경우로서, 다음의 논고가 있어 참고할 수 있다. 김일권, 「『高麗史』 五行志 譯註(3)」 『고려시대연구』 8, 한국학중앙연구원, 2005, 3~8쪽.

각 오행별(五行別) 내용 구성을 비교 검토하는 것을 통해서도 살펴볼 수 있다. 세 사서의 오행지 내용을 유형별로 구분하여 비교해 보면 다음의 〈표 2〉와 같다.

각 사서별 오행지 항목수는 『고려사』 57항목, 『원사』 40항목(중복된 부분 제외), 『송사』 54항목으로, 『원사』에 비해 『고려사』와 『송사』가 훨씬 더 세분되어 있다. 오행지의 항목 내용을 비교해 보면 세 사서의 오행지 항목이 대체로 유사하게 설정되어 있는 것을 살펴볼 수 있다. 즉 『고려사』 오행지 수행(水行)의 17항목 중 14항목, 화행(火行)의 10항목 중 9항목, 목행(木行)의 7항목 중 5항목, 금행(金行)의 7항목 중 6항목, 토행(土行)의 16항목 중 11항목은 『원사』 혹은 『송사』의 항목 설정과 일치한다.

그러나 한편 『원사』·『송사』 오행지에는 없는 독자적인 항목이 『고려사』 오행지에 설정된 경우도 발견된다.[16] 예를 들어 『고려사』의 경우 수행(水行)의 지경(地鏡), 목행(木行)의 경운(卿雲), 금행(金行)의 견화(犬禍), 토행(土行)의 야요(夜妖)·황생황상(黃眚黃祥)·상두자락홀망(像頭自落忽亡)은 『원사』·『송사』 오행지 항목에서는 찾아볼 수 없다.

반대로 『원사』·『송사』 오행지에는 항목이 설정되어 있지만 『고려사』에서는 항목이 설정되어 있지 않거나 내용에 차이가 있는 경우도 발견된다. 수행(水行)의 서응(瑞應)으로서 『원사』·『송사』 오행지에 설정된 하청(河淸)이 『고려사』 오행지에는 없다. 목행(木行)의 서응으로서 『원사』·『송사』에 감로(甘露)가 설정된 대신 『고려사』 오행지에는 경운(卿雲)이 설정되어 있다. 또 세 사서 가운데 『고려사』에서만 황생황상(黃眚黃祥)이 설정되어 있다.

이로 보아 『고려사』 오행지는 『원사』·『송사』의 경우를 기본으로 하되, 자연재해의 발생 내용은 각 왕조별로 차이가 있었을 것임을 감안할 때, 고려시대의 실정을 감안하여 항목이 설정되었던 것으로 여겨진다.

---

16) 김일권, 앞의 논문, 2005, 7~8쪽.

〈표 2〉『고려사』·『원사』·『송사』 오행지 내용의 유형 비교[17]

오행	水行				火行				木行			
사서	고려사	원사		송사	고려사	원사		송사	고려사	원사		송사
편목	五行一曰水	五行一曰水	水不潤下	水	五行二曰火	五行二曰火	火不炎上	火	五行三曰木	五行三曰木	木不曲直	木
咎	1大水	1大水	1大水(山崩/水溢)	1大水	1火災	1火災	1火災	1火災	1木妖祥(連理木/木冰)	1木冰	1木冰	1妖祥(連理木)/2木冰
變異	2水異(井/水/池水/江河)			3水異(泉出)						2木異(木讖/拔樹)/3蟲食桑	2木異(樹怪)	
瑞應		2河淸	2河淸	2河淸	8瑞草(瑞芝,朱草)	3芝草	6芝草	3瑞草(芝草)/4嘉禾	3卿雲		5甘露	5甘露
罰	3恒寒/12雷電/13霜/14雪/15雨雹	3隕霜/4雨雹	3雨雪/4雨雹/5雷電(天鼓鳴)	4雨雪/5霜/6雨雹/7雷電	2恒燠(無氷)/3無雪	2無雪	2無雪	2無雪	2恒雨	4霖雨(大雨)	4霖雨(大雨)	4大雨(霖雨/淫雨)
妖	4鼓妖/5虹(虹霓)			19鼓妖(天鳴)/14虹(白虹)	4草妖(花開/華)/5雨穀		3雨穀		5鼠妖		7鼠妖	3狂人/6服妖/9鼠孽/10木妖
孽	6龍蛇孽/7魚孽		6魚孽/7龍蛇孽	8魚孽/9蝗/蝻/15龍蛇孽	6羽虫之孽(鵂鶹/雉/群鳥/雀)		4羽虫之孽	5羽虫之孽(鳳/鶴/鵲)				7龜孽
禍	8馬禍/9豕禍/10人痾(多產)/11服妖	5人痾(產變)	8豕禍/9人痾(產變)	10豕禍/16馬禍/17人痾(產變)/18大疫	7羊禍			6羊禍	4雞禍		6言禍	8雞禍
色/眚	16黑眚黑祥			11黑眚黑祥/12池水色變/13霧	9赤眚赤祥		5赤眚赤祥	7赤眚赤祥(赤氣/雨血)	6靑眚靑祥			
기타(沴)	17地鏡		10夜妖(黑霧)	20隕石	10夜光			8火孽(夜光)	7自頹			

17) 항목 이름을 결정하는 데는 項目名이 명시되어 있는 『신당서』 오행지의 경우를 참고하되, 학술발표회(고려사학회·고려대 한국사연구소 주최/2011년 3월 25일)에서 토론자로서 조언해 주신 김철웅 선생님의 견해에 힘입어 작성하였다. 표 가운데

오행	金行				土行			
사서	고려사	원사		송사	고려사	원사		송사
편목	五行四曰金	五行四曰金	金不從革	金	五行五曰土	五行五曰土	稼穡不成	土
咎	1金異(隕石)		1隕石(隕星)		1大饑	1大饑	1大饑	1大饑
變異		1金石異(鐵鑛/山崩)	2金異(山石崩裂)	1金石異	2大疫	2大疫	2大疫	
瑞應					16嘉禾(穗變)	8嘉禾	8嘉禾	4華/生花
罰	2恒陽	2恒暘(大旱)	3大旱(不雨)	2大旱	3恒風(大風/折木)/4霧	3恒風(大風)	3恒風(拔木傷稼)	2恒風(大風)
妖	4訛言		4詩妖(謠讖)	3詩妖/4訛言(讖言)	5夜妖/6雨土/7地震/8山崩(石頹/隕石)	6雨土霾/7地震	6雨土/7地震(山崩/山鳴/山裂)	3雨霾/7雨土/8地震/9山圮,山崩/10雨毛
孽	3介蟲之孽(蝗災/蟲食桑)/5毛蟲之孽(虎/兎/獐…)	3介蟲之孽(蝗災)/4毛蟲之孽(雉/鹿)	6介蟲之孽(蝗蟲)/5毛蟲之孽(虎害)	4獸怪	9贏虫之孽(蟾/蚯蚓/蜂/毒蟲/蟻)/10螟	4裸蟲之孽(蝥/螭)	4裸蟲之孽(蚄蟲害稼)	5蚜蚄蟲/螟/蠓
禍	6犬禍				11牛禍	5牛禍	5牛禍	6牛禍
色/眚	7白眚白祥(白氣/白虹)	5白眚白祥(白暈/白虹/白氣/天雨毛)	7白眚白祥(雨白毛)/8白虹	5白氣	12黃眚黃祥			
기타(沴)				6鏡舞	13地陷地拆/14土堆(沙土)/15像頭自落忽亡			

숫자는 각 오행지의 기재 순서를 나타낸 것이고, 괄호 안의 내용은 기사의 세부 내용을 기록한 것이다.

그리고 다음의 〈표 3〉은 『고려사』 오행지 각 항목에 따른 기사수를 정리해 본 것인데, 이를 통해 『고려사』 오행지의 경우 항목 설정에서 세분되어 있을 뿐만 아니라 재이(災異)와 관련한 상세한 자료가 수록되어

〈표 3〉 『고려사』 오행지의 항목별 기사수

	五行一曰水		五行二曰火		五行三曰木		五行四曰金		五行五曰土	
咎	1大水	46	1火災	170	1木妖祥(連理木/木冰)	160	1金異(隕石)	25	1大饑	30
變異	2水異(井/水/池水/江河)	15							2大疫	8
罰	3恒寒(寒/雪)	32	2恒燠(無氷)	16	2恒雨	137	2恒陽	409	3恒風(大風/折木)	136
罰	12雷電	327	3無雪	17			3介蟲之孼(蝗災)	22	4霧	195
罰	13霜	44								
罰	14雪	36								
罰	15雨雹	190								
妖	4鼓妖	33	4草妖(花開/華)	13	5鼠妖	1	4訛言	20	5夜妖	7
妖	5虹	42	5雨穀	2					6雨土	48
妖									7地震	129
妖									8山崩(石頹/隕石)	50
孽	6龍蛇孽	9	6羽虫之孽(鵂鶹/雉/群鳥/烏/鶴/雀)	100			5毛蟲之孼(虎/兎/獐)	147	9蠃虫之孽(蟾/蚯蚓/蜂/毒蟲/蟻)	11
孽	7魚孽	5							10螟	2
禍	8馬禍	6	7羊禍	1	4雞禍	4	6犬禍	2	11牛禍	10
禍	9豕禍	7								
禍	11服妖	1								
瑞應	10人痾(多産)	14	8瑞草(瑞芝, 朱草)	2	3卿雲	1			16嘉禾(穗變)	7
色/眚	16黑眚黑祥	26	9赤眚赤祥	233	6靑眚靑祥	4	7白眚白祥	116	12黃眚黃祥	23
기타	17地鏡	4	10夜光	7	7自頹	14			13地陷地拆	5
기타									14土堆(沙土)	1
기타									15像頭自落忽亡	2
계		837		561		321		741		664
총계										3124

있다는 것을 잘 살펴볼 수 있다.

『고려사』 오행지에는 약 3,100여 개의 기사가 기재되어 있다. 그 중 오행별로 살펴보면 수행·금행·토행·화행·목행의 순으로, 항목별로는 항양(恒陽)·뇌전(雷電)·적생적상(赤眚赤祥)·무(霧)·우박(雨雹) 등의 순으로 기사숫자가 많다. 오행지에 기재된 기사 숫자의 다소(多少)는 당시 자연재해의 발생 상황을 반영함과 동시에 당시 사람들의 천재지변에 대한 인식을 반영한 것으로 보아야 할 것이다. 이를 감안해 이와 같은 『고려사』 오행지 편년기사의 기록수를 이해해 본다면, 특히 뇌전·적생적상[18]·무·우박 등과 같은 천문(天文)의 이변현상을 경계하는 당시 사람들의 인식이 반영되어 있다고 이해된다. 또 자연재해의 피해 가운데 특히 금행(金行)의 항양(恒陽) 기사가 최고의 숫자를 기록하고 있어, 이로 말미암은 피해, 즉 한재(旱災)에 의한 피해가 컸던 당시의 사정을 반영한다고 볼 수 있겠다.[19]

이처럼 『고려사』 오행지는 『원사』·『송사』의 경우와 유사한 점 못지않게 독자적인 특성 또한 지니고 있었던 점을 살펴볼 수 있다. 이와 관련하여 『고려사』 오행지 항목 설정과 내용 가운데 나타나는 특징을 고찰해 보면 다음과 같다.

역대 중국사서의 오행지에는 오행별 구징(咎徵)과 서징(瑞徵)이 대체로 『상서』 홍범편, 「홍범오행전」에 제시된 내용을 토대로 각 항목에 따라 배열되어 있다. 한편 역대 사서의 경우 오행 운행과 이에 따른 해석을

18) 『고려사』 오행지의 赤眚赤祥 항목에 기재된 기사 가운데는 '漣州澄波渡水赤三日'처럼 강물과 관련된 경우도 있지만, 대부분은 '乾方有赤氣'·'赤氣衝天' 등의 경우처럼 천문현상과 관련한 기사들이다.

19) 실제로 고려시대에 자연재해로 인해 발생한 피해 가운데 가장 대표적인 것은 旱災로 인한 경우였다. 고려시대 동안 한재는 1년에 약 1.3회 발생할 정도로 자주 발생했고, 더욱이 3~4년은 물론 심지어 9년간 해를 거르지 않고 연속적으로 발생하기도 하여, 이로 말미암은 피해가 가중되고 있었다. 고려시대 한재로 인한 피해에 대해서는 이정호, 『고려시대의 농업생산과 권농정책』, 경인문화사, 2009, 13~18쪽 참조.

둘러싸고 항목 설정에 다소 의견의 차이를 보이는 부분도 있다. 대표적인 사례가 황재(蝗災)에 대한 항목 분류와 관련한 의견 차이이다. 개충지얼(介蟲之孽)인 황재는 『한서』 오행지 이래 오사(五事 : 貌·言·視·聽·思) 가운데 청사(聽事)에 관계되는 것으로, 목행(水行)의 항목으로 분류되어 왔다. 여기에는 유흠(劉歆)의 해석이 토대가 되고 있었고,[20] 이러한 경향은 『후한서』·『송서』·『진서』·『수서』·『신당서』·『송사』에서도 이어졌다. 그러나 유독 『원사』 오행지에서는 황재(蝗災)를 금행(金行)의 항목으로 분류하고 있는데, 이것은 「홍범오행전」의 원문을 토대로 하여 언사(言事)에 해당하는 것으로 분류하였기 때문이다.[21] 이처럼 사서에 따라 특히 황재의 분류에 차이를 보이는 가운데 주목할 점은 『고려사』의 경우 『원사』를 따라 이를 금행에 소속시키고 있다는 것이다.

이와 같은 사례는 이외에도 몇 가지 더 살펴볼 수 있다. 운석(隕石)의 항목 분류에 대해서도 중국 사서에서 의견 차이가 있다. 『한서』 오행지는 '황지불극(皇之不極)'편(編)에서 수록한 이래, 『후한서』처럼 이를 천문현상으로 보아 천문지(天文志)에서 수록한 경우도 있지만, 대체로 '황지불극'편 혹은 금행에 수록하여 왔다. 『송사』의 경우에는 '황지불극'편을 수행(水行)에 통합한 까닭에 운석이 수행(水行)에 수록되어 있다. 한편 『원사』와 『고려사』에서는 금석(金石)의 속성으로 간주하여 모두 금행(金行)에 수록되어 있어 또한 양(兩) 사서 사이에 유사한 점을 발견할 수 있다.[22]

반대로 『고려사』 오행지가 『송사』의 경우를 따른 것으로 여겨지는 사례도 있지만,[23] 대부분의 경우는 『원사』와 유사하다.[24] 이를 감안할 때

20) 『漢書』 권27, 五行 中之下, "劉歆聽傳曰 有介蟲孽也 庶徵之恒寒."

21) 『漢書』 권27, 五行 中之下, "傳曰 言之不從 … 時則有介蟲之孽 時則有犬禍."

22) 오행지 金行 항목을 통해 『고려사』와 『원사』의 유사성을 논한 연구성과로는, 김일권, 「『高麗史』 五行志 譯註(5)」 『고려시대연구』 12, 한국학중앙연구원, 2007, 13~16쪽 참고.

23) 예를 들어 『고려사』 火行의 夜光은 『원사』에 없고 『송사』에 기록되어 있으며,

『고려사』 오행지가 『송사』보다 『원사』의 체재를 따랐을 가능성이 높아 보인다. 그러나 한편 다음의 사례들을 살펴보면 『고려사』 오행지 항목을 설정할 때 고려시대 나름의 사정을 감안하여 실정에 맞게 설정한 경우도 있었던 것으로 여겨져 주목된다.

자연재해 현상 가운데는 관점에 따라 오행 구분에서 차이가 나는 경우가 있다. 예를 들어 무(霧)는 관점에 따라 수행(水行)으로도 혹은 토행(土行)으로도 구분이 가능하다. 짙은 안개로 어둡다는 측면을 강조할 경우 수행(水行)에 해당하지만, 이와 달리 「홍범오행전」의 해석처럼 '思心不睿 是謂不聖 厥咎霧'으로 보아 군주(君主)의 사려(思慮)에 허물을 징험하는 것으로 해석하면 토행(土行)에 속하게 된다. 이에 대해 『원사』에서는 기록이 누락되어 있는 한편, 『송사』에서는 수행(水行)에서 수록하였고 『고려사』에서는 토행(土行)에서 수록하고 있다.[25)]

홍(虹)의 경우 '무지개' 자체를 강조한다면 수행(水行)이지만, 백홍(白虹)처럼 '희다'는 색깔을 강조하면 금행(金行)으로 분류된다. 그 결과 『송사』에서는 수행에, 『원사』에서는 금행으로 분류하고 있다. 한편 주목할 점은 『고려사』의 경우 홍예(虹霓)는 수행에, 백홍(白虹)은 금행에 수록하고 있어, 양쪽 모두에 배치되고 있다는 점이다. 이것은 『고려사』 오행지의 항목이 설정되고 기사들이 배치될 때 편찬자의 해석에 따라 어느 쪽에 더 강조점을 두는가를 기준으로 하여 차이가 나타나게 되었던 때문인 것으로 여겨진다.

『고려사』 木行의 連理木 또한 『원사』에 없고 『송사』에 기록되어 있다.

24) 오행지 항목의 오행 분류에서 『고려사』가 『원사』를 따랐던 것으로 추정되는 사례를 몇가지 더 살펴보면 다음과 같다. 大疫을 水行에서 다루고 있는 『송사』에 비해 『원사』와 『고려사』 모두 土行에서 다루고 있다. 嘉禾 역시 火行에 분류한 『송사』와 달리 『원사』와 『고려사』는 이를 土行으로 분류하고 있다.

25) 이처럼 동일한 자연현상에 대해 분류의 차이를 가져온 데에는 『송사』 이래 皇之不極 범주가 五行에 포함된 것에도 원인이 있다고 여겨진다. 『신당서』 황지불극에 분류된 常陰, 大霧, 虹蜺, 龍蛇之孽, 馬禍, 人痾, 大疾, 天鳴, 隕石 항목은 『송사』에서 모두 水行에 포함되어 기록되었다.

지수(池水)의 변이 현상에 대해서도 『송사』 오행지에서는 수이(水異) 항목과는 별개로 취급하여 흑생흑상(黑眚黑祥) 다음에 서술하고 있는 데 반해 『원사』에서는 기록이 없고, 『고려사』는 수이(水異)에서 기록하고 있다.

충식상(蟲食桑)이 목행(木行)에 기록된 『원사』와 달리 『고려사』에서는 금행(金行) 개충지얼(介蟲之孼)로 분류되어 있다. 이에 대한 사례가 『원사』 오행지에 8건인 데 비해 『고려사』에서는 불과 1건에 불과한 것을 감안한다면, 『원사』처럼 별도로 분류할 필요를 느끼지 못했을 가능성도 있다.

『고려사』 토행(土行)의 '主佛頭 無故自落', '像頭 忽亡' 기사는 『원사』와 『송사』 어느 쪽에서도 찾아볼 수 없고, 『신당서』에서 목려금(木沴金)의 사례 가운데 등장한다.[26] 이러한 사례는 『고려사』 오행지의 편찬에 여타 중국 사서의 유형 또한 참조하여 이용되고 있었음을 살펴볼 수 있게 해준다.

이러한 점들을 감안할 때 『고려사』 오행지의 편찬체재는 『원사』의 경우를 따르는 것을 원칙으로 하되, 고려시대에 실제로 발생한 자연재해의 상황을 감안하여 여타의 중국 사서들을 참고하여 구성된 것으로 이해된다.

3. 『고려사』 오행지의 사료적 가치와 한계

이상에서 살펴보았듯이 『고려사』 오행지는 상세한 기사를 수록하고 있을 뿐만 아니라 『원사』의 체재를 따르면서도 고려의 실정에 맞게 이를 조정하고 있는 특징 또한 지니고 있었다. 이와 같은 점들은 『고려사』 오행지 사료가 지니는 장점으로 간주될 수 있으리라고 여겨지지만, 한편으로 그 내용을 좀더 고찰해 보면 문제점이 없는 것도 아니다.

---

26) 『新唐書』 권50, 오행2 金 木沴金, "神龍中 東都白馬寺鐵像頭 無故自落於殿門外."

『고려사』 오행지 기사는 세가(世家)·여타의 지(志), 『고려사절요』 등과 비교해 볼 때 몇 가지 유형으로 구분해 볼 수 있다. 먼저 오행지의 기사 가운데는 세가와 중복되어 기록된 경우가 적지 않다. 때로는 오행지의 오행(五行) 여러 부분에 걸쳐 수록된 경우도 있다. 한편 오행지에는 세가, 여타의 지(志)나 『고려사절요』에서 찾아볼 수 없는 기사들이 존재한다. 반대로 수록되어야할 자연재해가 오행지에 누락된 사례도 발견된다.

가-1) 有司 以久旱 徙市(『高麗史』 권10, 宣宗 3年 4月 辛丑)

有司 以久旱 請造土龍 又於民家畫龍禱雨 王從之 是日徙市

(『高麗史』 권54, 五行2 五行四曰金 宣宗 3年 4月 辛丑)

2) 百官會于辛旽家 地大震(『高麗史』 권41, 恭愍王 15年 5月 甲午)

地大震(『高麗史』 권55, 五行3 五行五曰土 恭愍王 15年 5月 甲午)

나) 市巷民家六百四十戶火(『高麗史』 권10, 宣宗 9年 3月 丙辰)

祭器都監·藥店兩司樓門及市巷民家六百四十戶火(『高麗史』 권53, 五行1 五行二曰火 宣宗 9年 3月 丙辰)

다) 親醮于純福殿 禱雨 聚僧 又禱于山呼亭及佛宇(『高麗史』 권14, 睿宗 16年 閏5月 丙子)

親醮于純福殿 禱雨 又禱于王輪寺(『高麗史』 권54, 五行2 五行四曰金 睿宗 16年 閏5月 丙子)

라) 西京龍德部南街 地鏡見 凡七十餘步 如水有影 月餘乃滅(『高麗史』 권53, 五行1 五行一曰水 宣宗 3年 5月)

가-1), 2)의 사례는 동일한 사실에 대해 세가와 오행지의 기사 가운데 어느 한쪽이 축약되어 있는 등 차이가 나는 경우이다. 즉 가-1)은 세가보다 오행지가 더 자세한 내용을 기록하고 있는 사례로, 세가에서 한재(旱災)에 대한 대응책으로 사시(徙市)한 사실만 기록한 데 비해 오행지에서는 사시

(徙市) 이외에도 토룡(土龍) 제작과 민가(民家)에서 용(龍)을 그려 기우제를 지내도록 청한 사실을 기록하고 있다. 가-2)의 경우에는 반대로 세가의 기록이 더 자세한 사례로, 오행지에서는 단순히 지진(地震)이 발생한 사실만을 기록한 반면 세가에서는 이에 앞서 백관(百官)이 신돈(辛旽)의 집에서 모임을 가진 사실을 함께 기록하고 있어, 양자(兩者)를 연관지어 해석하여 자연재해의 발생원인을 설명하려는 기록자의 의도를 엿볼 수 있기도 하다.

나)의 경우는 만약 세가만의 기사를 취할 경우 사실의 누락마저 초래할 정도로 오행지의 기사에 첨가된 내용이 있는 사례이다. 세가에서는 시항민가(市巷民家)에서의 화재만을 기록하고 있으나, 오행지에서는 이와 함께 제기도감(祭器都監)과 약점(藥店) 두 곳의 누문(樓門)에 난 화재를 덧붙여 기록하고 있는 차이가 있다. 다)의 경우는 세가와 오행지 각각 서로 보완할 수 있는 내용을 지니고 있는 사례이다. 여기서 세가와 오행지 모두 순복전(純福殿)에서 초제(醮祭)를 지낸 사실을 알려주지만, 세가에서는 취승(聚僧)한 사실과 산호정(山呼亭)에서 제사지낸 것을 알려주는 반면 오행지를 통해서 비로써 제사지낸 불우(佛宇)의 명칭이 왕륜사(王輪寺)임을 알 수 있다. 라)의 경우는『고려사』세가나『고려사절요』에는 없는 오행지에서만 발견되는 사례이다.

이러한 점들은 오행지의 사료적 가치를 잘 보여주는 것이라고 할 수 있다. 그러나 반면에 동일한 기사가 서로 다르게 해석되어 오행의 각각에 중복되어 분류되거나 자연재해가 분명함에도 불구하고 오행지에 기록이 누락되어 있는 문제점 또한 발견된다.

마-1) 朔大雨(『高麗史』 권54, 五行2 五行三曰木 忠烈王 13年 5月 辛卯)

朔雩大雨(『高麗史』 권54, 五行2 五行四曰金 忠烈王 13年 5月 辛卯)

2) 雨雹(『高麗史』 권14, 睿宗 10年 5月 戊寅 ;『高麗史』 권53, 五行1 五行一曰

水 睿宗 10年 5月 戊寅)

雨雷雹(『高麗史』 권54, 五行2 五行三曰木 睿宗 10年 5月 戊寅)

바) 流星出天津抵東壁 大如木瓜(『高麗史』 권47, 天文1 宣宗 5年 7月 己巳)

赤氣如火(『高麗史』 권53, 五行1 五行二曰火 宣宗 5年 7月 己巳)

사) 地震(『高麗史』 권20, 明宗 9年 12月 辛卯)

地震(『高麗史節要』 권12, 明宗 9年 12月 辛卯)

마-1), 2)의 경우에는 동일 혹은 유사한 현상에 대해 관점에 따라 오행지의 목행(木行)과 금행(金行), 혹은 수행(水行)과 목행(木行)으로 다르게 중복하여 수록한 사례이다. 바)의 경우는 동일 혹은 연관된 현상에 대해 천문지와 오행지에서 각각 기록하고 있는 사례이다.[27] 때로는 사)의 경우처럼 『고려사』 세가와 『고려사절요』에 수록된 자연재해임에도 불구하고 오행지에 누락된 경우도 발견된다.[28]

이와 같은 문제점에 대해서는 『고려사』 세가와 오행지를 작성할 때 사용된 자료에 차이가 있었던 때문으로 보는 견해가 있다.[29] 오행지에서만 발견되는 기사가 있는 것으로 보아 그럴 가능성도 있어 보이지만, 이와 같은 사례가 많지 않다는 점을 감안한다면, 과연 오행지와 세가 편찬과정에서 다른 자료를 이용했다고 볼 수 있을지 의문이다. 또 다른 가능성은 『고려사』 편찬의 토대가 되었던 자료를 각각 세가와 오행지를 편찬하는 과정에서 취사선택하여 이용하면서 나타나게 된 현상으로 볼

---

27) 비슷한 사례로 인종 6년 12월 무진 기사는(夜赤氣起自艮方 經斗杓 入紫微宮) 동일한 기사가 천문지와 오행지에 수록되어 있다.

28) 비슷한 사례로 다음의 기사는 한재로 말미암은 기근 발생을 살펴볼 수 있는 사례로서 오행지 火行 혹은 金行에 기록되어야 함에도 불구하고 누락되어 있다. 『고려사』 권13, 예종 4년 4월 갑진, "遣近臣 禱雨于朴淵及諸神廟 祭瘟神于五部 仍設般若道場 以禳疾疫."

29) 金永炫, 「高麗時代의 五行思想에 관한 一考察」 『忠南史學』 2, 1987, 9~10쪽.

수 있지 않을까 한다.

이것은 『고려사』의 편찬과정과 관련된 것으로서, 그 과정에서 첨삭(添削)을 거듭하게 되면서 재이(災異) 기사 또한 일부 누락되는 경우가 발생하였던 것으로 생각된다. 즉 처음에 『고려국사(高麗國史)』가 편찬될 때 편찬원칙으로 제시된 것은, 재이수한(災異水旱)은 비록 작은 것이라도 모두 기록하여 천견(天譴)을 경계한다는 것이었다.[30] 이러한 점은 현존하는 『고려사절요』 범례(凡例)의 내용을 통해서도 확인할 수 있다. 『고려사절요』의 편찬 범례 가운데 "재이(災異)가 일[事]에 징험된 것은 비록 작은 것이라도 반드시 기록하였다"는 것은 이를 가리킨다고 하겠다.[31] 그러나 한편 실제로는 주지하듯이 『고려사』가 완성되기까지 수차례 개수(改修)하는 과정을 거쳤고, 그 과정에서 편찬자의 판단에 따라 경계할 만할 부분을 선별하여 기록하거나 대강(大綱)만을 기록하는 등 필삭(筆削)이 가해지기도 하였다.[32] 그 결과 누락된 천재지변 기록이 문제가 되어, 세종대(世宗代)에는 이를 다시 고려 실록과 비교하여 모두 기록하도록 지시가 내려지기도 하였다. 그러나 결국 미소(微小)한 천재지변은 번잡함을 피하여 기록하지 않는 것으로 마무리 짓게 되었던 것이다.[33] 이와 같은 편찬과정을 고려할 때 『고려사』 오행지의 편찬시 편찬자의 취사선택에 의해 재이기사가 일부 누락되는 경우도 있어, 적어도 원자료보다 소략해지고, 또 세가의 기록과 차이가 나는 경우도 생기게 되었을 가능성이 있다고 여겨진다.

---

30) 『동문선』 권94, 高麗國史書, "災異水旱 雖小必書 所以謹天譴也."

31) 『고려사절요』 凡例, "災異之驗於事者 雖小必書 謹天譴也."

32) 『陽村先生文集』 권30, 敎書類 敎判三司事鄭道傳, "省所上高麗國史三十七卷事具悉 … 有變有常 去取悉關於大體 或褒或貶 是非不繆於囊賢"; 권30, 敎書類 敎藝文春秋館大學士鄭摠, "省所上高麗國史三十七卷事具悉 … 有變有常 筆削之情著矣 可法可戒 善惡之效昭然."

33) 『세종실록』 권22, 세종 5년 12월 병자, "上又命尹淮 前朝史 天變地怪未悉載錄者 更考實錄 悉皆載錄 淮令史官等抄寫 淮於經筵進講後 將抄寫天變地怪單子及知館事臣柳觀書進呈讀訖 上曰 如此微小星變 不可錄也 高麗實錄所載天變地怪 不錄於正史者 依舊更勿添入."

4. 『고려사』 오행지를 통해본 자연재해의 발생 추세

『고려사』 오행지를 통해 자연재해의 발생 추세를 고찰할 때는 몇 가지 염두에 두어야 할 점들이 있다. 당시 사람들은 천인감응설(天人感應說)에 입각하여 자연재해의 발생에 대해 깊은 관심을 가지고 있었다. 따라서 『고려사』 오행지의 자연재해 기사 또한 실제 발생한 자연재해를 토대로 수록되었을 가능성이 높다. 그러나 한편으로는 앞서 살펴보았듯이 편찬 과정에서 편찬자의 취사선택에 의해 일부 기사가 누락되는 경우도 발생하고 있었다고 여겨진다. 또 자연재해 발생에 대한 정치적 해석이 영향을 미쳐 가감이 이뤄졌을 점 또한 고려해야 할 필요가 있다.

먼저 『고려사』 오행지의 편년기사들을 왕대별로 정리하여 도표화 하면 〈도표 1〉과 같다.

〈도표 1〉 『고려사』 오행지 기사의 왕대별 빈도수(재위 1년간의 빈도수)[34]

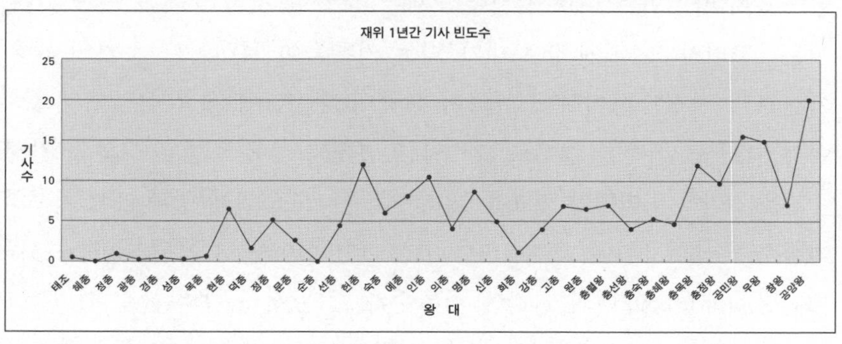

오행지 기사는 왕대별로는 공양왕·공민왕·우왕·충목왕·헌종·인종대

34) 〈도표 1〉을 작성함에 있어서는 『高麗史』 五行志 및 金永炫, 「高麗時代의 五行思想에 관한 一考察」 『忠南史學』 2, 1987, 41쪽을 참고하였다. 왕대별 재위기간이 상이한 만큼 『고려사』 오행지 기사숫자를 재위기간을 고려하여 정리한 것으로, 재위 1년간의 빈도를 나타낸 것이다.

의 순서로 기사빈도수가 높게 나타나고 있다. 그러나 한편 이러한 결과가 자연재해의 발생 사정을 사실 그대로 정확하게 반영한다고 보기는 힘들다. 이것이 물론 당시에 자연재해가 다수 발생한 것을 반영한 부분도 있겠지만, 오행지 기록 가운데에는 상서(祥瑞) 현상처럼 자연재해로 간주하기 힘든 경우가 있을 뿐만 아니라 특정 시기에 대한 당시 사람들의 평가 혹은 인식에 영향을 받아 기재된 사정이 있었음을 감안해야 하기 때문이다. 특히 정치사건의 발생 혹은 왕조교체 등과 같은 급격한 정치변동 속에서 자연재해의 발생 원인에 대해서도 정치적 이해관계가 연관되어 해석되고 기록의 가감이 있었던 점을 감안할 필요가 있다.[35)]

그러면 『고려사』 오행지에 수록된 자연재해 기사들은 과연 실제의 발생 상황을 어느 정도 반영하고 있는 것일까. 이를 고찰하기 위해 『고려사』 오행지 기사를 토대로 두 가지 도표를 작성해 보았다. 우선 오행지 전체 재이(災異) 기사수를 10년 단위로 정리하여 표시해 보면 〈도표 2〉와 같다.

도표에 따르면 고려초기 기록이 매우 소략한 것을 살펴볼 수 있는데, 이는 『고려사』의 편찬에 토대가 되는 기록들이 특히 고려초기의 경우 거란과의 전쟁과정에서 소실되어 현종대(顯宗代)에 재작성된 때문으로 여겨진다. 또 비슷한 경우로 1230~1250년대의 기록 또한 몽고와의 전쟁 중임을 감안하여 파악할 필요가 있다. 어쨌든 〈도표 2〉를 통해 재이 기사의 기록수를 살펴보면 특히 1101~1140년, 1171~1190년, 1221~1230년, 1251~1260년, 1351~1392년의 기간에 기록수가 많은 것을 살펴볼 수 있다. 그 가운데서도 12세기 전반기와 14세기 후반기가 가장 많은 기록을 남기고 있으며, 전체 기록 가운데 약 38%가 이 시기에 집중되어 있다.

한편 『고려사』 오행지 기사를 통해 실제 발생한 자연재해를 고찰하기 위해서는 적어도 그 가운데 인위적 평가 혹은 정치적 해석에 따라 첨가된

35) 이정호, 「여말선초 자연재해 발생과 고려·조선정부의 대응」 『韓國史學報』 40, 2010, 350~358쪽.

〈도표 2〉『고려사』 오행지 재이 기사

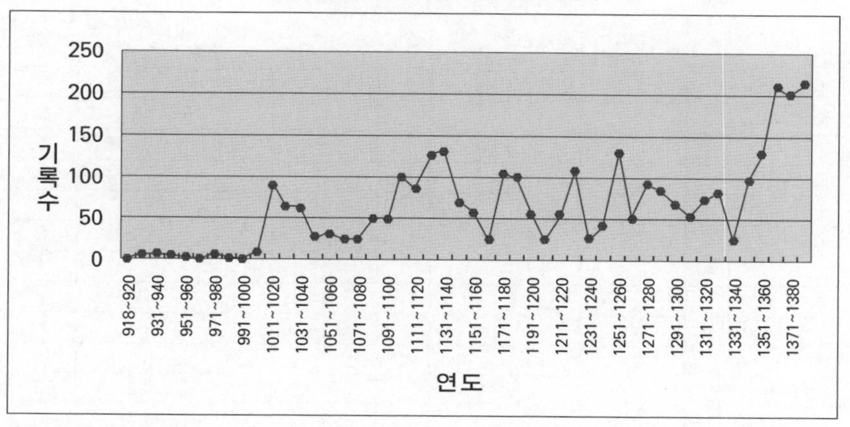

〈도표 3〉『고려사』 오행지 자연재해 기사

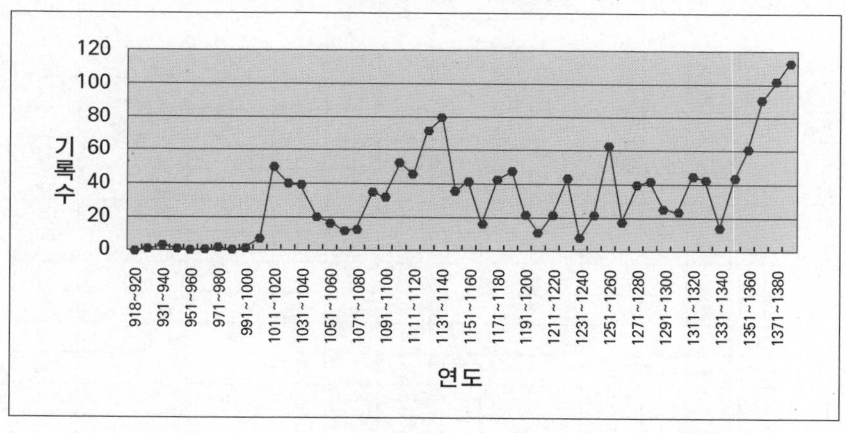

재이 기록들을 제외하고 살펴볼 필요가 있다. 이를 위해『고려사』오행지 기록중 자연재해의 사실로 간주되는 기사만을 정리하여(〈표 4〉 참조) 나타낸 것이 〈도표 3〉이다.

〈도표 2〉와 〈도표 3〉을 비교해 보면, 물론 정확히 일치하지 않는 부분도 존재하는 것이 사실이지만, 대체로 기록수 증감의 추세가 유사하게 나타나고 있는 것을 살펴볼 수 있다. 그러면 이러한 결과를 통해 살펴볼 때

〈표 4〉『고려사』 오행지 자연재해 기사[36)]

자연재해 / 연도	旱災	水災	우박, 서리	雪災	異常氣溫 (寒冷,高溫)	風災	蟲災	地震, 崩壞	안개, 雨土, 黃霧	기근, 질병, 전염병	합계
918~920											
921~930								1			1
931~940	1			1		1					3
941~950						1					1
951~960											
961~970		1									1
971~980								2			2
981~990							1				1
991~1000	1										1
1001~1010						2	1	3	1		7
1011~1020	9	3	4		2	4	6	13	7	2	50
1021~1030	15	5	3				2	12	2	1	40
1031~1040	11	5	5			1		12	5	1	40
1041~1050	9	4	3			1		2	1		20
1051~1060	9	4	1			1		2			17
1061~1070	7	2						2	1		12
1071~1080	5	3	1	1				1	2		13
1081~1090	19	4	2		3	4		2	1		35
1091~1100	12	6	6		1	1		5	1		32
1101~1110	25	4	6	3	6	1		5	3		53
1111~1120	18	5	7	5	2	5		1	2		45
1121~1130	27	6	5	3	1	13	1	2	13	1	72
1131~1140	19	14	9	3	1	12		3	17	2	80
1141~1150	2	6	7	1	4	5	3	1	7		36
1151~1160	11	8	6	1	2	2		4	8		42
1161~1170	4	1	5		1	2		1	2		16
1171~1180	8	2	7	1	1	7		3	14		43
1181~1190	8	7	10		1	4	1	3	13	1	48
1191~1200	4	3	2				1	4	8		22
1201~1210	2	1	3	1				1	3		11
1211~1220	6	2	2	1	1	4		5	1		22
1221~1230	5	5	10	1	1	1	1	10	9	1	44
1231~1240	4		2			1			1		8
1241~1250	11	3		2		1		1	4		22
1251~1260	11	3	12	1	2	6	1	4	18	5	63
1261~1270	2	3	3	1		1		5	2	1	18
1271~1280	7	1	13	2	4	2	1	5	3	2	40
1281~1290	17	3	12			2		4	2	2	42

1291~1300		4	12			4	1	4	1		26
1301~1310	10	5	4		2				2		23
1311~1320	14	10	2	1	1	4		9	4		45
1321~1330	14	2	12		2	1		5	7		43
1331~1340	8					2		3	1		14
1341~1350	12	4	9			5	1	6	6	1	44
1351~1360	10	8	7	1	2	14		6	6	7	61
1361~1370	7	5	9	2	13	12	1	13	25	4	91
1371~1380	23	11	13	1	6	3	1	9	31	4	102
1381~1392	23	20	20	2	6	6	2	11	21	3	114
합계	410	183	234	35	65	136	25	185	255	38	1566

『고려사』 오행지의 자연재해 기사에 대한 사실성 여부는 어떻게 판단해야 할 것인가.

앞서 언급했듯이 『고려사』 오행지의 기사에는 편찬과정에서의 누락을 비롯해 정치적 해석에 좌우되어 기록이 누락되거나 가감되었을 가능성이 있는 만큼 그러한 한계성을 충분히 감안해야 할 것이다. 그러나 그렇더라도 이러한 정치적 해석이 자연재해 발생의 대략적인 추세를 파악하는 데 커다란 지장을 초래할 정도로 인위적인 가감이 심하지는 않았던 것으로 판단된다. 『고려사』 오행지 기사의 사실성 여부를 판단할 때 고려해야 할 점은, 당시 사람들에게 자연재해의 발생은 천인감응론적 인식에 입각해 정치활동의 반영현상으로서 중요시되었을 뿐만 아니라 특히 농업생산활동 등 여러 가지 면에서 피해를 초래하는 만큼, 최대한 이에 대한 사실적인 기록에 충실했을 것으로 여겨진다는 점이다. 물론 급격한 정치변동의 경우에는 기록의 누락 혹은 가감이 심했을 가능성이 있고 실제로도 그러한 부분을 찾아볼 수 있지만, 자연재해를 대하는 당시 사람들의 태도는

36) 〈표 4〉를 작성함에 있어서는 旱災, 水災, 雨雹, 서리, 雪災, 異常氣溫(寒冷, 高溫), 風災, 蟲災, 地震, 崩壞, 안개·雨土·黃霧의 기사를 토대로 하였다. 아울러 기근·질병·전염병의 경우 대체로 이상의 자연재해의 결과로 발생하는 경우가 많아 포함하여 정리하였다.

정치적 해석에 의한 기록의 가감 경향보다는 사실적 기록 경향이 우세했던 때문으로 이해하는 것이 어떨까 한다. 이것은 오행지의 기록이 비록 자연재해의 실상을 완전히 반영하고 있는 것은 아니라 하더라도 자연재해 발생의 대략적인 추세를 고찰하는 데 유용한 자료로서 가치를 지니고 있다는 점을 알려준다 하겠다.

아울러 이러한 오행지의 특성을 감안하여 기사를 보다 면밀히 비교 검토한다면, 당시 사람들의 자연재해 혹은 정치적인 사건에 대한 반응을 파악하는 데에도 유용한 자료로 활용할 수 있겠다는 생각이다.

예를 들어 오행지 중에는 용사얼(龍蛇孽), 우충지얼(羽虫之孽 : 鵂鶹·雉·群鳥·烏·鶴·雀), 모충지얼(毛蟲之孽 : 虎·兎·獐), 서요(鼠妖), 와언(訛言) 등처럼 당시의 정치적 해석 혹은 후대의 평가에 영향을 받아 수록되었을 가능성이 높은 기사들이 존재한다. 오행지 전체 3,124개 기사 중 1,558개는 이와 같은 분류가 가능하다. 이와 같은 기사들 가운데는 실제 자연재해 발생으로 인한 반응도 포함되어 있었을 것이지만, 여기에는 정치적 해석 혹은 평가 등이 영향을 주어 실제보다 증가된 기록이 나타나게 되었을 가능성이 높다.

이러한 점을 감안하여 오행지 내 자연재해 기사(A)와 이변현상 기사(B)의 기록수를 비교해 보면 〈표 5〉와 같다.

표를 살펴보면 실제 자연재해 발생 기록보다 이변현상의 기록이 두드러지게 다수 기록된 시기들을 발견할 수 있다. 고려초기 자료의 소략함을 감안하여 이를 논외로 한다면, 1171~1180년, 1191~1200년, 1211~1240년, 1261~1280, 1291~1300년의 시기가 이에 해당한다. 적어도 이 시기의 경우 오행지에 기록해야 할 정도의 커다란 변화를 겪고 있거나 혹은 겪고 있다고 생각하고 있었기 때문일 것이다. 여기에 관련된 사건 혹은 시기로는 무신정변, 최충헌(崔忠獻)의 집권, 몽골과의 전쟁, 원간섭기의 시작, 충렬왕대(忠烈王代) 중·후반기 등을 들 수 있다. 이 가운데에는 무신정변과

〈표 5〉『고려사』 오행지의 자연재해 대비 이변현상 기록수37)

연도	오행지 전체 기록수	자연재해 기록수(A)	이변현상(B)	(B/A)	연도	오행지 전체 기록수	자연재해 기록수(A)	이변현상(B)	(B/A)
918~920	2	0	2		1151~1160	59	42	17	0.4
921~930	6	1	5	5	1161~1170	25	16	9	0.56
931~940	7	3	4	1.33	1171~1180	107	43	64	1.48
941~950	5	1	4	4	1181~1190	101	48	53	1.1
951~960	2	0	2		1191~1200	56	22	34	1.54
961~970	1	1	0		1201~1210	25	11	14	1.27
971~980	6	2	4	2	1211~1220	56	22	34	1.55
981~990	3	1	2	2	1221~1230	110	44	66	1.5
991~1000	2	1	1	1	1231~1240	25	8	17	2.12
1001~1010	9	7	2	0.28	1241~1250	43	22	21	0.95
1011~1020	92	50	42	0.84	1251~1260	132	63	69	1.09
1021~1030	67	40	27	0.68	1261~1270	51	18	33	1.83
1031~1040	65	40	25	0.63	1271~1280	93	40	53	1.32
1041~1050	26	20	6	0.3	1281~1290	85	42	43	1.02
1051~1060	32	17	15	0.88	1291~1300	68	26	42	1.61
1061~1070	26	12	14	1.17	1301~1310	53	23	30	1.3
1071~1080	24	13	11	0.84	1311~1320	76	45	31	0.68
1081~1090	50	35	15	0.42	1321~1330	83	43	40	0.93
1091~1100	49	32	17	0.53	1331~1340	26	14	12	0.85
1101~1110	103	53	50	0.94	1341~1350	97	44	53	1.2
1111~1120	86	45	41	0.91	1351~1360	131	61	70	1.14
1121~1130	130	72	58	0.8	1361~1370	210	91	119	1.3
1131~1140	134	80	54	0.67	1371~1380	201	102	99	0.97
1141~1150	68	36	32	0.88	1381~1392	216	114	102	0.89

무신집권기처럼, 『고려사』가 조선 왕조에 들어와 편찬되는 과정에서 편찬자의 이러한 시기에 대한 부정적인 평가가 영향을 미쳤을 가능성도 높다. 또한 충렬왕 중·후반기처럼 연속된 한재(旱災)의 발생 등 자연재해가 직접 영향을 주었던 시기도 존재하지만38) 대부분의 경우 자연재해보다는 전쟁,

37) 〈표 5〉는 『고려사』 오행지의 기록 가운데 '자연재해 기사수'와 '이변현상 = 非자연재해 기사수'를 구분한 후 시기별로 兩者의 비율을 정리한 것으로, 상대적으로 '이변현상'의 비율이 높은 시기의 경우 음영으로 표시한 것이다.

38) 충렬왕대 중·후반기의 경우 고려시대 전체기간 가운데 자연재해로 인한 피해가

정치변동 등과 관련한 시기에 해당한다. 이 시기들은 고려시대의 커다란 정치사회 변화가 진행되고 있던 대표적인 시기로서, 이러한 상황이 『고려사』 오행지의 해당 시기 기록 가운데 특히 이변현상을 다수 수록하게 만들었던 것으로 여겨진다.

5. 맺음말

본고에서는 『고려사』 오행지의 체재를 중국 사서, 특히 『원사』·『송사』 등과 비교함으로써 그 특징을 파악하고, 내용 중의 기사를 통해 당시의 자연재해 발생 추세를 고찰해 보았다.

기존의 견해에 따르면 『고려사』 오행지의 체재는 중국의 사서 가운데 특히 『원사』와 유사한 것으로 이해되어 왔다. 그러나 본고를 통해 『고려사』 오행지의 편목(編目)과 내용 등을 검토한 결과에 따르면, 『원사』의 경우를 따르는 것을 원칙으로 하되, 고려시대에 실제로 발생한 자연재해의 상황을 감안하여 여타의 중국 사서들을 참고하여 구성된 것으로 이해된다.

『고려사』 오행지는 자연재해에 대한 자세한 기록을 남기고 있을 뿐만 아니라, 『고려사』 세가, 『고려사절요』 등 여타 기록에는 없는 부분도 수록하는 등 사료로서의 가치가 크다. 반면에 때로는 오행지의 오행(五行) 여러 부분에 중복하여 수록되거나 수록되어야 할 자연재해가 오행지에 누락된 사례도 발견되는 등 한계 혹은 문제점도 발견된다. 이것은 『고려사』

심했던 대표적 시기 가운데 하나이다. 충렬왕 5~17년까지 무려 12년간 해마다 旱災가 들고 蟲災·霜災·風災 등 여타 재해가 가중되고 있었다. 이로 말미암아 흉년이 들어 기근으로 고통받고 있었던 것은 물론이고 질병, 전염병의 발생 등 피해가 막대하였다. 충렬왕 13년의 경우 기근으로 굶주리다 못해 자식의 人肉을 먹었다는 기사까지 있을 정도이니, 그 피해의 정도를 짐작해 볼 수 있다. 충렬왕 중·후반기 자연재해로 인한 피해에 대해서는 이정호, 앞의 책, 43~46쪽 참조.

의 편찬과정과도 관련된 것으로서, 그 과정에서 첨삭을 거듭하게 되면서 재이(災異) 기사 또한 일부 누락되는 경우가 발생하였던 것으로 생각된다.

따라서 『고려사』 오행지를 통해 자연재해 발생추세를 고찰하기 위해서는, 이처럼 편찬자의 정치적 해석 등으로 말미암아 취사선택되어 일부 기사가 누락되는 경우도 발생하고 있었다는 점을 고려해야 할 필요가 있다. 이를 감안해 자연재해 발생추세를 검토해 본 결과에 따르면 고려시대 전체기간 가운데 특히 12세기 전반기와 14세기 후반기가 가장 많은 기록을 남기고 있으며, 전체 기록 가운데 약 38%가 이 시기에 집중되어 있는 것을 살펴볼 수 있다.

한편 『고려사』 오행지 가운데는 실제 자연재해 발생 기록보다 이변현상의 기록이 두드러지게 다수 기록된 시기들을 발견할 수 있다. 무신정변, 최충헌의 집권, 몽골과의 전쟁, 원간섭기의 시작, 충렬왕 중·후반기 등의 시기가 이에 해당한다. 적어도 이 시기의 경우 오행지에 기록해야 할 정도의 커다란 변화를 겪고 있거나 혹은 겪고 있다고 생각하고 있었기 때문인 것으로 여겨진다.

고려시대 일관(日官) 재이(災異) 점사(占辭)의 자료적 특징과 기능

채 웅 석

1. 머리말

천재지변이 포함된 재이는 그 피해가 클 뿐 아니라 근대 이전의 사회에서 천견(天譴)·천인감응론(天人感應論)에 따라 군주의 권위와 권력의 정당성 등에 민감하게 영향을 끼쳤다. 그 때문에 고려왕조도 재이를 관측하고 대책을 마련하기 위하여 초기부터 태복감[사천대]과 태사국, 후기에 서운관 등을 설치하고 사천감(司天監)·지태사국사(知太史局事) 등의 일관을 두어 운영하였다. 일관은 각종 재이의 발생과 경과를 관찰하고 관련 내용을 보고하였다.

고려시대 재이 관측 업무를 담당한 기구와 일관제도의 정비과정, 일관의 역할과 사회경제적 지위 등에 관해서는 선행연구에서 상세히 밝혔다.[1] 그렇지만 일관이 제시한 재이 점사 자체는 연구가 부족하기 때문에 점사의 전거, 시기별 분포상의 특징과 정치적 기능, 점사에 부수된 재이 해소

1) 金海榮, 「高麗史 天文志의 檢討」『慶尙史學』 2, 1986 ; 金昌賢, 「高麗時代 日官에 관한 一考察」『史學硏究』 45, 1992 ; 朴龍雲, 『《高麗史》 百官志 譯註』, 신서원, 2009, 335~344쪽.

대책 등에 대한 보완 연구가 필요하다.

『고려사』와 『고려사절요』에는 일관이 올린 재이 점사의 사례가 수십 건 수록되어 있다. 선행연구에서 그 점사의 일부를 중국 사서의 천문지·오행지에 수록된 내용과 대조하여 유사성과 영향력을 밝힌 바가 있다.[2] 그렇지만 당시 일관들이 주로 이용한 전적이 아니라 14세기 중·후반에 완성된 『송사(宋史)』·『원사(元史)』 등에 기록된 재이 해석과 대조한 문제점이 있었다. 더구나 중국 역대 사서뿐만 아니라 『개원점경(開元占經)』과 『천지서상지(天地瑞祥志)』 등을 인용하여 일관이 재이를 풀이한 사실이 사료에 나타나기 때문에, 그런 점서의 내용과도 대조하여 검토해야 한다. 그와 관련하여, 『천지서상지』를 활용한 사례들을 검토한 연구와 재이 점사의 일부가 중국의 정사와 『개원점경』에서 인용된 것임을 밝힌 연구가 주목된다.[3] 그런 연구를 통하여 "점사에 말하기를[占曰]…"로 기록된 일관의 점사들이 토착신앙과 연관성이 있다고[4] 본 오해를 불식시킬 수 있었다.

본고는 일관의 재이 점사에 대한 기초연구로서 『고려사』와 『고려사절요』에 수록된 사례들을 모두 찾아 검토하고 시기별 분포상의 특징을 살피려고 한다. 그리고 점사의 이론적 바탕을 살펴보기 위하여 각 점사의 전거를 최대한 추적하여 재이 해석의 근거를 파악하고, 아울러 구문을 대조하여 오기(誤記)와 변용 등의 사료적 검토를 진행할 필요가 있다. 또한 그런 기초연구를 토대로 점사의 정치적 활용 양상, 점사와 함께 올린 재이 대책 등을 고찰하여 점사의 기능을 파악하려고 한다.

---

2) 李熙德, 『高麗儒教政治思想의 연구』, 一潮閣, 1984, ; 『高麗時代 天文思想과 五行說研究』, 一潮閣, 2000 ; 金海榮, 위의 논문 ; 金永炫, 「高麗時代의 五行思想에 관한 一考察」 『忠南史學』 2, 1987.

3) 김일권, 「《天地瑞祥志》의 역사적 의미와 사료적 가치-撰者에 대한 재검토와 《高麗史》 所引 記事 검토」 『한국고대사연구』 26, 2002 ; 張東翼, 「《고려사》에 引用된 原典의 句節」 『歷史教育論集』 58, 2016.

4) 金永炫, 앞의 논문, 36쪽.

2. 재이 점사의 사료적 검토와 전거 추정

천견론은 재이를 군주의 부덕과 실정에 대한 하늘의 견책이라고 인식하고, 천인감응론은 자연현상과 인사(人事)가 음과 양의 두 기(氣)를 매개로 서로 감응하며 인사 때문에 음양의 조화가 어긋나면 재이가 발생한다고 본다. 천견론은 하늘의 의지를 내세우지만, 천인감응론은 기계론적인 음양설에 바탕을 두고 재이를 설명하여 차이가 있다. 그렇지만 한(漢)대 유교정치론을 확립한 동중서는 두 설을 통합하여, 군주가 하늘의 뜻에 맞는 정치 행위를 통하여 음양을 조화시켜서 재이 또는 상서에 영향을 줄 수 있다고 주장하였다. 즉 군주는 하늘의 뜻에 따라 교화와 왕도의 완성에 노력해야 한다는 점을 강조하였다.[5] 그리고 후한 때에 참위와 재이론이 결합하여 재이를 장래에 벌어질 인사에 대한 예점(豫占)으로 보는 경향도 강해졌다. 이후 천견·천인감응론은 동아시아 각국의 정치에 큰 영향을 미쳤고, 고려도 초기부터 재이의 발생 원인을 설명하고 대응책을 제시하는 체계적인 정치사상으로 활용하였다.[6]

자연에서 발생한 재이 현상을 예점 즉 인간 사회에서 발생할 특정한 일의 징조와 대응시켜 풀이하고 길흉을 예상한 글이 재이 점사이다. 『고려사』와 『고려사절요』에 수록된 일관의 재이 점사는 재이 현상의 뒤에 "태사가 아뢰기를[太史奏]…"이나 "일관이 아뢰기를[日官奏]…" 또는 "태사의 점사에 말하기를[太史占曰]…"이나 "점사에 말하기를[占曰]…" 등의 형식으로 기록되었다. "점사에 말하기를[占曰]…"의 경우 발화자가 생략되어 있지만, 점사의 기재 방식, 내용과 전거 등으로 미루어 보면 일관이 올린

---

5) 深川眞樹, 「董仲舒の天人相關論に關する一考察」 『東洋文化研究』 16, 2014 ; 金東敏, 「董仲舒 春秋學의 天人感應論에 대한 고찰－祥瑞·災異說을 중심으로」 『東洋哲學研究』 36, 2004.

6) 고려시대 재이설 관련 정치·정치사상에 대한 연구사 검토는 채웅석, 「고려시대사 연구와 재이(災異) 사료의 활용」 『한국중세사연구』 71, 2022, 18~33쪽 참고.

점사로 분류할 수 있다. 점사의 뒤에 결과적으로 나타난 응험까지 기록한 경우도 있다. 명종 12년(1182)의 성변 사례를 들어 분석해보자.

(가) "① 유성이 헌원의 별자리에서 나와 張의 자리로 들어갔다. 크기는 배만 하였고 꼬리 길이가 5척 가량이었다(流星出軒轅入張 大如梨 尾長五尺許). ② 점에 말하기를, '女主에게 해롭다. 사신이 온다(女主有害 有使來)'라고 하였다. ③ 계묘년(1183, 명종 13)에 태후[恭睿太后]가 사망하고, 갑진년(1184, 명종 14)에 대금의 사신이 왔다."[7)]

유성의 성변을 담은 ①부분이 재이 현상을 기록한 부분이고, 그 재이에 대하여 장래 여주(女主)가 해를 입고 사신이 온다고 풀이한 예언을 담아 "점사에 말하기를"로 시작한 ②부분이 점사이다. 점사는 일관이 자의적으로 풀이한 결과가 아니라, 중국의 정사(正史)로 인정받거나 군주의 지시로 편찬되어 당시로서는 공신력을 인정받은 전적의 내용에 근거하여 풀이한 것이다. 당시 천문학에서 헌원의 별은 후비를 관장하는데, 그 별자리에서 남쪽의 큰 별이 여주 곧 왕후를 가리킨다고 여겼다. 그리고 장(張)의 별자리는 종묘에서 사용하는 물품과 의복을 주관하며 또 주방을 주관하여 음식으로 상을 주는 일을 한다고 여겼다.[8)] 문구를 대조해보면, 유성이 헌원에서 나온 성변을 왕후에게 해롭다고 본 예점의 전거는 『위서(魏書)』 천상지이며, 유성이 장성에 들어간 성변을 사신이 오는 예점으로 본 전거는 『개원점경』이라고 추정된다.[9)] ③부분은 그런 성변의 예점이 현실화하

7) 『고려사』 권48, 천문2 月五星淩犯及星變 명종 12년 9월 辛卯.

8) 『晉書』 권11, 천문上 中宮 "軒轅十七星 … 軒轅 黃帝之神 黃龍之體也 后妃之主 士職也 … 南大星女主也 次北一星夫人也 …"; 같은 책, 二十八舍 南方 "張六星 主珍寶宗廟所用及衣服 又主天廚飮食賞賚之事."

9) 『魏書』 권105-4, 천상지1-4 星變下 "世宗景明元年四月壬辰 有大流星起軒轅左角 東南流 色黃赤 … 占曰 流星起軒轅 女主後宮多讒死者"; 『開元占經』 권72, 流星占2 流星犯張

여 과연 1~2년 뒤에 태후가 사망하고 금 사신이 왔다는 응험적 사실을 기록하였다.

『고려사』와 『고려사절요』의 점사 기록은 첨부한 〈표〉에 제시한 것처럼 54건이 확인되며, ③의 증험적 사실까지 갖춘 경우는 적고 ①과 ②부분을 갖춘 경우가 대부분이다. 일관이 재이 현상 나아가 대책까지 보고하였더라도 ②의 점사가 기록되지 않은 경우는 본고의 검토 대상에서 제외하였다. 예컨대 명종 16년(1186) 목성이 태미원에 오래 함께 있다가 태미원에 딸린 우집법을 범하자 태사가 이것은 구징(咎徵)이니 덕을 닦아 재변이 사라지게 하라고 요청하였다.[10] 그렇지만 이 사료에는 구징과 연결된 점사의 내용이 기록되지 않았기 때문에 본고에서는 다루지 않는다.

그런데 재이를 다룬 왕언(王言)이나 관료들의 상소문에 수록된 재이 점사도 일관의 보고를 받아 수록하였을 가능성이 있으므로 그 점을 검토할 필요가 있다. 예를 들어 다음 사례들을 살펴보자.

(나) 신하들에게 유시하기를, "요즈음 西京의 수선을 완료하고 사민하여 채워서 地力을 빌려 삼한을 평정하고 앞으로 그곳에 도읍하기를 바랐다. 지금 민가의 암탉이 변하여 수탉이 되고 대풍이 불어 관청 건물이 무너지니, 어찌 재변이 이에 이르렀는가? 옛날 晋의 邪臣이 몰래 반역을 도모하였는데 그 집의 암탉이 수탉으로 변하였다. 점[卜]에 '사람이 분수에 맞지 않는 마음을 품었기 때문에 하늘이 경계를 내린 것(人懷非分 天垂警戒)'이라고 하였는데, 악한 마음을 뉘우치지 않아 결국 주살되

"石氏曰 流星入張 有使來納幣者 又云 諸侯有謀者 若有人君使人於諸侯."
『개원점경』에는 유성이 헌원에서 나온 성변에 대한 점사는 없지만, 헌원에 들어간 성변에 대하여 후비에게 변란이 생기거나 女主에게 역모가 생긴다는 점사를 수록하였다(권73, 流星犯軒轅 "甄曜度曰 流星入軒轅 后妃有亂 女主有逆謀 天子宜防之 期三年"). 본고는 文淵閣四庫全書本 『개원점경』을 이용하였다.

10) 『고려사』 권48, 천문2 月五星凌犯及星變 명종 16년 2월 丁丑.

었다. 吳王 劉濞 때에 대풍이 불어 문이 무너지고 나무가 뽑혔다. 그 점[卜]도 같았지만, 유비가 경계할 줄 몰라 망하게 되었다. 또 『祥瑞志』에 이르기를, '부역이 공평하지 않고 貢賦가 번거롭고 무거워서 아랫사람이 윗사람을 원망하면 이런 재이가 응한다(行役不平 貢賦煩重 下民怨上 有此之應).'고 하였으니, 옛날 일로써 지금의 일을 증험해보면 어찌 초래할 것이 없겠는가? … 아직도 신하들이 公道를 행하지 않아 민이 원망하고 탄식하게 하거나 혹은 분수에 맞지 않는 마음을 품어서 이런 變異에 이른 것인지 염려한다."라고 하였다.[11]

(다) 밤에 크게 천둥과 번개가 쳐서 新興倉에 화재가 발생하였다. 창고에 보관된 많은 물건들이 모두 불타고, 흩날리는 불꽃이 하늘을 가렸다. … 예부에서 아뢰기를, "魏 明帝 靑龍 2년 4월에 화재가 있었습니다. 황제가 高堂隆에게 '이는 무엇이 잘못된 것인가? 禮에도 역시 祈禳하는 뜻이 있는가?' 물으니, 그가 대답하기를, '재변이 발생하는 것은 가르침과 경계를 전하기 위한 것입니다. 오직 예를 따르고 덕을 닦으면 이겨낼 수 있습니다. 또한 舊占을 살펴보니, 화재는 모두 누각과 정자를 경계하는 것이라고(火災皆以臺榭爲誡) 하였습니다. 마땅히 役事를 파하고 절약과 검소함을 힘써야 합니다.'라고 하였습니다. 또한 담당 관청을 시켜 齋醮를 개설하게 하십시오."라고 하였다."[12]

(나)는 암탉이 수탉으로 변하고 거센 바람이 불어 관청 건물이 무너지는 재이가 발생하자, 태조 왕건이 점사를 근거로 신하들에게 공도(公道)를 지키도록 지시한 내용이다. 즉 왕언에 재이 현상과 그에 대한 점사가 포함되어 있다. 진(晉)과 오(吳)의 재이 고사는 각각 『진서(晉書)』와 『한서

---

11) 『고려사』 권2, 태조 15년 5월 甲申.
12) 『고려사절요』 권6, 선종 7년 3월 戊子.

(漢書)』의 오행지에 수록되었으며,[13] 거기에 기록된 "천계(天戒)"의 내용을 태조의 유시에서 다른 표현으로 쓴 듯하다. 그리고 『상서지』는 『천지서상지』로 추측되지만,[14] 현재 일부만 남아 있는 판본에서는 해당 점사를 찾아볼 수 없다.

(다)는 선종 때 예부가 신흥창의 대형 화재를 재이로 인식하고 위나라 명제 때 고사를 인용하여 대책을 아뢴 내용이다. 예부는 『진서』 오행지에 수록된 황제와 고당륭 간의 대화를 거의 그대로 인용하여 논지를 폈다.[15] '화재는 모두 누각과 정자를 경계하는 것'이라는 "구점(舊占)"도 예부가 옛 점사를 직접 찾은 것이 아니라 고당륭의 답변 속에 포함된 것을 인용한 것이다.

이렇게 왕언과 상주문에 수록된 재이 점사가 일관이 제시한 점사를 이용한 것일까? 일단 그렇게 했다는 근거는 찾을 수 없다. 그리고 『한서』와 『진서』 등의 천문지와 오행지 기록은 일반관료도 활용하였다는 점을 고려하지 않을 수 없다. 예컨대 『명종실록』 편찬에 참여한 권경중(權敬中)은 『춘추좌씨전』·『주례』 등의 유학 경전과 『한서』·『진서·『수서』 등의 천문지·오행지 등에 수록된 재이론을 인용하여 명종 16~19년에 발생한 재이들의 의미를 풀이하였다.[16] 유학에 조예가 깊은 관료들이 점서를 활용한 경우

---

13) 『진서』 권27, 오행上 貌不恭 雞禍 "元帝太興中 王敦鎭武昌 有雌雞化爲雄 天戒若曰 雌化爲雄 臣陵其上 其後王敦再攻京師."
『한서』 권27下之上, 오행7下之上 思羞 恆風 "文帝五年 吳暴風雨 壞城官府民室 時吳王濞謀爲逆亂 天戒數見 終不改寤 後卒誅滅 五年十月 楚王都彭城大風從東南來 毁市門 殺人 是月王戊初嗣立 後坐淫削國 與吳王謀反 刑僇諫者 吳在楚東南 天戒若曰 勿與吳爲惡 將敗市朝王戊不寤 卒隨吳亡"(이 자료는 『천지서상지』 권12, 風摠載에도 수록됨).

14) 김일권, 앞의 논문, 256~259쪽.

15) 『진서』 권27, 오행上 火 "青龍二年四月 崇華殿災 延於南閣 繕復之 至三年七月 此殿又災 帝問高堂隆 此何咎也 於禮寧有祈禳之義乎 對曰 夫災變之發 皆所以明教誡也 惟率禮修德可以勝之 易傳曰 上不儉 下不節 孽火燒其室 又曰 君高其臺 天火爲災 此人君苟飾宮室 不知百姓空竭 故天應之以旱 火從高殿起也 案舊占曰 災火之發 皆以臺榭宮室爲誡 今宜罷散作役務從節約 清掃所災之處 不敢於此有所營造 蓮莆嘉禾必生此地 以報陛下虔恭之德." 문구는 약간 다르지만 같은 내용이 『三國志』 권25, 魏書 高堂隆傳에 수록되었다.

도 확인된다. 창왕 즉위년(1388) 8월에 토성이 헌원성을 범하였을 때 정총(鄭摠)은 "비록(祕籙)"을 조사하여 후비와 관계된다는 예점을 얻어서 그 재이를 기양하기 위한 소재도량소(消災道場疏)를 썼다.[17] 왕과 관료들의 글에 나오는 점사가 일관의 것을 이용하였을 가능성을 배제할 수 없지만, 이처럼 권경중이나 정총의 사례를 보면 꼭 그렇다고 단언할 수 없는 것이다.[18] 따라서 일관의 점사를 분석하는 본고에서 그런 자료까지 대상으로 삼을 수는 없다.

고려시대 일관의 재이 점사를 검토한 선행연구가 별로 없다. 더구나 사서에 기록된 54건의 점사 사례 모두를 체계적으로 연구한 적이 없기 때문에, 주석과 번역을 포함하여 면밀하게 사료를 검토할 필요가 있다. 그리고 전거를 치밀하게 탐색하고 교감을 거친 결과를 제시해야 하지만 원고 분량의 제약 때문에 다른 지면으로 미루고, 본고에서는 요약된 결과만을 〈표〉로 제시한다.

일관은 무엇을 전거로 삼아 점사를 제시하였을까? 〈표〉의 A5, A6, A12 사례처럼 『천지서상지』·『개원점경』, 『해동고현참기(海東古賢讖記)』,

---

16) 『고려사』 권101, 權敬中. 이에 대한 검토는 李熙德, 앞의 책, 2000에 수록된 「王道와 天災地變-《高麗史》 權敬中傳의 檢討」 참고.

17) 『復齋集』 下, 土星入軒轅中消災道場疏 "矧有日官之奏 嘒彼鎭宿之行 乃言乾象之乖 入于軒轅之舍 謹稽祕籙 謂象屬於后妃 深切憂心 須禬禳以佛法."
토성이 헌원성의 자리에 들어간 재이는 『개원점경』에서 女主의 憂喪과 관계된다고 하였으며(권43, 塡星犯軒轅 "黃帝占曰 塡星行軒轅中 犯女主 女主失勢 失勢者 憂喪也 … 黃帝占曰 塡星守犯女主 女主當之 中犯女主 女主憂), 정총이 언급한 비록 내용과 통한다.

18) 조선초기 사례이기는 하지만, 왕이 점서를 읽고 재이 점사를 찾기도 하였다. 태종은 나무에 얼음이 맺히는 재이[木稼]가 발생하자 몸소 『개원점경』·『文獻通考』·『玉曆通政』 등을 조사하여 '佞人依刑陷人之兆'라는 점사를 찾아 그것을 써서 政府에 보였다(『태종실록』 권20, 10년 12월 2일 甲午). 또 태종은 『개원점경』을 보다가 '近臣이 毒을 행하여 請謁에 따라 벼슬을 주면 霹靂이 있다.'는 말이 나오자 그 책을 세자에게 주어 이조와 병조의 판서에게 보여 주게 하였다(같은 책 권31, 16년 6월 丙戌).

그리고 A14처럼 사서의 오행지에서 점사를 인용하였다고 밝히거나, 또는 A29처럼 진(晉) 대의 역사적 사례를 근거로 재이를 풀이한 경우에는 전거를 확인하기가 비교적 쉽다. 그렇지만 전거를 밝히지 않은 경우는 그처럼 인용 전거임이 분명한 전적에서 문구가 일치하거나 내용이 같은 점사를 찾아 전거를 추정하는 방식을 택할 수밖에 없다. 다만 동일한 내용의 점사가 여러 전적에서 확인될 경우는 전거를 특정하기 어렵다는 한계가 있다.

『천지서상지』와 『개원점경』 및 중국 사서의 천문지·오행지가 아닌 다른 전적에서 유사한 점사가 확인될 경우도 있다. A16과 B18의 『영대비원(靈臺祕苑)』, B9의 『을사점(乙巳占)』 등이 그러하다. 고려시대에 그 전적을 이용한 사실을 확인할 수 있으면 좋지만, 그렇지 못하기 때문에 그런 전적은 전거의 가능성만 있을 뿐이다. 그렇더라도 분명한 것은 일관의 재이 점사가 토착신앙에 의거하거나 자의적으로 풀이한 것이 아니라 텍스트 전거가 있다는 점이다.

〈표〉 내용을 보면 점사의 전거는 세 계통으로 분류된다. 하나는 중국의 점사들을 집록한 점서이고, 다른 하나는 중국 정사의 천문지·오행지이며, 또 다른 하나는 한국 고유의 전적과 고사(古事) 등이었다.

동중서 이후 한(漢) 대의 유학자들이 재이와 인간 사회의 일을 상관적 관계로 인식하는 가운데, 유향(劉向)은 『홍범오행전(洪範五行傳)』을 바탕으로 음양론, 상수역(常數易) 등을 이용하여 재이를 유형화하여 해석하려고 하였으며, 경방(京房)은 『주역』 역괘(易卦)와 오행을 결합하여 수리적(數理的)으로 재이를 해석하고 길흉화복의 예언으로 활용할 수 있게 하였다. 후한 때 편찬된 『한서』 오행지에는 그런 동중서, 유향, 경방 등의 재이 해석방식이 섞여 있다. 특히 후한 때는 참위를 동원하여 재이를 해석하면서 예점 즉 장래에 벌어질 일에 대한 예언으로 여겨서 신비주의적 경향이 강하게 나타났다.[19)]

동중서는 재이를 과거의 일에 대한 천견으로 보고, 또 재(災)와 이(異)를 규모의 차이로 보았다.[20] 그렇지만 후한 때 백호관 회의에서는 재를 이미 일어난 일에 대한 징계, 이를 앞으로 일어날 일에 대한 예언이라고 구분하였다.[21] 이어서 하휴(何休) 등이 재를 사건이 일어난 뒤에 응징하는 형벌, 이는 사전에 미리 가르쳐 예방하는 예교(禮敎)라고 인식하여 덕치를 강조하는 예교이론 강화에 활용하였다.[22]

그에 따라 후한 이후 재이가 발생하면 천견론에 따른 대응방식과 예언적 해석 방식에 따라 대응하는 방식이 공존하였다. 『한서』 이래 중국 역대 정사의 천문지·오행지 등은 그 두 대응 방식을 모두 담았고, 당에서 편찬한 『진서』와 『수서』에서 이론적 체계를 정연하게 갖추었다.[23] 한편으로는 후한 말기부터 유예(劉叡)가 찬술한 『형주점(荊州占)』을 비롯하여 재이 현상을 분류하고 점사들을 수록한 점서들이 편찬되었다. 특히 당대에는 그전에 나온 많은 천문·역법·점사 자료들을 체계적으로 집록한 『개원점경』, 『천지서상지』 등의 점서가 군주의 명령을 받아 편찬되었다. 그런 점서들을 국가가 관리하면서 민간에 유포되어 불온하게 이용되지 못하도록 종종 금서로 지정하였다.

고려의 일관은 A1, A9, A14 등처럼 천견론적인 재이 해석도 제시하였지

19) 히하라 도시쿠니, 김동민 역, 『국가와 백성 사이의 漢』, 글항아리, 2013, 47~143쪽 ; 鄭日童, 「前漢 後期에 있어서 재이해석과 讖緯」 『中國學論叢』 36, 2012 ; 權珉均, 「《漢書·五行志》를 통해 본 班固의 災異觀」 『中國史硏究』 125, 2020 ; 洪承賢, 「《續漢書》 五行志 災異 해석의 특징」 『中國古中世史硏究』 57, 2020.

20) 『春秋繁露』 권8, 必仁且智.

21) 『白虎通義』 권上, 災變.

22) 김동민, 「해제」 『국가와 백성 사이의 漢(히하라 도시쿠니 저)』, 2013, 18쪽.

23) 당대부터 자연현상과 인사 사이에 직접적인 상관관계가 있다고 보는 것에 회의적 인식이 나타나고 송대에 신유학이 발전하면서 종래의 상관론적 우주론에서 벗어나게 되었다. 그에 따라 『신당서』부터 재이의 현상만 기록하고 천인감응론적 해석은 생략하였다(김한신, 「唐·宋代 災異論의 변화—《舊唐書》 五行志 및 《新唐書》 五行志에 대한 분석을 중심으로」 『中國古中世史硏究』 60, 2021).

만, 〈표〉에 수록된 대부분의 점사에서 재이에 대한 예언적 해석방식을 받아들였다. 재이를 군주나 귀인의 사망, 신하의 모반, 전쟁이나 기근 등 국가적인 문제가 발생할 예언으로 풀이한 경우가 많았다.

일관은 『개원점경』과 『천지서상지』 등의 점서를 전거의 한 계통으로 이용하였다. 『개원점경』은 8세기 전반 당에서 태사감으로 활동한 구담실달(瞿曇悉達)이 황명을 받아 편찬한 점서이다. 천문·기후 관련 재이와 함께 역법 및 물·불·바위·동물·식물·귀신·궁전 등과 관련된 변괴들을 대상으로 하여 당 이전의 천문역법서와 참위서는 물론 경전·사서에 수록된 관련 기록들을 종합적으로 집록하였다.[24] 중국에서는 송대 이후 대부분 실전되었다가 1616년에 발견되어 유포되었다고 하지만, 고려는 물론 조선전기에도 『개원점경』을 재이 해석의 전거로 이용한 것을 확인할 수 있다.[25]

『천지서상지』는 666년에 태사 살수진(薩守眞)이 "대왕전하(大王殿下)"의 지시로 편찬한 점서이며, 천문·기후·꿈·동식물 등 다방면에 걸친 점사를 비롯하여 월령과 제사 관련 기사를 비중 있게 다루었다. 고려전기에 『천지서상지』를 인용한 사례가 여러 번 확인되는데, 저자 살수진에 대하여 당 또는 신라 사람으로 보는 견해가 갈라져 있다.[26] 그가 신라인이라고

---

24) 이문규, 「《개원점경》에 나타난 천체에 관한 논의」 『한국과학사학회지』 36-1, 2014 ; 신명호, 「《開元占經》 風占 항목과 《天文類抄》 風 항목 비교연구」 『역사와 경계』 119, 2021 ; 佐々木 聰, 「《開元占經》の諸抄本と近世以降の傳來について」 『日本中國學會報』 64, 2012.
『개원점경』은 『신당서』 예문지에 110권, 『송사』 예문지에 4권 등으로 기록되었지만, 본고가 이용한 문연각사고전서본은 120권이며 그 일부는 후대에 증보되었을 것으로 보고 있다.

25) 『태종실록』 권20, 10년 12월 甲午 ; 같은 책 권31, 16년 6월 丙戌 ; 『세종실록』 권73, 18년 윤6월 庚午 ; 『세조실록』 권4, 2년 5월 戊寅.

26) 권덕영, 「《天地瑞祥志》 편찬자에 대한 새로운 시각–日本에 전래된 신라 天文地理書의 일례」 『白山學報』 52, 1999 ; 김일권, 앞의 논문 ; 김용천·최현화, 『천지서상지』, 예문서원, 2007 ; 박승홍, 「《천지서상지》 편찬자 연구」 『한국과학사학회지』 35-1, 2013.

하더라도 『천지서상지』는 중국 역대의 천문서와 참위서 등에서 관련 기록들을 집록 정리한 것이다.

앞에서 설명한 것처럼, 점사를 대조해보면 『영대비원』, 『을사점』 등도 활용하였을 가능성이 있다. 『영대비원』은 6세기 북주의 태사령 유수재(庾季才)가 편찬하고 북송 때 왕안례(王安禮) 등이 중수한 천문점서이며, 『을사점』은 7세기 당에서 태사령을 지낸 이순풍(李淳風)이 찬술한 천문점서이다.[27] 고려 일관의 점사와 동일한 내용이 그 점서들에 수록된 것을 확인할 수 있지만, 고려시대에 그 점서들을 정말 사용했는지는 알 수 없다.[28]

일관이 이용한 전거의 또다른 계통은 중국 정사의 천문지·오행지였다. 〈표〉를 보면 『한서』·『후한서』·『위서』·『진서』·『수서』·『신당서』 등의 천문지·오행지에 수록된 점사와 역사상의 사험(事驗)들을 전거로 삼아 재이를 풀이하고 대응책도 제시한 것을 알 수 있다.[29] 고려의 일관이 많이 인용한 『진서』와 『수서』의 천문지·오행지를 찬술한 인물이 『을사점』을 찬술한 당의 일관 이순풍이라는 점도 흥미롭다.

주목할 점은 일관이 중국의 전적뿐 아니라 의종 때의 사례 A12에서 볼 수 있듯이 『해동고현참기』라는 고유의 전적을 인용하였다는 사실이다. 그 전적을 풍수지리설류의 서적으로 보기도 하지만 재이 도참과도 관련된

『천지서상지』 20권 중에서 일본 尊經閣文庫에 9권 분량이 전하며, 학계의 연구는 대개 그 사본을 이용하고 있다. 본고는 高柯立 편, 『稀見唐代天文史料三種 (下)』, 國家圖書館出版社, 2011에 수록된 『천지서상지』를 이용하였다.

27) 『영대비원』은 『수서』와 『구당서』의 경적지 등에 120권이라고 기록되었지만, 본고가 이용한 문연각사고전서본은 15권으로 구성되었다. 그리고 『을사점』은 續修四庫全書本을 이용하였다.
『영대비원』과 『을사점』 등의 서지사항에 대해서는 前原あやの, 「天文占書の解題と天文占書フルテキストデ-タベ-スの意義」 『關西大學東西學術研究所紀要』 49, 2016 참고.

28) 『을사점』은 조선 숙종대 崔天璧이 편찬한 『天東象緯考』에 인용되었다(권4, 日變異占 暈珥抱背冠戟 ; 권18, 雜變異占 雜占).

29) 고려시대에 그 전적들이 유포된 사실은 『고려사』 권3, 성종 12년 3월 乙未 ; 같은 책 권6, 靖宗 8년 2월 己亥 ; 같은 책 권8, 문종 13년 2월 甲戌 ; 『東國李相國集』 권3, 東明王篇 序 등에서 확인할 수 있다.

'해동 고현'의 학설들을 포함한 책으로 보는 것이 합리적일 것이다.[30] 그리고 A33에서는 충렬왕 때 용화원 연못에서 물고기가 많이 죽어 떠오르자, 일관 오윤부가 원종대의 고사를 근거로 왕의 사망 예점으로 풀이하였다. 그보다 앞서 고종 말년에 자운사 연못에서 핏빛 거품이 발생하였을 때는, 보문각 교감 강도(姜度)가 신라 호경왕(虎景王) 때에 대관사(大觀寺)의 연못물이 붉어지더니 그 해에 왕이 사망하였다는 고사를 들어 지금 왕의 병도 낫지 못할까 예상하였다.[31] 강도가 언급한 고사는 무열왕 8년(661) 6월에 대관사(大官寺) 우물의 물이 피가 되고 금마군의 땅에 너비가 5보나 되게 피가 흘렀으며 그 달에 왕이 사망한 일을 가리키는 듯하다.[32] 연못물이 변하여 물고기가 죽는 재이가 왕이 사망할 징조라는 점사가 『개원점경』과 『천지서상지』 등에 기록되었지만,[33] 고려의 관료들은 한국사의 고사에서 해석의 근거를 찾았다. 이처럼 고유의 학설을 담은 전적과 한국사의 고사를 근거로 재이를 해석한 사례들은 중국의 전적에만 의존하지 않고 독자적으로 재이를 해석하는 이론이 발전해왔을 가능성을 보여준다.

이상에서 살핀 것처럼, 일관들은 불가사의한 재이현상을 저명한 전문 전적이나 고사에서 근거를 찾아 풀이하여 객관성을 인정받았다. 문신들도 그런 점을 인정하여 일관에게 재이에 대한 예언적 해석을 기대하였다. 선종 7년(1090) 천둥 번개로 신흥창에 큰 화재가 발생하자 어사대가 '화재

30) 최봉준, 「동아시아 전통사회의 재이 DB 구축과 그 의미」 『歷史와 實學』 75, 2021, 268쪽.

31) 『고려사』 권53, 오행1 火 (赤眚赤祥·赤氣) 고종 46년 5월 乙卯.
본고에서 『고려사』 오행지의 세부 항목명은 김일권, 『고려사의 자연학과 오행지 역주』, 한국학중앙연구원출판부. 2011의 분류에 따랐다.

32) 『삼국사기』 권5, 신라본기5 태종 무열왕 8년 6월. 虎景王의 虎는 武의 피휘자이며 烈을 景으로 쓴 까닭은 알 수 없다. 그리고 두 기록 간에 大官寺를 大觀寺, 井을 池라고 쓴 차이가 있다.

33) 『개원점경』 권100, 井泉自出河移水火占 水赤 ; 『천지서상지』 권16, 오행 水.

가 발생할 때는 반드시 징조가 있기 마련인데도 보고하지 않았다'고 화재의 예점을 보고하지 않은 일관을 문책하였다. 그러자 태사승 오상(吳相)은 화성이 천균성(天囷星)의 자리에 함께 있는[守] 천변을 보고하였지만 지태사국사 최사겸이 막았다고 대답하였으며, 그 결과 최사겸을 비롯한 일관들이 처벌받았다.[34] 천균성은 왕실의 양식과 창고의 보관품을 주관하는데, 화성이 천균성의 자리에 함께 있으면 '군주가 쓰는 물건이 많이 나가서 창고가 빈다.'든가 '전쟁이 나서 창고에 보관된 물건들을 다 쓰게 된다.'는 점사가 점서에 수록되어 있다.[35]

한편 고려중기에 유학에 조예가 깊은 문신 중에는 이른바 하늘의 인격성·주재성(主宰性) 인식에 회의적이었던 당·송대 강징(姜澄)·구양수 등의 영향을 받아 재이를 두려워할 것이 아니라 정치가 잘못되는 것을 두려워해야 한다고 강조하는 경우가 있었다.[36] 특히 성리학이 수용된 이후에는 이른바 이법천(理法天) 인식과 성학론(聖學論)이 부각되어 왕실의 신성성을 강조하는 천견·천인감응론과는 차이가 나게 되었다.[37]

그렇지만 이규보가 재이와 인사의 상관성을 비판한 유종원(柳宗元)의 견해를 반박하였고, 이색은 주희에 의하여 사람과 사물 모두가 하늘 아닌 것이 없다는 사실을 비로소 인식하게 되었다고 보면서도 동중서의 천인감응론을 높이 평가하였다.[38] 정도전도 '하늘의 마음은 임금을 아끼고 사랑하여 먼저 재이를 내보내서 이를 견고(譴告)하니, 두려워하여 수양하고

---

34) 『고려사절요』 권6, 선종 7년 3월 戊子.

35) 『개원점경』 권37, 熒惑犯天囷 "石氏曰 熒惑入天囷 天下兵起 國倉儲積之物皆發出 一曰御物多有出者 庫藏空虛 期二年 … 玉歷曰 熒惑守天囷 兵起 王者財寶皆出用 庫藏中虛耗人主不安 其國有憂 期百八十日 遠一年" ; 같은 책 권68, 石氏外官 天囷星占 "黃帝占曰天囷主御糧百庫之藏也 … 石氏曰 天囷十三星給御糧者也."

36) 『고려사』 권19, 의종 24년 金良鏡의 史贊.

37) 都賢喆, 『高麗末 士大夫의 政治思想硏究』, 一潮閣, 1999, 36~46쪽, 236~237쪽 ; 韓政洙, 「고려후기 天災地變과 왕권」 『歷史敎育』 99, 2006, 155~157쪽, 161쪽.

38) 『東國李相國集』 권22, 非柳子厚非國語論 ; 『牧隱文藁』 권10, 直說三篇.

반성하게 하려는 것이다.'라는 동중서의 말을 인용하는 등 천견·천인감응론의 관점에서 공양왕대의 정치를 비판하였다.[39]

이처럼 고려말까지 유학을 공부한 관료들은 시기별로 천(天) 인식의 차이에도 불구하고 천견·천인감응론을 유교 정치이념을 구현하는 수단으로 정치에 활용하였다. 그런데 그들은 유학 경전과 함께 중국 정사의 천문지·오행지 기록 등을 주로 인용하여 재이를 해석하였다. 그 점은 일관이 그런 천문지·오행지와 함께 점서를 많이 인용한 것과는 다르다.

유학을 닦은 관료들도 앞서 살폈듯이 점서를 완전히 배제하지는 않았다. 그런데 그들이 『홍범오행전』, 『경방역전(京房易傳)』, 『경방역비후(京房易飛候)』 등의 점사를 인용한 경우에도 대부분 『한서』, 『후한서』, 『진서』, 『수서』 등의 천문지·오행지에 수록된 것을 재인용하였다.[40]

예컨대 숙종 원년(1096) 봄에 춥고 서리와 우박이 내리는 재이가 발생하자 중서성이 천인감응론에 따른 대책을 건의하였다. 중서성의 관료들은 소위 이자의의 난에 참여한 인물들을 처벌하는 과정에서 원정(原情)을 제대로 하지 않아 그로 인한 원한이 화기를 해쳐 냉해가 발생하였다고 주장하였다. 그 해석의 전거는 '우박은 음이 양을 협박하는 상이다.'라는 『홍범오행전』의 문구와 함께, '형벌이 이치에 어긋나면 그 재앙으로 서리

39) 『고려사절요』 권35, 공양왕 3년 5월. 정도전이 인용한 내용은 동중서가 무제에게 올린 제1차 賢良對策의 일부이다. "國家將有失道之敗 而天乃先出災害以譴告之 不知自省 又出怪異以警懼之 尙不知變 而傷敗乃至 以此見天心之仁愛人君而欲止其亂也 自非大亡道之世者 天盡欲扶持而全安之 事在彊勉而已矣"(『한서』 권56, 董仲舒傳).

40) 李熙德, 앞의 책, 1884, 142쪽.
『홍범오행전』은 漢 대의 伏勝이나 그의 제자 張生·歐陽 등 또는 夏侯始昌이 저술하였다고 알려졌다. 그리고 『수서』 권34, 經籍3 오행편에 『周易占』 12권, 『周易飛候』 9권본과 6권본이 京房의 저작으로기록되었다. 선종 때 송의 구서 목록에 『京房易』 10권이 들어 있고(『고려사』 권10, 선종 8년 6월 丙午), 『京氏易傳』 권下에는 같은 해에 고려에서 『京氏周易』 10권을 進書하였다는 기록이 있는데(최정준 역주, 『경씨역전』, 비움과소통, 2016, 205쪽), 그러나 현전하는 『경씨역전』에는 재이 설명이 없다.

가 내린다.'라고 하고 '군대를 일으켜 함부로 죽이는 것을 망법(亡法)이라고 하니 그 재앙으로 서리가 내려 여름에 오곡을 여물지 못하게 된다.'라는 『경방역전』의 문구였다.[41] 그런데 『홍범오행전』의 인용문은 『수서』 오행지에서 재인용한 것이며,[42] 『경방역전』에서 인용한 두 문구는 『한서』와 『후한서』 및 『진서』의 오행지 등에 수록된 내용을 재인용한 것이다.[43] 그 중서성의 상주문에 '위에서 한쪽의 말만 듣고 아래의 사정이 막혀서 이해(利害)를 잘 고려하지 못하고 위급한 일에 실수가 있으면 그 벌로 항상 춥게 된다.'고 한 문구도 『경방역전』에서 인용한 것처럼 보이지만, 실상은 『한서』 오행지 자체의 기록이다.[44]

사례를 더 들면, 숙종 6년(1101)에 송충의 피해가 심하자 신하들이 왕에게 올린 글에서는 『경방역비후』 점사를 인용하여 재이를 해석하였는데, 그 점사를 『수서』 오행지에서 재인용하였다.[45] 또한 앞서 살펴보았듯이 권경중이 명종 16년~19년에 발생한 여러 종류의 재이가 인사와 관련된

41) 『고려사』 권11, 숙종 원년 4월 癸酉.

42) 『수서』 권22, 오행上 "梁中大通元年四月 大雨雹 洪範五行傳曰 雹陰脅陽之象也."
『한서』와 『후한서』는 구문상의 차이가 약간 있지만 동일한 내용을 유향의 설로 기록하였다(『한서』 권27中之下, 오행지7中之下 聽羞 雨雹 釐公二十九年 ; 『後漢書』 권25, 오행3 雹 安帝永初三年).

43) ① 『한서』 권27上, 오행지7上 "傳曰 簡宗廟 不禱祠 廢祭祀 逆天時 則水不潤下 … 說曰 … 京房易傳曰 顓事有知 誅罰絶理 厥災水 其水也 雨殺人以隕霜 大風天黃"(이와 동일한 내용이 『후한서』 志15, 오행3 大水 水變色과 『진서』 권27, 오행上 水에도 수록됨).
② 『한서』 권27中之下, 오행지7中之下 "傳曰 聽之不聰 是謂不謀 厥咎急 厥罰恒寒 厥極貧 … 武帝元光四年四月 隕霜 殺草木 … 京房易傳曰 興兵妄誅 茲謂亡法 厥災霜 夏殺五穀 冬殺麥"(『진서』 권29, 오행下 聽不聰 恒寒 嘉禾 3년 9월조에 동일한 『京房易傳』 인용문이 수록됨).

44) 『한서』 권27中之下, 오행지7中之下 "傳曰 聽之不聰 是謂不謀 厥咎急 厥罰恒寒 厥極貧 … 上偏聽不聰 下情隔塞 則不能謀慮利害 失在嚴急 故其咎急也 盛冬日短 寒以殺物 政促迫 故其罰常寒也"(『진서』 권29, 오행下 聽不聰에도 같은 내용이 수록됨).

45) 『고려사』 권11, 숙종 6년 4월 乙巳 "群臣上言 松虫蕃殖 壓禳無效 臣等謹按 京房易飛候云 食祿不益聖化 天示之虫 臣等無狀以貽上憂 願進賢退不肖以答天譴."
『수서』 권23, 오행下 蟲妖 "梁大同初 大蝗 籬門松柏葉皆盡 … 京房易飛候曰 食祿不益聖化 天視以蟲 蟲無益於人而食萬物也 是時 公卿皆以虛澹爲美 不親職事 無益食物之應也."

의미를 파악하면서 『춘추좌씨전』·『주례』 등의 유학 경전과 『한서』·『진서·수서』 등의 천문지·오행지 등에 수록된 재이론을 인용하여 풀이하였다.[46] 유학을 공부한 문신들의 그런 경향은 일관들이 점서도 많이 인용한 것과 대조적이다.

3. 점사의 정치적 활용과 재이 대책의 다원성

일관의 재이 점사는 〈표〉로 정리한 54건이 전부는 아니다. 예컨대 진관선사탑비의 비문을 보면, 경종 6년(981) 군신의 연회 도중에 갑자기 구름이 동남쪽에서 일어나자 태사를 불러 길흉을 점치게 하니, 그곳에서 1천 리 이내에 비상한 인물이 있었는데 덕이 알려지지 않았으니 비석에 기록하면 나라에 복이 있을 것이라는 점사를 올렸고, 그에 따라 탑비를 짓게 하였다고 전한다.[47] 그렇지만 그 사실은 사서에 기록되지 않았다. 그리고 문공유(文公裕)의 묘지명에 그가 추밀일 때 천변이 발생하자 일관은 그 응험이 추밀원에 있을 것이라고 풀이하였고 그의 와병으로 이어졌다고 기록하였지만,[48] 그 점사도 사서에 기록되지 않았다. 따라서 사서에 기록된 54건 만으로는 한계가 있다는 점을 인정하고, 사서에 전하는 일관 재이 점사의 특징을 살펴보면 다음과 같다.

첫째, 일관의 재이 점사 기록이 시기별로 심하게 편중되었다. 〈표〉에서

---

46) 註 16)과 같음.

47) 한국역사연구회 편, 『譯註 羅末麗初金石文 (上)』, 혜안, 1996, 智谷寺眞觀禪師悟空塔碑 "三月 登春臺 … 焂忽俄騰雲氣 趟起東南旁 詢從者 皆言莫我知之 爰召太史 審卜吉凶 乃曰 去此千里之內 有非常之人 掩秘重泉 汨沒盛德 苟書貞石 必福大邦."

48) 金龍善 編, 『高麗墓誌銘集成 (제5판)』, 한림대학교출판부, 2012, 文公裕墓誌銘 "公在樞密時 天文有變 日者云 應在樞府 公直廬 忽被末疾 遂至不起." 문공유는 의종 9년에 동지추밀원사에 제수되었다가 이듬해 여름에 致仕하고 의종 13년에 사망하였다.

점사의 시기별 분포를 보면 고려전기에 해당하는 태조~선종대 5건, 중기인 헌종~고종대 40건, 후기인 충렬왕~공양왕대에 9건이었다.[49] 대부분 중기에 몰렸고, 특히 성종~문종대와 충선왕~충목왕대에는 점사 사료가 없는 점이 특이하다. 그 시기에도 일관의 천문·기상 관측 업무가 지속되었지만 사서에 점사가 수록되지 않은 이유는 당시 정치에서 예언적 점사를 중시하지 않았거나[50] 후대의 사서 편찬자들이 의식적으로 누락시켰기 때문일 것이다. 그렇지만 사가들이 그 두 시기의 점사만 특별히 누락시켰을 가능성은 적기 때문에 전자의 가능성이 커 보인다.

그렇다면 전체 점사의 약 74%가 고려중기에 집중되고 특히 명종대 15건을 포함하여 무신집권기에 23건으로 많은 이유는 무엇일까? 우선 고려중기에 기후가 한랭화하고 천재지변이 빈발하였으며 역병의 발생 빈도도 상대적으로 월등하게 높았다는 점을 고려해 볼 수 있다.[51] 그런데 고려중기의 재이 점사에는 지진, 짙은 안개[大霧], 충해(蟲害), 수변(水變)

---

49) 고려시대의 세 시기 구분에 대해서는 채웅석, 「고려사회의 변화와 고려중기론」 『역사와 현실』 32, 1999 참고.

50) 일관이 재이 발생을 보고할 때마다 점사를 함께 올렸던 것은 아닌 듯하다. 조선초기의 사례이지만, 재이 발생의 보고를 받고 왕이 일관에게 예점을 요구하기도 하였다. 정종 원년에 함양에서 세쌍둥이 아들이 태어나자 왕이 서운관을 시켜 古文을 찾아보게 하였고, 이에 서운관에서는 태평해진다거나 3년 안에 외국이 내조한다는 점사를 찾아 올렸다(『정종실록』 권2, 원년 7월 癸未). 그 점사는 『개원점경』에 수록된 것이다(권113, 人及神鬼占 人生子異形…). 그리고 태종 3년에 달이 畢星을 가린 천변이 생기자 판서운관사 장사언을 불러 응험을 물었고, 그는 그 응험이 '起兵'이지만 달이 필성을 가린 곳이 酉方이니 우리나라 안은 아니라고 대답하였다. 그러자 왕이 內豎를 시켜 서책을 찾아보니 장사언이 말한 응험과 같았다(『태종실록』 권6, 3년 8월 乙丑). 태종 5년에는 유성의 성변이 나타나자 왕이 서운관승 林恬에게 응험을 물었고, 그는 중국의 사신이 올 것이라고 대답하였다. 이어 왕은 『문헌통고』를 가져다가 지신사 朴錫命에게 명하여 역대의 성변에 대한 일을 두루 찾아서 아뢰게 하였다(『태종실록』 권9, 5년 3월 戊戌).

51) 李泰鎭, 「고려~조선 중기 天災地變과 天觀의 변천」 『韓國思想史方法論』, 소화, 1997 ; 李正浩, 「高麗前期 自然災害의 발생과 勸農政策」 『역사와 경계』 62, 2007 ; 이경록, 「고려시대의 유행병 대응과 그 성격」 『歷史學報』 252, 2021.

등에 관한 것도 있지만 오늘날 입장에서는 재해라고 볼 수 없는 일월성변이 많았다. 그렇다면 그 시기에 점사가 많았던 까닭은 재이의 다발과 함께 정치·사회경제적 상황의 악화에 따른 위기의식에 기인한 것은 아닐까?

주지하다시피, 종래 고려에 신속하던 여진이 12세기 초에 강성하여 압박을 가하자 고려가 상표칭신하면서 국가적 자존이 손상되었다. 또 13세기 초에 흥기한 몽골이 무력 침공해와서 장기간 전란의 고통을 겪었다. 국내적으로는 12세기 전반에 이자겸의 난, 묘청의 서경반란, 무신정변 등의 정치변란이 이어지고, 무신집권기에도 정변으로 집권무신이 교체되는 일이 빈번하였다. 특히 12세기 초부터 민의 유망과 군도 활동이 늘고 무신집권기에는 민란이 전국에서 폭발적으로 일어났다.

그처럼 자연적, 정치적, 사회경제적 상황이 불안하자 국운이 쇠퇴하였다는 위기의식이 높아졌으며,[52] 이에 재이에 대한 지배층의 관심이 커지고 인사에 대한 예언으로 풀이하는 경향이 강해졌던 것으로 보인다. 이와 관련하여 『고려사』 오행지에 수록된 고려전기 재이 기록을 분석하여 변화가 컸던 시기나 위기의식이 조성된 시기에 이를 반영하여 재이 기록이 증가하였으며, 문종 때처럼 사회가 안정된 시기에는 재이가 많이 발생하였더라도 현실사회의 정치사회적 변화와 연관 지어 해석하지 않았다는 연구는 시사하는 바가 크다.[53] 후대 사서 편찬자들의 역사인식에 따라 고려중기 특히 무신집권기에 재이 점사를 의도적으로 많이 수록하였을 수도 있겠지만, 그보다는 재이가 빈발하고 정치 불안이 이어졌던 그 시기에 지배층의 상황 인식 때문에 점사 요구가 많았고 그 결과 사서에 많이 기록되었을 가능성이 크다.

---

52) 채웅석, 『고려중기 정치사의 재조명』, 일조각, 2021, 407~415쪽.

53) 이정호, 「高麗前期 異變現象 기록을 통해본 災異觀과 위기의식–《高麗史》 五行志 기록을 중심으로」 『역사와 담론』 80, 2016.

둘째, 재이 점사가 정치성을 지녔다. 우선, 하나의 재이현상에 대해서도 예언적 점사는 다양하였는데, 일관은 정치·사회적 상황을 고려하여 그에 맞는 점사를 제시하였다. 예를 들면 송충의 피해 발생에 대하여, 숙종 6년(1101)의 A4에서 『후한서』 오행지 또는 『개원점경』을 인용하여 병징이라고 풀이하였지만, 의종 5년(1151)의 A12에서는 『해동고현참기』를 인용하여 문·무 관료들이 정치를 어지럽힐 징조라고 풀이하였다. 전자에서 일관이 병징으로 본 까닭은 그 무렵 완안부가 여진 부락들에 대한 통제력을 강화하면서 고려 조정이 대책에 부심하던 상황을[54] 고려한 것이고, 후자는 환관 정함의 서대(犀帶) 착용과 왕이 무사들과 궁궐 안에서 격구를 즐기는 문제 그리고 대령후 처벌을 둘러싸고 정치 갈등이 심하던 상황을 고려한 점사인 듯하다.[55]

또한 특정 재이에 대한 점사가 한 전거에서도 여러 개일 경우에 어떤 점사를 고를지도 일관의 의도에 달렸다. 예를 들면, 선종 9년(1092)의 A2에서 금성이 낮에 나타난 성변에 대하여 『수서』 천문지를 인용하여 3년 안에 왕의 상(喪)이 있을 예점으로 풀이하였다. 그 천문지에는 그 성변을 '대신이 강하여 정권과 왕이 바뀐다.'고 풀이한 점사도 수록되었지만,[56] 당시 일관은 왕이 정사에 피곤하여 병약해진 상황에서 국상의 예점으로 본 점사를 인용하여 대책을 세우도록 건의하였다.[57] 선종은 그로부터 약 2년 뒤에 사망하였다. 인종 23년(1145)의 A10 사례를 보면, 하늘에서 소리가 울리는 재이가 발생하자 일관은 왕이 근심하고 놀란다는 점사를 제시하였는데 약 한 달 만에 왕이 병이 들어 그다음 달에 사망하였다. 『개원점경』에는 그 재이에 대하여 '살행(殺行)과 민의 유망(流亡)'이 생길

54) 『고려사』 숙종 6년 8월 乙巳 "詔曰 朕自御神器 居常小心 北交大遼 南事大宋 又有女眞 倔强于東 軍國之務 安民爲急 宜罷不急之役以安斯民."

55) 채웅석, 앞의 책, 261~263쪽.

56) 『수서』 권21, 천문下 五代災變應 隋高祖文皇帝 開皇 20년 10월.

57) 『고려사』 권10, 선종 9년 3월.

것이라는 점사도 있지만,[58] 일관은 왕의 건강 상태를 고려하여 해당 점사를 택하였다고 짐작된다.

그렇듯이 일관은 여러 전적에서 상황에 맞는 점사를 찾아 제시하였으며, 그런 점사가 정치적 이슈와 관련되면 큰 영향을 미칠 수 있었다.[59] 예를 들면, 묘청파가 서경천도론을 내세웠을 때 일관은 반대하는 의견을 냈다. 묘청파는 대화궁 건룡전에서 조회할 때 공중에서 음악소리가 들리고 대동강의 신룡이 침을 토해내는 등의 상서가 나타났다고 선전하여 대화궁 창건의 정당성을 내세웠다. 또 종교적·비전적 법술을 통하여 양재초복할 수 있다고 주장하였다. 그러자 김부식은 서경에 대화궁을 건설한 뒤에 뇌진(雷震)의 재이가 발생하였는데 만약 그곳이 길지라면 그런 재이가 발생할 수 없다고 비판하였다.[60] 김부식, 임완 등은 재이에 대하여 신비주의적 방식보다 군주수신론에 따라 대응해야 한다는 입장에서 묘청파의 주장을 비판하였다.[61] 당시 묘청파에 일관 백수한이 있었지만 그에게 동조하지 않는 일관들이 다수였던 듯하다. 인종 10년(1132) 개경의 지세가 쇠퇴하였기 때문에 재이가 발생하고 궁궐이 불탔으니 서경에 자주 행차하여 나라의 기업을 무궁하게 하자고 묘청과 백수한이 건의하자, 왕이 일관들에게 물었더니 모두 불가하다고 답하였다.[62] 그렇지만 정지상과 김안 등이 묘청의 말은 성인(聖人)의 법이기 때문에 위반해서는 안된다고 주장하여 서경 행차가 이루어졌다. 그 이듬해 12월에는 안개가 5일 동안 자욱하게 계속되고 나무에 얼음이 맺히자, B7에서 볼 수 있듯이

58) 『개원점경』 권3, 天占 天鳴 "京房易傳曰 天鳴必有殺行 民流亡."

59) 일관의 정치적 역할은 金昌賢도 주목하였다. 그는 일관이 권력 핵심에 있지는 않았지만 재이에 관한 의견이 특정세력의 입장을 정당화시킬 수 있었기 때문에 나름대로 중요한 정치적 역할을 하였다고 파악하였다(앞의 논문, 111~116).

60) 『고려사절요』 권10, 인종 12년 9월.

61) 채웅석, 앞의 책, 230~252쪽.

62) 『고려사절요』 권10, 인종 10년 2월.

태사는 “안개비가 내려 차가운 것을 ‘재앙을 내린다’라고 부르는데 나라에 큰 근심이 있을 것이니 도적이 일어날 징조라고 여겨집니다.”라는 점사를 올렸으며, 그 점사의 뒤에 “당시 묘청 등이 서경 행차를 권유하였기 때문에 이렇게 아뢰었다.”고 기록되어 있다. 그와 같은 일관의 의견 제시는 김부식파의 주장에 힘을 실어주었다.

공민왕 18년(1369)경에는 신돈이 이춘부를 시켜 개경은 바다에 가까워서 왜구가 걱정되기 때문에 도성을 충주로 옮기자고 청하자, 왕은 평양에 행차하고 금강산을 돌아본 다음 충주에 머물겠다고 하였다. 그에 따라 민을 징발하여 길을 닦고 평양과 충주에 이궁과 노국대장공주의 혼전(魂殿)을 경영하게 하였기 때문에 민이 괴로워하였다. 그때 판사천감사 진영서 등이 금성이 낮에 나타나는 천변과 흉년이 들었으니 왕이 머물면 길하고 움직이면 흉하다고 건의하자, 순주를 꺼리던 왕은 그 건의를 받고 기뻐서 왜 늦게 아뢰었느냐고 하며 명령을 철회하였다.[63]

간쟁이 어려운 시기에도 일관이 점사에 의탁해서 민감한 정치 사안에 대하여 왕의 수성을 요청하였다. 의종 18년(1164)의 A14를 보면 왕이 측근세력과 어울려 유행(遊幸)이 잦아 정치에 차질을 빚는 상황에서 짙은 안개가 끼자 일관은 ‘안개는 많은 간신들의 기운이며 연일 해소되지 않으면 나라가 혼란해진다.’는 점사를 제시하며 왕에게 기거를 삼갈 것과 적임자가 아닌 인물을 임용하지 말도록 건의하였다. 의종이 측근세력을 중용하여 정치가 파행되고 대간의 간쟁도 어려워진 상황에서[64] 일관이 재이 점사로써 왕의 수성을 건의하였지만, 왕이 끝내 깨닫지 못하였다고 한다.

고종 37년(1250)의 사례 A32와 연결된 기록에서도 언로가 막힌 상황에서 일관은 재이 점사를 직주하여 왕의 수덕을 건의할 수 있었다고 하였

---

63) 『고려사』 권41, 공민왕 18년 8월 丙寅 ; 『고려사절요』 권28, 공민왕 18년 8월.
64) 『고려사절요』 권11, 의종 16년 12월 ; 17년 8월 ; 19년 정월.

다.[65] 왕이 제포궁에 행차하여 몽골 사신을 맞으려 하자, 일관은 달이 방성(房星)의 상상(上相)을 범한 천변에 대하여 '임금에게 우환이 있다. 수상이 죽임을 당하거나, 난신이 나타나 신하가 왕을 친다.'는 점사를 제시하여 왕의 수성과 행차 중지를 건의하였다. 그러자 최항이 미워하여,[66] 어사대를 사주하여 사천대가 망녕되게 성변을 아뢰었다고 탄핵하게 하였으며, 그때부터 일관도 아뢰지 못하게 되었다.

셋째, 오행재이설에 따른 재이 점사는 왕뿐만 아니라 관료, 후비 등에게서도 재이의 원인을 찾았다. 천견론에 따르면 재이의 궁극적인 책임은 천명을 받아 다스리는 군주에게 있다고 보며, 고려의 왕들도 그렇게 인식하였다.[67] 그렇지만 재이 이해에 음양설이 도입되면서 재이 발생의 책임 소재가 확장될 수 있었다. 인간 사회가 조화롭지 않으면 음양오행에 혼란이 일어나 재이가 발생하게 된다고 보았다. 예컨대 인간 사회에서 양과 음은 각각 왕과 남편, 신하와 부인 등을 의미하는데 그런 음양관계의 조화가 깨지면 홍수나 화재와 같은 재이가 발생한다는 것이다. 반고가 정리한 『한서』 오행지를 보면 오행(五行), 오사(五事), 황극(皇極) 각 항목별로 재이가 인사에 대응하여 발생한다고 하였으며, 동중서의 이론과 달리 황제의 행위를 견제하는 것만이 목적이 아니라 제후, 대신, 외척, 후비 등에게서도 재이의 원인을 찾아 책임을 물었다.[68]

---

65) 『고려사절요』 권16, 고종 37년 12월 乙卯 "時 言路閉塞 唯司天據占直奏 欲使修德消變 自此 日官之奏亦將廢矣."

66) 최항은 그 일이 있기 전인 그 달 丙午에 문하시중에 임명되었지만 사양하였다는 기록이 있다.(『고려사』 권23, 고종 37년 12월 丙午 ; 『고려사절요』 권16, 고종 37년 12월).

67) 다음 사료에 그 점이 잘 나타난다. "王謁太祖眞殿 流涕告曰 臣實不德 不能率先王之成憲 政不足以亮天地和陰陽 是以天降之災 三月雪 四月霜 加以雷震人物四十餘所 彌月不雨 赤地千里 民不聊生 餓殍相枕 罪實在臣 蒼生何辜 庶幾洗心悔過 祖訓是式"(『고려사』 권16, 인종 12년 5월 戊辰).

68) 權珉均, 앞의 논문.

〈표〉의 점사에서도 재이 발생을 왕뿐만 아니라 관료, 후비 등의 탓으로도 봄으로써 그들이 유학의 정치이념과 도덕에 따르도록 견제하였다.[69] 신하의 모반과 난정(亂政), 기강 해이 등의 행위에서 재이의 원인을 찾은 사례를 보면, 헌종 원년(1095)의 B4에서 혜성이 해를 범하자 근신이나 제후의 반란이 일어날 예점이라고 풀이하였고, 인종 8년(1130)의 A6에서 흰 무지개와 안개의 재이를 간신의 모반으로 풀이하여 왕에게 경계하도록 건의하였다. 그 점사들은 해당 시기의 정치상황으로 보면 각각 이자의파와 묘청파의 득세를 경계한 것으로 짐작된다. 그리고 무신집권기인 명종 14년(1184)과 26년(1196)의 A20과 A26을 보면, 지진을 신하가 신하답지 못하거나 호령이 신하에게서 나오는 데에 따른 재이로 해석하였다.

특히 인종 23년(1145)의 A9에서는 황재(蝗災)가 발생하자 일관이 『후한서』 오행지를 전거로 삼아서 나라에 그릇된 사람들이 많고 조정에 충신이 없어서 발생한 재이이기 때문에 도덕을 갖춘 인물을 등용하여 재해를 해소해야 한다고 아뢰었다. 그보다 앞서 인종 11년(1133)에도 황재가 발생하자 간관이 위와 동일한 점사를 제시하고 또 『진서』와 『수서』 오행지 기록을 인용하여 관리가 공이 없으면 벌레와 같으니 빨리 숙청하지 않으면 병란이 일어나고 유덕한 인물을 천거하여 높은 관직을 주면 재이가 해소될 것이라고 건의하였다.[70] 바로 이어서 간관 최유청 등은 재상 최홍재가 탐학하여 법을 어지럽히고 나라에 큰 해를 끼치기 때문에 가뭄과 황충의 피해가 함께 일어나고 있으니 그를 처벌하여 하늘의 견고에 답하라고 탄핵하였다.[71] 이렇게 재이 점사는 신하들의 모반과 전횡, 기강

---

69) 고려초기에는 재이를 주로 신하들의 부덕·불충 탓으로 여겼다가 성종대부터 왕의 부덕 탓으로 돌렸다고 파악한 견해도 있지만(李熙德, 앞의 책, 1984, 40~55쪽), 동의하기 어렵다.

70) 『고려사』 권16, 인종 11년 5월 乙丑(이 사료에서 蝗은 松蟲을 가리킴) ; 『진서』 권29, 오행下 蠃蟲之孼 ; 『수서』 권23, 오행下 蟲妖.

71) 『고려사절요』 권10, 인종 11년 6월 辛亥.

해이 등을 비판하고 관료로서 책임과 도덕적 각성을 촉구할 목적으로도 이용되었다.

당시 재상은 왕과 함께 도를 논하여 나라를 경영하며 음양을 조화롭게 섭리하는 책임이 있다고 여겼다.[72] 공민왕은 노국공주 추모사업을 만류하는 유탁을 처벌하면서, 그가 오랫동안 수상으로 재직하면서 불의한 일을 많이 행하여 큰 가뭄이 드는 재해가 발생하였다는 점을 가장 큰 이유로 들었다.[73] 그리고 공양왕 3년(1391)에 왕이 재이 대책으로 구언하자, 정도전은 옛날부터 재이가 생기면 삼공이 책임지고 면직되며 대신도 자리에서 물러났으니 자신을 파면하여 재이를 해소하라고 상소하였다.[74]

후비 관련 점사 사례를 보면, 명종 12년(1182)의 A19에서 유성이 헌원성에서 나온 성변에 대하여 여주(女主) 곧 왕후가 해를 입을 것이라는 점사를 제시하였고, 이듬해에 태후가 사망하였다고 전한다. 그리고 신종 2년(1199)의 A27에서는 달이 토성과 서로 범하자 여주의 상(喪)을 예언하는 것이라는 점사를 제시하였고, 곧 수안궁주가 사망하는 징험이 있었다고 하였다. 현존하는 고려 일관의 점사에서는 보이지 않지만, 『개원점경』 등의 점서에는 여주의 국정 농단과 모반, 도의를 벗어난 행위[失行] 등의 예점으로 본 재이들이 많이 수록되었다.

이렇듯이, 지배층의 잘못을 처벌하고 시정하는 책임은 왕에게 있는 것이지만, 재이 점사에서 왕만을 대상으로 재이의 원인을 찾은 것은 아니었다. 관료나 후비 등으로 대상을 확장하여 재이의 원인을 지목함으로써, 왕을 비롯한 지배층의 변고, 권력 농단과 모반, 나태와 부패 등을 경고하고 견제하는 역할을 하였다.

---

72) 金龍善 編, 앞의 책, 尹彦頤墓誌銘 ; 『고려사』 권43, 공민왕 20년 7월 己卯 李進修 上疏 ; 같은 책 권75, 선거3 銓注 공양왕 원년 12월 具成祐 등 上疏.

73) 『고려사절요』 권28, 공민왕 17년 8월.

74) 『고려사절요』 권35, 공양왕 3년 5월.

넷째, 일관이 올린 재이 해소 대책은 유학의 군주수신론적 대응, 불교·도교의 도량·재초와 비술(祕術), 풍수도참사상에 따른 이도(移都) 등 종교·사상적으로 다원적이었다. 하나의 재이에 대하여 여러 계통의 대응책을 함께 제시하기도 하였다. 예컨대 숙종 6년(1101)의 A4를 보면 송충의 피해가 발생하자 일관은 병징(兵徵)으로 해석하면서 관정도량·문두루도량·보성도량 등의 불교도량과 함께 노군부법(老君符法)이라는 도교 비술을 시행하여 재이를 물리치라고 건의하였다. 그리고 명종 9년(1179) 달이 금성을 범하자 일관은 왕에게 정전(正殿)을 피하는 공구수성과 함께 인왕도량을 명인전에서 열흘간 개설하여 기양하라고 건의하였다.[75] 우왕 8년(1382)에는 들짐승이 성안에 들어오고 까마귀 떼가 궁중에 모여들며 우물물이 끓어오르는 듯하고 물고기가 싸우는 재이가 발생하자, 일관이 도읍을 옮겨 재이를 피하자고 건의하였다.[76]

그처럼 일관은 사상·종교의 다원성을 바탕으로 대책을 제시하면서도 책기수덕, 어진 인물의 등용 등을 강조하는 군주수신론적 대응을 주로 건의하였다.[77] 몇 사례를 살펴보면, 광종 원년(950)에 거센 바람이 불어 나무가 뽑히자 왕이 재이를 기양하는 술법을 물으니 사천(司天)은 수덕만한 것이 없다고 대답하였고, 이때부터 왕은 항상 『정관정요(貞觀政要)』를 읽었다.[78] 인종 8년(1130)의 B6에서는 입하에서 입추까지 풍우가 갑작스럽게 닥치고 우박이 떨어지자 일관은 홍수와 가뭄, 전쟁의 예점으로 보고 재(齋)·제(祭)로는 재이를 해소하기 부족하다고 하면서 왕이 반성하고 덕을 닦아 천견에 답하라고 건의하였다.

---

75) 『고려사』 권48, 천문2 月五星凌犯及星變 명종 9년 7월 壬午.

76) 『고려사』 권126, 간신2 李仁任 "八年 判書雲觀事張補之副正吳思忠等上書言 道詵密記有三京巡御之說 今變怪屢現 野獸入城 群烏飛集宮中 井沸魚鬪 請移都避災."

77) 金昌賢은 일관이 재이 대책으로 시정의 득실을 논하면서 왕의 수덕이나 수성을 촉구한 것을 일관의 언론적 역할이라고 하였다(앞의 논문, 106~111쪽).

78) 『고려사절요』 권2, 광종 원년 정월.

특히 명종 24년(1194) 6월에 오랫동안 가뭄이 심하자, 일관은 인종 때 태사의 요청에 따라 7사(事)로 수성한 전례를 좇아 재이를 두려워하여 몸을 조심하고 덕행을 닦으라고 건의하였다.[79] 7사의 내용은 첫째, 원옥(冤獄)을 다스릴 것, 둘째, 환과고독을 진휼할 것, 셋째, 요역과 부세를 가볍게 할 것, 넷째, 어질고 선량한 이를 등용할 것, 다섯째, 탐욕스럽고 사악한 관리를 축출할 것, 여섯째, 제때 결혼하지 못한 이를 구휼할 것, 일곱째, 수라상의 음식 가짓수를 줄이는 것 등이었다.

충렬왕 5년(1279)에 화성이 달을 가리자 일관 오윤부는 반승(飯僧)하고 부처를 섬기는 것으로는 재이를 해소할 수 없으니 그렇게 베푸는 행위들을 삼가서 해소하라고 건의하였다. 또 충렬왕 14년(1288)의 B14를 보면, 그가 성변이 왕과 제국대장공주에게 이롭지 않다고 보고하였을 때 왕이 재이 해소 방법을 묻자 백성들의 원망이 없다면 해소할 수 있다고 하면서 당시 민원을 야기하던 왕지별감과 공주식읍을 폐지하는 것보다 더 좋은 방법은 없다고 대답하였다.[80] 그렇지만 그도 충렬왕 9년(1283)에는 천변이 두려워할 만하니 소재도량을 열라고 요청하였다.[81]

그런 점은 유학 기반의 문신들도 마찬가지였다. 그들은 군주수신론적 재이 대책을 주로 건의하면서도 재초를 포함하여 다원적인 대응방식을 고려하였다. 예컨대, 앞서 살펴본 선종 7년(1090)의 신흥창 화재 사건 때 예부가 올린 재이 대책은 절검에 힘쓰는 것과 함께 재초를 올리자는 것이었다. 인종 8년(1130)에 큰 가뭄이 들자 문하시중 이공수가 양부 대신들과 회의한 결과 관료들에게 쌀을 거두어 사찰에서 재를 올려서

---

79) 『고려사』 권20, 명종 24년 6월 丁酉.
7事 수성은 『수서』에 梁의 기우 제도라고 하였고(권7, 禮儀2 "春秋龍見而雩 梁制不爲恒祀 四月後旱則祈雨 行七事…"), 『通典』에는 梁 大同 5년에 7사의 제도를 정했다고 하였다(권43, 禮3 郊天下 大雩 "大同五年 又築雩壇於籍田兆內 四月後旱則祈雨 行七事…).

80) 『고려사절요』 권20, 충렬왕 5년 11월 癸丑 ; 『고려사』 권122, 方技 伍允孚.

81) 『고려사절요』 권20, 충렬왕 9년 9월.

재해 해소와 복을 빌도록 하였다.[82] 명종 19년(1189)에 황려현의 지방관으로 나갔던 임익돈(任益惇)은 경내에 역병이 돌자 그 대책의 하나로 승려·도사들을 데리고 반야경을 읽으면서 거리를 돌아다니게 하였다.[83]

일관이나 문신들이 공구수성책을 건의하더라도, 왕은 재·제를 올려 기양하는 방식을 따르기도 하였다. 숙종 6년(1101) 가뭄과 함께 송충의 피해가 발생하자 현명한 인물을 등용하고 불초한 인물을 물리쳐서 천견에 답하라고 신하들이 건의하였지만, 왕은 대답하지 않고 임해원에서 용왕도량을 열어 비를 빌었다.[84] 그리고 A22를 보면, 명종 21년(1191) 태사가 왕에게 수덕하여 재이를 기양하라고 건의하였으나, 왕은 다만 부처와 신에게 기도할 따름이었다. 명종 24년(1194)에도 태사가 왕에게 재이를 천견으로 여겨 수성하라고 요청하였지만, 왕은 두려워하며 사방으로 사신을 보내 신명에 기도하고 고유하게 하였다.[85]

이처럼 천견·천인감응론에 따른 재이관은 유학 정치이념의 강화에 기여하는 한편 고려시대의 다원적 종교·사상 기반에서 각종 기양의례가 성행하는 배경도 되었다. 그런데 한편으로, 앞에서 살펴본 것처럼, 유학에 조예가 깊은 관료들 사이에서는 점차 재이를 두려워할 것이 아니라 정치의 잘못을 두려워해야 한다는 인식과 함께 재이 해소를 위하여 종교나 참위적 대응에 의존하는 것을 비판하는 경향이 있었다. 특히 성리학에 대한 이해가 이루어지면서 군주가 성학(聖學)을 익히고 수신·수덕하여 성인군주가 되어야 한다는 논의가 부각되었다.[86] 그렇지만 일관들의 점사에서는 그런 변화를 감지하기 어렵다.

---

82) 『고려사』 권16, 인종 8년 4월 辛丑.

83) 金龍善 편, 앞의 책, 任益惇墓誌銘.

84) 『고려사』 권11, 숙종 6년 4월 乙巳.

85) 『고려사』 권20, 명종 24년 12월 己未.

86) 한정수, 「고려시대 君主觀의 二元的 이해와 정치적 상징」 『國史館論叢』 106, 2005, 17~18쪽 ; 都賢喆, 앞의 책, 225~238쪽.

4. 맺음말

『고려사』와 『고려사절요』에는 일관의 재이 점사가 54건 수록되어 있다. 그중에서 33건은 점사의 전거를 짐작할 수 있고, 나머지도 내용이 같은 문헌 기록을 찾을 수 있다. 즉 일관은 토착신앙에 의거하거나 자의적으로 재이를 풀이한 것이 아니라 알려진 텍스트를 전거로 삼아 객관적으로 풀이하였다. 중국의 점사들을 집록한 『개원점경』, 『천지서상지』 등의 점서와 『한서』·『진서』·『수서』 등 중국의 정사 천문지·오행지가 전거로 많이 이용되었다. 그 텍스트들은 공통적으로 천견론과 예언적 해석 방식을 포괄하였다. 그뿐만 아니라 일관이 『해동고현참기』나 한국사의 고사를 근거 삼아 재이를 해석한 점도 독자적인 재이론의 전개와 관련하여 주목된다.

점사의 시대별 분포를 보면, 전체의 약 74%가 고려중기에 집중되고 특히 명종대 15건을 포함하여 무신집권기에 23건으로 집중되었다. 그에 비하여 성종~문종대와 충선왕~충목왕대에는 점사 기록이 없다. 그런 특징이 나타난 까닭은 사서의 점사 기록에 정치성이 반영되고, 시기에 따라 정치권에서 예언적 점사에 대한 관심이 달랐던 탓에 그런 결과가 나타났을 가능성이 있다. 무엇보다도 고려해야 할 점은 고려중기에 재해 빈발과 국내외의 큰 시련들을 겪으면서 국가적 위기의식이 높아졌다는 점이다. 그로 말미암아 재이에 대한 당시 지배층의 관심이 커지고 인사에 대한 예언으로 풀이하는 경향이 강해졌던 것으로 보인다.

일관은 천견·천인감응론에 따라 재이를 해석하면서 상황에 적절한 점사를 제시하였다. 그런 점사가 정치적 이슈와 관련되면 영향을 크게 미칠 수 있었으며, 간쟁이 어려운 시기에는 민감한 사안에 대하여 일관이 점사를 이용하여 왕의 근신을 요청하기도 하였다. 그리고 관료의 전횡, 비리를 비판하고 책임과 도덕적 각성을 촉구하는 점사도 많았다. 일관은 재이의 원인을 왕뿐만 아니라 관료에게서도 찾아 그들이 유학 정치이념과 도덕에 따르도록 견제하였다.

일관이 점사와 함께 올린 재이 해소 대책을 보면, 유학의 군주수신론적 대응이 중심이면서도 불교·도교의 도량·재초와 비술(祕術), 풍수도참사상에 따른 왕의 이어(移御)와 이도(移都) 등을 포함하여 사상·종교의 다원성이 반영되었다. 하나의 재이에 대하여 여러 계통의 대응책들을 함께 제시하기도 하였다. 그럼으로써 일관의 재이 점사는 유학이념에 따른 정치구현을 돕는 한편 다원적 종교·사상의 기반에서 각종 기양의례가 성행하는 데에 기여하였다.

〈표〉 고려시대 일관의 재이 점사와 그 추정 전거

<table>
<tr><th rowspan="2">연번</th><th rowspan="2">시기</th><th rowspan="2">재이 현상</th><th>점사 기록</th><th>건의한 대책</th><th>사료 출처</th></tr>
<tr><th colspan="3">점사 전거의 추정</th></tr>
<tr><td rowspan="2">A1</td><td rowspan="2">선종7
(1090).
8.辛亥</td><td rowspan="2">雨雹 震市西巷人馬 又震乾陵松木都城東北山松木</td><td>瑞祥志曰 雷電殺人 傷六畜 破丘陵樹木者 人君刑斬 不以道理 受讒而枉誅 不救則必有劫盜之憂 救之之法 退讒臣 治驕暴 審文書 則災消矣</td><td>退讒臣 治驕暴 審文書</td><td>『고려사절요』 권6</td></tr>
<tr><td colspan="3">『瑞祥志』(『天地瑞祥志』로 추정되지만, 해당 점사가 수록되었을 권11, 雷電篇은 현전하지 않음)</td></tr>
<tr><td rowspan="2">A2</td><td rowspan="2">선종9
(1092).
11.庚子</td><td rowspan="2">太白晝見經天犯壘壁陣</td><td>太白晝見 三年必有大喪</td><td></td><td>『고려사』 권47, 천문1 月五星淩犯及星變</td></tr>
<tr><td colspan="3">『隋書』 권21, 천문下 五代災變應 "太淸三年正月乙酉 太白晝見 占曰 不出三年 有大喪 天下革政更王 强國弱 小國强."</td></tr>
<tr><td rowspan="2">A3</td><td rowspan="2">헌종1
(1095).
1.戊戌</td><td rowspan="2">元日 風從乾來</td><td>有憂</td><td></td><td rowspan="2">『고려사절요』 권6</td></tr>
<tr><td colspan="2">『天地瑞祥志』 권12, 正月朔旦候風 "翼氏曰 常以正朔日候八風 從乾來 有憂 …."
『開元占經』 권93, 星善惡雲氣占 元日祥瑞 "京房占 正月朔日 候八風 從乾來 有憂兵 …."</td></tr>
<tr><td rowspan="2">A4</td><td rowspan="2">숙종6.
(1101).
4.辛丑</td><td rowspan="2">蟲食松</td><td>兵徵</td><td>灌頂·文豆婁·寶星道場 등과 老君符法</td><td rowspan="2">『고려사』 권54, 오행2 木 (妖祥·木異)</td></tr>
<tr><td colspan="2">①『後漢書』 志15, 오행3 蝗 "安帝永初五年 夏 九州蝗[夾註 : 京房占曰 天生萬物百穀 以給民用 天地之性人爲貴 今蝗蟲四起 此爲國多邪人 朝無忠臣 蟲與民爭食 居位食祿如蟲矣 不救 致兵起 其救也 擧有道 置於位 命諸侯試明經 此消災也]."
②『개원점경』 권120, 龍魚蟲蛇占 蝗生 "潛潭巴曰 生蝗蟲 兵大起 行千里."</td></tr>
<tr><td rowspan="2">A5</td><td rowspan="2">인종8
(1130).
8.乙未</td><td rowspan="2">初更 赤氣如火影 發自坎方 覆入北斗魁中 起滅無常 至三更乃滅</td><td>天地瑞祥誌云 赤氣如火影見者 臣叛其君</td><td>修德消變</td><td rowspan="2">『고려사』 권53, 오행1 火 (赤眚赤祥·赤氣)</td></tr>
<tr><td colspan="2">해당 점사가 수록되었을 『천지서상지』 권10 雲氣編은 현전하지 않음(誌는 志의 오기인듯함).
『乙巳占』 권8, 雲氣吉凶占附霧에도 동일 점사가 기록됨.</td></tr>
<tr><td rowspan="2">A6</td><td rowspan="2">인종8
(1130).
8.丙申</td><td rowspan="2">白虹起自西方向北行滅</td><td>開元占云 白虹露 奸臣謀君 (露는 霧의 誤記로 보임)</td><td>宜反身修德以荅天譴</td><td rowspan="2">『고려사』 권54, 오행2 金 (白眚白祥·白氣)</td></tr>
<tr><td colspan="2">『개원점경』 권98, 虹蜺占 白虹 "晉天文志曰…白虹霧姦臣謀君 擅權主威."
『개원점경』의 점사는 『晉書』 천문지를 인용한 것이지만, 일관은 『개원점경』을 전거로 제시함.</td></tr>
</table>

<table>
<tr><td rowspan="2">A7</td><td rowspan="2">인종8 (1130). 10.戊子</td><td rowspan="2">白虹相衝乾坤方 至地發見 三更乃滅</td><td>白虹出 其下有血 白虹 是百殃之本 衆亂所基</td><td>固當修省 以荅天意</td><td rowspan="2">『고려사』 권54, 오행 2 金 (白眚白祥·白氣)</td></tr>
<tr><td colspan="2">『개원점경』 권98, 虹蜺占 白虹 “易候曰 白虹 其下有流血 晉天文志曰 白虹者 百殃之事 衆亂所基.”
『개원점경』은 『晉書』 천문지를 인용하여 “百殃之事”라고 기록하였지만, 『진서』 권12, 천문中 七曜雜氣에는 『고려사』와 동일하게 “百殃之本”으로 기록됨.</td></tr>
<tr><td rowspan="2">A8</td><td rowspan="2">인종8 (1130). 11.壬子</td><td rowspan="2">(冬至) 日南至 天氣 清朗無風 四方有白雲 小有西風</td><td>天氣淸朗 萬物不遂 風從兌來 秋多苦兵</td><td></td><td rowspan="2">『고려사』 권54, 오행 2 金 (白眚白祥·白氣)</td></tr>
<tr><td colspan="2">『천지서상지』 제12, 八風 “冬至之日 天氣淸明 萬物不成 若風雲寒 則年豐人安 … 風從兌來 秋雨共兵 人恐.”
“淸朗”과 “淸明”, “不遂”와 “不成”의 차이가 있지만 뜻은 통함. “秋多苦兵”에서 多도 雨의 오기인 듯한데, 『개원점경』과 『靈臺秘苑』 기록에서도 뒷받침됨. 苦兵과 共兵의 차이는 『천지서상지』에서 “共”이 명확하지 않기 때문에 오기 여부를 판단하기 어려움.
『개원점경』 권93, 候星善惡雲氣占 八節日氣候에도 유사한 점사가 수록됨.</td></tr>
<tr><td rowspan="2">A9</td><td rowspan="2">인종23 (1145). 7.</td><td rowspan="2">蝗</td><td>今蝗蟲四起 此乃國多邪人 朝無忠臣 居位食祿如蟲</td><td>宜擧有道之人 置之列位 以弭其災</td><td rowspan="2">『고려사』 권54, 오행 2 金 (蝗災)</td></tr>
<tr><td colspan="2">A4의 『후한서』 인용문과 같음.</td></tr>
<tr><td rowspan="2">A10</td><td rowspan="2">인종23 (1145). 12.丁巳</td><td rowspan="2">立春夜 天有聲如雷</td><td>立春日 天鳴有聲 至尊憂且驚</td><td></td><td rowspan="2">『고려사절요』 권10</td></tr>
<tr><td colspan="2">① 『수서』 권20, 천문中 天占 “鴻(洪의 誤記)範五行傳曰 … 天鳴有聲 至尊憂且驚.”
② 『개원점경』 권3, 天占 天變色 “洪範傳曰 … 天鳴有聲 至尊憂且驚.”</td></tr>
<tr><td rowspan="2">A11</td><td rowspan="2">의종1 (1147). 7.壬申</td><td rowspan="2">夜 虎入選軍</td><td>邇來 猛虎入選軍兵刑部興國寺及閭巷 夫虎者山林之獸也 握鏡曰 虎狼入國 府中將空荒</td><td></td><td rowspan="2">『고려사』 권54, 오행 2 金 (毛蟲之孼·虎害)</td></tr>
<tr><td colspan="2">『개원점경』 권116, 獸占 白虎執 虎斷道入國 … “地鏡曰 虎入國 國將空荒.”
『개원점경』의 地鏡이 『고려사』에는 握鏡으로 기록됨.</td></tr>
<tr><td rowspan="2">A12</td><td rowspan="2">의종 5 (1151). 8.</td><td rowspan="2">海州 蟲食松 自去歲至是 爲蝗蟲所損</td><td>海東古賢讖記 鵠嶺有松 城松爲君臣 蛩螝爲小人 蠊食松之時 文虎亂政 松變鵠木之歲 天下白色</td><td></td><td rowspan="2">『고려사』 권54, 오행 2 木 (妖祥·木異)</td></tr>
<tr><td colspan="2">『海東古賢讖記』</td></tr>
<tr><td rowspan="2">A13</td><td rowspan="2">의종11 (1157). 1.戊辰</td><td rowspan="2">(元日) 風自乾來</td><td>國有憂</td><td></td><td rowspan="2">『고려사절요』 권11</td></tr>
<tr><td colspan="2">A3의 『천지서상지』 인용문과 같음.</td></tr>
</table>

A14	의종18 (1164). 11.癸卯	陰霧四塞 行者失路	五行志 霧者 衆邪之氣 連日不解 其國昏亂 又曰 霧起 十步外不見人 是謂晝昏 占曰破國	王者 出入起居 不可無常 今 陛下處非其位 任非其人 明堂 久曠而不居 天災可懼而不省 移徙無常 號令不時 故有此異	『고려사절요』 권11
			『新唐書』 권36, 오행3 霧 "長壽元年九月戊戌 黃霧四塞 霧者 百邪之氣 爲陰冒陽…景龍二年十一月甲寅 日入後昏霧四塞 經二日乃止 占曰 霧 連日不解 其國昏亂 …天寶十四載冬三月 常霧起昏暗 十步外不見人 是謂晝昏 占曰有破國." 『고려사』에서 오행지 인용을 밝혔고 또 "十步外不見人"의 문구가 같은 것을 보면 『신당서』 오행지가 전거이지만, "霧者 衆邪之氣"는 『진서』 권12, 천문中 雜星氣 雜氣조와 『수서』 권21, 천문下 雜氣조의 기록과 같음. 『신당서』의 경룡 2년은 3년의 오기.		
A15	명종7 (1177). 3.戊申	熒惑 自正月二十五日 從太微東太陽門入 逆行於屛星南右執法	熒惑 常以十月十一月 朝太微天庭受制 而出行列宿 司無道之國 罰失禮之臣 又其常度 當行於翼軫北丈三尺許 今失度入太微 留四十五日	考諸舊占 譴告不細 固非祈禳小數 所能消去 當遵聖祖遺訓 側身修德 然後災變可弭	『고려사』 권48, 천문2 月五星淩犯及星變
			①『개원점경』 권36, 熒惑占7 熒惑犯太微 "甘氏曰 熒惑常以十月十一月 入太微天庭受制 而出行列宿 司無道之國 罰無道之君 失禮之臣 若犯左相 左相誅 犯右相右相誅 守宮三旬 必有赦 期六十日 玄冥占曰 熒惑常以十月丙子 入太微宮七日受制 而出行列宿 司無道之國 七日以上成災 如占." ②『개원점경』 권5, 日占 日行度 "河圖曰 日月五星同道 過牽牛女虛危室壁奎婁胃昴 皆行其南之九尺 畢北七尺 觜參北一丈三尺 貫東井出鬼南六尺 出柳北六尺 出七星張北一丈三尺 出翌軫北一丈三尺 貫角亢出氐南一尺… 此日月五星行常道也."		
A16	명종7 (1177). 12.壬申	赤氣見南方	下有伏兵		『고려사』 권53, 오행1 火 (赤眚赤祥·赤氣)
			『靈臺秘苑』 권4, 伏兵氣 氣 "兩軍相當 赤氣所在處 其下有伏兵." 『개원점경』 권97, 猛將軍陣勝負雲氣占 猛將氣에는		

			赤氣가 전후좌우에 있으면 복병이 있으니 그 기운의 소재처에 따라 방어한다고 기록됨.		
A17	명종8 (1178). 11.甲子	太白與歲星行牛星度	金木合於一舍 有蝗		『고려사』 권48, 천문2 月五星淩犯及星變
			『개원점경』 권20, 五星占3 歲星與太白相犯 "荊州占曰 … 一曰 金木合於一舍 其分有蝗"		
A18	명종8 (1178). 12.庚戌	太白失度 火星入氐 鎭星自十一月掩行東井南轅 漸至越星	占云 火入氐 臣子亂 又云火失度 有兵喪.	宜修德消變	『고려사』 권48, 천문2 月五星淩犯及星變
			①『개원점경』 권31, 熒惑占2 熒惑犯氐 "甘氏曰 熒惑入氐 留守二十日 不下 當有賊臣有內 下有反者 三十日不下 其國兵起 人主當之 … 海中占曰 熒惑守氐 國亂 有反臣 近臣有憂 有兵 期六月." ②『개원점경』 권30, 熒惑占1 熒惑盈縮失行 "荊州占曰 … 熒惑行失度而妄出宿間 天下作兵."		
A19	명종12 (1182). 9.辛卯	流星出軒轅 入張 大如梨 尾長五尺許	女主有害 有使來 癸卯年 太后崩 甲辰年 大金使來		『고려사』 권48, 천문2 月五星淩犯及星變
			①『魏書』 권105-4, 천상지1-4 星變下 "世宗景明元年四月壬辰 有大流星起軒轅左角 東南流 色黃赤 … 占曰 流星起軒轅 女主後宮多讒死者." ②『개원점경』 권72, 流星占2 流星犯張 "石氏曰 流星入張 有使來納幣者 又云 諸侯有謀者 若有人君使人於諸侯 … 郗萌曰 流星入張 諸侯有來賜吾君近臣者."		
A20	명종14 (1184). 3.辛丑	京城地震	臣不臣		『고려사』 권55, 오행3 土 (地震)
			『개원점경』 권4, 地占, 地動 "劉向洪範傳曰 地動者 臣不臣也 臣下大貴也." 지진을 점서에서 지동이라고 표현함.		
A21	명종14 (1184). 9.	太白犯上將	武官必有厄		『고려사절요』 권13
			『진서』 권13, 천문下 月五星犯列舍 "晉元帝太興三年五月戊子 太白入太微 又犯上將 占曰 天子自將 上將誅."		
A22	명종15 (1185). 11.	自立冬以來 沈霧 今又連日濛霧	霧者邪氣也 陰來衝陽 姦臣謀君 在天爲濛 在地爲霧	修德銷變 王但禱佛祈神而已	『고려사절요』 권13
			①『개원점경』 권101, 濛占 "郗萌曰 濛霧者邪氣也 陰來衝陽 奸臣謀君 在天爲濛 在人爲霧 日月不見爲濛 前後人不相見爲霧." ②『靈臺秘苑』 권4, 霧 "霧者衆邪之氣 陰來冒陽 奸人有謀 擅權立威 在天爲濛 在地爲霧 日月不見爲濛 前後不見爲霧 衆志氣也." "霧者邪氣也"과 "陰來衝陽 奸臣謀君" 부분은 『개원점경』의 기록과 같지만 "在地爲霧" 부분은 『영대비원』의 기록과 같음.		
A23	명종16	鎭星犯歲	恐有內亂	於光嵒摠持	『고려사절

	(1186). 9.辛酉			兩寺設佛頂消災道場 又於明仁殿 講仁王經以禳之	요』 권13
			①『진서』 권12, 천문中 史傳事驗 五星聚舍 "光熙元年 九月 塡星犯歲星 占曰 塡與歲合 爲內亂 … 簡文咸安二年正月己酉 歲星犯塡星 在須女 占曰 爲內亂." ②『개원점경』 권20, 五星占3 歲星與塡星相犯 "荊州占曰 … 塡星與歲星合相犯 爲內亂 不可擧用兵."		
A24	명종25 (1195). 9.甲辰	熒惑犯太微左執法	熒惑 自是月初七日 入太微右掖門 留十日 又犯左執法 此兵象也 將有兵起	切宜愼之	『고려사』 권48, 천문2 月五星凌犯及星變
			『개원점경』 권36, 熒惑占7 熒惑犯太微 "宋書天文志曰 明帝泰始二年四月壬午 熒惑入太微 犯右執法 其年 四方反叛 內兵大出 六師親戎 … 郗萌曰 熒惑當太微門 爲受制 當左執法 爲受事左執法 當右執法 爲受事右執法 守太微門三日以下 爲受制 三日以上爲兵 爲賊 爲亂飢 … 黃帝占曰 熒惑干太微 留守三日以上 爲必有兵革 天下赦."		
A25	명종25 (1195). 12.戊辰	熒惑自甲寅入氐 守十九日 東出	當有臣叛者		『고려사』 권48, 천문2 月五星凌犯及星變
			A18의 『개원점경』 인용문과 같음.		
A26	명종26 (1196). 2.丁卯	京城地震	號令從臣出		『고려사』 권55, 오행3 土 (地震)
			『개원점경』 권4, 地動 "京房曰 … 地動 敎令從臣下出 必有流血饑亡."		
A27	신종2 (1199). 4.乙酉	月與鎭星相犯	鄭通元云 六月下旬 當有女主喪 至六月癸未 壽安公主卒 果驗		『고려사』 권48, 천문2 月五星凌犯及星變
			①『宋書』 권23, 천문1 "太和五年十二月甲辰 月犯鎭星 占曰 女主當之 … 靑龍二年十一月乙丑 月又犯鎭星 三年正月 太后郭氏崩." ②『개원점경』 권12, 月占2 月與五星相犯蝕 "巫咸曰 月犯塡星 女主敗 [按魏靑龍二年十月乙丑 月犯塡星 三年丙寅正月 太后郭氏 無疾乃忽崩] … 河圖帝覽嬉曰 月蝕塡星 女主死 其國以伐亡 若以殺亡."		
A28	신종2 (1199). 5.	南部北井水赤沸 聲如牛鳴 凡十餘日	賤人將貴		『고려사』 권53, 오행1 火 (赤眚赤祥·赤氣)
			『개원점경』 권100, 水沸 "京房易候曰 泉水沸 此謂賤人將貴."		
A29	신종7 (1204).	日中有黑子大如李 凡三日	太史 以晉咸康八年正月 日中有黑子 夏帝崩 惡其徵 不敢斥言 但奏 日者人君之		『고려사』 권47, 천문

	1.乙丑		象 若有瑕 必露其慝		1 日薄食暈珥及日變
			『진서』 권12, 천문中 天變史前事驗 "咸康八年正月壬申 日中有黑子 丙子 乃滅 夏 帝崩." ; 같은 책 七曜 "日爲太陽之精 主生養恩德 人君之象也 人君有瑕 必露其慝以告示焉."		
A30	고종6 (1219). 9.壬子	月犯熒惑	貴人死		『고려사절요』 권15
			『진서』 권12, 천문中 史傳事驗 月奄犯五緯 "景初元年十月丁未 月犯熒惑 占曰 貴人死 二年四月 司徒韓曁薨."		
A31	고종11 (1224). 9.乙丑	赤雲 自坤方至北 如火影	所向兵至		『고려사』 권53, 오행 1 火 (赤眚赤祥·赤氣)
			① 『수서』 권21, 천문下 雜氣 凡暴兵氣 "赤雲如火者 所向兵至." ② 『개원점경』 권94, 四雲氣雜占 兵氣 候敵氣 "赤雲如火 所向兵至." 동일한 점사가 『영대비원』 권4, 氣 屠城氣에도 수록됨.		
A32	고종37 (1250). 12.乙卯	月犯房上相	主有憂 上相誅 有亂臣 臣代其主	時 王以迎蒙使 將幸梯浦宮 司天之奏 欲修省而停之也	『고려사절요』 권16
			『개원점경』 권13, 月占3 月犯東方七宿 月犯房 "黃帝占曰 月犯上將 上將誅 … 犯上相 上相誅 … 郗萌占曰 月犯房 有亂臣 期不出三年 臣伐其主 天下有亡國." 『개원점경』의 "臣伐其主"가 『고려사』에 "臣代其主"로 기록됨.		
A33	충렬왕7 (1281). 2.庚寅	龍化院池 魚死浮出 莫知其數	伍允孚言 甲戌年東池有此怪 而元宗晏駕	王修省	『고려사절요』 권20
			元宗代 古事. 동일한 변괴를 군주 사망의 예점으로 본 것은 아래 점서에서도 확인됨. ① 『개원점경』 권100, 井泉自出河移水火占 水赤 "漢書曰 廣陵王胥宮中池水變 魚死 王爲事誅." ② 『천지서상지』 권16, 오행 水 "漢書曰 廣陵王胥宮中池水變赤 魚死 王爲事誅也."		
B1	태조1 (918). 8.戊辰	虎入都城黑倉垣內 射獲之	虎 猛獸不祥 是主兵也		『고려사』 권54, 오행 2 金 (毛蟲之孼·虎害)
			『개원점경』 권116, 獸占 野獸入宮邑 "地鏡曰 … 野獸入城郭 臣下迷惑 有兵."		
B2	혜종2 (945)	流星犯紫微	國必有賊		『고려사절요』 권2
			『개원점경』 권74, 流星占4 流星犯紫宮 "石氏曰 流星入紫宮 主憂 天下多死者 臣犯主."		
B3	선종6	寒風大起	當有兵革旱灾	修德以禳之	『고려사』

	(1089).4		『개원점경』 권101, 寒 "京房易候曰 夏有遺冬 人民行訴 夏而大寒 其國有急."; 같은 책 冰 "地鏡曰 冰以春冰有兵 其歲不成 氷夏冰 胡兵將起 人民無病而死 大飢民流 秋冰 下臣憂 大兵起 … 地鏡曰 水三月至八月 忽有氷者 大兵喪."		권55, 오행 3 土 (大風)
B4	헌종1 (1095).1.戊戌	日有暈 兩傍有彗	日有彗 近臣亂 諸侯欲有反者		『고려사절요』 권6
			『개원점경』 권89, 彗星占中 彗星犯日 "孝經雌雄圖曰 彗在日傍 子欲殺父 … 石氏曰 彗星守日 候精星也 天下大亂 兵革大起 君臣並謀 天子亡 期不出三年 玉歷曰 彗星貫日 臣殺君 子謀父 貫日過 事必然期百日 遠一年."		
B5	숙종6 (1101).1.壬戌	夜 赤氣 自北指西 紛布漫天 白氣間作 良久乃散	遼宋有兵喪之災		『고려사』 권53, 오행 1 火 (赤眚赤祥)
			①『진서』 권13, 천문下 雲氣 "惠帝永興元年十二月壬寅夜 有赤氣亘天 砰隱有聲 二年十月丁丑 赤氣見北方東西竟天 占曰 並爲大兵 砰隱有聲 怒之象也 是後 四海雲擾 九服交兵." ②『수서』 권21, 천문下 五代災變應 "齊後主天統三年十月丙午 天西北頻有赤氣 占曰 有大兵大戰 後周武帝總衆來伐 大戰 有大兵之應也." ③『舊五代史』 권139, 천문지 雲氣 "唐天成二年十二月壬辰 西南有赤氣 如火燄燄 約二千里 占者云 不出二年其下當有大兵."		
B6	인종8 (1130).7.辛亥	自立夏至立秋後 時令不調 風雨暴作 或下雹	水旱兵喪之災	齋祭修禳 不足以消變 願殿下省躬修德 上答天譴	『고려사』 권55, 오행 3 土 (大風)
			①『개원점경』 권101, 雹 "天鏡曰 夏雨雹 民飢." ②『후한서』 志15, 오행3 雹 "和帝 永元五年六月 郡國三雨雹 大如雞子 … [夾註 : 易緯曰 夏雹者 治道煩苛 繇役急促 教令數變 無有常法 不救爲兵 强臣逆謀 蝗蟲傷穀 救之 擧賢良 爵有功 務寬大 無誅罰 則災除] … 元初四年六月戊辰 郡國三雨雹 大如杅杯及雞子 殺六畜 [夾註 : 古今注曰 樂安雹如杅 殺人 京房占曰 夏雨雹 天下兵大作]."		
B7	인종11 (1133),12.丙戌	霧塞五日 木冰	天雨霧冷 名降殃 國有大憂 惟寇之祥		『고려사』 권55, 오행 3 土 (大霧)
			『한서』 권27上, 오행지7上 木 "春秋成公十六年正月雨 木冰 劉歆以爲上陽施不下通 下陰施不上達 故雨 而木爲之冰 雰氣寒 木不曲直也 劉向以爲冰者陰之盛而水滯者也 木者少陽 貴臣卿大夫之象也 此人將有害 則陰氣脅木 木先寒 故得雨而冰也 是時叔孫喬如出奔 公子偃誅死一日 時 晉執季孫行父 又執公 此執辱之異 或曰 今之長老		

<table>
<tr><td></td><td></td><td></td><td colspan="2">名 木冰爲木介 介者甲 甲兵象也 是歲 晉有隖陵之戰 楚王傷目而敗 屬常雨也.”
동일한 내용이 『천지서상지』 제16, 五行 木에도 수록되고, 『개원점경』 권101, 氷에는 『한서』 오행지를 전거로 劉歆과 劉向의 점사가 수록됨.</td><td></td></tr>
<tr><td rowspan="2">B8</td><td rowspan="2">의종1 (1147). 10.乙未</td><td rowspan="2">觀擊毬於西樓 雷雨雹</td><td>大陽弱 陰氣逆 故雷發聲 必有伏匿之謀</td><td>若退强暴 扶老弱 用賢良 猶可及救</td><td rowspan="2">『고려사절요』 권11. 乙未朔은 辛卯朔의 오류(張東翼, 2014, 「《高麗史》에서의 朔日」『歷史敎育論集』 52, 22쪽).</td></tr>
<tr><td colspan="2">①『진서』 권29, 오행下 雷震 “愍帝建興元年十一月戊午 會稽大雨震電 己巳夜 赤氣曜於西北 是夕 大雨震雷 庚午 大雪 按劉向說 雷以二月出 八月入 今此月震電者 陽不閉藏也 旣發泄而明日便大雪 皆失節之異也 是時 劉聰僭號平陽 李雄稱制於蜀 九州幅裂 西京孤微 爲君失時之象也.”
②『신당서』 권36, 오행3 水 雷電 “證聖元年正月丁酉 雷 雷者陽聲 出非其時 臣竊君柄之象.”</td></tr>
<tr><td rowspan="2">B9</td><td rowspan="2">명종3 (1173). 12.庚辰</td><td rowspan="2">赤祲見于東方</td><td>赤氣移時 下有叛民</td><td></td><td rowspan="2">『고려사』 권53, 오행1 火 (赤眚赤祥·赤氣)</td></tr>
<tr><td colspan="2">①『위서』 권112上, 靈徵志8上 赤眚 “肅宗正光三年九月甲辰夜 西北有赤氣似火焰 東西一匹餘 北鎭反亂之徵.”
②『을사점』 권8, 雲氣吉凶占附霧 “赤氣如火者 叛其君 赤氣加西方者 客勝 加北方者客敗 加東方 和解不鬥 加南方者 軍還 天下安 無兵 他倣此.”</td></tr>
<tr><td rowspan="2">B10</td><td rowspan="2">명종6 (1176). 4.辛丑</td><td rowspan="2">黑氣從西北 橫亘東南 廣如布</td><td>不出三月 西京必敗</td><td></td><td rowspan="2">『고려사』 권53, 오행1 水 (黑眚黑祥)</td></tr>
<tr><td colspan="2">『개원점경』 권94, 雲氣雜占 兵氣 “黑氣從彼來之我軍者 欲襲我也 敵人吉 宜備不宜戰 敵還 從而擊之 必得小勝 天色蒼茫而有此氣 依支干日數內無風雨 則所發之方時則凶 時克日則自消散.”</td></tr>
<tr><td rowspan="2">B11</td><td rowspan="2">명종14 (1184). 6.癸酉</td><td rowspan="2">西部香川坊民家 有小雀生雛大如山鵲</td><td>羽蟲之孽 生非其類 國家擾亂之兆</td><td></td><td rowspan="2">『고려사』 권53, 오행1 火 (羽蟲之孽)</td></tr>
<tr><td colspan="2">①『한서』 권27中之下, 오행지7中之下 視之不明 “劉歆視傳曰 有羽蟲之孽 雞禍 … 成帝 綏和二年三月 天水平襄有燕生爵 哺食至大 俱飛去 京房易傳曰 賊臣在國 厥咎燕生爵 諸侯銷 一曰 生非其類 子不嗣世.”
②『신당서』 권34, 오행1 火 羽蟲之孽 “咸通七年 涇州靈臺百里戍 有雀生燕 至大俱飛去 京房易傳曰 賊臣在國 厥妖燕生雀 雀生燕同說.”</td></tr>
<tr><td rowspan="2">B12</td><td rowspan="2">희종 4 (1208). 2.乙卯</td><td rowspan="2">太白晝見經天</td><td>辰巳之歲 明堂水流 破巽方 商音尤忌 又有向成門重營之役</td><td>不可留御闕內</td><td rowspan="2">『고려사』 권21</td></tr>
<tr><td colspan="2">미상</td></tr>
<tr><td rowspan="2">B13</td><td rowspan="2">고종40 (1253).</td><td rowspan="2">日暈二重 色如虹 東北有背氣</td><td>一背在內 一背在外 中人與外人 同謀</td><td></td><td rowspan="2">『고려사』 권47, 천문</td></tr>
<tr><td colspan="2">①『수서』 권21, 천문下 十煇 “占兩軍相當 必謹審日月</td></tr>
</table>

<table>
<tr><td></td><td>12.癸丑</td><td></td><td colspan="2">暈氣 … 背爲不和 分離相去 背於內者離於內 背於外者離於外也 … 日暈有背 背爲逆 有降叛者 有反城 在日東 東有叛 餘方放此 日暈背氣在暈內 此爲不和 分離相去.”
②『개원점경』 권8, 日占4 日暈 日暈而冠戴珥抱背璚直提虹霓雲氣 “洛書曰 凡占兩軍相當 必謹審日月之暈氣 … 背爲不和 分離相去 背於中者離於中 背於外者離於外也 凡分離相去之相親疏 赤中外靑 以和相去 靑中外赤以惡相去 … 石氏曰 日暈有背 背爲逆 有降叛 有反城在日東 東有叛 在日西 西有叛 南北亦如之.”</td><td>1 日薄食暈珥及日變</td></tr>
<tr><td rowspan="2">B14</td><td rowspan="2">충렬왕 14(1288).8.경</td><td rowspan="2">太白犯軒轅(추정) ; 月與歲星同舍(추정)</td><td>星變不利於王·公主</td><td>百姓無怨 可以禳之 不若罷全羅慶尙二道王旨別監及公主食邑</td><td rowspan="2">『고려사』 권122, 方技 伍允孚</td></tr>
<tr><td colspan="2">①『위서』 권105-3, 천상지1-3-3 “(太和十二年) 六月丁巳 月又入氐 犯歲星 月爲强大之臣 歲爲少君也 與歲同心內宮而干犯之 强宗擅命 逼奪其君之象也.”
②『진서』 권13, 천문下 月五星犯列舍 “其年(靑龍4년)七月甲寅 太白犯軒轅大星 占曰 女主憂 景初元年皇后毛氏崩.”
③『수서』 권21, 천문下 五代災變應 陳 “天嘉六年五月丁亥 太白犯軒轅 占曰 女主失勢 又曰 四方禍起 其後年少帝廢 廢後慈訓太后崩.”
④『개원점경』 권12, 月占2 月與五星相犯蝕 “海中占曰 歲星蝕月 有大喪 女主死 臣殺君易位 荊中占曰 歲星入月中 大臣賊其主”; 같은 책 권51, 太白犯軒轅 “黃帝占曰 太白中女主 女主當之 其守犯女主 女主有憂.”</td></tr>
<tr><td rowspan="4">B15</td><td rowspan="4">충렬왕대</td><td rowspan="2">有星犯天樽</td><td>當有飮者 奉使來</td><td></td><td rowspan="4">『고려사』 권122, 方技 伍允孚傳</td></tr>
<tr><td colspan="2">미상. 天樽은 井宿에 딸린 별이며 天罇, 天尊이라고도 함. 가난하고 굶주린 이들에게 죽을 제공하는 일을 주관한다고 함.</td></tr>
<tr><td rowspan="2">有星犯女林</td><td>當有使臣來 選童女</td><td></td></tr>
<tr><td colspan="2">『개원점경』 권82, 客星占6 “郄萌曰 有星入女床 有異女來誤我王 荊州占曰 客星入女牀 若動搖 女有大行 若天下女子有憂.”
『고려사』에 기록된 女林은 天市垣에 딸린 女牀(女床)임.</td></tr>
<tr><td rowspan="2">B16</td><td rowspan="2">공민왕 8(1359).5.丁酉</td><td rowspan="2">赤黑群蟻相戰</td><td>兵志曰 螻蟻戰 兵大興</td><td></td><td rowspan="2">『고려사』 권55, 오행 3 土 (嬴虫之</td></tr>
<tr><td colspan="2">兵志의 정체는 미상. 『위서』 권112上, 영징지8上第17 蝗蟲螟 天安 원년 6월조와 『北齊書』 권2, 神武</td></tr>
</table>

			高歡 下 紀2 武定 4년 8월 癸巳조에 유사한 내용의 기록이 있음.		孽)
B17	공민왕 19(1370).1.甲午	西北方 紫氣漫空 影皆南	猛將之氣		『고려사』 권42
			『개원점경』 권94, 雲氣雜占 將軍氣 "將軍之氣 如龍如虎 在殺氣中 若無軍在外 亦當有暴兵起 城營上氣如火煙 … 或紫黑如門樓 或上黑下赤如旌旗…本大而高 首銳而卑 … 此皆猛將氣也."		
B18	공민왕 19(1370).11.	赤氣射營 熾如火	異氣臨營 移屯大吉	移屯大吉	『고려사절요』 권29
			『영대비원』 권4, 氣 軍中雲氣雜占 "靑氣入營 兵弱驚 赤乃兵暴驚 … 宜急移營."		
B19	우왕6 (1380).8.	白虹貫日	戰勝之兆		『고려사절요』 권31
			① 『수서』 권21, 천문下 十煇 "日暈 有白虹貫暈至日 從虹所指 戰勝 破軍殺將." ② 『개원점경』 권8, 日占4 日暈 日暈而冠戴珥抱背璚直提虹霓雲氣 "夏氏日暈圖曰 日暈 有白虹貫 從虹所擊 戰勝 破軍殺將."		
B20	우왕7 (1381).4.甲子	獐入城	按秘記云 獐入國中 其國亡	小心修省 毋事遊畋	『고려사』 권54, 오행 2 金 (毛蟲之孽·虎害)
			『개원점경』 권116, 麏入宮 麇入國 "京房易候曰 麇入都而國虛…地鏡曰 麇入國 國方見屠."; 같은 책 候鹿解角 鹿入宮 熊入宮 "京房易候曰 鹿入宮都而國虛."		
B21	우왕8 (1382).2.癸亥	雨穀 有似黑黍小豆蕎黍者	謹按占書 飢饉荐至 人將相食之兆		『고려사』 권53, 오행 1 火 (雨穀)
			① 『개원점경』 권3, 天占 天雨五穀 "易飛候曰 天雨五穀 其國大飢." ② 『太平御覽』 권877, 咎徵部4 雨穀 "京房曰 雨五穀 人相食."		

비고 : ① 원사료와 다른 글자는 교감 수정한 결과임.
② A부분은 사료에 문헌 전거를 기록하였거나, 그런 문헌의 점사와 문구상 일치도가 높고 내용이 같은 경우임. 그리고 B부분은 문구상 차이가 있지만 내용이 상통하는 점사를 찾아 전거를 추정한 결과임.

| 제4장 |

조선 숙종대 『승정원일기』와 『숙종실록』의 재이(災異) 기록 비교

–'일식'과 '지진'을 중심으로–

김 창 회

1. 머리말

재이(災異)란 자연현상 중 수·한재와 같이 인간 사회에 피해를 주는 재해(災害)와 일·월식이나 유성·혜성과 같이 비일상적으로 일어나는 변이(變異)를 합한 말이다.[1] 현대적인 관점에서 보자면 변이는 자연현상이고 인간 사회에 실질적으로 피해를 주지 않는 것이다. 그러나 전근대에는 변이 역시 재해와 유사하게 취급되었고 둘을 같은 범주에서 논하였다.

재이는 그간 다양한 관점에서 연구가 이루어졌다. 그 가운데 특히 주목되는 연구 경향은 바로 재이 기록의 성격에 대한 것이다. 세계사적 관점에서 이른바 '17세기 위기론'과 그 원인으로서 '소빙기 기후설' 논의를 한국 학계에 소개하고 이것이 한국 역사에도 적용될 수 있음을 보여준 연구가 발표된 이래[2] 처음에는 지리학 분야에서 우리의 역사기록으로부터 이

1) 재이(災異) 용어의 정의는 경석현, 『조선후기 재이론(災異論)의 변화–이론체계와 정치적 기능을 중심으로』, 경희대학교 박사학위논문, 2018, 2쪽에서 인용하였다. 현재로는 가장 포괄적이고 정확한 정의인 것으로 생각된다.

양상을 찾아내려는 시도가 이루어졌다.[3)]

이러한 논의는 곧 역사학계에도 수용되었다. 각종 사료로부터 재해의 빈도를 추출하고 이를 바탕으로 '17세기 위기론'과 '소빙기 기후설'의 흔적이 우리 역사에서도 나타나고 있음을 보여주고자 한 연구가 발표되었다.[4)] 이러한 연구는 '소빙기'의 흔적을 보여주는 우리 역사의 재이 기록이 빈도나 양상, 대응 등 다양한 측면에서 신뢰할 만한 것임을 전제한 가운데 이루어진 것이다. 그리고 최근에도 연대기 자료를 신뢰하는 가운데 장기 통계를 내는 연구가 계속 이루어지고 있다.[5)]

그러나 이와 반대로 우리 역사의 재이 기록은 통계적으로 무의미하다고 본 연구가 발표되었고[6)] 이후 이러한 주장에 기초하여 조선시대에 생산된 다양한 기록물의 천변재이 관련 기록이 현대적 의미의 관측자료가 아니며 정치적인 재이론과 깊은 관계가 있음을 논증한 실증적 연구가 이루어졌다.[7)]

---

2) 羅鍾一, 「17世紀 危機論과 韓國史」 『歷史學報』 94·95, 1982.

3) 金蓮玉, 「韓國의 小氷期 氣候－歷史 氣候學的 接近의 一試論」 『地理學과 地理教育』 14, 1984 ; 「朝鮮時代의 氣候環境－史料 分析을 中心으로」 『地理學論叢』 14, 1987.

4) 李泰鎭, 「小氷期(1500-1750) 천변재이 연구와 《朝鮮王朝實錄》」 『歷史學報』 149, 1996.03 ; 「'小氷期'(1500～1750년)의 天體 現象的 원인－『朝鮮王朝實錄』의 관련 기록 분석」 『國史館論叢』 72, 1996.12 ; 「고려~조선 중기 天災之變과 天觀의 변천」 『韓國思想史方法論』, 소화, 1997.

5) 최근 사료의 장기 통계 연구로서 다음과 같은 연구가 있다. 김일권, 「조선시대 일기류의 기상일지적 재구성과 고종일기의 기상기록 분석」 『대기』 25-3, 2015 ; 「승정원일기의 인조-효종대 역사 기상일지적 성격과 기상기록 특성 고찰」 『동국사학』 61, 2016 ; 「『승정원일기』 영정조대 30년간(1770~1799) 측우기록과 우량추적 고찰」 『조선시대사학보』 84, 2018 ; 「『승정원일기』(1623~1910)의 조선후기 서리(霜) 기상 기록 연구」 『조선시대사학보』 87, 2018 ; 「조선시대 지진기록의 등급별 시기 분포 및 한반도 2천년간 역사지진기록 목록화 연구」 『조선시대사학보』 91, 2019.

6) 朴星來, 「〈論壇 Ⅰ〉 李泰鎭교수 "소빙기(1500-1750)의 천체 현상적 원인－《조선왕조실록》의 관련 기록 분석"」 『歷史學報』 149, 1996, 241쪽.

7) 박권수, 「『승정원일기』 속의 천변재이 기록」 『사학연구』 100, 2010 ; 경석현, 「『朝鮮王朝實錄』 災異 기록의 재인식－16세기 災異論의 정치·사상적 기능을 중심으로」 『한국사연구』 160, 2013 ; 「17세기(인조~현종) 연대기 자료의 災異 기록 재검토－

한편, 최근에는 이러한 재이 기록의 한계를 인정하고 이를 보정하려는 시도가 나타나고 있다. 예를 들면 가뭄 기록을 그대로 신뢰하는 것이 아니라 기우제, 금주령 등 다양한 대처의 양상으로 기록을 보정하려는 시도나[8] 중국의 기후와 비교하여 『실록』 자체는 장기적 관점에서 신뢰할 만한 자료임을 확정하고 재해에 대한 대응 양상을 결합하여 이를 보정하려는 시도 등이 대표적이다.[9]

이상의 연구성과를 종합할 때 분명한 점은 연대기 자료의 재이 기록이 실제 발생한 모든 재이를 다 기록한 것은 아니라는 점이다. 그러나 연대기 자료의 신뢰성에 의문을 가지고 접근한 연구에도 한계가 있다. 그 검토가 대체로 천변(天變)에 집중되어 있다는 것이다. 일·월식이나 성변(星變) 등은 재이로 인식되지만 실질적인 피해는 발생하지 않는다. 특히, 일·월식은 반복적으로 발생하며 주기를 계산할 수 있는 것임을 당시 사람들도 비교적 이른 시기부터 이미 알고 있었다. 그럼에도 불구하고 이를 재이로 취급해야 했던 것은 재이론의 정치적 유용성 때문이었다.[10]

그러나 각종 자연재해, 즉 수·한재나 화재, 지진 등은 실제 피해가 발생하므로 좀 더 정확하게 기록되지 않았을까? 그렇다면 이러한 재해 기록은 천변 기록과 달리 충분히 신뢰할 만한 것이지 않을까? 물론, 이에 대한 검토가 아예 이루어지지 않은 것은 아니지만[11] 충분하게 이루어졌다

『東宮日記』를 중심으로」 『朝鮮時代史學報』 68, 2014 ; 앞의 논문, 2018. 특히, 경석현의 위 연구들은 조선시대 재이 기록을 이용한 연구의 방향에 대하여 중요한 시사점을 준다. 재이 기록의 빈도보다는 재이의 발생에 대한 사람들의 대응, 즉 정치·사회적 기능과 그러한 기능의 역사성에 중점이 두어져야 한다는 것이다.

8) 이정철, 「조선 태조·정종·태종연간 가뭄 기록과 가뭄 상황」 『국학연구』 23, 2013 ; 「조선왕조실록 가뭄 현상의 기록과 실제－세종 대(1418~1450)을 중심으로」 『국학연구』 25, 2014.

9) 이욱, 「15세기 후반 기후특성의 비교사적 고찰－『조선왕조실록』기후 관련 기록 신빙성 검토의 한 사례」 『국학연구』 21, 2012.

10) 이에 대해서는 경석현, 앞의 논문, 2018 참조.

고 할 수는 없다. 이러한 문제의식 아래에서 이 연구에서는 『숙종실록』과 숙종대의 『승정원일기』를 교차 검토하여 자연재해 기록에 대한 신뢰성 문제를 검토하고자 한다.

숙종대 『승정원일기』는 1744년(영조 20) 소실 후 개수되었다는 문제점이 있다. 따라서 자료의 정확함으로는 영조나 정조대의 것에 비하면 분명 부족함이 있을 것이다. 다만, 검토 대상 시기가 '17세기 위기론'과 '소빙기 기후설'이 적용되는 17세기라는 점, 자료의 일관성 측면에서 여러 국왕보다는 하나의 국왕 재위 시기를 검토하는 편이 유용하다는 점, 마지막으로 숙종은 재위 기간이 17세기 후반부터 18세기 초반까지 걸쳐 있지만 17세기에 재위한 왕 가운데 재위 기간이 가장 길기 때문에 기사수 또한 풍부하다는 점 등이 숙종대의 기록을 검토 대상으로 하는 주요한 요인이 되었다.

재이 가운데 검토하고자 하는 항목은 크게 일식과 지진이다. 이 두 항목을 선택한 이유는 이것이 비교적 객관적으로 인지가 쉽다고 보았기 때문이다. 일식은 발생일에 대한 계산이 가능하고 천변 가운데서는 중요한 것으로 평가되었기 때문에 다른 재이에 비하여 기록이 충실할 것으로 생각된다. 한편, 숙종대는 16세기 다음으로 지진이 많이 기록된 시기로 평가된다.[12] 또, 전근대의 수·한재 판정은 기준이 부정확하고 주관성이 개입될 확률이 높지만 지진의 경우는 인지하기가 비교적 쉽고 일상적이지 않으므로 다른 재해에 비해서 더 정확하게 기록이 되었을 것으로 추측된다.

한편, 이 논문에서 적용되고 있는 자료 추출은 가톨릭대학교 인문사회연구소 재해학연구센터(이하 재해학연구센터)에서 기획한 재해 DB의 운용으로 이루어진 것이다. 현재 연구에서 사용된 색인어 및 기록 추출이나

---

11) 예를 들면 1770년(영조 46) 5월 13일부터 우량의 측우기 측정 후 보고를 필수로 한 뒤 『승정원일기』 내 강우 기록이 급격하게 증가하였음을 보여준 연구가 있다(박권수, 앞의 논문, 2010).

12) 김일권, 앞의 논문, 2019, 263~264쪽.

DB 운용은 이후 변화가 있을 수 있다는 점을 미리 언급해 두고자 한다.

2. DB의 색인어와 재이 기록 추출

현재 재해학연구센터가 기획한 DB는 색인어를 중심으로 한다. DB 색인어는 재해학연구센터 내에서 중국 및 한국 사료를 종합적으로 검토하여 선별한 것인데 그 분류와 항목은 〈표 1〉과 같다. 모든 색인어와 자료에 대한 검토는 추후의 과제로 하고 여기서는 일식과 지진에 대한 색인어를 추출해 보도록 하겠다. 우선, '일식(日食)'의 경우는 〈10301〉의 일련번호가 부여된다. 같은 항목 안에 있는 〈10302〉의 '일변(日變)'은 일식 외의 일훈(日暈) 등 기타 태양 관련 재변을 포괄하므로 제외한다.

다음으로 지진의 경우에는 〈20501〉의 일련번호를 가진 '지재(地災)'를 중심으로 자료를 추출한다. 〈20502〉의 '산재(山災)'의 경우는 단독의 재해로 출현할 경우는 대체로 홍수 등에 의하여 발생하는 산사태 등과 관련이 있고 지진과 함께 나타나는 경우에는 예외 없이 '지재(地災)'의 색인어와 중복되어 나타나므로 여기서는 검토 대상 색인어에서 제외한다.

〈표 1〉 재해 색인어 분류

대분류	중분류	소분류
1 天變	01 天變	01天變, 02雲變, 03虹變, 04隕石, 05天災, 06기타
	02 星變	01星變
	03 日變	01日食, 02日變
	04 月變	01月食, 02月犯, 03月變
	05 기타	01기타
2 災害	01 水災	01水災, 02雨災, 03霜災, 04雷災, 05震災, 06雹災, 07霧災, 08雪災
	02 旱災	01旱災, 02乾災, 03暘災[夏]
	03 寒災	01寒災[冬]
	04 火災	01火災, 02地燒
	05 地災	01地災, 02山災, 03火山

	06 風災	01風災, 02沙災
	07 蟲災	01蟲災
	08 氣溫	01溫暖[冬], 02寒冷[夏]
	09 疾病	01疾病, 02家畜
	10 凶年	01凶年, 02飢饉
	11 기타	01기타
3 變怪	01 動物	01犬, 02鷄, 03鳥, 04龜, 05蛇, 06鼠, 07馬, 08蟲, 09麒麟, 10獐, 11羊, 12豕, 13牛, 14狸, 15魚, 16兔, 17龍, 18豹, 19虎, 20狐, 21鹿, 22기타
	02 植物	01木, 02草, 03花
	03 소리	01妖, 02哭, 03鳴, 04嘯
	04 異現	01이상현상
	05 기타	01기타
4 祥瑞	01 祥瑞	01木, 02草, 03穀物, 04動物, 05出産, 06기타
	02 기타	01기타
5 對策	01 賑恤	01賑恤, 02醫療
	02 赦免	01赦免
	03 儀禮	01儒敎, 02佛敎, 03道敎, 04祈雨, 05祈晴, 06祈禳, 07祈雪, 08解怪, 09기타(민간신앙 등)
	04 防災	01治水, 02防火, 03防蟲
	05 기타	01기타

한편, 〈10301〉 '일식'과 〈20501〉 '지재' 항목의 세부 색인어를 살펴보면 〈표 2〉와 같다.

〈표 2〉 재해 색인어 세부 색인어

〈10301〉 '일식'	〈20501〉 '지재'
日有食之·不果食·日當食·日有食·地中食·救蝕·夜食·日蝕·日食	崩城陷屋·赤水湧出·忽然突出·大震雷·雷震電·地大震·陷爲池·大震·陵崩·崩毁·石崩·數震·岸崩·言震·亦震·湧出·又震·再震·蹲縮·地鏡·地動·地裂·地變·地震·遲震·地拆·地陷·振動·震動·震電·摧圮·頹傷·掀動·掀搖

이상의 색인어를 바탕으로 하여 추출된 항목과 『숙종실록』 및 숙종대 『승정원일기』 기록을 비교하여 그 등장 빈도를 살피면 다음의 〈표 3〉과 같다.

〈표 3〉 숙종대 연대기별 일식·지재 기사 빈도

사료 종류	재위년수	전체 기사	일식 (백분율)	지재 (백분율)	연평균 일식 기록 횟수	연평균 지재 기록 횟수
실록	46	24,205[13)]	27(0.11)	375(1.55)	0.6	8.1
승정원일기		260,677[14)]	103(0.03)	1,246(0.48)	2.2	27

이상의 기사 통계를 보면 '일식' 및 '지재'의 기사수는 전체 기사수에 비하면 매우 적다. 그리고 색인어를 중심으로 기사를 추출한 경우 재이 발생의 빈도를 따지는 데에는 부적절하다. 왜냐하면 위의 기사 빈도는 '일식'과 '지재'의 발생 자체를 포함하여 다양한 성격의 기사를 포함한 수이기 때문이다. 따라서 기사수는 사료의 선별을 거치면 그 수가 더 줄어들게 될 것이다.

'일식'과 '지재' 발생을 포함한 다양한 성격의 기사라는 것은, 예컨대 '일식' 사례라면 재해를 가라앉히는 방책이 논의되는 경우나 승정원의 업무 가운데 하나로서 각 관청에서 일식재계(日食齋戒) 과정에서 할 수 없는 여러 가지 업무를 임금에게 미리 보고하여 일정을 재조정하는 탈품(頉稟)을 전달하는 경우 등을 들 수 있다.[15)] 이는 일식 발생과는 무관하지만 색인어로 추출할 경우 모두 일식 관련 기사로 취급된다. 또, 경연 등에서 역사서를 진독할 때 역대의 일식 기사가 등장하는 경우나[16)] 대신

13) 『숙종실록』의 시기적 범위는 1674년(숙종 즉위) 8월 18일 기유~1720년(숙종 46) 6월 13일 무신까지이며 상기의 숫자는 해당 범위의 개별 기사 수이다.

14) 숙종대 『승정원일기』의 시기적 범위는 1674년(숙종 즉위) 8월 23일 갑인~1720년(숙종 46) 6월 30일 을축까지이며 상기의 숫자는 해당 범위의 기사 수이다. 이는 국사편찬위원회에서 운영하는 『승정원일기』 중 숙종대 기록의 상세검색을 통하여 산출된 수이며 멸실된 1695년(숙종 21) 기록은 제외된 것이다. 박권수의 경우 숙종대 『승정원일기』의 기사 수를 16,070건으로 집계했으나 이는 『승정원일기』의 개별 기사 수가 아니라 숙종대 『승정원일기』의 전체 기록 일수를 추산한 것으로 보인다(박권수, 앞의 논문, 2010, 96쪽).

15) 예를 들면 『承政院日記』 256冊, 肅宗 2年 10月 26日 乙亥의 예조 계문은 동지 겸 정조·성절사의 배표(拜表) 길일이 지하 일식과 겹친다고 하여 길일을 재택일하는 내용이다.

16) 예를 들면 『承政院日記』 269冊, 肅宗 5年 3月 12日 丁未의 기사와 같은 것이다.

과의 인견에서 시사를 논할 때나 혹은, 대간들의 언론활동 등에서도 등장한다.[17] 이는 '지재'의 경우에도 마찬가지이다.

만약 일식이나 지진의 빈도에 관한 사료의 신뢰도를 살피고자 한다면 그 대상에서 위와 같은 종류의 사료는 제외되고 오직 그 발생을 기록한 기사만을 추출해야 할 것이다. 이에 따라 재이, 즉 일식과 지진의 발생을 기록한 사료만을 선별할 경우 그 수는 〈표 4〉와 같다.

〈표 4〉 숙종대 연대기별 일식·지진 발생 기사 빈도

사료 종류	재위년수	전체 기사	일식 (백분율)	지진 (백분율)	연평균 일식 횟수	연평균 지진 횟수
실록	46	24,205	16(0.07)	204(0.84)	0.4	4.4
승정원일기		260,677	27(0.01)	203(0.08)	0.3	

상기의 기사 수는 일식이나 지진과 관련된 방책 등 발생 빈도를 따지는 것과 무관한 사료를 전부 제외하고 오직 재이 발생만을 중심으로 선별한 숫자이다. 흥미로운 것은 지진의 발생 기사 수가 『숙종실록』은 204건, 숙종대 『승정원일기』는 203건으로 『숙종실록』의 사례가 더 많다는 것인데 이 부분을 구체적으로 대조한 결과에 대해서는 뒤에 살펴보도록 하겠다.

일식은 규칙적인 천문 현상이지만 아주 드물게 일어나는 현상이므로 그 기록 빈도수도 적다.[18] 따라서 『숙종실록』과 숙종대 『승정원일기』의 기록 상관관계를 비교하기에 비교적 좋은 자료이다. 한편, 지진의 경우 연평균 지진 횟수로 산출된 숫자는 지진 발생 기사의 수를 재위년수로 나눈 것이다. 숙종 재위 기간 중 특정 해에는 한반도 전 지역에서 지진이 발생하기도 하고 다른 해에는 지진 발생 횟수가 적어 매년 4.4회의 지진이 일어났다고 보기는 어려우나 그것을 감안하더라도 숙종 연간에는 지진이 잦은 편이었다.[19]

---

17) 예를 들면 『承政院日記』 279冊, 肅宗 6年 10月 2日 丁亥의 기사와 같은 것이다.
18) 박권수, 앞의 논문, 2010, 97쪽.

이상의 논의를 바탕으로 추출된 사료를 직접 비교하며 재이 사료의 성격과 신뢰성을 검증하고자 한다. 『조선왕조실록』은 『승정원일기』를 비롯한 다양한 자료를 참고하여 편집된 자료로 거기에 등재된 재이 기록의 빈도에 관한 신뢰성은 크게 낮은 것으로 평가되었다.[20] 만약 그렇다고 한다면 얼마나 낮은 것인지, 양자 사이의 기록은 얼마나 일치하는지, 특히, 장기 통계 연구에서 가장 중요한 발생 빈도에 대해서는 얼마나 신뢰할 수 있는지 등에 대하여 『숙종실록』과 숙종대 『승정원일기』의 일식 및 지진 발생 사료를 대조하여 살펴보고자 한다.

3. 숙종대 『승정원일기』와 『숙종실록』의 재이 기록과 비교

1) 일식 기록 비교

숙종대의 일식 기록 빈도는 이미 위에서 살펴본 바와 같지만 『승정원일기』의 기록에 대해서는 부연하여 설명할 부분이 있다. 숙종대 『승정원일기』의 몇몇 일식 기록은 직접적으로 일식 발생 여부를 기록하지 않았다.

---

19) 보통 인간이 규모 3.0 이상의 지진을 인지한다고 할 때 1978년부터 2019년까지 한반도에서 발생한 규모 3.0 이상의 지진은 연평균 약 9.9회였고 2020년에도 규모 3.0 이상의 지진이 한반도에서 5회 발생하였다(기상청 지진화산감시과, 『2020 지진연보』, 기상청, 2020, 1~5쪽). 이와 비교한다면 숙종대의 지진 빈도는 그다지 높지 않은 편이지만 숙종 연간에 발생한 지진의 규모를 오늘날에는 정확하게 추산할 방법은 없으므로 이 수치를 직접 비교하기는 어렵다. 다만, 숙종 연간에 발생한 전국적인 규모의 지진을 살펴보아도 1681년(숙종 7년 4월 26일부터 5월 22일까지 전국적으로 발생), 1692년(숙종 18년 9월 24일 발생한 경기 및 강원도 이남의 지진), 1714년(숙종 40년 1월 22일 경기 및 강원도 이북의 지진) 등 세 차례가 있었다는 점을 감안할 때 숙종대에 비교적 큰 지진이 빈번했다는 것 정도는 말할 수 있을 것으로 생각된다.

20) 경석현, 앞의 논문, 2014, 135~138쪽.

예를 들면, 숙종 2년(1676) 11월 1일의 『승정원일기』 기록에는 당일 일식 발생을 기록하고 있지 않다. 하지만 도총부에서 올린 입직군사의 중일습사(中日習射)가 일식재계와 서로 어긋나므로 행하지 않겠다는 계(啓)를 통하여 당일에 일식이 있었음을 파악할 수 있다.[21)]

이러한 종류의 기록은 이 하나에 그치지 않고 여러 차례 나타난다.[22)] 반면, 『숙종실록』의 경우에는 일식 발생을 정확하게 기록하고 있다. 따라서 숙종대 『승정원일기』의 일식 발생 기록은 당일에 일식 발생이 기재되지 않았더라도 탈품을 통하여 일식 발생 일시를 명시하였다면 일식 발생으로 취급하였다. 이러한 기록상의 특징에 유념하면서 『숙종실록』과 숙종대 『승정원일기』의 구체적인 기록을 비교해 보겠다.

〈표 5〉 『숙종실록』·숙종대 『승정원일기』 일식 기록 대조표

『숙종실록』	『승정원일기』	
기록일	기록일	발생일
권5, 숙종 2년 5월 1일 임오		
	257책, 숙종 2년 11월 1일 기묘	
권6, 숙종 3년 11월 1일 갑술	262책, 숙종 3년 11월 1일 갑술	
권7, 숙종 4년 9월 14일 임자		
	277책, 숙종 6년 8월 27일 계미	윤8월 1일
	284책, 숙종 7년 8월 1일 신사	
권14, 숙종 9년 1월 1일 계묘	296책, 숙종 8년 12월 27일 경자	명년 1월 1일
	309책, 숙종 11년 5월 28일 정해	6월 1일
권16, 숙종 11년 11월 1일 정사	311책, 숙종 11년 11월 1일 정사	
	318책, 숙종 12년 9월 30일 신해	10월 1일
	328책, 숙종 14년 4월 1일 계묘	
	334책, 숙종 15년 윤3월 1일 무술	
	337책, 숙종 15년 8월 1일 갑자	

21) 『承政院日記』 257冊, 肅宗 2年 11月 1日 己卯.

22) 예를 들면, 『承政院日記』 277冊, 肅宗 6年 8月 27日 癸未 ; 296冊, 肅宗 8年 12月 27日 庚子 ; 309冊, 肅宗 11年 5月 28日 丁亥 등이다. 이 사료에서는 각각 윤8월 1일, 숙종 9년 1월 1일, 6월 1일의 일식과 관련하여 각 관청에서 올린 탈품을 기록하고 있다. 다만, 당일에는 별도의 일식 발생 기사가 등장하지는 않는다. 이외에도 10여 건이 이러한 형태로 일식 발생을 기록하고 있다.

	342책, 숙종 16년 8월 1일 기미	
권23, 숙종 17년 2월 1일 정사	344책, 숙종 17년 2월 1일 정사	
권24, 숙종 18년 1월 1일 신해		
	352책, 숙종 19년 5월 29일 임신	6월 1일
	357책, 숙종 20년 5월 27일 갑자	윤5월 1일
	362책, 숙종 20년 10월 27일 신유	11월 1일
권31, 숙종 23년 윤3월 1일 신사	370책, 숙종 23년 윤3월 14일 갑오	윤3월 1일
	380책, 숙종 24년 8월 30일 신미	9월 1일
권33, 숙종 25년 8월 1일 병인		
권33, 숙종 25년 12월 29일 계사		
권34, 숙종 26년 1월 15일 기유		
권37, 숙종 28년 윤6월 1일 신사		
권40, 숙종 30년 11월 1일 정유	421책, 숙종 30년 11월 1일 정유	
	429책, 숙종 32년 4월 1일 무자	
	443책, 숙종 34년 8월 1일 갑진	
	446책, 숙종 35년 2월 1일 임인	
권47, 숙종 35년 8월 1일 기해	450책, 숙종 35년 8월 1일 기해	
	469책, 숙종 38년 6월 1일 계축	
	494책, 숙종 42년 3월 27일 무오	4월 1일
권63, 숙종 45년 1월 1일 갑술	512책, 숙종 45년 1월 1일 갑술	

위의 〈표 5〉는 『숙종실록』과 숙종대 『승정원일기』의 일식 발생 기록을 비교하여 대조한 것이다. 한편, 숙종대 『승정원일기』는 숙종 21년의 기록이 누락되어 있으므로 『숙종실록』의 숙종 21년 일식 기록 1건은 제외하였다. 양자 사이에서 일식 발생 일시가 일치하는 기록은 총 8건으로 이는 『숙종실록』의 일식 발생 기록 중 47%, 숙종대 『승정원일기』의 일식 발생 기록 중에는 30%만이 서로 일치하는 것이다.

이러한 대조를 통하여 살펴볼 수 있는 흥미로운 점은 『숙종실록』의 기록 가운데 숙종대 『승정원일기』에는 실리지 않은 별도의 일식 기사가 존재한다는 점이다. 보통 『승정원일기』는 『실록』의 저본이 되는 자료이기 때문에 『승정원일기』의 기록이 『실록』에 취사선택되어 기록되었다는 점은 어느 정도 알려져 있고[23] 그 기록 중 일부가 『실록』에 수록되었다는

23) 경석현, 앞의 논문, 2014, 136쪽.

점은 이상하지 않다. 그러나 『실록』에 존재하는 기록이 『승정원일기』에 없다는 것은 상당히 의외이다.

이는 『숙종실록』의 일식 발생 기록 중 53%가 숙종대 『승정원일기』가 아닌 다른 자료로부터 유래되었음을 의미하며 선행연구에서 이미 여러 차례 지적된 바와 같이 『승정원일기』에 모든 천변 기록이 다 수록되지 않았음을 보여주는 가장 직접적인 증거라고 할 수 있다.

이러한 상황이 정확히 어떤 이유로 발생한 것인지는 알기 어렵다. 하지만 추정하자면 『실록』의 기초 자료는 『승정원일기』 외에도 시정기나 조보(朝報), 각사의 등록(謄錄) 및 일기 등으로 매우 다양하므로 『승정원일기』에는 없는 기록이 『실록』에 실렸을 가능성이 있다. 한편, 다른 가능성으로는 숙종대의 『승정원일기』는 소실 후 개수된 것이므로 후대에는 멸실되어 개수 당시에는 실리지 않은 채이 기록이 존재하였을 수도 있다. 다만, 당대의 자료를 종합하여 편집하는 『실록』의 특성을 감안할 때 숙종대의 『승정원일기』에 기록되지 않고 『숙종실록』에만 나타나는 일식 기사가 존재하는 것은 전혀 이상한 일이 아니다.

이는 1694년(숙종 20) 11월 1일에 발생한 일식의 사례에서 간접적으로 엿볼 수 있다. 숙종 20년 11월 1일에는 지하일식(地下日食)이 예정되어 있었다. 그러나 별도로 구식례나 일식재계가 진행되지는 않았던 것인지 당일에는 일식에 대한 언급이 없다. 다만, 10월 27일 병조가 올린 계문을 통하여 11월 1일에 지하일식이 예보되었음을 파악할 수 있다. 병조는 이날 지하일식이 예보되어 있어 당일 문·무과 방방과 서로 상치되므로 다시 택일한 4일로 하는 것이 어떠한지 계품하였고 숙종은 이에 대하여 윤허하는 전교를 내렸다. 그리고 그 기사의 출처를 『병조등록』으로 제시하고 있다.[24)]

---

24) 『承政院日記』 362冊, 肅宗 20年 10月 27日 辛酉, "禮曹啓曰, 文·武科放榜, 十一月初一日推擇, 啓下矣, 其日, 與地下日食相値, 勢難行禮, 放榜吉日, 令日官推擇, 則初四日辰時爲吉云,

물론, 위의 사례는 『숙종실록』에는 등재되지 않았고 숙종대의 『승정원일기』에만 등재되어 있었다. 이와 마찬가지로 숙종대의 『승정원일기』에는 등재되지 않았지만 『숙종실록』에는 등재되는 기록도 존재하였을 것이다. 이를 바탕으로 확장해 보자면 전반적으로 『실록』이나 『승정원일기』 양자 모두 일식 발생을 빠짐없이 기록했을 것이라고 보기는 어렵다. 따라서 이미 선행연구에서 지적한 것처럼 『실록』은 말할 것도 없고 『승정원일기』 역시 최소한 천변 발생의 빈도는 신뢰하기 어렵다는 결론을 내릴 수 있을 것이다.

2) 지진 기록 비교

숙종대의 지진 기록에 관한 통계는 이미 이전 장에서 살펴본 바와 같다. 다만, 여기서도 유의해야 할 것은 『승정원일기』의 기록 누락이다. 이미 언급한 바와 같이 『승정원일기』 기록은 숙종 21년의 기록이 누락되었다. 일식 발생 기록의 경우 『실록』에서의 숙종 21년 기록은 단 1건이므로 크게 문제가 되지 않을 수 있다. 그러나 이보다 사례의 수가 많은 지진 발생 기록의 경우 『실록』에서 숙종 21년에 발생된 지진의 기록 건수는 7건이다. 따라서 이 기록을 제외하면 비교 대상 기록은 아래의 〈표 6〉과 같이 될 것이다.

〈표 6〉 숙종대 연대기별 지진 발생 기사 빈도(숙종 21년 제외)

사료 종류	재위년수	전체 기사	지진(백분율)	연평균 지진 횟수
실록	45 (숙종 21년 제외)	24,205	197(0.81)	4.4회
승정원일기		260,677	203(0.08)	4.5회

한편, 지진 기록은 일식과는 다른 점이 있다. 『실록』과 『승정원일기』의

以此日時, 原粘目中, 改付標, 何如? 傳曰, 允【出兵曹謄錄】."

자료 성격에서 나타나는 차이겠지만 『숙종실록』에서는 숙종대의 『승정원일기』의 여러 개 기사를 합산하여 하나의 기사로 기록한 경우가 있다. 각 지역의 지진이 발생하면 수령이 감사에게 지진 발생을 보고하는 정문(呈文)을 올리고 감사는 이를 수합하여 서목(書目)으로 비변사 등에 보고하거나, 혹은 임금에게 직접 계문(啓聞)하였다. 한편, 경도(京都)에서는 이를 관상감에서 측후단자로 올리도록 되어 있었다.25) 즉, 『승정원일기』에는 승정원에 도달한 이러한 개별 기록이 사안마다 별도로 기록되었지만 이를 정리·편집한 『실록』은 여러 기록을 하나로 묶어 하나의 기사로 처리했다는 것이다. 이러한 점을 염두에 두고 『숙종실록』과 숙종대 『승정원일기』의 기록을 비교하자면 아래의 〈표 7〉과 같다.

〈표 7〉 『숙종실록』·숙종대 『승정원일기』 지진 기록 대조표

『숙종실록』			『승정원일기』		
기록일	발생지역	발생일	기록일	발생지역	발생일
권1, 숙종 즉위년 10월 28일 무오	(한)				
권1, 숙종 즉위년 10월 29일 기미	(함)삼수				
			242책, 숙종 즉위년 10월 28일 무오	(함)경원	9.20
권4, 숙종 원년 9월 13일 무술		8.27	248책, 숙종 원년 9월 14일 기해	(경)상주 등	8.27
권4, 숙종 원년 11월 9일 계사	(평)영변	10.26/29			
			253책, 숙종 2년 4월 10일 임술	(충)공주 등 10읍	3.25
			253책, 숙종 2년 4월 10일 임술	(전)	
권5, 숙종 2년 4월 10일 임술	(평)용강 등		253책, 숙종 2년 4월 27일 기묘	(평)용강 등	4.10
권5, 숙종 2년 5월 19일 경자	(충)		254책, 숙종 2년 6월 10일 신유	(충)	5.19
권5, 숙종 2년 6월 7일 무오	(평)의주 등				

25) 박권수, 앞의 논문, 2010 ; 경석현, 앞의 논문, 2014.

권6, 숙종 3년 7월 16일 신묘	(평)의주 등	7.16/20	261책, 숙종 3년 8월 1일 을사	(평)의주 등	7.16/20
			261책, 숙종 3년 9월 21일 을미	(전)전주 등	8.13
권7, 숙종 4년 1월 20일 임진	(평)평양 등·(황)해주 등				
권7, 숙종 4년 3월 27일 무술	(전) 8읍		264책, 숙종 4년 윤3월 10일 경술	(전)전주 등	3.27
권7, 숙종 4년 5월 29일 무진	(강)양양 등		265책, 숙종 4년 6월 22일 신묘	(강)양양	5.29
권7, 숙종 4년 8월 14일 임오	(한)				
권7, 숙종 4년 11월 19일 병진	(전)진안 등				
			269책, 숙종 5년 4월 9일 계유	(전)함열군	3.26
			269책, 숙종 5년 4월 12일 병자	(충)임천 등	
권8, 숙종 5년 5월 22일 을묘	(충)은진		270책, 숙종 5년 6월 3일 병인	(충)공주 등	5.22
권9, 숙종 6년 1월 16일 병오	(평)은산〈순천〉 등 3읍	1.1	275책, 숙종 6년 1월 15일 을사	(평)순천 등	1.1
권9, 숙종 6년 6월 11일 무진	(충)청주				
권10, 숙종 6년 12월 13일 무술	(전)구례 등				
권11, 숙종 7년 4월 2일 을유	(전)광주 등				
권11, 숙종 7년 4월 26일 기유	(한)	4.27	282책, 숙종 7년 4월 28일 신해	(한)성부	4.27
권11, 숙종 7년 4월 29일 임자	(기)개성				
권11, 숙종 7년 5월 2일 갑인	(한)				
권11, 숙종 7년 5월 3일 을묘	(기)광주 등		283책, 숙종 7년 5월 4일 병진	(기)전역	4.26
권11, 숙종 7년 5월 4일 병진	(기)강화		283책, 숙종 7년 5월 4일 병진	(기)강화	
권11, 숙종 7년 5월 7일 기미	(기)전역		283책, 숙종 7년 5월 7일 기미	(기)전역	5.5
권11, 숙종 7년 5월 9일 신유	(충)전역		283책, 숙종 7년 5월 9일 신유	(충)전역/홍주 등	4.26/5.2
권11, 숙종 7년 5월 11일 계해	(강)전역, 팔도		283책, 숙종 7년 5월 11일 계해	(강)	4.26/5.2

			283책, 숙종 7년 5월 11일 계해	(함)안변 등	4.26
			283책, 숙종 7년 5월 11일 계해	(황)전역	4.26/5.2
			283책, 숙종 7년 5월 11일 계해	(평)평양 등/삼등현 등	4.26/5.2
			283책, 숙종 7년 5월 12일 갑자	(황)평산	4.26
			283책, 숙종 7년 5월 12일 갑자	(경)전역	4.26/5.2
			283책, 숙종 7년 5월 12일 갑자	(전)전역	4.26
			283책, 숙종 7년 5월 15일 정묘	(기)마전 등/광주	5.5/5.11
			283책, 숙종 7년 5월 19일 신미	(전)광주 등	5.2
			283책, 숙종 7년 5월 25일 정축	(강)전역·강릉 등	5.2/11/12
			283책, 숙종 7년 6월 3일 갑신	(강)평해 등	5.14/20/22
권11, 숙종 7년 6월 19일 경자	(한)	6.18			
권11, 숙종 7년 6월 21일 임인	(경)영천 등	5.28~6.5			
권11, 숙종 7년 6월 22일 계묘	(기)수원 등	6.17/18			
권12, 숙종 7년 8월 27일 정미	(강)삼척·(경)안동 등				
권12, 숙종 7년 11월 11일 경신	(강)강릉				
권12, 숙종 7년 11월 26일 을해	(한)성부	동지(11/12)	286책, 숙종 7년 11월 26일 을해	(한)	동지(11/12)
권12, 숙종 7년 12월 3일 임오	한성부 지진		286책, 숙종 7년 12월 3일 임오	한성부 지진	
권12, 숙종 7년 11월 12일 신유	(경)김해 등·(충)홍주·충주 등	미상	286책, 숙종 7년 12월 21일 경자	(충)충원·홍주 지진〈지진 발생 지역 일치-해괴제 시행〉	미상
권12, 숙종 7년 11월 20일 기사	(강)평해 등				
권12, 숙종 7년 12월 15일 갑오	(충)홍주				
권13, 숙종 8년 1월 8일 병진	(황)황주				

권13, 숙종 8년 2월 11일 기축	(강)울진 등				
권13, 숙종 8년 3월 24일 임신	(경)대구 등				
권13, 숙종 8년 5월 22일 기사	(강)금성				
권13, 숙종 8년 6월 17일 계사	(충)은진				
권14, 숙종 9년 1월 15일 정사	(강)강릉 등·(경)안동 등				
권14, 숙종 9년 1월 18일 경신	(전)무주·용담 등		297책, 숙종 9년 1월 19일 신유	(전)용담 등	전년 12.24
권14, 숙종 9년 2월 2일 갑술	(경)안동 등				
권14, 숙종 9년 9월 25일 계사	(전)전주 등				
			302책, 숙종 10년 1월 13일 기묘	(전)전주 등	전년 12.20
권15, 숙종 10년 3월 23일 기축	(평)창성 등	3.4	303책, 숙종 10년 3월 25일 신묘	(평)창성 등	3.4
권15, 숙종 10년 8월 18일 신해	(황)금천		305책, 숙종 10년 8월 18일 신해	(황)금천	8.10
			307책, 숙종 11년 2월 14일 갑진	전라도 진도 등, 전년 12월 25일	
권16, 숙종 11년 3월 12일 임신	(전)전주 등				
권16, 숙종 11년 4월 27일 병진	(전)남원 등				
			311책, 숙종 11년 10월 8일 을미	(한)	
권17, 숙종 12년 3월 29일 계미	(충)문의 등 16읍		314책, 숙종 12년 3월 29일 계미	(충)문의 등	3.12
			314책, 숙종 12년 4월 4일 무자	(전)전주 등	3.16
권17, 숙종 12년 4월 17일 신축	(평)강서 등 7읍		314책, 숙종 12년 4월 18일 임인	(평)강서 등	4.10
			314책, 숙종 12년 4월 24일 무신	(평)숙천	
권17, 숙종 12년 5월 8일 신묘	(전)함열				
권17, 숙종 12년 11월 13일 계사	(기)여주	11.9			

			319책, 숙종 12년 11월 17일 정유	(한)	11.8
			319책, 숙종 12년 11월 28일 무신	(경)안동 등	11.9
권18, 숙종 13년 1월 3일 임오	(평)선천				
권18, 숙종 13년 1월 22일 신축	(전)전주 등 10읍		320책, 숙종 13년 2월 22일 경오	(전)전주 등	1.22
권18, 숙종 13년 3월 29일 정미	(평)함종				
권18, 숙종 13년 8월 22일 무진	(경)단성 등		324책, 숙종 13년 9월 6일 신사	(경)단성 등	8.23
권18, 숙종 13년 12월 15일 기미	(경)청도 등				
권18, 숙종 13년 12월 17일 신유	(경)상주 등		327책, 숙종 14년 1월 8일 임오	(경)상주 등	전년 12.17
			327책, 숙종 14년 1월 16일 경인	(전)순천 등	전년 12.4
권19, 숙종 14년 2월 8일 신해	(경)창원 등				
권19, 숙종 14년 3월 6일 기묘	(경)동래 등				
			331책, 숙종 14년 9월 24일 계사	(기)파주 등	9.7
권19, 숙종 14년 12월 1일 경자	(함)문천	12.1	332책, 숙종 14년 12월 15일 갑인	(함)문천	12.1
			332책, 숙종 14년 12월 25일 갑자	(경)장기 등	12.7
권21, 숙종 15년 6월 1일 병인	(한)	6.1	336책, 숙종 15년 6월 1일 병인	(한)	6.1
			336책, 숙종 15년 6월 24일 기축	(전)김제	6.1
권22, 숙종 16년 1월 21일 계축	(충)비인		339책, 숙종 16년 2월 2일 갑자	(충)이산 등	1.21
			341책, 숙종 16년 5월 24일 갑인	(전)전주 등	4.26
권22, 숙종 16년 6월 20일 기묘	(충)결성 등				
권22, 숙종 16년 9월 17일 갑진	(경)지례	8월	342책, 숙종 16년 9월 17일 갑진	(경)지례	8.21
권22, 숙종 16년 11월 10일 정유	(전)임실				
			344책, 숙종 17년 1월 26일 임자	(전)전주 등	전년 12.23

권23, 숙종 17년 7월 14일 정유	(충)				
권23, 숙종 17년 7월 21일 갑진	(전)		346책, 숙종 17년 7월 21일 갑진	(전)전주 등	7.15
권24, 숙종 18년 2월 18일 무술					
권24, 숙종 18년 9월 24일 경오	(한)·(기)·(충)·(전)·(경)·(강) 등		349책, 숙종 18년 9월 24일 경오	(한)	9.24
			350책, 숙종 18년 10월 2일 정축	(기)양주 등	
			350책, 숙종 18년 10월 16일 신묘	(충)공주 등	
			350책, 숙종 18년 10월 17일 임진	(전)순천 등	
			350책, 숙종 18년 10월 19일 갑오	(경)의성 등	
			350책, 숙종 18년 10월 23일 무술	(강)강릉 등	
권24, 숙종 18년 10월 23일 무술	(기)광주		350책, 숙종 18년 10월 29일 갑진	(기)광주 등	10.23
			350책, 숙종 18년 12월 5일 기묘	(경)진주 등	11.17
권24, 숙종 18년 11월 14일 기미	(황)연안		350책, 숙종 18년 12월 11일 을유	(황)연안	11.14
권24, 숙종 18년 12월 12일 병술	(한)		350책, 숙종 18년 12월 12일 병술	(한)성부	12.12
권25, 숙종 19년 1월 4일 무신	(경)상주 등		351책, 숙종 19년 1월 27일 신미	(경)상주 등	1.4
권25, 숙종 19년 2월 26일 경자	(함)		351책, 숙종 19년 2월 26일 경자	(함)정평 등	2.16
			353책, 숙종 19년 7월 24일 병인	(충)한산 등	7.9
권25, 숙종 19년 9월 16일 정사	(함)이성 등				
권26, 숙종 20년 2월 11일 기묘	(경)의령 등		355책, 숙종 20년 2월 30일 무술	(경)의령 등	2.11/18
권26, 숙종 20년 2월 16일 갑신	(전)·(경)				
권26, 숙종 20년 4월 8일 을해	(경)경주 등				
권26, 숙종 20년 4월 16일 계미	(기)개성				
권27, 숙종 20년 12월 11일 갑진	(기)가평		362책, 숙종 20년 12월 18일 신해	(기)가평	12.11

권30, 숙종 22년 1월 4일 신유	(함)북청 등				
			363책, 숙종 22년 1월 21일 무인	(경)안음	12.29
권30, 숙종 22년 2월 20일 병오	(충)공주		363책, 숙종 22년 2월 29일 을묘	(충)공주	2.20
권30, 숙종 22년 2월 17일 계묘	(경)대구 등		364책, 숙종 22년 3월 1일 정사	(경)대구	2.17
권30, 숙종 22년 2월 30일 병진	(경)대구 등				
권30, 숙종 22년 3월 15일 신미	(한)		364책, 숙종 22년 3월 15일 신미	(한)	3.15
권30, 숙종 22년 3월 15일 신미	(기)죽산 등	도신이문	364책, 숙종 22년 3월 19일 을해	(기)죽산 등	3.15
권30, 숙종 22년 3월 25일 신사					
			367책, 숙종 22년 8월 23일 병오	(평)평양	8.13
			367책, 숙종 22년 8월 30일 계축	(전)임피 등	8.5
권31, 숙종 23년 1월 3일 을묘	(충)석성 등	금월 19일	369책, 숙종 23년 1월 4일 병진	(충)석성 등	전년 12.19
권31, 숙종 23년 2월 9일 경인	(한)		369책, 숙종 23년 2월 9일 경인	(한)	2.9
권31, 숙종 23년 3월 4일 을묘	(충)홍주		370책, 숙종 23년 3월 4일 을묘	(충)홍주	3.4
권31, 숙종 23년 윤3월 16일 병신	(기)인천 등		370책, 숙종 23년 3월 21일 임신	(기)인천 등	3.16
권31, 숙종 23년 10월 23일 경오	(전)·(경)		374책, 숙종 23년 10월 23일 경오	(전)나주	10.9
			374책, 숙종 23년 10월 23일 경오	(경)합천 등	10.9
권31, 숙종 23년 12월 5일 신해	(강)평창		375책, 숙종 23년 12월 6일 임자	(강)평창	11.11
권32, 숙종 24년 2월 19일 갑자	(기)진위 등				
			378책, 숙종 24년 5월 17일 경인	(경)인동	5.4
			382책, 숙종 24년 12월 16일 병진	(경)청도 등	11.30
			383책, 숙종 25년 1월 25일 을미	(강)영월 등	1.15
			383책, 숙종 25년 1월 30일 경자	(충)청도 영춘	1.15

			383책, 숙종 25년 2월 26일 병인	(충)황간	2.8
			385책, 숙종 25년 6월 29일 병인	(경)대구	6.20
			385책, 숙종 25년 7월 6일 계유	(경)성주 등	6.21/23/26
			385책, 숙종 25년 7월 19일 병술	(전)순천 등	6.26
			389책, 숙종 26년 1월 1일 을미	(경)함안	전년 12.11
권34, 숙종 26년 3월 11일 갑진	(경)대구 등		390책, 숙종 26년 3월 12일 을사	(경)대구 등	2.26/27
			390책, 숙종 26년 3월 13일 병오	(충)공주 등	2.26
			390책, 숙종 26년 3월 19일 임자	(강)강릉, 2월 26일	2.26
			390책, 숙종 26년 3월 19일 임자	(경)문경 등	2.26
			390책, 숙종 26년 3월 25일 무오	(전)강진 등	2.26
			392책, 숙종 26년 7월 22일 계축	(경)대구 등	7.7
권34, 숙종 26년 7월 29일 경신	(충)청산·내포				
권35, 숙종 27년 2월 11일 기사	(전)전주 등·(충) 영동 등		395책, 숙종 27년 2월 14일 임신	(충)영동 등	2.6
권35, 숙종 27년 3월 17일 갑진	(경)현풍		396책, 숙종 27년 3월 18일 을사	(경)현풍	3.3
권35, 숙종 27년 6월 14일 경오	(전)김제 등	5.을사일(19)			
권35, 숙종 27년 7월 25일 경술	(경)대구		398책, 숙종 27년 7월 25일 경술	(경)대구	7.15
권35, 숙종 27년 9월 4일 무자	(경)김해 등		399책, 숙종 27년 9월 6일 경인	(경)김해 등	8.18
권35, 숙종 27년 9월 17일 신축	(충)보은 등		400책, 숙종 27년 9월 18일 임인	(충)보은 등	9.2
권35, 숙종 27년 9월 19일 계묘	(황)황주				
권35, 숙종 27년 12월 5일 정사	(전)순천 등		401책, 숙종 27년 12월 6일 병오[무오]	(전)용담 등	10.15/27/11.3
권35, 숙종 27년 12월 10일 임술	(충)옥천 등		401책, 숙종 27년 12월 10일 임술	(충)연산 등	11.28/29
			402책, 숙종 28년 1월 2일 갑신	(평)철산	전년 12.12

			402책, 숙종 28년 1월 27일 기유	(전)광산	12.21/1.4
			403책, 숙종 28년 3월 18일 기해	(경)상주	2.22
권37, 숙종 28년 윤6월 9일 기축	(전)순천 등				
권37, 숙종 28년 7월 4일 계축	(한)		405책, 숙종 28년 7월 5일 갑인	(한)	7.4
권37, 숙종 28년 7월 4일 계축	(기)·(충)·(강)·(전)·(경)	동일동시	405책, 숙종 28년 7월 17일 병인	(전)전주 등	7.4
			405책, 숙종 28년 7월 18일 정묘	(경)대구 등	7.14
			406책, 숙종 28년 8월 4일 계미	(경)대구 등	7.20
권37, 숙종 28년 7월 4일 계축	(기)·(충)·(강)·(전)·(경)	동일동시	406책, 숙종 28년 8월 6일 을유	(전)광산 등	7.4
권37, 숙종 28년 8월 4일 계미	(경)대구 등				
권37, 숙종 28년 8월 6일 을유	(전)광산 등				
권37, 숙종 28년 8월 11일 경인	(한)		406책, 숙종 28년 8월 11일 경인	(한)	8.11
권37, 숙종 28년 8월 18일 정유	(기)수원				
권37, 숙종 28년 9월 2일 경술	(전)전주	8.22	407책, 숙종 28년 9월 2일 경술	(전)전주	8.26
			408책, 숙종 28년 11월 1일 무신	(경)의성 등	10.9
			408책, 숙종 28년 12월 2일 무인	(경)고령	11.18
			408책, 숙종 28년 12월 2일 무인	(충)옥천 등	11.19
			409책, 숙종 29년 1월 18일 갑자	(평)자산 등	1.5
권38, 숙종 29년 4월 21일 병신	(충)충주 등		411책, 숙종 29년 5월 5일 기유	(충)연기 등	4.18/21/29
권38, 숙종 29년 4월 29일 갑진	(충)공주 등		412책, 숙종 29년 5월 16일 경신	(충)공주	4.29
권38, 숙종 29년 6월 18일 임진	(전)전주		413책, 숙종 29년 7월 2일 병오	(전)전주	6.18
권38, 숙종 29년 7월 27일 신미	(충)청양 등		413책, 숙종 29년 8월 6일 기묘	(충)청양 등	7.27

권38, 숙종 29년 11월 2일 계묘	(평)숙천				
권38, 숙종 29년 12월 10일 신사	(경)대구				
권38, 숙종 29년 12월 12일 계미	(경)경주 등				
권38, 숙종 29년 12월 17일 무자	(경)진주 등				
권39, 숙종 30년 2월 21일 신묘	(평)태천		417책, 숙종 30년 3월 22일 신유	(평)태천	2.21
권39, 숙종 30년 5월 8일 병오	(경)풍기 등		418책, 숙종 30년 5월 29일 정묘	(경)풍기 등	5.8
권40, 숙종 30년 8월 12일 기묘	(강)강릉		420책, 숙종 30년 8월 23일 경인	(강)강릉 등	8.12
			420책, 숙종 30년 8월 27일 갑오	(충)남포 등	8.12
권40, 숙종 30년 9월 20일 정사	(황)해주				
권40, 숙종 30년 10월 3일 경오	(충)정산		421책, 숙종 30년 10월 16일 계미	(충)정산	10.3
권40, 숙종 30년 10월 24일 신묘	(경)웅천 등				
권40, 숙종 30년 12월 2일 무진	(충)괴산 등		422책, 숙종 30년 12월 27일 계사	(충)괴산 등	12.8
권41, 숙종 31년 2월 17일 신사	(전)제주 문의				
			425책, 숙종 31년 6월 22일 갑인	(전)전주 등	6.5
			425책, 숙종 31년 6월 22일 갑인	(경)창원 등	6.5
권42, 숙종 31년 7월 15일 병자	(충)공주 등	당일	425책, 숙종 31년 7월 30일 신묘	(충)공주 등	7.15
권42, 숙종 31년 10월 5일 을미	(경)대구		426책, 숙종 31년 10월 27일 정사	(경)대구 등	9.5
권43, 숙종 32년 1월 4일 계해	(전)전주 등	전년 12.15			
권43, 숙종 32년 6월 7일 계사	(충)부여 등		430책, 숙종 32년 6월 23일 기유	(충)부여 등	6.7
권44, 숙종 32년 11월 30일 갑신	(한)·여러 도		433책, 숙종 32년 12월 8일 임진	(기)강화	11.30
			433책, 숙종 32년 12월 8일 임진	(한)	11.30
			433책, 숙종 32년 12월 9일 계사	(기)교동 등	11.30

권45, 숙종 33년 2월 1일 갑신	(한)		434책, 숙종 33년 2월 1일 갑신	(한)	2.1
			434책, 숙종 33년 2월 2일 을유	(전)곡성 등	1.12
			434책, 숙종 33년 2월 14일 정유	(충)공주 등	2.8
			434책, 숙종 33년 3월 3일 병진	(경)함양 등	2.1
			434책, 숙종 33년 3월 16일 기사	(경)칠곡 등	2.30
권45, 숙종 33년 5월 14일 을축	(한)				
			437책, 숙종 33년 10월 6일 갑신	(평)평양·강서	9.23
권45, 숙종 33년 12월 10일 무자	(한)				
			438책, 숙종 33년 12월 14일 임진	(기)인천 등	12.10
			438책, 숙종 33년 12월 18일 병신	(경)진주 등	11.21
			438책, 숙종 33년 12월 19일 정유	(기)강화	12.10
권45, 숙종 33년 12월 30일 무신	(한)	12.29			
권46, 숙종 34년 7월 2일 병자	(한)		443책, 숙종 34년 7월 2일 병자	(한)	7.2
			444책, 숙종 34년 9월 13일 병술	(한)	9.13
권47, 숙종 35년 6월 5일 갑진	(강)울진		449책, 숙종 35년 6월 25일 갑자	(강)울진 등	6.5/6
권48, 숙종 36년 1월 2일 무진	(경)동래				
권47, 숙종 35년 12월 19일 을묘	(평)용천 등		452책, 숙종 36년 1월 2일 무진	(평)용천 등	12.19
			452책, 숙종 36년 1월 4일 경오	(평)창성	12.19
권48, 숙종 36년 1월 7일 계유	(경)영천 등				
			452책, 숙종 36년 2월 4일 기해	(충)연풍	1.12
권48, 숙종 36년 2월 12일 정미	(충)문의 등·(경)경주 등				
권48, 숙종 36년 2월 22일 정사	(평)평양				

권48, 숙종 36년 5월 3일 정묘	(경)밀양 등				
			456책, 숙종 36년 9월 19일 경술	(평)덕천 등	9.2
권49, 숙종 36년 10월 6일 정묘	(강)안협·(황)황주 등				
권49, 숙종 36년 10월 7일 무진	(평)평양 등 13읍				
권49, 숙종 36년 10월 23일 갑신	(경)풍기 등				
권49, 숙종 36년 10월 24일 을유	(경)안음				
			457책, 숙종 36년 10월 26일 정해	(전)전주 등	10.13/14
권49, 숙종 36년 10월 7일 무진	(평)평양 등 10읍		457책, 숙종 36년 11월 5일 을미	(평)평양 등 10읍	
			459책, 숙종 37년 3월 6일 을미	(기)수원 등	3.3
			459책, 숙종 37년 3월 6일 을미	(기)강화	3.3
			459책, 숙종 37년 3월 17일 병오	(강)금화 등	3.3
			459책, 숙종 37년 3월 23일 임자	(평)태천 등	3.3/4
			459책, 숙종 37년 3월 23일 임자	(함)덕원 등	3.3/4
권50, 숙종 37년 3월 3일 임진	(한)	3.3/4	459책, 숙종 37년 3월 25일 갑인	(한)성부	3.3/4
권50, 숙종 37년 3월 12일 신축	(전)용담 등		460책, 숙종 37년 4월 6일 갑자	(전)용담 등	3.16
권50, 숙종 37년 3월 16일 을사	(전)용담·(평)강서		460책, 숙종 37년 4월 10일 무진	(평)강서 등	3.16/20/21
권50, 숙종 37년 3월 20일 기유	(평)강서				
권50, 숙종 37년 4월 15일 계유	(평)강서		460책, 숙종 37년 4월 26일 갑신	(평)삼등 등	4.12/15
권50, 숙종 37년 4월 24일 임오	(충)서산				
권50, 숙종 37년 5월 9일 정유	(한)		460책, 숙종 37년 5월 9일 정유	(한)	5.9
			461책, 숙종 37년 6월 6일 갑자	(충)임천 등	5.26
권50, 숙종 37년 5월 24일 임자	(전)무주		461책, 숙종 37년 6월 25일 계미	(전)진안 등	5.24/6.4

권50, 숙종 37년 5월 25일 계축	(충)임천 등				
권50, 숙종 37년 6월 4일 임술	(전)진안				
권50, 숙종 37년 8월 2일 기미	(전)장성 등		462책, 숙종 37년 8월 23일 경진	(전)장성 등	8.2
권51, 숙종 38년 1월 15일 기해	(평)순천 등		465책, 숙종 38년 1월 25일 기유	(평)순천 등	1.15
권51, 숙종 38년 4월 1일 계축	(기)영평				
권51, 숙종 38년 4월 17일 기사	(한)		467책, 숙종 38년 4월 17일 기사	(한)	4.17
권51, 숙종 38년 6월 6일 무오	(평)삼등		469책, 숙종 38년 6월 22일 갑술	(평)삼등	6.6
권52, 숙종 38년 9월 3일 계미	(평)평양 등		471책, 숙종 38년 9월 3일 계미	(평)평양 등	8.24
권52, 숙종 38년 9월 20일 경자	(경)성주				
권53, 숙종 39년 1월 20일 무술	(경)칠곡				
권53, 숙종 39년 2월 11일 기미	(한)		476책, 숙종 39년 2월 11일 기미	(한)	2.11
			476책, 숙종 39년 2월 15일 계해	(기)강화	2.12
			476책, 숙종 39년 2월 23일 신미	(기) 부평	2.12
			476책, 숙종 39년 2월 27일 을해	(황)해주 등	2.12
권53, 숙종 39년 3월 2일 기묘	(평)평양		476책, 숙종 39년 3월 2일 기묘	(평)평양	2.12
권53, 숙종 39년 4월 3일 경술	(한)				
권54, 숙종 39년 6월 17일 임진	(경)대구		479책, 숙종 39년 6월 17일 임진	(경)대구	6.2
권54, 숙종 39년 9월 14일 무오	(평)철산 등				
권54, 숙종 39년 12월 12일 을유	(충)남포 등·(강)회양		481책, 숙종 39년 12월 12일 을유	(강)회양	11.16
			481책, 숙종 39년 12월 12일 을유	(충)남포 등	
권55, 숙종 40년 1월 22일 갑자	(한)		482책, 숙종 40년 1월 22일 갑자	(한)	1.22
권55, 숙종 40년 1월 30일 임신	(기)강화 등·(평)평양 등·		482책, 숙종 40년 1월 29일 신미	(평)평양 등	1.22

	(기)수원 등·(황)해주 등·팔도		482책, 숙종 40년 1월 29일 신미	(기)개성	
			482책, 숙종 40년 1월 29일 신미	(기)수원 등	
			482책, 숙종 40년 2월 1일 계유	(황)해주 등	
			482책, 숙종 40년 2월 2일 갑술	(강)김화	
권55, 숙종 40년 2월 4일 병자	(한)	밤 1경	482책, 숙종 40년 2월 5일 정축	(한)	2.5
권55, 숙종 40년 1월 30일 임신	(기)강화 등·(평)평양 등·(기)수원 등·(황)해주 등·팔도		482책, 숙종 40년 2월 17일 기축	(강)원도 회양 등/원주 등	1.22/2.5
			482책, 숙종 40년 2월 17일 기축	(함)함흥 등	1.22
권55, 숙종 40년 7월 21일 경신	(충)공주 등	3.21			
권55, 숙종 40년 9월 30일 무진	(평)창성 등		485책, 숙종 40년 9월 29일 정묘	(평)창성 등	9.8
권55, 숙종 40년 11월 1일 기해	(경)대구 등		486책, 숙종 40년 11월 1일 기해	(경)대구	10.12
권55, 숙종 40년 11월 3일 신축	(충)괴산 등		486책, 숙종 40년 11월 3일 신축	(충)괴산	10.19
권56, 숙종 41년 3월 18일 갑인	(경)이천 등				
권56, 숙종 41년 4월 14일 기묘	(충)보은				
권57, 숙종 42년 1월 1일 임진	(전)장흥 등				
권57, 숙종 42년 3월 7일 무술	(평)강동				
권57, 숙종 42년 4월 7일 병신	(경)개령				
권58, 숙종 42년 10월 15일 신축	(평)개천				
권58, 숙종 42년 10월 20일 병오	(경)웅천 등	9월			
			499책, 숙종 42년 11월 15일 신미	(강)평해	10.12
권58, 숙종 42년 10월 20일 병오	(경)용궁	당일	499책, 숙종 42년 11월 15일 신미	(경)용궁 등	
권59, 숙종 43년 1월 8일 계해	(경)청송 등/(경)대구 등	전년 12.14/21			
권59, 숙종 43년 4월 15일 기해	(평)벽동				

권62, 숙종 44년 9월 14일 기축	(경)영양 등				
권63, 숙종 45년 2월 11일 갑인	(충)대흥 등		514책, 숙종 45년 3월 3일 을해[병자]	(충)보령	
			515책, 숙종 45년 5월 17일 기축	(기)강화	5.3
			517책, 숙종 45년 8월 3일 계묘	(황)해주 등	
권65, 숙종 46년 2월 30일 정묘	(한)		521책, 숙종 46년 2월 30일 정묘	(한)성부	2.30

※ 범례
- 발생지역 : 한성부(한), 함경도(함), 평안도(평), 황해도(황), 강원도(강), 경기(기), 충청도(충), 경상도(경), 전라도(전)

위와 같이 『숙종실록』과 숙종대 『승정원일기』의 기록을 구체적으로 비교하면 양자의 기록이 일치하는 비율은 『숙종실록』의 지진 발생 기사 중 52.3%, 숙종대 『승정원일기』의 지진 발생 기사 중 63.7%가 일치한다. 만약, 숙종대 『승정원일기』 기록 중 『숙종실록』에서 하나의 기록으로 편집된 다수의 기사를 하나의 기사로 취급하면 일치율은 57.2%로 떨어진다.[26)]

이는 일식 기사에서 살펴본 기록의 일치율인 『숙종실록』 47%와 숙종대 『승정원일기』 30%에 비하면 확실히 높은 수치이지만 그 데이터의 숫자가 너무 적어 대표성을 갖기는 어렵다. 따라서 선불리 당시의 사람들이 재이 기록 가운데 천변보다는 재해 기록에 더 큰 관심을 가지고 충실히 기록했다고 하기는 어렵다.

따라서 확실한 것은 실질적인 피해가 발생하는 자연재해 기록마저도

---

26) 『숙종실록』 기록은 총 197건 중 103건이 숙종대 『승정원일기』의 기록과 일치하거나 근사하다. 한편, 숙종대 『승정원일기』의 기록은 204건 중 130건이 일치한다. 반면, 『숙종실록』에서 하나로 편집된 숙종대 『승정원일기』의 다수 기사를 하나의 기사로 취급하면 『승정원일기』의 기록은 204건이 173건으로 감소하고 일치하는 기사는 130건에서 99건으로 감소한다. 이와 같이 본다면 오히려 숙종대 『승정원일기』가 『숙종실록』에 비하여 지진 발생 빈도가 더 적게 기록되었다고도 할 수 있을 것이다.

그 빈도를 통계로 사용하기에는 기록의 누락이 많고 불분명하다는 점이다. 즉, 장기 통계로서 지진 기록의 빈도가 큰 의미를 갖기 어렵다는 점은 숙종대의 기록을 검토한 결과 매우 분명하다. 그렇다면 개별 기록의 정확성은 어떠한지 사료를 구체적으로 검토해 보겠다.

지진 기록에서 보이는 가장 큰 문제점은 그 관측이 정확하지 않다는 것이다. 예컨대 이 시기에 도성에서 발생한 지진으로 재상들이나 도성 인민들이 인지하였음에도 관상감의 측후단자에는 기재되지 않아 관상감 관원을 처벌해야 한다는 논의가 여러 차례 보인다. 이는 『숙종실록』에도, 숙종대 『승정원일기』에도 공히 보이는 현상이다. 도성에서 무려 두 차례나 지진이 일어났음에도 관상감에서 서계하지 않았다거나[27] 도성 내에서 지진이 일어나 많은 사람들이 인지했는데도 관상감에서는 보고하지 않았다거나[28] 심지어 도성은 물론 경기 전역에서 지진이 일어나고 지진의 정도가 집이 흔들릴 정도였는데도 관상감 관원이 보고하지 않았다는 기록은[29] 당시 재이 관측의 전문관청이었던 관상감마저도 지진 관측을 놓치는 경우가 있었음을 보여준다. 관상감마저 이렇다면 지역의 수령과 감사에 의하여 관측되는 지진 기록의 신뢰성은 더더욱 낮다고 할 수 있을 것이다.

관측의 문제는 전통시대의 기술적인 한계라고 하더라도 만약 인지하였다면 기록은 정확하게 이루어졌을까? 실제 기록들을 살펴보면 여러 가지 오류가 보인다. 특히, 이는 『숙종실록』의 기록에서 자주 나타나는데 아마도 기록을 편집하는 과정에서 발생한 오류들로 보인다. 우선, 발생 일시가 잘못 기록된 것이다.

27) 『肅宗實錄』 卷11, 肅宗 7年 6月 19日 庚子.
28) 『承政院日記』 319冊, 肅宗 12年 11月 17日 丁酉.
29) 『承政院日記』 433冊, 肅宗 32年 12月 8日 壬辰.

『肅宗實錄』 卷31, 肅宗 23年 閏3月 16日 丙申	『承政院日記』 370冊, 肅宗 23年 3月 21日 壬申
인천·김포·부평 등의 읍에서 지진이 있었다.	경기감사가…또 인천·김포·부평 등의 읍에서 정문한 이달 16일 지진을 연유로 한 일로 서목을 올렸다.

상기의 기록은 양자를 비교하면 인천·김포·부평으로 지진이 일어난 지역이 동일하다. 다만, 지진 발생 일시는 『숙종실록』에서는 윤3월 16일이고 숙종대 『승정원일기』는 3월 16일으로 다르다. 그러나 이는 실제 지진이 서로 다른 날에 발생했다기보다는 기록의 이전·편집에서 발생한 오류로 추정된다.

다음으로 기록 일시가 발생일과 보고일이 섞여 있는 경우이다. 『승정원일기』의 지진 기록은 크게 볼 때 발생 지역과 지진 양상·발생일·보고자가 기재되는데 지진 기록은 발생일이 아니라 보고일에 기재되는 경우가 대부분이다. 문제는 이것이 『실록』에 등재될 때는 발생일과 보고일 구분 없이 기록되는 경우가 있다는 것이다.

『肅宗實錄』 卷30, 肅宗 22年 3月 15日 辛未	『承政院日記』 364冊, 肅宗 22年 3月 19日 乙亥
경기 죽산 등 9읍에서 지진이 있었는데 도신(道臣)이 계문하였다.	경기감사가 죽산 등 관에서 정문한 이달 15일 지진의 일로 서목을 올렸다.… 【이상은 조보의 기록이다.】

『숙종실록』 기록 중 말미에 "도신이 계문하였다[道臣以聞]."라고 기록되었기 때문에 다른 원천 자료가 없다면 『숙종실록』에 기재된 날을 지진 발생의 보고일로 볼 수 있다. 그러나 이의 원천 자료에 해당하는 숙종대 『승정원일기』의 기록을 보면 경기 감사가 죽산 등의 지진을 보고한 날짜는 19일이고 지진이 발생한 날짜는 15일임을 알 수 있다. 즉, 『숙종실록』에 죽산 등의 지진이 기록된 날짜는 보고일이 아닌 발생일인 것이다.

상기 사례와 반대로 『숙종실록』 기록 중 지진 발생 보고일이 지진 발생일인 것처럼 기재한 것들도 있다. 즉, 숙종대 『승정원일기』 기록상

보고일과 일치하는 날짜의 『숙종실록』 기록에는 마치 당일에 지진이 발생한 것처럼 기록된 것이다.

『肅宗實錄』 卷55, 肅宗 40年 11月 1日 己亥	『承政院日記』 486冊, 肅宗 40年 11月 1日 己亥
경상도 대구 등지에서 지진이 있었다.	경상감사가 대구에서 정문한 본월 〔10월 : 역자 주〕 12일 연속 지진은 사건이 변이의 일에 관계되니 서목을 올렸다.

상기의 기록에서 『숙종실록』만 보자면 대구의 지진은 11월 1일에 일어났다고 생각할 수 있으나 숙종대 『승정원일기』 기록과 비교하면 실제 지진 발생은 10월 12일에 있었고 지진 발생을 보고한 것이 11월 1일임을 알 수 있다. 즉, 숙종대 『승정원일기』 등의 기록에서 『숙종실록』으로 사건 기록이 이전·편집되면서 감사의 지진 보고일이 지진 발생일로 바뀐 것이다.

한편, 이와는 달리 『숙종실록』과 숙종대 『승정원일기』의 기록을 대조할 때 『숙종실록』의 기록이 발생일에 정확하게 기록된 경우도 있다.[30] 문제는 정확한 기록과 오류가 있는 기록이 뒤섞여 있으면 어느 것이 정확한 것이고 어느 것이 잘못된 것인지 명확하게 구분할 방법이 없다는 점이다. 즉, 서로 대조할 만한 기록이 있다면 기록의 정확도를 판별할 수 있겠지만 그렇지 않다면 판별이 근원적으로 불가능하다. 이는 시야를 좀 더 넓혀 생각하면 대조 가능한 기록이 없는 조선 전기 『실록』의 개별 재이 기록에 대하여 비판적으로 접근해야 할 필요성을 보여준다.

마지막으로 『실록』의 자료 특성상 나타나는 문제점도 있다. 예를 들어

30) 예를 들면 『肅宗實錄』 卷38, 肅宗 29年 4月 21日 丙申과 『承政院日記』 411冊, 肅宗 29年 5月 5日 己酉 ; 『肅宗實錄』 卷38, 肅宗 29年 4月 29日 甲辰과 『承政院日記』 412冊, 肅宗 29年 5月 16日 庚申 ; 『肅宗實錄』 卷38, 肅宗 29年 6月 18日 壬辰과 『承政院日記』 413冊, 肅宗 29年 7月 2日 丙午 등의 기록은 『실록』의 기록일이 지진 발생일과 정확하게 일치하는 경우이다.

지진으로 성첩이 무너졌다는 세세한 기록이 숙종대 『승정원일기』에 없고 『숙종실록』에 기재된 경우가 있으며[31] 『숙종실록』에는 지역별로 재이가 상세히 기록된 반면, 숙종대 『승정원일기』에서는 이를 뭉뚱그려 설명한 사례도 있다.[32] 이는 『실록』과 『승정원일기』의 지진 발생 기록이 일치하더라도 반드시 『실록』의 기록이 『승정원일기』에서 비롯되지 않았을 가능성을 보여준다.

한편, 두 지역에 일어난 각각의 재이를 반대로 서술하여 기재한 경우도 있다.[33] 이는 아마도 『숙종실록』의 편집과정에서 일어난 실수일 것으로 추정되지만 『실록』을 무조건 신뢰해서는 안된다는 점을 보여주는 가장 대표적인 사례로 꼽을 수 있겠다. 즉, 기록의 이전과 편집과정에서 현실적인 한계로 인하여 거짓을 말하고자 하는 의도가 없어도 결론적으로 거짓이 실리는 경우가 분명히 존재했던 것이다.

이상의 내용을 종합하여 『실록』과 『승정원일기』 재이 기록의 신뢰성에 관하여 내릴 수 있는 결론은 다음과 같다. 첫째, 『실록』과 『승정원일기』 양자 모두 재이 기록의 빈도를 통하여 장기 통계를 산출해 내는 데는 적합하지 않다는 것이다. 지금까지의 작업을 통하여 새롭게 알게 된 사실은 『숙종실록』 기록의 상당 부분이 숙종대 『승정원일기』의 기록과는 전혀 다른 계통을 가지고 있다는 점이다. 따라서 『실록』만 남아 대조할 만한 다른 기록이 없는 조선 전기의 장기 통계는 더더욱 신뢰하기 어렵다. 한편, 가능한 많은 기록을 찾아내어 그를 수합한 총합의 수를 산출한다고 해도 그것이 과연 당시 재이의 실제 빈도에 가까울지도 장담할 수 없다.

---

31) 『肅宗實錄』 卷34, 肅宗 26年 3月 11日 甲辰 ; 『承政院日記』 390冊, 肅宗 26年 3月 12日 乙巳.

32) 『肅宗實錄』 卷35, 肅宗 27年 12月 5日 丁巳 ; 『承政院日記』 401冊, 肅宗 27年 12月 6日 丙午[戊午].

33) 『肅宗實錄』 卷35, 肅宗 27年 12月 10日 壬戌 ; 『承政院日記』 401冊, 肅宗 27年 12月 10日 壬戌.

둘째, 『실록』과 『승정원일기』의 개별 기록들 또한 의도되지 않은 오류들이 있음을 상정하고 자료에 접근해야 한다. 그간 『실록』이나 『승정원일기』의 재이 기록은 주로 정치적·제도적인 측면에서 그 기록의 성격을 규명하였으나 실제로 살펴본 결과 그와 함께 인간적인 한계에서 발생하는 의도치 않은 오류가 상당한 것으로 보인다. 즉, 의도는 선량하더라도 현실적인 조건의 제약에 의하여 정확하지 않은 기록이 상당히 많다고 할 수 있다. 향후의 재이 자료 접근에는 무조건적인 사료에 대한 신뢰는 경계해야 할 필요가 있을 것이다.

이상의 내용을 바탕으로 보자면 조선시대 사료에 등장하는 재이 빈도에 의한 장기 통계 추산은 과학적으로나, 혹은 자료의 성격으로 볼 때나 별로 좋은 방법론이 아니라는 결론에 도달하게 된다. 그렇다면 재이 자료는 어떤 방식으로 이용할 수 있을까? 이에 대해서는 이미 선행연구에서 재이 자료를 바탕으로 재이론의 역사성을 보여준 사례가 있다.[34] 즉, 재이 자료의 한계를 인정하는 가운데 이를 이용하는 가장 합리적인 방법은 재이의 양상과 대응, 그리고 이에 대한 인식과 그것의 역사성을 드러내는 방식이 아닌가 한다.

한편으로는 최대한 동원할 수 있는 여러 가지 자료들을 취합하여 사료의 신뢰도와 정확성을 끌어올리고 보정하는 최근의 연구 경향 역시 하나의 돌파구가 될 수 있을 것이다.[35] 그러기 위해서는 가급적 많은 사료를 취합하고 서로 연결하여 종합적으로 살펴보아야 할 필요가 있을 것이다. 이러한 여러 재이 연구 방법론에 향후 재해학연구센터의 DB가 커다란 도움이 되기를 기대한다.

34) 경석현, 앞의 논문, 2018.
35) 이욱, 앞의 논문, 2012 ; 이정철, 앞의 논문, 2013 ; 앞의 논문, 2014.

4. 맺음말

지금까지 『숙종실록』과 숙종대의 『승정원일기』의 일식·지진 발생 기록을 비교하여 이들 기록의 신뢰성을 분석해 보았다. 이를 간단히 요약하자면 다음과 같다. 재해학연구센터에서 선별한 색인어를 바탕으로 『숙종실록』과 숙종대 『승정원일기』에서 일식 및 지진 사료를 추출한 뒤 이중 일식 및 지진 발생 기사를 선별하여 분석하였다. 그 결과 양자의 기록 일치율은 일식의 경우 각각 47%와 30%, 지진의 경우는 각각 52.3%, 57.2%(『실록』에서 하나로 편집한 『승정원일기』의 여러 기사를 하나의 기사로 취급한 경우)였다. 분명, 일식에 비하여 지진의 기록 수록율과 일치율이 더 높다. 따라서 실제 피해는 없지만 재이로 취급되는 일식과 달리 실제적인 피해가 발생하는 지진의 기록 신뢰도가 더 높다고 해석할 수도 있다.

그러나 전체적인 자료의 수가 적기 때문에 섣불리 단정할 수 없을 뿐만 아니라 설사 그렇다고 하더라도 이를 통하여 지진 기록의 빈도를 신뢰해도 좋다고 결론을 내릴 수 있는 것은 아니다. 일식과 지진의 『숙종실록』과 숙종대 『승정원일기』의 기록 일치율이 의미하는 바는 첫째, 『숙종실록』의 기록은 숙종대 『승정원일기』에서만 유래한 것이 아니라 다양한 자료로부터 유래하였다는 점, 둘째, 따라서 『숙종실록』과 숙종대 『승정원일기』 그 어느 쪽도 당대의 재이 발생을 모두 정확하게 기록하고 있지 않다는 점이다.

한편, 구체적으로 『숙종실록』과 숙종대 『승정원일기』에서 서로 일치하는 기록을 검토해도 그 기록을 무조건 신뢰해서는 곤란하다는 결론을 내릴 수밖에 없다. 재해 발생일과 보고일을 착종하여 기록한 사례나 각각의 재이 발생 지역을 바꿔 기록하는 등 다양한 오류가 『숙종실록』 안에는 존재한다. 이는 1차 사료로서 『실록』이 유일한 조선 전기의 재이 기록을 무조건 신뢰해서는 안되는 이유를 간접적으로 보여준다.

한편, 기록의 상세함에서 숙종대 『승정원일기』보다 오히려 『숙종실록』이 더 앞서는 사례도 존재하는데 이는 이미 살펴본 바와 같이 『숙종실록』의 기록이 숙종대 『승정원일기』 외에도 다양한 자료를 참고·편집한 것이기 때문이다. 그리고 이는 『승정원일기』의 재이 발생 기록도 전적으로 신뢰해서는 안되는 이유를 보여준다.

결국, 이상의 내용을 바탕으로 결론을 내리자면 조선시대의 재이 기록에서 그 빈도를 측정하고 이를 바탕으로 한 장기 통계를 산출하여 주기성을 찾아내거나 혹은 당시 기후 및 재해 실상에 도달할 수 있으리라고 가정하는 것은 어렵다는 것이다. 재이 기록에서 신뢰할 수 있는 것은 재이의 발생, 그리고 재이 양상과 이에 대한 대응이며 이를 통하여 당시 사람들의 심성이나 아니면 재해의 단기적인 정치·사회·경제적 영향 정도를 연구 대상으로 할 수 있을 것으로 보인다. 한편, 최근 새롭게 등장한 연구 경향과 같이 다양한 자료를 취합하여 사료의 정확도 및 신뢰도를 높이고 보정하는 것도 가능할 것이다.

이상의 내용은 모두 재해학연구센터의 재해 DB에서 구현·제공하고자 하는 서비스의 실례를 보인 것이다. 즉, 재이 발생이나 양상, 심성 등 재해와 관련하여 우리 역사 기록에서 살펴볼 수 있는 다양한 분야를 구획하고 이를 효과적으로 출력하여 연구자들에게 편의를 제공하고자 하는 것이다. 이러한 DB 구축을 통하여 앞으로 좀 더 재이에 관한 다양한 연구가 이루어지기를 기대한다.

제2부

역사 연구와 재해 사료 DB의 활용

| 제1장 |

고려중기 자연재해의 발생과 생활환경

이 정 호

1. 머리말

인간은 자연의 일부로 존재하는 가운데 그것을 개발하고 이용하면서 발전해 왔다. 때로는 자연을 비롯한 환경의 위협을 받으며, 또 역으로 환경을 파괴하며 사회를 형성해 왔다. 역사학에서 인간의 활동주체로서 역할을 강조하면서 자연과 환경에 대한 관심이 다소 상대적으로 벗어났지만, 환경을 벗어난 인간의 활동은 인류역사상 한 순간도 존재한 적이 없었다. '환경결정론(環境決定論)' 혹은 '자연결정론(自然決定論)'에 의한 역사연구가 바람직하지는 않다고 여겨지지만, 그렇다고 하여 이를 배제하는 것도 문제가 크다고 본다. 특히 인류역사 속에는 자연환경과 인간의 '긴장관계', 예를 들어 자연재해의 피해 혹은 인간의 자연환경 파괴 등으로 양자가 서로 영향을 주고받았던 시기도 존재했다. 자연환경에 대한 고찰을 통해 그동안 간과 혹은 소홀히 다루었던 역사의 소중한 장면들도 발견하는 계기를 마련할 수 있지 않을까?

인간과 환경 사이의 '긴장관계'가 고조된 때는 역사학에서도 고찰을 통해 얻게 되는 사실들이 다수 존재한다. 이러한 고찰이 가능한 대상 가운데 하나는 자연재해로 인한 피해가 발생한 때이다. 자연한계를 극복하기 위한 인간의 대응노력 속에 환경변화가 초래되기 때문이다. 본고에서는 환경사(環境史)의 관점에서[1] 고려중기의 자연재해 발생과 생활환경에 대해 고찰해 보고자 한다. 고찰대상 시기를 고려중기로 삼은 이유는, 이 시기는 전체 고려시대의 기간 가운데 자연재해로 인한 피해가 컸던 대표적 시기 가운데 하나이고, 피해를 극복하기 위한 당시 사람들의 대응노력이 증가하여 나타나고 있었을 뿐만 아니라 그 과정에서 사회 변화의 조짐 또한 여러 가지 측면에서 나타나고 있던 시기이기 때문이다.

그동안 고려시대 자연재해에 대해서는, 발생 추세와 원인에 대해 고찰하는 가운데 특히 12세기 전반기와 14세기 후반기에 자연재해 발생 빈도가 높았고 그 원인으로는 기온저하(氣溫低下)를 비롯한 기후변화에 기인한 것으로 보았다.[2] 아울러 당시 사람들의 자연재해에 대한 인식과 대응양상에 주목하여, 자연재해를 비롯한 천재지변(天災地變)에 대한 높은 관심은 특히 당시의 유교정치이념에 입각한 천인감응론(天人感應論)에 영향을 받아 나타나게 된 것으로 보았다.[3]

---

1) 한국사 연구에 있어서 기존의 환경사 연구 성과 및 경향에 대해서는 다음의 논고 참조. 김도균, 「한국 환경사 연구의 동향과 과제－한국사 관련 학술지를 중심으로」『환경사회학연구 ECO』 12-1, 2008 ; 고태우, 「한국 재난 인식 연구의 성과와 과제－근대 이전 시기 역사학계의 연구를 중심으로」『인문학연구』 59, 2020 ; 고태우, 「총론 : 기후위기 시대의 생태환경사－한국기후사의 모색」『역사와 현실』 118, 2020, 44~47쪽.

2) 고려시대 자연재해의 발생 추세 및 원인에 대해서는 다음의 논고 참조. 朴星來, 「韓國史上에 나타난 天災地變의 記錄」『韓國科學史學會志』 1-1, 1979 ; 朴星來, 「천(天)·재(災)·지(地)·변(變)」『한국 과학 사상사』, 유스북, 2005 ; 金蓮玉, 「高麗時代의 氣候環境－史料分析을 中心으로」『韓國文化硏究院 論叢』 44, 1984 ; 金蓮玉, 『한국의 기후와 문화－한국 기후의 문화 역사적 연구』, 梨花女大 出版部, 1985 ; 金蓮玉, 「中世 溫暖期의 氣候史的 硏究」『문화역사지리』 4, 1992 ; 金蓮玉, 『기후 변화－한국을 중심으로』, 민음사, 1998 ; 須長泰一, 「高麗後期の異常氣象に關する一試考」『朝鮮學報』 119·120, 1986 ; 李泰鎭, 「고려~조선 중기 天災地變과 天觀의 변천」『韓國思想史方法論』, 小花, 1997.

3) 고려시대의 자연재해를 비롯한 天災地變에 대한 당시 사람들의 인식과 대응양상에 대해서는 다음의 논고 참조. 李熙德, 『高麗儒教政治思想의 硏究－高麗時代 天文·五行說과 孝思想을 中心으로』, 一潮閣, 1984 ; 李熙德, 『韓國古代 自然觀과 王道政治』, 혜안,

한편 고려중기에 빈번하게 발생한 자연재해의 경우, 이는 우선 기후변화에 기인한 측면이 있었던 것으로 보아야 하겠지만[4] 한편으로는 산림(山林)의 황폐화를 비롯한 자연환경의 변화와도 밀접한 관련을 지니고 있었다. 전쟁, 영작(營作), 농토개간 등으로 인한 벌목(伐木)과 산림 황폐화가 토사(土砂)의 유출과 하류지역(下流地域)으로의 축적으로 연결되고, 이로 말미암아 잦은 수재(水災)의 피해가 발생하는 등 자연재해 발생의 원인이 되었던 점은 그러한 대표적인 사례이다. 아울러 자연환경의 변화가 도시문제(都市問題)의 대두 등 당시 사람들의 생활에 영향을 미치고, 이에 따른 대응책의 마련이 요구되는 등 자연환경의 변화는 이전에 없던 새로운 문제를 야기시킬 개연성도 지니고 있었다.

이러한 점들을 감안한다면, 고려중기 자연재해의 발생과 생활환경의 변화 사이의 관계를 고찰할 경우, 환경사의 연구대상으로서 두 가지 측면, 즉 '인간역사에 영향을 미친 환경 요인'과 '인간 활동에 의한 환경 변화'를 살펴보는 데에도 기여할 수 있을 것으로 기대된다.[5]

이를 위해 본고에서는 먼저 고려중기 자연재해의 발생 상황을 살펴보는 가운데 이로 말미암은 피해를 극복하기 위한 당시 사람들의 대응 노력이 어떻게 나타나고 있었는지 살펴보도록 하겠다. 이어서 이 시기 자연재해

1999 ; 李熙德, 『高麗時代 天文思想과 五行說 硏究』, 一潮閣, 2000 ; 秦榮一, 「高麗前期의 災異思想에 관한 一考」 『高麗史의 諸問題』, 三英社, 1986 ; 秦榮一, 「『高麗史』 五行·天文志를 통해 본 儒家秩序槪念의 分析」 『國史館論叢』 6, 1989 ; 金海榮, 「『高麗史』 天文志의 檢討」 『慶尙史學』 2, 1986 ; 金永炫, 「高麗時代의 五行思想에 관한 一考察」 『忠南史學』 2, 1987 ; 韓政洙, 「高麗前期 天變災異와 儒敎政治思想」 『韓國思想史學』 21, 2003 ; 韓政洙, 「고려후기 天災地變과 王權」 『歷史敎育』 99, 2006.

또한 기존의 고려시대 災害史(災異)에 대한 연구성과에 대해서는, 채웅석, 「고려시대사 연구와 재이(災異) 사료의 활용」 『한국중세사연구』 71, 2022(본서 수록) 참조.

4) 金蓮玉, 앞의 논문, 1984, 129~132쪽 ; 李泰鎭, 앞의 논문, 108쪽 ; 須長泰一, 앞의 논문, 314~320쪽.

5) 환경사의 주요 연구대상으로는 '人間 활동에 의한 環境 변화', '자연환경이 社會變化에 미친 영향', '자연환경에 대한 당시 사람들의 思考와 態度' 등을 들 수 있다. 이에 대해서는 김도균, 앞의 논문, 221~223쪽 참조.

발생에 영향을 미친 요소로서 토지개간, 전쟁, 벌목 등으로 인한 산림 훼손 문제에 주목해 보면서, 인위적 행위에 의한 자연환경의 훼손과 이로 말미암은 자연재해의 발생 가능성에 대해 고찰해 보도록 하겠다. 또한 자연재해의 발생이 당시 사람들의 생활환경에 어떠한 영향을 미치고 있었는지 특히 수도 개경(開京) 주민들의 생활 환경과 관련하여 고찰해 보고자 한다.

2. 자연재해의 발생상황과 대응양상

필자는 최근 고려시대 관련 기록에 나타나는 한재(旱災), 수재(水災), 상재(霜災), 충재(蟲災) 등 자연재해를 조사하여 발생 추세를 고찰한 적이 있었다.[6] 이에 따르면 고려시대에 자연재해의 발생 빈도가 높았던 시기는 12세기 전반기와 14세기 후반기로 나타났다. 자연재해 발생 추세를 고찰하기 위해 10년 단위로 작성해 본 결과에 따르면, 1101~1140년과 1341~1392년에 자연재해 발생 기록이 가장 다수 나타난다. 고려시대 전체 기록 숫자 가운데 약 38%가 이 시기에 집중되어 있다.

〈표〉 고려시대 자연재해 발생 기록수[7]

자연재해 / 연도	旱災	水災	雨雹, 서리	雪災	風災	虫災	雷震, 雨雷	地震, 崩壞	안개, 雨土, 黃霧	飢饉, 疾病, 傳染病	합계
918~920										4	4
921~930								1			1
931~940				1	1						2
941~950					1		1				2
951~960											
961~970		1									1
971~980								2			2

6) 이정호, 『고려시대의 농업생산과 권농정책』, 경인문화사, 2009, 6~13쪽.

981~990						1	1			1	3
991~1000	1										1
1001~1010					2	1	1	3	1	1	9
1011~1020	9	1	4	1	4	6	11	14	7	5	62
1021~1030	10	4	4			1	5	11	2	1	38
1031~1040	14	9	5		1		9	13	5	4	60
1041~1050	13	5	3		1	1	3	3	1	8	38
1051~1060	19	7	4				8	2		13	53
1061~1070	12	4	1				2	1	2	7	29
1071~1080	7	3	1	1			3	2	2	1	20
1081~1090	25	6	4	5	5		5	3	1	1	55
1091~1100	12	7	8	2	2	2	4	5	1	2	45
1101~1110	37	6	8	7		9	8	4	4	13	96
1111~1120	20	5	8	6	5		14	2	2	4	66
1121~1130	35	5	6	3	14	2	10	3	16	3	97
1131~1140	47	9	12	3	17	3	18	4	19	4	136
1141~1150	5	6	12	3	5	4	15	1	8	1	60
1151~1160	35	8	6	1	2	1		6	8	3	70
1161~1170	26	1	5		3		6	1	2	5	49
1171~1180	9	2	7	1	7	1	10	6	15	3	61
1181~1190	11	7	11	0	5	3	7	5	13	1	63
1191~1200	8	3	3	0	3	2	11	6	9	3	48
1201~1210	3	1	3	1	0	0	3	1	4	0	16
1211~1220	8	2	5	3	5	0	9	7	1	0	40
1221~1230	8	6	10	1	1	3	18	14	9	7	77
1231~1240	4	0	2	0	2	0	2	2	1	1	14
1241~1250	14	2	0	2	2	1	9	1	4	1	36
1251~1260	11	3	12	1	6	2	14	8	19	16	92
1261~1270	4	2	4	1	1	1	7	6	2	6	34
1271~1280	15	2	15	3	5	2	11	7	3	10	73
1281~1290	29	1	13	0	5	0	11	5	2	7	73
1291~1300	3	5	13	0	5	1	11	5	1	11	55
1301~1310	11	5	8	0	2	0	16	1	2	1	46
1311~1320	22	11	2	1	7	0	7	3	2	2	57
1321~1330	13	2	18	1	2	0	8	4	8	1	57
1331~1340	8	1	0	0	2	0	7	15	3	0	36
1341~1350	16	5	11	0	6	1	12	14	6	6	77
1351~1360	16	7	8	1	16	4	9	9	7	16	93
1361~1370	15	9	11	3	12	4	24	24	26	15	143
1371~1380	34	17	20	1	7	1	14	14	35	16	159
1381~1392	32	25	16	3	8	12	15	15	22	14	162
합계	621	205	283	56	172	69	359	253	275	218	2511

〈도표〉 고려시대 자연재해 발생 기록수

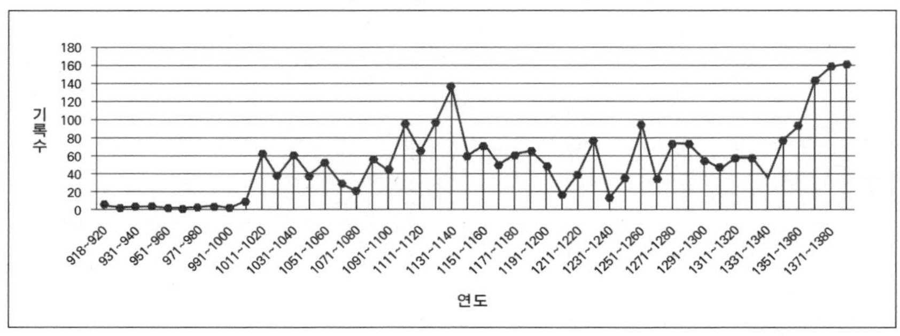

고려시대를 전기(태조 원년[918]~헌종 원년[1095] : 178년간), 중기(숙종 원년[1096]~원종 11년[1270] : 175년간), 후기(원종 12년[1271]~공양왕 4년[1392] : 122년간)로 구분할 경우,[8] 각 시기별 자연재해 발생 기록은 전기 15.35%, 중기 44%, 후기 40.65%로 나타났다. 태조~목종대 기록이 거란과의 전쟁과정에서 소실된 점, 몽고와의 전쟁으로 기록이 누락되었던 점, 시기구분 기간의 장단 등을 고려해야 하겠지만, 본고의 고찰 대상

7) 이정호, 앞의 책, 6~7쪽에서 재인용. 〈표〉는 자연재해 발생의 추세를 고찰하기 위해 10년 단위로 작성하였다. 〈표〉를 작성함에 있어서는 『高麗史』 卷53 五行志 1, 卷54 五行志 2, 卷55 五行志 3, 卷80 食貨志 3 賑恤 災免之制·水旱疫癘賑貸之制, 『高麗史』 世家·列傳, 『高麗史節要』의 기사 내용을 중심으로 하고, 李泰鎭, 앞의 논문, 97쪽 및 金永炫, 앞의 논문, 13·17·21·25·31·41쪽을 참고하여 작성하였다. 한편 본고를 본 단행본에 재수록하는 시점에서, 〈표〉는 최근의 연구성과를 통해 보다 정밀히 검토하여 보완할 필요가 있다고 여겨진다. 왜냐하면 검토 대상 사료 가운데는 '재해'로 판단하는 데 어려움이 있는 경우, 예를 들어 '大雨'의 사례처럼 이를 '재해' 혹은 '재해 해소'의 어느쪽으로 판단하기 어려운 경우가 있었기 때문이다. 그러나 한편 최근 한국 전통사회는 물론 중국측의 자연재해 관련 사료를 비교·검토한 DB 전산화가 진행되어, 그 연구성과를 활용할 경우 보다 정확한 '재해' 판단이 가능할 것으로 여겨진다(신안식, 「동아시아(한·중) 전통사회의 재해 DB 구축과 의의」 『한국중세사연구』 67, 2021 ; 이승민, 「11~12세기 한·중 재해 기록과 오행지(五行志)의 자료적 성격」 『한국중세사연구』 67, 2021[이상 본서 수록]). 이에 대해서는 후고를 기약한다.

8) 고려중기의 시기 설정 문제에 대해서는, 채웅석, 「고려사회의 변화와 고려중기론」 『역사와 현실』 32, 1999 참조.

시기인 고려중기에 가장 많은 기록 수치가 나타나고 있다.

고려중기에는 우박, 서리, 때 아닌 눈, 대설(大雪), 이상저온(異常低溫) 등 기후한랭 현상을 반영하는 기록도 이전 시기에 비해 증가하여 나타났다. 고려시대의 기후는 처음에 비교적 온난한 기후를 유지하다가 11세기 말부터 한랭하게 바뀌기 시작해, 특히 12세기 전반기에 그러한 현상이 두드러지게 나타났다. 뿐만 아니라 이상고온(異常高溫) 현상을 살펴볼 수 있는 자료도 12세기 전반·중반기에 살펴볼 수 있어, 기후의 불규칙한 변화 또한 이 시기에 나타나고 있었음을 알 수 있다.9)

고려시대 자연재해 가운데 특히 큰 피해를 준 것은 한재(旱災)였다. 한재는 고려시대 각 왕대별로 빠짐없이 기록될 정도로 자주 발생한 것으로 나타난다. 그러나 발생 빈도가 높았다는 것도 문제였지만 심각한 것은 해를 연이어 발생하여 피해를 더욱 가중시켰다는 점이다. 고려중기 가운데 3년 이상 장기간 한재가 발생한 시기로는 숙종 3~6년(1098~1101 : 4년간), 예종 원년~4년(1106~1109 : 4년간)과 6~9년(1111~1114 : 4년간), 명종 24~26년(1194~1196 : 3년간) 등을 들 수 있다. 특히 예종대에는 원년부터 9년까지 한해(예종 5년)을 제외하고 무려 9년간 한재의 영향을 받았던 것으로 나타난다.10)

자연재해의 발생, 기후 한랭화 및 불규칙한 변화 등은 농업생산활동에 피해를 초래하였다. 고려중기 농업생산활동의 피해 정도를 정확히 파악할 수는 없다. 다만, 고려후기 이곡(李穀)의 기록에 따르면 한재·장마로 피해가 발생한 해에 이전에 비해 채소 수확이 1/2로 줄고, 또다시 이듬해마

---

9) 金蓮玉, 「中世 溫暖期의 氣候史的 硏究」 『문화역사지리』 4, 1992, 286쪽 ; Lee Jung-ho, "Climate Change in East Asia and Agricultural Production Activities in Koryŏ and Japan during the 12th~13th centuries," *International Journal of Korean History Vol.12*, Seoul : Center for Korean History, 2008, pp.136~140.

10) 고려시대 장기간 연속된 한재로 인한 피해에 대해서는, 이정호, 앞의 책, 14~18쪽 참조.

저 때에 맞지 않는 가뭄과 비[早旱晩水]로 피해를 입게 되자 그에 훨씬 못미치는 수확을 거두게 되었다는 기록을 참고할 수 있다.[11)]

뿐만 아니라 자연재해로 인한 피해는 기근·질병·전염병의 발생으로 연결되어 피해가 확산되어 나가는 경우가 많았다. 12세기 전반기 가운데, 특히 예종 4~5년(1109~1110)과 12년, 15년에 기근·질병·전염병 등이 크게 발생하였다.[12)] 예종대의 경우, 자연재해가 연이어 발생하고 전염병의 만연으로까지 이어지면서, 심지어 생존을 위해 '사람들이 서로 잡아먹는' 지경에 이르렀다.[13)] 한편 이 시기는 농민의 대규모 유망(流亡) 현상[14)] 등 당시 사회의 변화와 연결된 동요의 조짐이 나타나고 있던 시기이기도 했다.[15)]

이에 대하여 중앙정부에서는 자연재해로 인한 피해, 농민유망 등 당시 사회변화에 대처하기 위해 감무(監務) 파견을 비롯해[16)] 지방행정·조세·공역(貢役) 등 각종 제도들을 정비하는 조처를 내렸다.[17)] 아울러 자연재해로

---

11) 『稼亭集』 권4, 小圃記, "京師福田坊所賃屋 有隙地 理爲小圃 … 一之年 雨暘以時 朝甲而暮牙 葉澤而根腴 旦旦采之而不盡 分其餘隣人焉 二之年 春夏稍旱 瓮汲以灌之如沃焦 然種不苗 苗不葉 葉不舒 虫食且盡 敢望其下體乎 已而霪雨 至秋晩乃霽 沒溷濁冐泥沙 負墻之地皆爲頹壓 視去年所食 僅半之 三之年 早旱晩水皆甚 所食又半於去年之半."

12) 『고려사』 권80, 식화3 賑恤 水旱疫癘賑貸之制 예종 4년 正月·5월·12월 ; 『고려사』 권13, 예종 5년 4월 갑술 ; 『고려사절요』 권8, 예종 12년 8월 ; 『고려사』 권14, 예종 15년 8월.

13) 『고려사』 권12, 예종 원년 6월 병술, "詔曰 是月以來 亢旱尤甚 蓋由否德所致 日夜焦勞 省躬謝過 禱佛祈神 無不盡心 然未蒙報應 …" ; 『고려사』 권12, 예종 5년 4월 갑술, "司天臺奏 今年 疫厲大興 戶骸載路 請令有司 收瘞 從之" ; 『고려사』 권13, 예종 5년 6월 병자, "詔曰 … 三四年間 田穀凶荒 人民飢病 宵旰憂勞 未嘗暫已 況又乾文變怪 無日不見 夏月以來 凄風雨雹 此乃涼德所致 …" ; 『고려사절요』 권8, 예종 12년 8월, "簽書樞密院事 金黃元卒 … 後出爲京山府使 有惠政 … 道見北鄙大饑 人相食 馳驛上書 請發倉廩 賑之" ; 『고려사』 권14, 예종 15년 8월, "自夏不雨 至于是月 五穀不登 疫癘大興."

14) 『고려사』 권12, 예종 즉위년 12월 병신.

15) 蔡雄錫, 「12, 13세기 향촌사회의 변동과 '민'의 대응」 『역사와 현실』 3, 1990 ; 朴宗基, 「12, 13세기 農民抗爭의 原因에 대한 考察」 『東方學志』 69, 1990.

16) 『고려사』 권13, 예종 원년 4월 경인 ; 『고려사』 권13, 예종 3년 7월.

17) 『고려사』 권13, 예종 원년 4월 경인 ; 『고려사』 권78, 식화1 田制 租稅 예종 3년

인한 농업생산활동의 피해를 극복하기 위해 권농정책(勸農政策)의 일환으로 군인전(軍人田)의 경작을 독려하거나, 진전(陳田) 개간을 장려하는 조처를 내리기도 하였다.[18] 그리고 이 시기에는 수리시설(水利施設)의 확보, 토지개간의 확대 등 여러 가지 면에서 농업기술이 발달되어 나가는 모습이 엿보이고,[19] 그 과정에서 지방관의 권농(勸農) 활동이 활발히 이뤄지고 있었다.[20]

주목되는 점은 이처럼 자연재해 발생이 빈번해질수록 이를 극복하기 위한 당시 사람들의 대응노력 또한 증가되어 나타나는 모습이 엿보인다는 것이다.[21] 이러한 점은 재해 발생이 빈번했던 명종대에도 살펴볼 수 있다. 명종대 또한 자연재해로 인한 피해가 심했던 시기로, 특히 명종 3년(1173)의 경우 한재로 기근이 들어 인육(人肉)을 팔 정도였다고 하니,[22] 그 피해 정도를 쉽게 짐작해 볼 수 있다. 이처럼 자연재해의 피해가 극심하자 이를 극복하기 위한 정부의 노력 또한 증가하여 나타나고 있는 점을 살펴볼 수 있다. 예를 들어 한재·수재로 큰 피해가 발생하고 있던 시기인[23] 명종 18년(1188) 3월에 중앙정부에서는 수리시설로서 제언(堤堰)을

2월 ; 『고려사』 권78, 식화1 田制 貢賦 예종 3년 2월.

18) 『고려사』 권79, 식화2 農桑 예종 3년 2월 ; 『고려사』 권78, 식화1 田制 租稅 예종 6년 8월 ; 『고려사』 권14, 예종 11년 3월.

19) 魏恩淑, 「12세기 농업기술의 발전」 『釜大史學』 12, 1988.

20) 不久 授試閤門祗候知樹州 時州民飢荒 公省力役 使民服公田不闢者 斬菱苑 播厥穀 連歲大攘 以充賦貢(『高麗墓誌銘集成』 張文緯墓誌銘).

21) 고려시대의 경우 자연재해로 農民과 農業에 피해가 발생할 경우, 중앙정부의 대응책은 대체로 이러한 피해를 복구하여 정상적인 영농상태로 회복하려는 성격이 강했다. 그러나 한편 고려중기의 경우처럼 자연재해 발생 빈도가 높은 시기에는 이러한 일종의 '원상복구적' 성격의 대응책 이외에 농업기술의 진전을 도모하는 등 보다 효과적인 방법을 모색해 나가고 있는 모습이 나타난다는 점이 주목된다는 것이다. 고려시대 자연재해의 피해를 극복하기 위한 당시 사람들의 대응 노력과 양상에 대해서는 이정호, 「高麗前期 自然災害의 발생과 勸農政策」 『역사와 경계』 62, 2007, 42~47쪽 참조.

22) 『고려사』 권19, 명종 3년 4월 병자, "聚巫禱雨 分遣近臣 禱于群望 是時自正月 不雨 川井皆渴 禾麥枯槁 疾疫並興 人多餓死 至有市人肉者."

수축하여 저수(貯水)함으로써 농경지의 황폐화를 방지하도록 하는 한편, 뽕나무·과일나무 등을 심어 이익을 도모하는 내용의 교서를 내리고 있었다.[24] 이는 한재와 같은 자연재해에 대비하려는 노력임과 동시에 일종의 '영농 다각화'를 도모하는 내용으로서 농업생산활동의 안정 및 발전에 기여할 수 있는 부분이라고 할 수 있다. 그런데 이것은 명종 18년 3월에 내려진 일련의 조처들 가운데 하나로,[25] 대체로 농민유망·토지탈점(土地奪占) 현상과 부세제도·구휼제도의 폐단 등 당시 사회의 변화에 따른 문제점을 개선하기 위한 대책들이었다.[26] 여기에 권농 조처가 포함된 사실은 권농정책이 피해 복구의 차원을 넘어 사회변화에 따른 대응책으로서의 의미도 지니게 되었음을 알려준다.

이처럼 자연재해의 발생이 이전 시기에 비해 증가하고 있던 예종대·명종대의 경우, 이전과 달리 농업기술의 발달 혹은 권농정책(勸農政策)의 내용이 보다 진전되어 나가는 모습이 점차 엿보이는 등 새로운 양상도 나타나고 있었다. 이러한 점은 자연재해의 발생 빈도가 높아질수록 이를 극복하려는 인간의 노력이 또한 증가되어 나타나고 있었음을 살펴볼 수 있게 해주는 것이라고 생각된다.

---

23) 『고려사』 권53, 오행1 五行一曰水 명종 16년 윤7월 임자, "安邊府大水 漂民屋百餘死者千餘人" ; 『고려사』 권20, 명종 18년 5월 계묘, "農務方興 久旱不雨 慮有寃獄 久滯不決 其令二罪以下 悉皆原免" ; 『고려사』 권80 식화3 賑恤 水旱疫癘賑貸之制 명종 18년 8월, "制曰 近聞 東北面兵馬使所奏 關東諸城 多遭水灾 禾穀損傷 人民漂溺 僅存遺氓 並被饑饉 朕甚憫焉 宜遵京內東西大悲院例 設食接濟 活人多少 以爲褒貶 又令移粟於朔方諸城 仍遣使發倉 賑民."

24) 『고려사』 권79, 식화2 農桑 명종 18년 3월.

25) 『고려사』 권78, 식화1 田柴科 명종 18년 3월 ; 『고려사』 권78, 식화1 貢賦 명종 18년 3월 ; 『고려사』 권79 식화2 借貸 명종 18년 3월 ; 『고려사』 권80, 식화3 常平義倉 명종 18년 3월.

26) 朴宗基, 앞의 논문, 142~146쪽.

3. 산림 훼손과 자연재해, 전염병

그러면 고려중기처럼 자연재해의 피해가 컸던 당시 사람들의 생활환경은 어떠했을까?

고려중기의 경우 먼저 토지개간, 궁궐 조성 등을 통해 산림(山林)이 훼손되는 사례가 증가하여 나타나고 있었고, 이는 자연재해의 피해를 가중시키는 측면도 있었다.

농업이 주된 산업이었던 고려 왕조에서 농경지(農耕地)의 확보와 확대는 사회와 국가를 유지·운영하는 관건이었다. 때문에 국초 이래 중앙정부에서는 토지개간을 적극 장려하여 왔는데, 고려전기에는 대체로 산전(山田) 개간이 진척되어 나갔다. 이러한 사정은 인종대 고려를 방문한 송나라 사신 서긍(徐兢)의 견문기에 고려의 경작지가 산간(山間)에 많이 조성되어 있다고 표현한 것을 통해서도 잘 살펴볼 수 있다.[27)]

산전 개간은 이외에 예종대부터 대규모로 발생하기 시작한 유망민과 이들에 의한 산간(山間) 거주 및 화경(火耕)에 의해서도 진행되어, 산림 훼손을 가속화 시켰다. 자연재해의 피해와 함께 권력층에 의한 토지탈점이 대두되기 시작하고[28)] 대규모의 농민 유망 현상이 나타났다. 10집 가운데 9집이 비었다고 표현될 정도였다.[29)] 유망민의 일부는 농장(農莊)의 노동력으로 다시 유입되는 경우도 있었겠지만, 한편으로 생계를 위해 새로운 경작지가 필요한 상황을 맞이하여 산림에 들어가 개간하기 시작한 것으로 보인다. 예종 원년 유망민의 안착을 도모하는 조처가 있은지[30)]

---

27) 『高麗圖經』 권23, 雜俗2 種藝, "國封地瀕東海 多大山深谷 崎嶇嶠崒而少平地 故治田多於山間 因其高下 耕墾甚力 遠望如梯磴."

28) 『고려사』 권98, 崔奇遇傳, "李資諒營院館 侵奪吏民田園 掌其事者 因緣謀利 爲民害 奇遇奏禁之 一方大喜."

29) 『고려사』 권12, 예종 즉위년 12월 갑신, "敎曰 … 流亡相繼 十室九空 朕甚痛焉."

30) 『고려사』 권12, 예종 원년 4월 경인, "詔曰 頃因所司奏 以西海道儒州安岳長淵等縣人物流亡 始差監務官 使之安撫 遂致流民漸還 産業日盛 今牛峯兎山積城坡平沙川朔寧安峽

얼마안있어 그 다음해에 화경(火耕)을 금지하는 조처가 있었던 것은[31] 이러한 농민층의 유망과 산림개간 상황을 짐작할 수 있게 해준다.

산림의 훼손은 특히 궁궐 조성을 비롯한 각종 토목공사를 위해 벌목(伐木)이 진행되면서 확대되었다. 현종 2년 거란의 침입으로 개경의 궁궐과 태묘(太廟)를 비롯해 민가(民家)가 소실되는 피해를 입었다.[32] 피해 복구 과정에서 송악성(松嶽城), 서경황성(西京皇城), 개성궁궐(開城宮闕) 등이 수리되면서 대규모 영작이 진행되었다.[33] 영작과정에 다수의 목재가 소비된 것은 다음의 사례를 통해 충분히 짐작할 수 있다. 현종 3년에 경주(慶州)의 황룡사탑(黃龍寺塔)을 수리하기 위해 그곳의 조유궁(朝遊宮)을 훼철하여 자재로 사용하기도 하였다.[34] 자재 공급의 어려움을 감안한 조처라고 이해한다면, 그만큼 목재 등이 소모 혹은 고갈되었던 사정을 반영한다고 볼 수 있다.

이와 같은 벌목을 통한 산림훼손은 이를 전후하여 잦은 산악(山岳)의 붕괴를 초래하였다. 현종 4년부터 송악(松嶽)을 비롯해 산악의 붕괴가 자주 발생하는데,[35] 이는 작은 홍수에도 큰 산이 무너지는 등 피해가

僧嶺洞陰安州永康嘉禾青松仁義金城堤州保寧餘尾唐津定安萬頃富閏楊口狼川等郡縣人物亦有流亡之勢 宜准儒州例 置監務招撫."

31) 『고려사』 권12, 예종 2년 3월 정해, "朔詔曰 當萬物發生之時 不麛不卵者 實禮典之成規而先王之仁政也 … 或農夫火耕 延燒物命 有乖對時 育物之義 足傷天地之和 一切禁斷 違者罪之."

32) 『고려사』 권4, 현종 2년 정월 을해, "契丹主入京城 焚燒大廟宮闕 民屋皆盡 是日王次廣州."

33) 『고려사』 권4, 현종 2년 8월, "是月 增修松嶽城 築西京皇城"; 『고려사』 권4, 현종 2년 10월 을축, "命尙書張延祐 修營宮闕"; 『고려사』 권4, 현종 3년 12월 정축, "教曰 … 今以寡人不德 致令淸廟挺災 惻愴雖深 興營未暇 乃欲先造木主 置于齋坊 其令禮官 擬議奏聞"; 『고려사』 권4, 현종 4년 10월, "修功臣堂"; 『고려사』 권4, 현종 5년 정월 갑오, "宮闕成."

34) 『고려사』 권4, 현종 3년 5월 기사, "撤慶州朝遊宮 以其材 修黃龍寺塔."

35) 『고려사』 권55, 오행3 五行五曰土 현종 3년 2월 을묘, "松岳大石頹"; 『고려사』 권4, 현종 4년 6월 계유, "松嶽崩"; 『고려사』 권55, 오행3 五行五曰土 현종 6년 6월 갑자, "楊州負兒山頹"; 『고려사』 권55, 오행3 五行五曰土 현종 11년 5월 무진, "智異山頹";

발생한 경우라고 여겨진다. 현종 17년에는 4일간의 집중호우로 개경의 수많은 민가(民家)가 피해를 입고, 서경(西京)에서도 80여호(餘戶)가 표몰되는 피해가 있었다.[36] 시기적인 간격이 있기는 하지만, 산림 복구에 상당기간이 소요되는 점을 감안한다면 산림 훼손에 따른 홍수조절 기능의 상실 때문이었을 가능성이 높다. 예종 원년(1106) 송악산은 우수(雨水)로 토사가 유출되어 암석이 드러나고 초목이 자라지 못하고 있는 상태였다.[37]

인종대 또한 이자겸(李資謙)의 반란으로 궁궐이 소실된 후[38] 이를 다시 영조(營造)하는 과정에서 벌목이 대규모로 진행되었다. 인종 8년에는 궁궐을 조성하기 위해 삼도(三道)에서 벌목하였는데, 부역에 동원된 다수의 인원이 사망할 정도였다.[39] 이듬해인 인종 9년에 벌목을 금지하고 동서대비원(東西大悲院)·제위포(濟危鋪) 등을 수리하여 백성을 구휼하는 조처를 취하였다.[40] 자연재해로 인한 피해를 구휼하고 유교정치사상에 입각해 순조로운 자연운행의 준수를 강조하는 측면도 있었겠지만, 앞서 진행된 벌목으로 인한 산림 훼손 때문이기도 하였을 것이다. 여기에 인종 5년 권세가(權勢家)에 의한 산림천택(山林川澤)의 탈점을 금지할 정도로,[41] 그동안 산림천택의 상당부분이 사점(私占)되어 이용되면서 산림을 훼손하는

『고려사』 권55, 오행3 五行五曰土 현종 12년 2월 신해, "五冠山頹" ; 『고려사』 권55, 오행3 五行五曰土 현종 12년 3월 병신, "玄化寺北山頹 出玉璞."

36) 『고려사』 권5, 현종 17년 7월 정미, "大雨凡四日 京城民家 漂毁者甚多" ; 『고려사절요』 권3, 현종 17년 9월 기유, "西京大水 漂毁民家八十餘戶."

37) 『고려사』 권12, 예종 원년 2월 을해, "日官奏 松嶽乃京都鎭山 積年雨水 沙土漂流 巖石暴露 草木不茂 宜栽植裨補 詔可."

38) 『고려사』 권15, 인종 4년 2월 임술.

39) 『고려사』 권16, 인종 9년 6월 경진, "制曰 傳曰 … 去冬營宮 三道伐木 民死於役者頗衆 宜發官粟 賻其妻子."

40) 『고려사』 권16, 인종 9년 3월 계해, "制 無伐木 無麛無卵 掩骼埋胔 葺東西大悲院濟危鋪以救民疾."

41) 『고려사』 권15, 인종 5년 3월 무오, "詔曰 … 一 山澤之利 與民共之 毋得侵牟."

데 영향을 주었다고 여겨진다. 인종 10년과 14년에 수재의 피해가 컸던 사실은[42] 이러한 산림 훼손과도 연관되었을 가능성이 있다고 본다.[43]

한편 자연재해의 피해가 생활환경을 극도로 악화시키기도 하였다. 대표적인 경우가 자연재해의 피해가 전염병의 발생으로 연결되는 것이었다. 고려시대 전염병은 다양한 원인에 의해 발생했다. 영양과 위생 상태가 불량한 상황에서 흉년으로 인한 기근은 쉽사리 사망과 질병·전염병의 발생으로 연결되었다. 기근은 거란, 몽골, 합단적(哈丹賊), 홍건적(紅巾賊) 등과의 전쟁을 비롯해, 지방관의 과도한 수탈 등 인위적 요소에 기인하여 발생하였다. 그러나 특히 자연재해의 피해가 장기간 지속될 때 피해 정도가 컸다. 고려시대 전염병에 대한 기록 총37개 가운데 고려중기의 사례가 25개로, 전체의 약 68%가 집중되어 있는 것은 이러한 사정을 잘 반영한다.[44]

예종 4년 4월 가뭄으로 기우제를 지내는 한편 오부(五部)에서 온신(瘟神)에 제사를 지내고 있어,[45] 개경에 전염병이 발생한 사실을 알 수 있다. 불과 한 달만인 5월에 개경 내 백성의 다수가 사망할 정도로 전염병이 유행하여, 정부에서 구제도감(救濟都監)을 설치하여 치료해 주고 시신을

---

42) 『고려사』 권53, 오행1 五行一曰水 인종 10년 8월 무자, "大雨 漂沒人家 不可勝數 又水湧奉恩寺後山上古井 奔流入國學廳 漂沒經史百家文書"; 『고려사』 권53, 오행1 五行一曰水 인종 14년 6월 정유, "朔 淸州平地水湧 漂流人家 百有八十."

43) 산림 훼손과 자연재해 사이의 연관성에 대해서는, 조선초기의 사례를 통해서도 뒷받침할 수 있지 않을까 한다. 조선건국 이후 새로운 왕조의 수도 건설과 도시 조성 과정에서 木材의 수요가 급증하고 있었는데, 이 시기에 잦은 홍수, 대규모의 산악 붕괴 등이 발생하고 있었을 뿐만 아니라 정부에서 이에 대한 대책을 고심하는 가운데 植樹 지시를 내리고 있는 사실 등을 살펴볼 수 있어, 참고할 수 있을 것이다. 이에 대해서는, 이정호, 「여말선초 자연재해 발생과 고려·조선정부의 대책」 『韓國史學報』 40, 2010, 371~372쪽 참조.

44) 이현숙, 「전염병, 치료, 권력—고려 전염병의 유행과 치료」 『이화사학연구』 34, 2007, 7·13·19~20쪽.

45) 『고려사』 권13, 예종 4년 4월 갑진, "遣近臣 禱雨于朴淵及諸神廟 祭瘟神于五部 仍設般若道場 以禳疾疫."

수습해 주었다.[46] 그러나 전염병은 진정되지 못하여 12월에 또다시 송악(松嶽)과 제신사(諸神祠)에서 질역(疾疫) 해소를 위해 제사를 거행하였다.[47] 전염병은 이듬해 예종 5년까지 크게 유행하여, 집안 혹은 도로에 방치된 시신을 수습해야 할 지경에 이르렀다.[48] 이로 인한 여파는 지방에까지 미쳐, 12월에 흥화(興化)·운중(雲中)·서해(西海)·남경(南京)·광주(廣州)·충주(忠州)·청주(淸州) 등 각 지역에 관료를 파견해 기민(飢民)을 진휼하였다.[49] 전염병의 발생 추세는 개경에서 조짐이 나타나기 시작한 이래 급속히 확산된 후 지방으로 피해가 확대되어 나갔던 것이다. 예종 4~5년의 전염병은 기후한랭 현상[50]을 비롯해 한재(旱災)·풍재(風災)[51] 등 거듭된 자연재해로 인한 흉년과 기근에 말미암은 바가 있었을 것이다.[52] 뿐만 아니라 이 시기가 여진(女眞)과의 전쟁, 9성(九城) 개척과 민호(民戶)의 이주, 9성 환부와 주민 복귀 등을 겪은 직후인 점을 감안할 때, 그 과정에서 외부와의 접촉에 따른 영향도 고려해 볼 필요가 있다.

이상고온(異常高溫) 현상과 같은 기후변화는 질병·전염병의 확산을 부추겼다. 예를 들어 예종 15년의 한재로 인한 흉작은 전염병의 발생을 가져왔다.[53] 한재가 다음해에도 이어진 가운데 특히 이상고온 현상은[54]

46) 『고려사절요』 권7, 예종 4년 5월, "制曰 京內人民 罹于疫厲 死者多 宜置救濟都監 療之 且收瘞屍骨 勿令暴露."
47) 『고려사』 권13, 예종 4년 12월 을유, "命有司 分祭于松嶽及諸神祠 以禳疾疫."
48) 『고려사』 권13, 예종 5년 4월 갑술, "司天臺奏 今年 疫厲大興 戶骸載路 請令有司 收瘞 從之."
49) 『고려사』 권80, 식화3 水旱疫癘賑貸之制 예종 5년 12월, "分遣近臣 賑興化雲中西海南京廣州忠淸州等諸道飢民."
50) 『고려사』 권53, 오행1 五行一曰水 예종 2년 6월 정사, "氣寒如冬"; 『고려사』 권13, 예종 5년 6월 병자, "詔曰 … 節候不調 三四年間 田穀凶荒 人民飢病 … 夏月以來 凄風雨雹 …."
51) 『고려사』 권55, 오행3 五行五曰土 예종 5년 8월 경진, "大風 拔木偃禾."
52) 『고려사절요』 권7, 예종 4년 정월, "以西京驛路百姓飢饉 發倉賑之"; 『고려사절요』 권7, 예종 4년 5월, "分遣近臣 賑東北西南二道飢民."
53) 『고려사』 권54, 오행2 五行四曰金 예종 15년, "自夏至八月 不雨 五穀不登 疫癘大興."
54) 『고려사』 권53, 오행1 五行二曰火 예종 16년 11월, "無冰."

예종 17년의 전염병 확산을 가져왔다. 심지어 국왕인 예종이 이해에 갑자기 사망한 것도 발진성 질환 때문이었을 가능성이 있다.[55] 예종은 3월 임오일(23일) 순천관(順天館)에 행차하여 빈객(賓客) 접대를 점검하고 향림정(香林亭)에서 재추(宰樞)에게 연회를 베풀던 도중 갑자기 등에 작은 종기가 있음을 자각한 후 보름이 조금 지난 4월 병신일(11일)에 사망하였다.[56] 또한 인종 9년에는 3월부터 질병을 치료하기 위해 동서대비원(東西大悲院)과 제위포(濟危鋪)를 수리하는 조처를 취한 바 있었다.[57] 그해 6~7월 기근이 계속되는 가운데[58] 12월 이상고온 현상마저 있게 되면서,[59] 이듬해인 10년 경성(京城)에 기근이 들고, 물가(物價)가 폭등하며, 사망자가 속출하는 등 큰 피해가 발생하였다.[60] 의종 5년의 흉년도 이에 앞서 이상고온 현상이 있었던 사례로,[61] 이상고온 현상과 이듬해 흉년·기근·질병 발생의 관련성을 엿볼 수 있게 해준다. 몽골과의 전쟁으로 인한 피해를 고려해 파악할 문제이겠으나, 고종 42~43년의 겨울철 따뜻한 날씨가 이를 즈음하여 대기근으로 연결되었다.[62]

---

55) 이현숙, 앞의 논문, 2007, 14쪽.

56) 『고려사』 권14, 예종 17년 3월 임오, "幸順天館 點檢接賓之事 宴宰樞于香林亭 忽覺背有微瘇 促駕還宮" ; 『고려사』 권14, 예종 17년 4월 병신, "薨 殯于宣政殿 壽四十五."

57) 『고려사』 권16, 인종 9년 3월 계해, "制 無伐木 無麛無卵 掩骼埋胔 葺東西大悲院·濟危鋪 以救民疾."

58) 『고려사』 권55, 오행3 五行五曰土 인종 9년 6월, "塩州旱饑" ; 『고려사절요』 권9, 인종 9년 7월, "發大倉 賑貧民."

59) 『고려사』 권53, 오행1 五行二曰火 인종 9년 12월 임진, "大雨 溝渠解凍 如三月時."

60) 『고려사』 권16, 인종 10년 7월 경오, "京城饑 穀貴物賤 銀甁一事 直米五碩 小馬一匹 一碩 牸牛一頭 四斗 布一匹 六升 街巷 餓殍相望."

61) 『고려사』 권17 의종 5년 7월 경자, "詔 今年累月不雨 禾穀不登" ; 『고려사』 권53 오행1 五行二曰火 의종 4년 10월, "恒燠."

62) 『고려사』 권24, 고종 41년 6월, "是月 京城大疫" ; 『고려사』 권24, 고종 42년, "是歲冬無雪 京城大疫" ; 『고려사』 권80, 식화3 賑恤 水旱疫癘賑貸之制 고종 42년 3월, "簽書樞密院事崔坪奏 今春大饑 民多死亡 請發倉賑恤 從之" ; 『고려사』 권24, 고종 43년, "冬無雪 飢疫相仍 僵屍蔽路 銀一斤 直米二斛" ; 『고려사』 권24, 고종 44년 윤4월 갑오, "城中大飢."

한편 소[牛]·말[馬] 등 동물의 전염병 혹은 이에 의한 사람의 감염 사례도 찾아진다. 인종 20년 서남로(西南路) 주군(州郡)에 우마역(牛馬疫)이 발생하였고,[63] 충렬왕 5년(1279)에는 탄저병(anthrax)으로 추정되는 우역(牛疫)이 발생하여 이에 접촉한 사람이 마치 불에 덴 것처럼 살이 벗겨져 죽었다.[64] 특히 후자의 경우 전쟁 등으로 외국과의 접촉이 빈번하였던 시기에 나타난 질병 감염 사례로서 주목해 볼 필요가 있다. 충렬왕 7년 여몽연합군(麗元聯合軍)이 일본을 정벌할 당시 고려의 중외(中外)에 전염병이 크게 유행하였고,[65] 이 시기 일본에서도 새로운 전염병이 유행하였다.[66] 이러한 사실을 고려할 때, 몽고와의 전쟁을 전후하여 혹은 일본원정, 원둔전(元屯田) 설치 등을 통해 말·소 등 동물의 유입 혹은 유출이 동아시아 국가들 사이에 영향을 주었을 가능성도 있어 보인다.

4. 개경 내 생활환경과 도시문제의 심화

고려의 수도 개경(開京)은 정치·경제·행정·문화의 중심지였다. 건국 이래 수도로서의 위상은 궁궐의 소실, 천도논의(遷都論議), 강화도 천도 등 정치상황에 따라 다소 영향을 받았지만, 고려 왕조를 통해 지속하여 유지되었다. 대체로 당시 사람들에게서 개경으로의 거주를 지향하는 경향은 줄곧 유지되었다. 개경은 국가체제의 정비과정과 수반하여 궁궐과 관청 등 국가기관이 집중하고, 왕족, 관료층은 물론 일반민의 주거지가 형성되어 있는 고려왕조 최대의 도시였다.[67]

---

63) 『고려사』 권55, 오행3 五行五曰土 인종 20년 10월 무인, "以西南路州郡牛馬疫 遣日官分道 祈禳."

64) 『고려사』 권55, 오행3 五行五曰土 충렬왕 5년 12월, "慶尙道牛疫 屠者爛手而死."

65) 『고려사』 권29, 충렬왕 7년, "是年 自春至冬 中外疫厲大興 死者甚衆."

66) 中島陽一郎, 『病氣日本史』, 東京 : 雄山閣, 1998, 52쪽.

개경의 인구가 증가하게 되는 것은 자연스러운 추세였다. 그러나 자료의 부족으로 인구 변화의 정확한 내용을 알기는 힘들다. 무신정권시기를 전후하여 지방으로부터의 상경종사자(上京從仕者)가 증가한 점을 고려할 때,[68] 이 시기에 개경 인구가 크게 증가하였으리라고 짐작된다. 다만 구체적으로는 고종 19년(1232) 강화도(江華島)로의 천도 직전에 개경 인구가 약 10만호(萬戶)였던 것으로 기록하고 있다.[69] 이를 개경 내외에 거주하는 약 50만명의 인구 숫자로 파악한 견해를 수용한다면,[70] 고려 전체 인구 약 250만구(萬口) 이상 300만구(萬口) 내외 가운데 약 17~20%가 집중된 셈이다.

그런 만큼 환경변화에 따른 영향은 그 어느 지역보다도 수도 개경의 사정을 통해 잘 엿볼 수 있다. 개경은 현종 20년에 나성(羅城)이 완성되면서, 궁성(宮城)·황성(皇城)·나성(羅城)의 3중성의 구조를 갖추게 되었다. 그후 12·13세기에 이르러 개경 도내·교외에 이궁(離宮), 별궁(別宮), 화원(花園), 성황신사(城隍神祠), 교량(橋梁), 세로(細路) 등이 다수 조성되고 있었던 것은,[71] 수도 개경의 인구증가 현상을 반영함과 동시에 중세도시(中世都市)로서의 위상을 확고히 가지게 되었음을 뜻한다.

개경 성곽 내에 인구가 집중되어 생활공간이 형성되었다. 왕족·관료층·백성의 가옥이 혼재한 가운데 자연경관이 뛰어나거나 궁궐과의 접근이 용이한 지역에 대체로 왕족과 관료층의 주거지가 위치하였다. 일반 백성의 가옥으로는 남대가(南大街)에 좌우로 위치한 시전(市廛) 뒤편, 저시교(楮市橋) 주변 등에 밀집한 것이 확인되고,[72] 대체로 농경지, 시장 혹은 제철소

---

67) 朴龍雲, 『고려시대 開京 연구』, 一志社, 1996 ; 김창현, 『고려 개경의 구조와 그 이념』, 신서원, 2002 ; 한국역사연구회 편, 『개경의 생활사』, 휴머니스트, 2007.

68) 李樹健, 「高麗後期 '土姓' 硏究」 『東洋文化』 20·21, 1981.

69) 『고려사절요』 권16, 고종 19년 6월, "崔瑀 會宰樞於其第 議遷都 時國家昇平旣久 京都戶至十萬."

70) 朴龍雲, 앞의 책, 167쪽.

71) 정은정, 「12·13세기 개경의 영역 확대와 郊外 편제」 『역사와 경계』 67, 2008.

등과 같은 생산활동이 이뤄지는 부근에 위치하였을 것이다.

개경 나성 내부에는 사찰(寺刹), 시전(市廛)을 비롯해 주점(酒店), 다점(茶店)[73] 등 도회적 면모를 지닌 각종 시설물이 존재하였다. 도시공간의 확정과 도회적 생활 속에 청루(靑樓)라 칭해진 주점 등에서 일하던 기생의 존재 또한 살펴볼 수 있다.[74] 무신집권시기에 살았던 이규보(李奎報)의 시(詩) 가운데 이웃한 기생의 집에 화재가 난 데 대해 시를 짓고 있는 것을 보면,[75] 기생과 이들의 활동이 개경 내에서 이뤄지고 있었던 것을 알 수 있다. 또한 한강변의 사평진(沙平津)에 유녀(遊女)가 살고 있었다는 사실도 살펴볼 수 있다.[76] 이들 가운데 기근과 유랑생활에 시달려 개경 근교에 이르렀다 매춘으로 생계를 유지하게 된 여성도 있었을 것으로 예상된다. 비록 고려후기의 사례이지만, 이곡(李穀)이 도(都)의 뒷골목[委巷]에서 인신매매[女肆·人肆]가 공공연히 이뤄지고 있는 광경을 목격하고, 수재(水旱) 등에 말미암은 생계의 어려움 때문에 발생한 것으로 통탄하는 글을 남기고 있는 것을 보면, 이 시기에도 그러한 일이 발생하였을 가능성이 있다고 여겨진다.[77]

개성 나성 외곽지역에도 주거지가 형성되어 있었다. 나성의 서쪽문인 오정문(五正門) 밖으로부터 서강(西江)에 이르기까지 집들이 이어져 있었다는 기록이나[78] 전쟁 혹은 반란의 발생시 나성 외곽의 인원이 성내(城內)

---

72) 『고려사』 권53, 오행1 五行二曰火 문종 5년 2월 계사, "京市署火 延燒一百二十戶" ; 『고려사』 권10, 선종 9년 3월 병진, "市巷民家六百四十戶火" ; 『고려사』 권27, 원종 12년 2월 무신, "燃燈 王如奉恩寺 會楮市橋邊民家三百餘戶火."

73) 『西河先生集』 권1, 李郎中惟誼茶店晝睡二絶.

74) 『東國李相國全集』 권9 戲金懷英, "留君無計別君難 故向靑樓喚綠鬟."

75) 『東國李相國後集』 권5, 隣妓家火 ; 又戲作.

76) 『東國李相國全集』 권6, 宿沙平津, "遊女冶容多效妓."

77) 『稼亭集』 권7, 說 市肆說, "商賈所聚 貿易有無 謂之市肆 始予來都 入委巷 見冶容誨淫者 隨其姸媸 高下其直 公然爲之 不小羞恥 是曰女肆 … 于今又見人肆焉 自去年水旱 民無食 强者爲盜賊 弱者皆流離 無所於糊口 父母鬻兒 夫鬻其婦 主鬻其奴 列於市 賤其估 曾犬豕之不如 然而有司不之問."

로 이동하였던 사례[79]는 이를 뒷받침한다. 한편 고려중기에는 개성 나성 외곽지역으로 거주지가 보다더 확대되어 나가는 모습이 엿보여 주목된다. 관료층은 개경 내에 주택을 마련하는 경우가 대부분이었지만, 이러한 경제(京第) 이외에 인접지역의 자연경관이 뛰어난 곳에 별서(別墅)를 두고 휴양·빈객 및 퇴거의 생활공간으로 이용하기도 하였다. 별서는 고려전기에 조성된 사례도 몇가지 살펴볼 수 있지만, 대다수 별서 관련 사료는 12세기 이후의 것이다. 조성 장소로는 대체로 경기지역을 비롯해 여흥(驪興), 평양(平壤), 용산(龍山) 등 개경과의 왕래가 편리한 지역에 마련되는 경향이 있었다. 그만큼 고려중기에 관료층의 생활공간이 확대되어 나갔던 것이다.[80]

그리고 일반백성의 거주지 또한 나성 외곽에 증가하였던 것으로 여겨진다. 고려중기에 국학학유(國學學諭)를 지낸 김수자(金守雌)는 벼슬을 버리고 전원(田園)에 들어가 채소를 길러 팔아서 먹고살면서 아동들을 가르치는 것을 즐거움으로 삼았다.[81] 퇴진 관료의 사례이기는 하지만, 개경 주변에서 채소를 재배하여 판매하며 생계를 유지하고 있었던 모습을 살펴볼 수 있다. 토지로부터 유리된 유망민의 생활형태 가운데는 이러한 채소재배 등을 통해 생계를 유지하며 개경 주변에 거주하는 경우도 많았을 것이다.

개경의 도시화가 진전되면서 개경 외곽지역의 개발에 따른 경관(景觀) 변화가 나타났다. 이와 관련해 개경 주변 거점도시의 발달 모습이 나타나 주목된다. 개경 남쪽지역의 거점도시로서는 남경(南京)이 11세기 중반

---

78) 『中京誌』 권2, 戶口, "前朝盛時 羅城內閭閻櫛比 五正門外 至後西江 屋幾相接."

79) 『고려사』 권4, 현종 10년 정월 신유, "蕭遜寧至新恩縣 去京城百里 王命收城外民戶入內 清野以待" ; 『고려사』 권16, 인종 13년 정월 임자, "訛言西京兵至金郊驛 西郊居民驚懼 皆挈家入城."

80) 李正浩, 「高麗後期 別墅의 조성과 기능」 『韓國史學報』 27, 2007.

81) 『고려사』 권98, 金守雌傳, "遷國學學諭 弃去 杜門不出 理田園 鬻蔬以自給 日與兒童 講習爲樂."

이후 위상이 높아져 갔다. 예종~숙종대 무렵 수주(樹州 : 오늘날의 부평[富平] 지역)에 부임한 장문위(張文緯)에 의해 천습지역(泉濕地域)이 개발된 사례에서 엿볼 수 있듯이[82] 경기이남 지역 개발이 지방관에 의해 나타나고 있었다. 이와 같은 추세 속에 문종대 이래 남경의 개발이 숙종대 더욱 활발히 진행되어 숙종 9년(1104) 남경에 궁궐이 건설되기도 하였고, 이후 국왕의 남경 행차가 지속되었다. 이런 가운데 개경으로부터 남쪽지역의 도로는 기존의 '장단도로(長湍渡路)'에 비해 서쪽에 위치하여 남경을 경유하는 데 유리한 '임진도로(臨津渡路)'의 이용이 활발해지는 변화가 나타났다.[83]

이와 같은 남경의 위상 제고와 개발은 자연히 개경~남경 혹은 남쪽지역 사이의 인적, 물적 교류를 증가시켰다. 이와 관련하여 취락조성, 도로망 정비 등 주변 경관의 변화를 가져왔다. 이러한 사정은 개경~남쪽지역을 왕래하는 요지로서, 예종 15~17년(1120~1122)에 진행된 혜음사(惠陰寺) 신축 및 주변 경관의 변화를 통해 잘 엿볼 수 있다. 김부식(金富軾)이 저술한 '혜음사신창기(惠陰寺新創記)'에 따르면, 봉성현(峰城縣) 남쪽 20리에 위치한 지역에 혜음사를 신축하고 주변에 민가(民家)를 조성하며 숲길을 정비하였다. 이곳은 개경과 동남쪽 지역을 오가는 사람들이 끊어질 사이 없이 이어지고 있을 정도로 자주 이용하는 요지였다. 그러나 산언덕이 깊숙하고 멀며, 초목이 무성하게 얽혀 있어 호랑이가 떼로 몰려다니고, 간혹 도적이 출현하는 등 통행이 위험한 산길이었다. 때문에 승려를 동원해 목재와 기와를 마련한 후 혜음사를 건축하고, 양민을 모아 그 옆에 가옥을 짓고 백성을 정착시켰으며, 숲길을 정비하여 짐승과 도적의

82) 『고려묘지명집성』 張文緯墓誌銘, "不久 授試閤門祗候知樹州 … 又州之東郊厥土泉濕 江水或決 農失歲功 公乃掘地二千五百許步 以等水行 民不受其害矣."

83) 정요근, 「고려중·후기 '임진도로(臨津渡路)'의 부상(浮上)과 그 영향」 『역사와 현실』 59, 2006.

피해를 방지하였다.[84] 봉성현이 개경~남경을 오가는 '임진도로'상에 위치한 지역임을 감안할 때, 새로이 이용도가 높아진 이곳 도로 및 주변지역을 개발하면서 나타난 주변 경관의 변화 사례라고 할 수 있다.

아울러 숙종 6년(1101)에는 그 도상에 있는 임진현(臨津縣) 보통원(普通院)에서 3개월 동안 행려(行旅)에게 음식을 제공하기도 하였다.[85] 음식을 제공받은 사람들은 다양한 계층이었을 것이다. 그러나 이러한 사례 가운데 빈민 구제의 차원에서 실시한 경우가 많고,[86] 이에 앞서 숙종 3년부터 연이어 한재가 발생하는 등 기근으로 고통받고 있던 때였음을 감안한다면,[87] 이 가운데는 거듭된 자연재해로 피해를 입은 빈민과 유망민 또한 포함되었을 것으로 본다.

이처럼 개경 및 인근지역을 비롯해 남경과 같은 거점도시의 개발은 생활환경에 변화를 가져왔다. 먼저 인구집중은 새로운 문제를 발생 혹은 이전부터의 문제를 확대시켰다. 대체로 고위관료의 주택은 고려전기의 경우 대체로 개경의 오부(五部) 가운데 북부(北部)의 방리(坊里)와 궁궐 남쪽, 십자가(十字街)를 중심으로 좌우로 뻗은 관도(官道)에 인접하여 위치한 경향이 있었다. 궁궐, 관아 근처나 상업활동이 가능한 시가(市街) 주변이 택지조성에서 좋은 입지로 인식되고 있었다.[88] 그런데 고려중기 이후

---

84) 『동문선』 권64, 惠陰寺新創記.

85) 『고려사』 권80, 식화3 賑恤 水旱疫癘賑貸之制 숙종 6년 4월, "詔 民貧不能自存者 令濟危寶 限麥熟 賑恤 又於臨津縣普通院 施食行旅三月."

86) 『고려사』 권80, 식화3 賑恤 水旱疫癘賑貸之制 문종 18년 3월, "制曰 去歲水潦暴溢 損害秋稼 言念黎元 宜急救恤 其令太僕卿閔昌素 自今月至五月 於開國寺南 設食以施窮民"; 『고려사』 권80, 식화3 賑恤 水旱疫癘賑貸之制 문종 18년 4월, "又制 自五月十五日 至七月十五日 於臨津普通院 設粥水蔬菜 以施行旅"; 『고려사』 권80, 식화3 賑恤 水旱疫癘賑貸之制 문종 25년 12월, "發玄德宮米五百石 設食於西普通院 施窮民."

87) 『고려사』 권11, 숙종 3년 4월 기해, "祈雨于五海神"; 『고려사』 권11, 숙종 4년 5월 을사, "禱雨于諸神祠"; 『고려사』 권11, 숙종 4년 6월 무술, "禱雨于諸神祠及朴淵川上"; 『고려사』 권11, 숙종 5년 6월 을묘, "禱雨于大廟八陵及松嶽東神祠"; 『고려사』 권11, 숙종 6년 4월 갑인, "詔曰 方今農時 天久不雨."

88) 서성호, 「고려시기 개경의 시장과 주거」 『역사와 현실』 38, 2000, 112~118쪽.

에는, 성(城)의 동쪽 멀리 떨어진 곳에 집을 마련한 함유일(咸有一 : 예종 원년, 1106 ~ 명종 15년, 1185)의 사례처럼, 외곽지역에 주거 분포가 늘어나는 변화된 모습이 나타난다.[89] 정국검(鄭國儉 : ? ~ 신종 6년, 1203)의 사례처럼 심지어 봉우리 아래의 험준하고 외진 도로주변 지역으로서, 한때 악소배(惡少輩)에 의해 약탈이 종종 발생할 정도로 이전에는 선호하지 않던 지역에 주택이 위치한 경우도 찾아볼 수 있다.[90] 개경으로의 인구 집중 및 이에 따른 거주지의 마련과정에서 나타난 현상으로 볼 수 있다.

개경 내 시설물과 주택의 건설은 환경의 오염으로 연결되었다. 이러한 점은 개경 내 물과 하천의 사정을 통해 유추해 볼 수 있다.[91] 개경 북쪽 송악산(松嶽山)으로부터 흘러내려오는 백천(白川)은 그 물이 맑다[白]고 하여 붙여진 이름으로 생각되는데, 개경의 시전(市廛) 거리였던 남대가(南大街)와 거의 평행하게 남쪽으로 흘러 내려오다가 오천(烏川)과 만난다. 오천은 개경 서쪽 오공산(蜈蚣山)과 남쪽의 용수산(龍首山)에서 발원한 물줄기가 합류하여 앵계천(鶯溪川)이라 불리며 동쪽으로 흐르다가 저교(猪橋)를 지나면서 바뀌어 부르는 이름인데,[92] 흑천(黑川)이라 불리기도 했다.[93] 개경 내 물흐름은 크게 보아 북쪽에서 남류하는 물줄기와 서쪽에서 동류하는 물줄기가 개경 황성 정문인 광화문 남쪽의 흥국사(興國寺) 근방에서 만나, 동남쪽으로 흘러 나성의 수구문(水口門)을 빠져나간다. 맑고 오염되지 않은 물이 흐르는 개경 북쪽과 서쪽에 관료층의 거주지가

89) 『고려묘지명집성』 「咸有一墓誌銘」, "家于東郭僻遠之地." 한편 「咸有一墓誌銘」에 따르면, 咸有一은 어려서 부모를 여위고 또한 청렴한 일생을 보낸 것으로 되어 있어, 그가 성 외곽의 궁벽진 곳에 주거처를 마련한 것은 함유일 개인의 경제적 문제가 작용한 것으로 볼 수도 있을 것이다.

90) 『고려사』 권100, 鄭國儉傳, "國儉家 在水精峯下峯路 幽僻高險 惡少五六人 常聚其峯 見婦人有姿色者 必劫亂之 至奪其衣物."

91) 고려시대 개경 내 물과 하천의 사정에 대해서는, 박종진, 「고려시기 개경의 물과 생활」 『인문과학』 10, 2003 참조.

92) 『中京誌』 권3, 山川, "鶯溪 … 南過猪橋 爲烏川."

93) 『신증동국여지승람』 권4, 開城府 上 橋梁, "猪友橋[在南大門外 水曰黑川]."

선점되는 것은 자연스런 현상이었다. 반대로 동남쪽의 지역은 선호도가 낮았을 것으로 여겨진다. 철제품을 생산하는 데는 다량의 목재연료와 물이 소용되는 것으로 알려지는데,[94] 철장(鐵匠)들이 많이 살던 취락과 관련하여 붙여진 지명으로 여겨지는 수철동(水鐵洞)이 개경내의 물이 빠져나가는 동남쪽에 위치한 것도[95] 이와 무관하지 않을 것이다. 앵계 주변은 물을 얻기 쉽고 풍광도 좋아 개경 내에서 주거지로 인기가 매우 좋았던 곳이었다.[96] 반면에 앵계천이 흐르다가 오천으로 변모하는 저교(猪橋) 주변에는 마시(馬市)와 돈시(豚市)가 있었다.[97] 이와 같은 사정을 고려할 때 앵계천의 물흐름이 생활하수 및 오물의 유입을 거쳐 혹은 저교 부근의 가축시장을 거쳐 하류로 흘러내려 가면서 오천 혹은 흑천으로 이름이 바뀔 정도로 오염되었던 것이다. 한편 고려후기에 이르러 수철동(水鐵洞)에 집이 있었던 이제현(李齊賢)의 사례처럼[98] 개경 동남쪽에 거주지가 증가하고 있는 것은 그만큼 개경내 거주인구의 증가를 반영하는 것이라고 볼 수 있다.

개경으로의 인구집중과 도시화의 진전은 자연재해로 인한 농사작황에 따라 물가(物價)가 민감하게 반응하는 현상도 가져왔다. 현종 3년에는 전해의 수재·한재 피해로 곡가(穀價)가 급등하였고,[99] 현종 5년에는 반대로 물가가 급등하여 추포(麤布)의 가격이 쌀 8斗에 이르렀다.[100] 인종 10년에는 거듭된 한재로 기근이 들고 미가(米價)가 급등하여 은병(銀甁)

---

94) 朱京哲, 「숲의 역사」 『歷史學報』 138, 1993, 230쪽.

95) 今西龍, 「高麗諸王陵墓調査報告書」 『朝鮮總督府古蹟調査報告書』, 1916의 '高麗陵墓分布圖' 참조.

96) 앵계천 주변인 良醞洞에 姜邯贊, 李穡, 韓修, 安裕의 집이 있었고, 鶯溪里에 李奎報, 庾自偶, 金方慶의 집이 있었던 것으로 확인된다(서성호, 앞의 논문, 112~114쪽).

97) 서성호, 앞의 논문, 96~97쪽.

98) 『신증동국여지승람』 권5, 開城府 下 古跡, "李齊賢第[在水鐵洞]."

99) 『고려사절요』 권3, 현종 3년 5월, "敎曰 去年 西京水旱爲灾 穀價騰踊 民用困乏."

100) 『고려사절요』 권3, 현종 5년 6월, "三司奏 物價騰踊 麤布一匹直米八斗 雖因歲稔 奈穀賤何 請量其輕重 增損其價 從之."

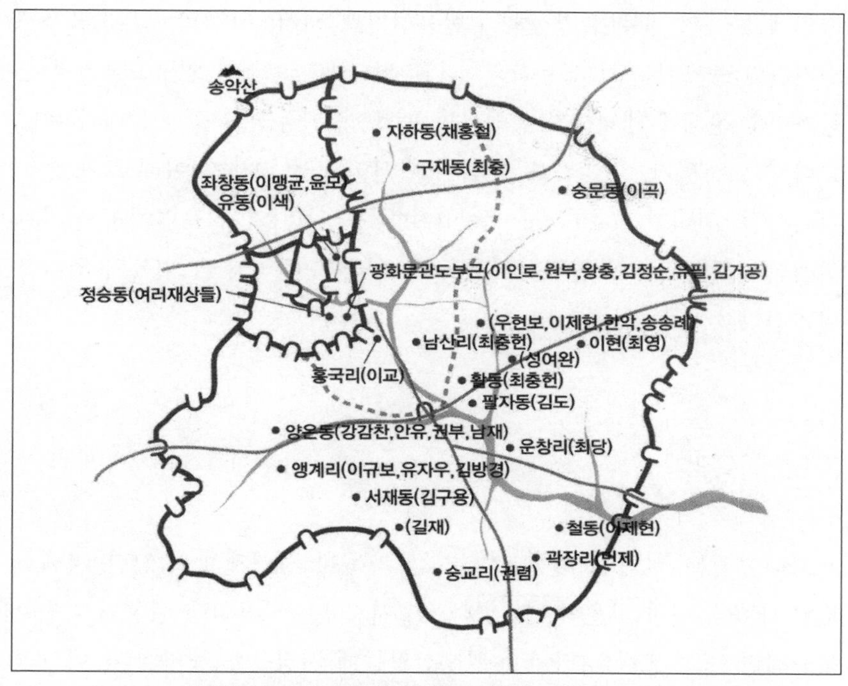

〈그림〉 개경 도성 내의 물흐름과 관료층 주거 분포101)

1개의 가격이 쌀 5석(碩)으로 떨어지고, 작은 말[小馬] 1필(匹)이 1석(碩), 암컷 소[牸牛] 1두(頭)가 4두(斗)에 거래되었다.102) 이 이전에 통상적인 은병의 가격이 어떠했는지 알 수 없어 정확한 물가변동 상황을 알기 힘들지만, 고려후기 은병 가격이 대체로 쌀 15~16석 혹은 18~19석 정도였던 점을 감안하면103) 급격한 미가의 변동이었음에 틀림없다. 이처럼 농사

101) 서성호, 「주거지 선택에도 실속을 따지다」 『개경의 생활사』, 휴머니스트, 2007, 239쪽에서 재인용.

102) 『고려사』 권16, 인종 10년 7월 경오, "京城饑 穀貴物賤 銀瓶一事 直米五碩 小馬一匹 一碩 牸牛一頭 四斗 布一匹 六升 街巷 餓殍相望."

103) 『고려사』 권79, 식화2 貨幣 市估 충렬왕 8년 6월, "都評議使司榜曰 民生之本 在於米穀 白金雖貴 不救飢寒 自今銀瓶一事 折米 京城率十五六石 外方率十八九石 京市署視歲豐歉 以定其價."

작황에 물가의 변동이 민감하게 반응하자 경시서(京市署)와 같은 물가조절기관의 중요성이 보다 부각되어 나타났다.[104] 그러나 인구집중에 따른 물가변동 문제에 대처하기 위해서는 농업생산활동의 안정과 증대가 무엇보다 필요하였다. 고려시대 농업의 발달사에서 12세기 이래 토지개간, 수리시설, 시비기술(施肥技術), 농학(農學) 등 여러 가지 측면에서 성과가 있었던 점은[105] 이와 관련하여서도 그 의미를 해석해 볼 필요가 있다고 여겨진다.

5. 맺음말

고려중기는 전체 고려시대의 기간 가운데 자연재해로 인한 피해가 컸던 대표적 시기 가운데 하나였다. 이 시기에는 기후한랭 현상을 비롯한 불규칙한 변화 또한 나타나 농업생산활동에 지장을 초래하였다. 아울러 농민의 대규모 유망 현상 등 사회 변화와 연결된 동요의 조짐이 나타나고 있었다. 이에 대해 중앙정부에서는 유망민의 토지 안착과 영농안정화를 위해, 감무(監務) 파견, 부세제도 개선 등 사회제도의 변화를 시도했다. 한편 이처럼 자연재해의 발생이 증가하고 있던 고려중기의 경우, 이전과 달리 농업기술의 발달 혹은 권농정책(勸農政策)의 내용이 진전되어 나가는 모습이 점차 엿보이는 등 새로운 양상도 나타나고 있었다. 이러한 점은 자연재해의 발생 빈도가 높아질수록 이를 극복하려는 당시 사람들의 대응 노력이 증가되어 나타나고 있었음을 살펴볼 수 있게 해준다.

---

104) 『고려사』 권20, 명종 11년 7월 기묘, "宰樞臺諫重房 會京市署 檢斗斛 察奸僞 以市人於斗米雜沙秕賣之也" ; 『고려사』 권85, 형법2 禁令 원종 2년 5월, "京市署奏 今市肆 物價踴貴 不可不禁 今宜折定物價 違者按律科罪 從之."

105) 魏恩淑, 「12세기 농업기술의 발전」 『釜大史學』 12, 1988.

고려중기 자연재해의 발생은 산림(山林) 훼손으로 인한 자연환경의 변화도 영향을 주었던 것으로 여겨진다. 산림의 훼손은 이 시기 대규모로 발생한 유망민들에 의해 산림이 개간되면서 나타났을 가능성도 있지만, 특히 궁궐 조성을 비롯한 각종 토목공사를 위해 벌목(伐木)이 진행되면서 확대되었다. 이 시기 잦은 산악(山岳)의 붕괴나 수재(水災).의 발생 등은 이러한 산림 훼손과도 연관되었을 가능성이 있다고 여겨진다.

한편 자연재해의 피해가 장기간 지속될 경우 기근·질병·전염병의 발생으로 연결되면서 생활환경을 악화시키는 경우가 많았다. 한재(旱災)·수재(水災)·상재(霜災)·충재(蟲災) 등 장기간의 자연재해로 인한 피해는 막대하여, 극단적인 경우 심지어 굶주린 사람이 서로 잡아먹거나 인육(人肉)을 판매할 정도였다. 기근은 질병과 전염병의 발생으로 연결되었고, 이상고온(異常高溫) 현상과 같은 기후변화는 질병·전염병의 확산을 부추겼다. 전쟁 혹은 외국과의 교류 과정, 말[馬]·소[牛] 등의 동물 유입에 의한 외부 접촉이 영향을 주었을 가능성도 엿보인다.

아울러 이 시기 생활환경의 변화는 이전에는 없던 새로운 문제를 야기시킬 개연성도 충분히 지니고 있었다. 현종대 개경(開京) 성곽(城郭)의 정비, 12·13세기의 교량(橋梁)·세로(細路) 등 각종 시설물의 설치는 수도 개경의 인구증가 및 중세도시(中世都市)로서 위상을 확고히 가지게 되었음을 뜻한다. 특히 12세기 이후 경기지역(京畿地域)의 경관(景觀) 변화를 비롯해 제2의 주거지인 별서(別墅)가 개경 및 경기지역에 설치되는 사례가 증가하는 등 생활공간(生活空間)의 변화가 나타난 사실 또한 이를 뒷받침한다.

또한 고려중기 자연재해의 피해로 발생된 유랑민의 유입 또한 개경의 인구증가에 영향을 주었을 것으로 여겨진다. 인구집중은 새로운 문제를 발생 혹은 이전부터의 문제를 확대시켰다. 주거공간의 확대·오염 등 도시문제(都市問題)를 유발시켰고, 농사작황에 따라 물가의 변동이 민감하게 반응하여 나타났다. 농지개간, 수리시설의 확보 등 농업생산활동의 안정화는 필수적 요구사항이었다. 이 시기 농업생산력의 발달, 경시서(京市署)의 활동, 진휼정책(賑恤政策)·권농정책(勸農政策)의 의미 등을 새롭게 되새겨볼 필요가 여기에 있다.

한편 이러한 고려중기는 고려시대 전체기간 중 자연재해의 발생빈도가 높고 기후한랭(氣候寒冷) 및 이변(異變) 현상(이상저온[異常低溫], 이상고온[異常高溫] 현상)이 나타난 시기란 점을 상기할 필요가 있다. 여진·몽골과의 전쟁 및 외부접촉 등으로 인한 생활환경 변수(變數)가 작용하는 정도도 높은 시기였다. 이처럼 고려중기에 대한 고찰은 자연환경과 인간의 상호관계를 염두에 두고 이뤄질 때 새롭게 규명할 수 있는 사실들이 있고, 인간과 자연의 상호작용에서 파생된 환경(環境)에의 영향을 고찰할 수 있는 등 환경사(環境史) 연구의 좋은 대상 가운데 하나라고 할 수 있다.

| 제2장 |

한·중 재해 DB를 통해 본 12세기 고려사회의 재해와 그 영향

신 안 식

1. 머리말

동아시아(한·중) 전통사회의 재해(災害) 관련 기록은 지역과 시대에 따라 그 차이가 있었다. 즉 양적 차이뿐만 아니라 인식과 표현에서 확연한 차이를 발견할 수 있다. 이런 점에서 자료의 호환성에서 한계를 드러내거나 무리한 해석을 유발하기도 한다. 하지만 자료의 양적인 한계를 극복할 수 있는 유일한 방법에서 동시대의 자료를 비교하는 것은 무엇보다 중요할 수밖에 없다. 따라서 이 글에서는 12세기 고려사회의 재해를 『고려사』를 중심으로 그 현상의 추이를 검토하고, 이웃 나라 자료인 『송사』·『요사』·『금사』의 사례들과 비교해 보려고 한다.[1)]

12세기 고려사회는[2)] 중세적 질서의 중요한 변동기로 알려져 왔다. 이 시기는 숙종·예종·인종·의종대로 이어지면서 고려전기의 안정적인

1) 이 글은 필자의 「동아시아(한·중) 전통사회의 재해 DB 구축과 의의」(『한국중세사연구』 67, 2021)에 이어서 작성한 것이기 때문에 재해 연구사를 따로 작성하지 않았음을 미리 밝혀둔다.

2) '12세기 고려사회'는 숙종대(1095~1105)·예종대(1105~1125)·인종대(112 5~1146)·의종대(1146~1170)·명종대(1170~1197)를 염두에 둔 표현이다.

사회체제가 점차 무너지기 시작하였고, 그 절정은 1170년(의종 24) 무신정변과 더불어 무신정권의 성립이었다. 이것은 대내적인 문제뿐만 아니라 대외적으로 동아시아(거란[요]-북송, 남송-여진[금]-몽골[원])의 새로운 변동과도 관계되었다. 이런 점에서 12세기의 고려사회는 일찍부터 많은 연구자의 관심사였다.[3] 그러나 그 연구성과는 이자겸의 정변, 서경세력의 반란, 무신정변 등과 같은 정치적 사건 혹은 민의 유망[저항] 및 감무 파견 등 지방사회의 변동에 집중되었다. 최근에는 고려사회의 변화 요인으로 정치적인 문제 외에 재해와 같은 환경에 관한 관심을 다룬 연구도 제시되었지만,[4] 환경사 연구의 초보 단계를 벗어나지 못했다는 지적도 있다.

이 글에서는 한·중 재해 DB를[5] 통해 12세기 재해와 그 영향에 대해 알아보려고 한다. 즉 재해 기초자료를 실제 연구에서 어떻게 활용할 것인가에 관하여 '12세기 재해와 그 영향'이라는 시각으로 접근하고자 한다. 이를 위해 우선 12세기 재해의 범위에서는 대분류[2재해(災害)]와 중분류[01수재(水災)·02한재(旱災)·04화재(火災)·05지재(地災)·06풍재(風災)·07충재(蟲災)·08기온(氣溫)·09질병(疾病)·10흉년(凶年)·11기타]로 분류하는 [2장의 〈표 1〉 참조] 방법이 유용한지를 알아보았다. 12세기 재해의 특징에서는 소분류 01수재[01수재·02우재(雨災)·03상재(霜災)·04뇌재(雷災)·05진재(震災)·06박재(雹災)·07무재(霧災)·08설재(雪災)], 02한재[01한재·

3) 朴宗基, 「12세기 高麗 政治史 硏究論」『擇窩許善道先生停年記念史學論叢』, 1992 ; 한국역사연구회 무인집권기연구반, 「무인집권기 연구동향과 과제」『역사와 현실』 11, 1994 ; 채웅석, 『고려중기 정치사의 재조명』, 일조각, 2021.

4) 한정수, 「高麗前期 天變災異와 儒敎政治思想」『韓國思想史學』 32, 2003 ; 김영미 외, 『전염병의 문화사-고려시대를 보는 또 하나의 시선』, 혜안, 2010 ; 이정호, 「『高麗史』 五行志의 체재와 내용-自然災害의 발생추세를 중심으로」『한국사학보』 44, 2011 ; 이정호, 「高麗中期 自然災害의 발생과 生活環境」『韓國史硏究』 157, 2012.

5) 이 글에서의 한·중 재해 DB는 『고려사』·『송사』·『요사』·『금사』를 말하며, 그 중에서도 세가·본기·오행지(『요사』에는 오행지 없음)를 대상으로 한 것이다.

02건재(乾災)], 04화재[01화재·02지소(地燒)], 05지재[01지재·02산재(山災)·03화산(火山)], 06풍재[01풍재·02사재(沙災)], 07충재[01충재], 08기온[01온난(溫暖)[동(冬)]·02한냉(寒冷)[하(夏)]·03양재(暘災)[하(夏)]·04한재(寒災)[동(冬)], 09질병[01질병·02가축(家畜)], 10흉년[01흉년·02기근(飢饉)], 11기타[01기타] 등에서 추출된 검색어의 특징을 분석하였다. 마지막으로 12세기 재해의 영향에서는 『고려사』·『송사』·『요사』·『금사』의 세가·본기·오행지 등에서 추출된 재해 사례를 통해 사회변화에 끼친 영향을 살펴보았다. 이를 통해 향후 재해 DB 활용의 연구방법론을 찾아보려는 기회로 삼고자 한다.

2. 12세기 재해의 범위

동아시아 사회에 영향을 끼친 재해[천변(天變)·재해(災害)·변괴(變怪)·상서(祥瑞)] 및 대처 방안[대책(對策)]을 다음의 〈표 1〉과 같이 분류하였다. 이를 통틀어 '재해(災害)'라고 명명했고,[6] 여기에 관계하는 현상들을 '색인어'라는 용어로 정리하였다.

〈표 1〉에서 보듯이, 재해 관련 자료 분류는 '대분류·중분류·소분류'로 체계화하였다. 대분류와 중분류는 오늘날의 관점에서 기준을 설정하였는데, 대분류는 '1천변·2재해·3변괴·4상서·5대책'으로 구분하였다. 1천변은 천문(天文)과 관련하여 재이(災異)라고 인식한 것, 2재해는 수재·한재·화재·풍재·지재·충재 등과 같은 재해 및 질병·흉년의 2차 피해를 포함했다. 재해는 자연재해와 사회재해로 나눌 수 있는데, 전통사회의 재해에는

6) 이 분류 방식에서 문제점은 자료에서 나타나는 '災異'와 '災害'의 구분이다. '災異'는 일상적 현상에서 벗어난 신이한 현상을 그 전조로 보는 것이고, 그로부터 직접적인 피해를 주는 것이 '재해'이다.

〈표 1〉 재해 색인어 분류

대분류	중분류	소분류
1 天變	01 天變	01天變, 02雲變, 03虹變, 04隕石, 05天災, 06기타
	02 星變	01星變
	03 日變	01日食, 02日變
	04 月變	01月食, 02月犯, 03月變
	05 기타	01기타
2 災害	01 水災	01水災, 02雨災, 03霜災, 04雷災, 05震災, 06雹災, 07霧災, 08雪災
	02 旱災	01旱災, 02乾災
	~~03 寒災~~	~~분류 없음[08 氣溫으로 옮김]~~
	04 火災	01火災, 02地燒
	05 地災	01地災, 02山災, 03火山
	06 風災	01風災, 02沙災
	07 蟲災	01蟲災
	08 氣溫	01溫暖[冬], 02寒冷[夏] 03暘災[夏], 04寒災[冬]
	09 疾病	01疾病, 02家畜
	10 凶年	01凶年, 02飢饉
	11 기타	01기타
3 變怪	01 動物	01犬, 02鷄, 03鳥, 04龜, 05蛇, 06鼠, 07馬, 08蟲, 09麒麟, 10獐, 11羊, 12豕, 13牛, 14狸, 15魚, 16兔, 17龍, 18豹, 19虎, 20狐, 21鹿, 22기타
	02 植物	01木, 02草, 03花
	03 소리	01妖, 02哭, 03鳴, 04嘯
	04 異現	01이상현상
	05 기타	01기타
4 祥瑞	01 祥瑞	01木, 02草, 03穀物, 04動物, 05出産, 06기타
	02 기타	01기타
5 對策	01 賑恤	01賑恤, 02醫療
	02 赦免	01赦免
	03 儀禮	01儒敎, 02佛敎, 03道敎, 04祈雨, 05祈晴, 06祈禳, 07祈雪, 08解怪, 09기타(민간신앙 등)
	04 防災	01治水, 02防火, 03防蟲
	05 기타	01기타

자연재해가 많은 부분을 차지한다. 변괴와 상서는 전통사회에서 재해의 징조로 파악하였으므로 대분류에 포함하였다. 대책은 재해에 따른 진휼(賑恤)·사면(赦免)·의례(儀禮) 등 국가적 대응을 말한다. 소분류는 중분류 내의 특징적 요소를 기준으로 다시 세세하게 구분한 것이다. 소분류는

더 추가되거나 세분될 수 있으며, 이를 바탕으로 중분류도 조정될 수 있다. 소분류의 하위 단위로 직접 사료에 제시되는 재해 용어는 '색인어'가 되며, 이 색인어를 최대한 확보하면 상위 단위인 소분류나 중분류의 단위가 확장될 수 있다. 현재로선 〈표 1〉에서 보는 것처럼, 재해 색인어는 5개의 대분류, 27개의 중분류, 94개의 소분류로 분류하였다.

이 글에서 분석해 보려고 하는 것은 대분류[2재해]－중분류[01수재·02한재·04화재·05지재·06풍재·07충재·08기온·09질병·10흉년·11기타]이고, 소분류는 01수재[01수재·02우재·03상재·04뇌재·05진재·06박재·07무재·08설재]－02한재[01한재·02건재]－04화재[01화재·02지소]－05지재[01지재·02산재·03화산]－06풍재[01풍재·02사재]－07충재[01충재]－08기온[01온난(겨울)·02한랭(여름)·03양재(여름)·04한재(겨울)]－09질병[01질병·02가축]－10흉년[01흉년·02기근]－11기타[01기타]이다. 이러한 분류를 통해 『고려사』·『송사』·『요사』·『금사』 세가 혹은 본기, 오행지의 재해 자료를 추출하기 위해 다양한 검색어를 찾아냈고, 다음 〈표 2〉의 결과를 도출할 수 있었다.

본 연구에서 확보한 한·중 재해 검색어는 총 823개이며, 이 중에서 『고려사』에서는 465개(56.6%), 『송사』에서는 526개(63.8%), 『요사』에서는 90개(10.9%), 『금사』에서는 173개(21%)가 각각 확인되었다.7) 『고려사』와 『송사』에서 높은 비율이 나타난 것은 주요 참고 자료였던 점 및 같은 농업사회라는 동질성 때문으로 이해된다. 『요사』와 『금사』에서 상대적으로 낮은 비율이 나타난 것은 자료가 갖는 자체적인 문제에서 비롯된 것이고, 특히 『요사』에 오행지가 없다는 것이 크게 작용한 것으로 보인다.

『고려사』에서는 01수재(33.7%) 〉 10흉년(13.1%) 〉 06풍재(10.3%) 〉 02한재(8.2%) 〉 08기온(7.3%) 〉 11기타(6.7%) 〉 05지재(5.6%) 〉 09질병(5.4%) 〉

7) 이 자료의 통계는 2022년 2월까지의 통계이므로, 이후 새로운 검색어 및 자료의 확장이 있을 수 있음을 미리 밝혀둔다.

〈표 2〉 한·중 재해 검색어(823개) 비교

재해 분류		『고려사』『송사』『요사』『금사』 세가, 본기, 오행지[8] (단위 : 개)							
대분류	중분류	소분류							
		고려		송		거란 요		여진 금	
2 災害	01 水災	157(33.7%)		235(44.7%)		42(46.7%)		56(32.4%)	
	02 旱災	38(8.2%)		34(6.5%)		6(6.7%)		16(9.2%)	
	03 寒災	분류없음							
	04 火災	23(4.9%)		20(3.8%)		3(3.3%)		7(4%)	
	05 地災	26(5.6%)		29(5.5%)		5(5.6%)		7(4%)	
	06 風災	01風災	02沙災	01風災	02沙災	01風災	02沙災	01風災	02沙災
		43	5	34	6	3	1	10	1
		48(10.3%)		40(7.6%)		4(4.4%)		11(6.4%)	
	07 蟲災	23(4.9%)		43(8.2%)		4(4.4%)		15(8.7%)	
	08 氣溫	夏	冬	夏	冬	夏	冬	夏	冬
		8	26	7	24	0	1	2	7
		34(7.3%)		31(5.9%)		1(1.1%)		9(5.2%)	
	09 疾病	01疾病	02家畜	01疾病	02家畜	01疾病	02家畜	01疾病	02家畜
		21	2	21	1	2	0	6	0
		24(5.4%)		23(4.4%)		2(2.2%)		6(3.5%)	
	10 凶年	01凶年	02飢饉	01凶年	02飢饉	01凶年	02飢饉	01凶年	02飢饉
		32	29	21	18	8	7	14	15
		61(13.1%)		39(7.4%)		15(16.7%)		29(16.8%)	
	11 기타	31(6.7%)		32(6.1%)		8(8.9%)		17(9.8%)	
합계		465		526		90		173	

04화재(4.9%)=07충재(4.9%) 순으로 재해 검색 비율이 나타났다. 『송사』에서는 01수재(44.7%) 〉 07충재(8.2%) 〉 06풍재(7.6%) 〉 10흉년(7.4%) 〉 02한재(6.5%) 〉 11기타(6.1%) 〉 08기온(5.9%) 〉 05지재(5.5%) 〉 09질병(4.4%) 〉 04화재(3.8%) 순으로 재해 검색 비율이 나타나고 있다. 『요사』에서는 01수재(46.7%) 〉 10흉년(16.7%) 〉 11기타(8.9%) 〉 02한재(6.7%) 〉 05지재(5.6%) 〉 06풍재(4.4%)=07충재(4.4%) 〉 04화재(3.3%) 〉 09질병(2.2%) 〉 08기온(1.1%) 순으로 재해 검색 비율이 나타났다. 『금사』에서는 01수재(32.4%) 〉 10흉년(16.8%) 〉 11기타(9.8%) 〉 02한재(9.2%) 〉 07충재(8.7%) 〉

8) 『요사』에는 오행지가 없다.

06풍재(6.4%) 〉08기온(5.2%) 〉04화재(4%)=05지재(4%) 〉09질병(3.5%) 순으로 재해 검색 비율이 나타나고 있다. 농업사회 혹은 유목사회이든 간에 물[수]과 관계된 수재가 가장 많이 찾아지는 반면, 가뭄[한재]과 관련되는 재해는 그다지 많이 나타나지 않았다.[9)]

이런 비율적인 면에서 보면, 자연재해에서 2차적인 재해로의 확산에 주목해 볼 필요가 있다. 예컨대 『고려사』에서 01수재(33.7%)와 10흉년(13.1%), 『요사』에서 01수재(46.7%)와 10흉년(16.7%), 『금사』에서 01수재(32.4%)와 10흉년(16.8%)이라는 것에서 01수재가 10흉년으로 확산하는 비율이 비슷하게 나타났다. 이에 비해 『송사』에서 01수재(44.7%)와 07충재(8.2%)라는 재해가 10흉년(7.4%)으로 확산되는 비율이 상대적으로 떨어지는 것으로 나타나고 있다. 이런 점은 재해에 대한 국가의 대응과 대책의 차이에서 비롯되었는지, 정치·사회적 분위기에 따른 기록의 차이에서 비롯된 것인지는 좀 더 살펴볼 필요가 있다.

따라서 중분류 10개와 소분류 27개의 분류는 재해가 인간 사회에 끼치는 영향과 사회적 재해로의 확산을 분석해 볼 수 있는 유용한 방법으로 이해된다.

3. 12세기 재해의 특징

여기에서는 『고려사』 세가와 오행지, 『송사』 본기와 오행지, 『요사』 본기, 『금사』 본기와 오행지에서 나타나는 재해 검색어의 특징적인 요소

9) 중분류 수재의 8가지 소분류 항목에 대해 부정적인 인식도 있다(이정호, 「한·중 재해 DB와 활용－12세기 재해와 그 영향」에 대한 토론문, 가톨릭대학교 인문사회연구소 2022년도 학술연구발표회). 본 글에서 제시한 재해 색인어의 분류 방식은 원자료에서 재해 DB를 구축하기 위해 편의적으로 분류하거나 넓은 의미로 해석한 것이라는 점을 밝혀둔다.

를 각각의 왕조와 비교해 보고, 시기적인 면에서의 특징적 요소를 찾아보고자 한다.

1) 재해 검색어의 특징

본 연구에서 확보한 전체 자료의 검색어는 약 4,500여 개이고, 이 중에서 재해 검색어는 800여 개이다.

〈표 3〉『고려사』 세가·오행지 재해 검색어

2 災害	01 水災	01水災	壓死, 大水傷稼, 大發, 山水, 川溢, 川瀆, 折木, 敗沒, 暴漲, 木拔, 水損, 水暴漲, 水涌, 水湧, 水湧山崩, 水溢, 水漲, 水潦, 水濁, 沒溺, 泉湧, 海水漲溢, 溢, 溺, 溺死, 溺死者, 漂人家, 漂失, 漂民, 漂沒, 漂流, 漂溺, 漂蕩, 漂風, 潦, 潮水, 濁沸
		02雨災	開霽, 膏雨, 久雨, 乃雨, 大水, 大雨, 大雨雷電, 大雨雷震, 大雨雪, 大雨水, 大雨水漲, 霖雨, 霾熱, 微雨, 白如酒粉, 山崩水湧, 雨, 雨不止, 又水, 雨水, 雨水銀, 雨甚, 又雨, 雨電, 雨震電, 雨土, 雨下, 雨黃土, 陰雨, 霪雨, 以雨, 因雨, 澍雨, 疾雨, 天雨, 驟雨, 霈然, 暴露, 暴雨, 暴雨疾風, 漂民戶, 下雨, 恒雨
		03霜災	降霜, 大霜, 四月霜, 霜, 霜雪, 傷寒, 殞霜, 隕霜
		04雷災	大雷, 大雷雨, 大雷電, 大雷震, 雷, 雷鳴, 雷雹, 雷雪, 雷聲, 雷雨, 雷電, 雷霆, 雷震, 雨雷電, 雨雷震, 風雷
		05震災	大震, 大震電, 電光, 震, 震雷, 塵沙, 震人, 震電
		06雹災	大雨雹, 雷雨雹, 雹, 霰雹, 霜雹, 雨雹, 雨雹雪, 又雨雹, 以雨雹, 暴雨雹, 暴風雨雹, 下雹
		07霧災	大霧, 濛霧, 霶霧, 霧, 霧塞, 霧昏, 白霧, 夜霧, 烟霧, 雲霧, 陰霧, 陰霧四塞, 朝霧, 沉霧, 恒霧, 昏霧四塞, 黃霧, 黃霧四塞, 黃赤霧塞, 黑霧
		08雪災	大雪, 大風雪, 微雪, 三月雪, 雪, 雪深, 雨雪, 雨雪雹, 以雪, 積雪, 風雪
	02 旱災	01旱災	愆期, 枯槁, 久旱, 年旱災, 大旱, 冬無雪, 得雨, 無大雪, 無麥苗, 無雪, 不得雨, 不雨, 肆虐, 小雨, 少雨, 水旱, 雨愆期, 雨澤, 雨澤愆期, 以旱, 以旱甚, 自燒, 絶流, 春旱, 致旱, 旱, 旱乹, 旱魃, 旱甚, 暵甚, 旱災, 旱灾, 旱氣, 旱暵, 旱荒, 亢旱, 喜雨
		02乾災	乾焦
	04 火災	01火災	經火, 連燒, 焚燒, 山火, 燒死, 燒盡, 失火, 延爇, 延燒, 因火, 災, 灾, 縱火, 天火, 被燒, 閒火, 火, 火氣, 火起, 火災, 火灾
		02地燒	地燒, 盡燒
	05 地災	01地災	壞城郭, 禁釀酒, 大震雷, 石崩, 城陷, 崖崩, 湧出, 又震, 赤水湧出, 地鏡, 地大震, 地動, 地震, 地陷, 振動, 震動, 賑之, 陷爲池

		02山災	山湧, 石頹, 山頹, 山崩, 崩頹, 山鳴, 自折, 地折
		03火山	0
	06 風災	01風災	風波, 大風, 拔木, 風雲, 風雨暴作, 大風拔木, 遇風, 暴風, 旋風, 飛瓦, 大風折木, 飄風, 拔屋, 風雨, 烈風, 颶風, 風濤, 風高, 凄風, 被風, 漂到, 大風晝晦, 値風, 西風, 大風雨, 北風, 暴風雨, 艮風, 飛沙, 走石, 風旱, 風, 風災, 拔樹, 風寒, 因風, 恒風, 風浪, 逆風, 順風, 迅風, 疾風, 墜死
		02沙災	揚沙, 揚塵, 揚沙石, 盡死, 黃塵
	07 蟲災	01蟲災	蚯蚓, 毒蟲, 螟, 毛蟲, 飛蝗, 松蟲, 松虫, 食人蟲, 羽蟲, 又蝗, 早蝗, 蟲, 蟲食, 蔽天, 旱蝗, 蝗, 蝗蟲, 蝗旱, 蝗虫, 黃虫, 虫, 虫食, 虫蝗
	08 氣溫	01溫暖[冬]	氣暖如春, 氣候如春, 氣候如夏, 桃李華, 無氷, 如春, 溫暖, 恒燠
		02寒冷[夏]	氣候如秋, 凍斃, 如秋, 雨氷, 異氣, 解凍
		03暘災[夏]	水忽盡涸, 酷暑
		04寒災[冬]	僵尸, 氣寒, 大寒, 凍, 凍死, 氷凍, 氷厚, 盛寒, 甚寒, 日寒, 終風且寒, 天寒, 寒凍, 寒甚, 寒風, 寒沍, 恒寒
	09 疾病	01疾病	飢疫, 多疫癘, 大疫, 篤疾, 痢疾, 病死, 疫, 疫厲, 疫癘, 疫死, 瘴疫, 顚狂, 疢癘, 疾苦, 疾病, 疾疫, 疾疹, 瘡痍, 廢疾, 癈疾, 風痺
		02家畜	牛馬疫, 牛疫
	10 凶年	01凶年	巨浸, 歉艱, 枯死, 匱竭, 潰散, 棄兒, 年荒, 大傷禾稼, 流離, 流亡, 不登稔, 不稔, 傷稼, 傷稼穡, 傷穀, 傷禾, 傷禾稼, 傷禾穀, 損禾, 損禾稼, 失農, 五穀不登, 萎黃, 盡枯, 倉庫虛竭, 乏食, 害穀, 禾稼不登, 禾穀不登, 禾穀不實, 凶年, 凶荒
		02飢饉	艱食, 窮民, 飢, 饑, 飢困, 飢饉, 饑饉, 飢多死, 飢民, 飢死, 飢死者, 飢餓, 多飢, 多飢死, 大飢, 大饑, 凍餒, 霧氣, 民飢, 不得食, 相食, 餓莩, 餓死, 餓殍, 殞命, 因饑, 人民飢, 人相食, 荐飢
	11 기타	01기타	感傷, 僵屍, 降災, 咎徵, 多死, 大風雨雹, 大風雨土, 盜賊蜂起, 猛虎, 兵火, 貧寒, 船敗, 時變, 災沴, 災變, 灾變, 災祥, 災異, 災荐, 災害, 災荒, 天譴, 致災變, 殆盡, 蔽野, 暴死, 豹入, 害稼, 虎, 虎狼, 虎入

〈표 3〉은 『고려사』 세가·오행지에서 확인되는 재해 검색어들이다. 농업사회의 자연재해는 흉년과 긴밀하게 이어진다. 이들 자연재해 중에는 01수재(33.7%)의 비율이 가장 높았고, 그중에서 01수재와 02우재의 비율이 반 이상을 차지하였다. 02한재(8.2%)와 07충재(4.9%)도 농업에 많은 영향을 끼칠 수 있었지만, 『고려사』의 재해 발생 빈도에서 두드러진 현상은 아니었던 것으로 보인다. 06풍재(10.3%)가 상대적으로 높은 비율을 차지한 것은 한반도라는 지형적인 특성에서 보면, 3면이 바다라는 점과 여름이라는 계절적인 요인에서 비롯된 것이 아니었을까 한다. 이런 점들에서 유추할 수 있는 것은 『고려사』에서의 재해 논의는 01수재(33.7%)·10

흉년(13.1%)·06풍재(10.3%)·02한재(8.2%) 등을 중점적으로 살펴볼 방안이 필요할 것으로 이해된다.

〈표 4〉『송사』 본기·오행지 재해 검색어

2 災害	01 水災	01水災	江濤, 江水溢, 江水暴, 江溢, 江潮, 江潮溢岸, 江漲, 皆溢, 決, 決堤, 谷水, 壞堤, 潰, 溺死, 溺死者, 溺水, 多水, 湍漲, 大發, 大水連夕, 大水害稼, 大溢, 大漲, 大風水, 澇, 潦, 流不通, 沒溺, 沒城郭, 民溺, 泛, 泛民田, 泛溢, 泛漲, 并注, 并漲, 崩洪, 圮城, 山水, 泄水, 損田, 損田苗, 水, 水決, 水壞, 水潦, 水泛, 水圮, 水傷田, 水損, 水湧, 水溢, 水入, 水災, 水漲溢, 水侵, 水浸, 水暴, 水暴溢, 水暴漲, 水漂, 水害, 水害稼, 水患, 壓死, 逆流, 湧水, 已塞復決, 溢, 折木, 堤壞, 潮汐, 潮水, 潮漲, 塵霾, 漲, 漲溢, 泉湧, 摧塌, 沉沒, 浸民, 浸民田, 敗城, 敗堤, 暴發, 暴水, 暴溢, 暴入, 暴漲, 漂溺, 漂廬舍, 漂沒, 漂民居, 漂民廬, 漂民舍, 漂民田, 漂死者, 漂失, 漂浸, 漂蕩, 風水爲災, 風潮壞, 河決, 河大決, 河水溢, 河水漲, 河溢, 河漲, 合激, 海濤, 海溢, 海潮, 滹沱, 洪水, 淮漲, 畾漲, 毁橋, 黑水
		02雨災	開霽, 苦雨, 久雨, 乃雨, 多雨, 大霖雨, 大水, 大水故, 大雨, 大雨霖, 大雨不止, 大雨雪, 大雨水, 冬雨雪, 連雨, 霖潦, 霖雨, 霖雨傷稼, 霖雨河漲, 霖雨害稼, 霾, 無雨, 頻雨, 山水暴漲, 山湧暴水, 山洪, 夕雨, 雨, 雨壞, 雨霾, 雨不止, 雨水, 雨水銀, 雨甚, 又雨, 雨災, 雨土, 雨黃土, 淫雨, 陰雨, 霪雨, 以雨, 積潦, 積雨, 澍雨, 天雨, 天雨霾, 秋霖, 秋雨, 春霖, 暴露, 暴水湧出, 暴雨, 恒雨
		03霜災	霜, 霜雪, 隕霜, 賈霜, 隕霜殺桑, 隕霜害稼, 早霜, 春霜
		04雷災	大雷, 大雷雨, 大雷電, 大雷震, 雷, 雷雹, 雷發, 雷雪, 雷聲, 雷雨, 雷電, 雷霆, 雷震, 迅雷, 洊雷, 暴雷, 風雷
		05震災	大震電, 震, 震雷, 塵沙, 震死, 震電
		06雹災	大雨雹, 雷雨雹, 雹, 雨雹, 雨雹害稼, 風雹, 風雨雹
		07霧災	連陰, 昧濁, 霧氣昏塞, 白霧, 氛氣, 四方霧, 四方昏塞, 陰霧四塞, 陰晦, 積陰, 朝霧, 晝瞑, 晝蒙, 昏霧四塞
		08雪災	〈20108〉, 大雪, 大風雪, 得雪, 雪, 雪不止, 雪霜, 雪深, 雨雪, 以雪, 赤雪, 風雪
	02 旱災	01旱災	皆竭, 皆旱, 久旱, 年旱, 大旱, 冬無雪, 得雨, 無麥苗, 無雪, 無雪冰, 復旱, 不雨, 歲旱, 少雪, 水旱, 又旱, 以旱, 因旱, 絶流, 焦枯, 草木枯, 秋旱, 春旱, 致旱, 夏秋旱, 夏旱, 旱, 旱傷, 旱勢, 旱甚, 旱災, 亢旱, 荒旱
		02乾災	斷流
	04 火災	01火災	大火, 坊火, 放火, 焚毁, 悉焚, 失火, 延燒, 人火, 災, 縱火, 被火, 火, 火氣, 火起, 火發, 火焚, 火祥, 火焰, 火災, 火患
		02地燒	0
	05 地災	01地災	壞城郭, 大震雷, 連震, 雷震電, 城陷, 數震, 崖圮, 亦震, 湧出, 又震, 再震, 地大震, 地湧起, 地又震, 地再震, 地震, 地陷, 振動, 震動, 震霆, 摧圮

		02山災	覆壓, 山裂, 山崩, 山圮, 山湧, 山摧, 壓溺, 自摧
		03火山	0
	06 風災	01風災	狂風, 颶風, 大風, 大風濤, 大風霾, 大風拔木, 大風雨, 大風折木, 大風潮, 大風晝晦, 烈風, 拔木, 北風, 飛沙, 順風, 遇風, 走石, 塵土, 暴風, 暴風雨, 漂人, 漂人民, 風, 風起巳位, 風雷大雨, 風霾, 風雨, 風害, 陷沒, 恒風, 海風, 猋風, 洪濤, 黑風
		02沙災	揚沙, 揚沙石, 揚塵, 吹沙, 黃沙, 黃塵
	07 蟲災	01蟲災	軍蝗, 蝻, 蝻蟲, 大蝗, 螟, 螟螣, 螟蝝, 螟蝗, 蟊螣, 毛蟲, 蠓蟲, 墨蟲, 飛蝗, 蟾蜍, 歲旱蝗, 蛾, 野蠶, 蝝, 蝝生, 羽蟲, 又蝗, 有蝻, 以旱蝗, 蚜蚄生, 蚜蚄蟲, 蜴蟲, 靑蟲, 靑黑蟲, 蟲, 蟲暝, 蟲食, 蔽天, 抱草, 旱蝗, 蝗, 蝗起, 蝗蝻, 蝗蝻蟲, 蝗生, 蝗生卵, 黃雀, 蝗旱, 黑蟲
	08 氣溫	01溫暖[冬]	桃李華, 冬燠, 無冰, 如春, 如夏, 春燠, 恒燠
		02寒冷[夏]	如秋, 春旱
		03暘災[夏]	大暑, 大燠, 盛暑, 暴燠, 薰蒸
		04寒災[冬]	苦寒, 大寒, 凍, 凍死, 凍雨, 隆寒, 冰, 冰厚, 雪寒, 嚴寒, 天寒, 暴寒, 寒, 寒甚, 寒風, 恒寒, 冱寒
	09 疾病	01疾病	饑疫, 多疫, 大疫, 篤疾, 民疫, 病死, 病熱, 霜旱, 疫, 疫氣, 疫死, 疫作, 疫疾, 炎瘴, 瘗死, 瘴疫, 疾苦, 疾病, 疾疫, 疾疹, 瘡痍, 患疫
		02家畜	牛疫
	10 凶年	01凶年	歉, 歉歲, 潰散, 棄兒, 大歉, 大霧, 流離, 流亡, 流移, 亡麥, 亡麥禾, 不登, 殺桑, 傷稼, 傷禾, 損禾, 盡枯, 殍死, 乏食, 荒歉, 凶荒
		02飢饉	艱食, 饑, 饑饉, 饑民, 多饑, 多殍, 大饑, 凍餒, 霧氣, 民艱食, 民饑, 民相食, 不得食, 歲饑, 因饑, 人相食, 薦饑, 旱饑
	11 기타	01기타	感傷, 僵屍, 壞官民廬舍, 壞民廬舍, 多死, 大內災, 大風雨雹, 沒民田, 兵燹, 傷民田, 損稼, 壓死居民, 人食草木, 災沴, 災變, 災傷, 災眚, 災異, 災戶, 田鼠, 盡死, 天譴, 致異, 蕩析, 殆盡, 蔽野, 風水災, 被災, 害稼, 虎, 虎傷, 虎入

〈표 4〉는 『송사』 본기·오행지에서 확인되는 재해 검색어들이다. 송나라도 고려와 마찬가지로 농업이 주된 생산 단위였다. 송나라의 자연재해 중에는 01수재(44.7%)의 비율이 가장 높았고, 07충재(8.2%)와 06풍재(7.6%)도 다른 자료들에 비해 그 빈도가 높은 편이었다. 따라서 01수재·07충재·06풍재라는 자연재해가 10흉년(7.4%)으로 이어졌음을 알 수 있다. 이런 점에서 보면, 『송사』에서의 재해는 01수재(44.7%)·07충재(8.2%)·06풍재(7.6%)·10흉년(7.4%) 등을 중심으로 살펴볼 필요가 있겠다.

〈표 5〉는 『요사』 본기에서 확인되는 재해 검색어들이다. 거란[요]은 유목이 주된 생산 단위였다. 거란[요]의 자연재해 중에는 01수재(46.7%)

〈표 5〉『요사』 본기 재해 검색어

2 災害	01 水災	01水災	皆溢, 溺死者, 潦水, 沒溺, 水泛, 水犯, 水沃, 水災, 壓死, 墊溺, 泉湧, 暴漲, 漂溺, 漂沒, 河溢, 滹沱, 橫流, 黑水
		02雨災	乃雨, 大水, 大雨, 大雨水, 霖潦, 霖雨, 霖雨傷稼, 微雨, 雨, 雨不止, 以雨, 秋霖
		03霜災	霜旱, 隕霜
		04雷災	大雷電, 雷火
		05震災	震
		06雹災	雨雹
		07霧災	昏霧
		08雪災	大雪, 大風雪, 雪, 雨雪, 以雪
	02 旱災	01旱災	不雨, 歲旱, 水旱, 水涸, 以旱, 旱
		02乾災	0
	04 火災	01火災	縱火, 被火, 火
		02地燒	0
	05 地災	01地災	地震, 地陷, 土崩瓦解
		02山災	山裂, 自崩
		03火山	0
	06 風災	01風災	大風, 順風, 風雨
		02沙災	揚塵
	07 蟲災	01蟲災	蔽天, 蝗, 蝗蝻, 蝗飛
	08 氣溫	01溫暖[冬]	0
		02寒冷[夏]	0
		03暘災[夏]	0
		04寒災[冬]	大寒
	09 疾病	01疾病	病死, 疾苦
		02家畜	0
	10 凶年	01凶年	流離, 流亡, 殺桑, 傷稼, 傷禾稼, 歲儉, 乏食, 害禾稼
		02飢饉	艱食, 饑, 饑民, 大饑, 民饑, 歲饑, 人相食
	11 기타	01기타	僵屍, 多死, 盜賊蜂起, 覆沒, 殆盡, 陷沒, 害稼, 虎

의 비율이 가장 높았고, 다른 재해들은 그 빈도가 낮은 편에 해당한다. 따라서 01수재가 10흉년(16.7%)에 가장 큰 영향을 끼쳤음을 알 수 있다. 이는 『요사』 자체가 『고려사』·『송사』에 비견할 수 없는 자료의 한계에서 비롯된 것으로 보인다. 『요사』에서의 재해는 01수재(46.7%)와 10흉년(16.7%)을 중심으로 살펴볼 필요가 있겠다.

〈표 6〉『금사』 본기·오행지 재해 검색어

2 災害	01 水災	01水災	溺死, 水潦, 水沃, 水溢, 水入, 水災, 水漲溢, 壓死, 野水, 折木, 暴水, 暴漲, 漂沒, 河決, 河水泛溢, 河溢, 滹沱
		02雨災	開霽, 久雨, 大水, 大雨, 連雨, 潦, 霖潦, 霖雨, 霖雨害稼, 霾, 雨, 雨土, 淫雨, 陰雨, 以雨, 昏霾
		03霜災	隕霜, 風霜
		04雷災	大雷, 大雷電, 雷, 雷雨, 雷電震, 霹靂
		05震災	震, 震死, 震電
		06雹災	大雨雹, 雹, 雨雹
		07霧災	大霧, 霧氣, 陰霧, 昏霧四塞, 黑霧
		08雪災	大雪, 大風雪, 雪, 雨雪
	02 旱災	01旱災	久旱, 大旱, 冬無雪, 無雪, 不雨, 歲旱, 水旱, 雨澤, 以旱, 以旱甚, 以旱災, 天旱, 致旱災, 旱, 旱災, 亢旱
		02乾災	0
	04 火災	01火災	山火, 失火, 延燒, 災, 縱火, 火, 火焚
		02地燒	0
	05 地災	01地災	大震, 微震, 石擊, 又震, 地大震, 地震, 震動
		02山災	0
		03火山	0
	06 風災	01風災	大風, 大風雨, 拔木, 北風, 遇風, 風霾, 風勢, 風雨, 風雲, 黑風 10개
		02沙災	黃土
	07 蟲災	01蟲災	蝻, 大蝗, 飛蝗, 蟾蜍, 野蠶, 以旱蝗, 蚜蚄蟲, 蟲, 蔽天, 旱蝗, 蝗, 蝗飛, 蝗蝝, 蝗蟲, 蝗旱
	08 氣溫	01溫暖[冬]	如春水
		02寒冷[夏]	0
		03暘災[夏]	日暴, 夏暑
		04寒災[冬]	祁寒, 大寒, 凍死, 雪寒, 天寒, 寒甚
	09 疾病	01疾病	饑疫, 大疫, 病人, 疫, 疾苦, 疾疫
		02家畜	0
	10 凶年	01凶年	歉歲, 年穀不登, 年荒, 流離, 流亡, 流移, 不登, 傷稼, 歲凶, 損禾, 五穀不登, 殍死, 乏食, 凶歉
		02飢饉	艱食, 窮民, 饑, 饑饉, 饑民, 饑不得食, 饑死, 饑荒, 大饑, 民艱食, 民饑, 不得食, 歲饑, 餓死, 人相食
	11 기타	01기타	壞民廬舍, 大內災, 薪貴, 遇災, 異常, 災變, 災傷, 災異, 盡死, 殆盡, 蔽野, 被災, 被災傷, 陷沒, 害稼, 虎, 虎入

〈표 6〉은 『금사』 본기·오행지에서 확인되는 재해 검색어들이다. 여진[금]은 거란[요]과 마찬가지로 북방지역의 유목이 주된 생산 단위였다. 여진[금]의 자연재해 중에는 01수재(32.4%)의 비율이 가장 높았고, 02한재

(9.2%)와 07충재(8.7%)도 다른 재해들에 비해 그 빈도가 높은 편에 해당한다. 따라서 01수재·02한재·07충재라는 자연재해가 10흉년(16.8%)에 가장 큰 영향을 끼쳤음을 알 수 있다. 『금사』에서의 재해는 01수재(32.4%)·10흉년(16.8%)·02한재(9.2%)·07충재(8.7%) 등을 중심으로 살펴볼 필요가 있겠다.

이와 같은 『고려사』·『송사』·『요사』·『금사』의 재해 검색어는 '01수재·02한재·06풍재·07충재·10흉년'을 중심으로 그 특징적 요소를 찾아볼 필요가 있다. 01수재는 가장 대표적인 재해로 보이는데, 그 빈도에서는 『고려사』 수재(33.7%)와 『금사』 01수재(32.4%), 『송사』 01수재(44.7%)와 『요사』 01수재(46.7%)가 비슷하게 나타나고 있다. 『송사』 07충재(8.2%)와 『금사』 07충재(8.7%)가 비슷하게 나타나고, 『요사』 10흉년(16.7%)과 『금사』 10흉년(16.8%)도 비슷한 비율로 나타나고 있다. 이러한 사실에서 농업사회와 유목사회, 남방국가와 북방국가의 재해에 있어서 동질성 혹은 차별성을 찾아낼 수 있을까는 계속해서 의문으로 남는다.

2) 재해 자료의 특징

고려(918~1392)·송(960~1279)·거란[요](907~1125)·여진[금](1115~1234)의 왕조 존속 기간을 고려하여, 『고려사』·『송사』·『요사』·『금사』 세가 혹은 본기 및 오행지의 재해 자료는 시기적으로 907~1279년 이내로 한정하였다. 세가 혹은 본기의 재해 건수는 약 3,100건, 오행지의 재해 건수는 약 4,462건으로 총 7,562건으로 확인되었다. 세가 혹은 본기 및 오행지의 자료 중에서 서로 겹치는 것을 제외하면 이보다는 훨씬 적어질 것이다.

다음 〈표 7〉에서 보면, 『고려사』·『송사』·『요사』·『금사』 세가 혹은 본기의 재해 자료 건수가 약 3,100건인데, 『고려사』(25.6%)·『송사』(55.4%)·『요

〈표 7〉 한·중 재해 발생 비교

재해 분류		『고려사』·『송사』·『요사』·『금사』 세가 및 본기(단위 : 건)							
대분류	중분류	소분류							
		고려(태조~원종) (918~1274)		송 (960~1279)		거란 요 (907~1125)		여진 금 (1115~1234)	
2 災害	01 水災	223(28.1%)		731(42.5%)		70(35.9%)		114(29.2%)	
	02 旱災	106(13.3%)		217(12.6%)		12(6.2%)		58(14.8%)	
	03 寒災	분류없음							
	04 火災	45(5.7%)		103(6%)		7(3.6%)		24(6.2%)	
	05 地災	87(11%)		119(6.9%)		11(5.6%)		28(7.2%)	
	06 風災	01風災	02沙災	01風災	02沙災	01風災	02沙災	01風災	02沙災
		59	2	69	9	7	1	24	4
		61(7.7%)		78(4.5%)		8(4.1%)		28(7.2%)	
	07 蟲災	25(3.2%)		102(5.9%)		10(5.1%)		31(7.9%)	
	08 氣溫	夏	冬	夏	冬	夏	冬	夏	冬
		1	17	5	34	0	2	1	25
		18(2.3%)		39(2.3%)		2(1%)		26(6.7%)	
	09 疾病	01疾病	02家畜	01疾病	02家畜	01疾病	02家畜	01疾病	02家畜
		94	0	47	1	4	0	9	0
		94(11.9%)		48(2.8%)		4(2%)		9(2.3%)	
	10 凶年	01凶年	02飢饉	01凶年	02飢饉	01凶年	02飢饉	01凶年	02飢饉
		37	45	27	168	13	34	22	36
		82(10.3%)		195(11.3%)		47(24.1%)		58(14.9%)	
	11 기타	52(6.6%)		90(5.2%)		24(12.3%)		14(3.6%)	
합계		793		1,722		195		390	

사』(6.3%)·『금사』(12.6%)의 비율로 나타났다. 이를 다시 '재해 검색어 비율/재해 자료 비율'로 구분해 보면 다음과 같다.

『고려사』에서는 01수재(33.7%/28.1%), 02한재(8.2%/13.3%), 04화재(4.9%/5.7%), 05지재(5.6%/11%), 06풍재(10.3%/7.7%), 07충재(4.9%/3.2%), 08기온(7.3%/2.3%), 09질병(5.4%/11.9%), 10흉년(13.1%/10.3%), 11기타(6.7%/6.6%)이다. 『송사』에서는 01수재(44.7%/42.5%), 02한재(6.5%/12.6%), 04화재(3.8%/6%), 05지재(5.5%/6.9%), 06풍재(7.6%/4.5%), 07충재(8.2%/5.9%), 08기온(5.9%/2.3%), 09질병(4.4%/2.8%), 10흉년(7.4%/11.3%), 11기타(6.1%/5.2%)이다. 『요사』에서는 01수재(46.7%/35.9%), 02

한재(6.7%/6.2%), 04화재(3.3%/3.6%), 05지재(5.6%/5.6%), 06풍재(4.4%/4.1%), 07충재(4.4%/5.1%), 08기온(1.1%/1%), 09질병(2.2%/2%), 10흉년(16.7%/24.1%), 11기타(8.9%/12.3%)이다. 『금사』에서는 01수재(32.4%/29.2%), 02한재(9.2%/14.8%), 04화재(4%/6.2%), 05지재(4%/7.2%), 06풍재(6.4%/7.2%), 07충재(8.7%/7.9%), 08기온(5.2%/6.7%), 09질병(3.5%/ 2.3%), 10흉년(16.8%/14.9%), 11기타(9.8%/3.6%)이다.

여기에서 재해 검색어 비율이 높았던 것이 자료 비율에서 적게 나온 사례도 있었던 반면, 그 반대의 사례도 있었다. 〈표 7〉을 참고하면, 『고려사』에서는 01수재·02한재·05지재·09질병·10흉년, 『송사』에서는 01수재·02한재·10흉년, 『요사』에서는 01수재·10흉년, 『금사』에서는 01수재·02한재·10흉년 등이 두드러지게 보인다.

〈표 8〉 한·중 재해 발생 비교

재해 분류		『고려사』·『송사』·『금사』 오행지[10](단위 : 건)							
대분류	중분류	소분류							
		고려(태조~원종) (918~1274)		송 (960~1279)		거란 요 (907~1125)		여진 금 (1115~1234)	
2 災害	01 水災	701(49.5%)		1,392(48.9%)				71(35.1%)	
	02 旱災	101(7.1%)		258(9.1%)				30(14.9%)	
	03 寒災	분류없음							
	04 火災	148(10.5%)		217(7.6%)				15(7.4%)	
	05 地災	118(8.3%)		145(5.1%)				17(8.4%)	
	06 風災	01風災	02沙災	01風災	02沙災	01風災	02沙災	01風災	02沙災
		125	3	205	12			22	0
		128(9%)		217(7.6%)				22(10.9%)	
	07 蟲災	49(3.5%)		179(6.3%)				23(11.4%)	
	08 氣溫	夏	冬	夏	冬	夏	冬	夏	冬
		19	3	44	10			1	3
		22(1.6%)		54(1.9%)				4(2%)	
	09 疾病	01疾病	02家畜	01疾病	02家畜	01疾病	02家畜	01疾病	02家畜
		9	1	44	0			0	0
		10(0.7%)		44(1.5%)				0(0%)	
	10 凶年	01凶年	02飢饉	01凶年	02飢饉	01凶年	02飢饉	01凶年	02飢饉
		78	12	63	167			4	6

		90(6.4%)	230(8.1%)		10(5%)
	11 기타	48(3.4%)	109(3.8%)		10(5%)
합계		1,415	2,845	오행지(X)	202

〈표 8〉에서 보면, 『고려사』·『송사』·『금사』 오행지의 재해 자료 건수가 약 4,462건인데, 『고려사』(31.7%)·『송사』(63.8%)·『금사』(4.5%)의 비율로 나타났다. 이를 다시 '재해 검색어 비율/재해 자료 비율(세가 및 본기)/재해 자료 비율(오행지)'로 구분해 보면 다음과 같다.

『고려사』에서는 01수재(33.7%/28.1%/49.5%), 02한재(8.2%/13.3%/7.1%), 04화재(4.9%/5.7%/10.5%), 05지재(5.6%/11%/8.3%), 06풍재(10.3%/7.7%/9%), 07충재(4.9%/3.2%/3.5%), 08기온(7.3%/2.3%/1.6%), 09질병(5.4%/11.9%/0.7%), 10흉년(13.1%/10.3%/6.4%), 11기타(6.7%/6.6%/3.4%)이다. 『송사』에서는 01수재(44.7%/42.5%/48.9%), 02한재(6.5%/12.6%/9.1%), 04화재(3.8%/6%/7.6%), 05지재(5.5%/6.9%/5.1%), 06풍재(7.6%/4.5%/7.6%), 07충재(8.2%/5.9%/6.3%), 08기온(5.9%/2.3%/1.9%), 09질병(4.4%/2.8%/1.5%), 10흉년(7.4%/11.3%/8.1%), 11기타(6.1%/5.2%/3.8%)이다. 『금사』에서는 01수재(32.4%/29.2%/35.1%), 02한재(9.2%/14.8%/14.9%), 04화재(4%/6.2%/7.4%), 05지재(4%/7.2%/8.4%), 06풍재(6.4%/7.2%/10.9%), 07충재(8.7%/7.9%/11.4%), 08기온(5.2%/6.7%/2%), 09질병(3.5%/2.3%/0%), 10흉년(16.8%/14.9%/5%), 11기타(9.8%/3.6%/5%)이다. 〈표 8〉을 참고하면, 『고려사』에서는 01수재·04화재, 『송사』에서는 01수재, 『금사』에서는 01수재·02한재·06풍재·07충재 등이 두드러지게 보인다.

『고려사』와 『송사』에서는 수재와 한재가 흉년으로 이어지는 빈도수가 떨어지는데, 이는 국가의 재해 복구와 대책 등이 적극적으로 시행되었기

10) 『요사』에는 오행지가 없다.

때문으로 이해되고, 『요사』와 『금사』에서는 수재와 한재의 발생이 흉년으로 이어질 가능성이 농업사회인 고려와 송보다 높았다. 이와 같은 〈표 7〉과 〈표 8〉을 통합하면, 『고려사』에서는 '01수재·02한재·04화재·05지재·09질병·10흉년', 『송사』에서는 '01수재·02한재·10흉년', 『요사』에서는 '01수재·10흉년', 『금사』에서는 '01수재·02한재·06풍재·07충재·10흉년' 등이 두드러지게 보인다.

4. 12세기 재해의 영향

12세기 동아시아(한·중)는 여진[금]의 건국(1115), 거란[요]의 멸망(1125), 북송의 멸망과 남송 건국(1127), 몽골의 등장(1206) 등 정치적 격변 및 지방사회의 유망과 항쟁 등 사회경제적 모순이 비등하던 시기였다. 다음 〈표 9〉와 〈표 10〉에서 보면, 12세기[1072~1221, 고려 문종 26~고종 8, 북송 신종 5~남송 영종 27, 요 도종 18~금 선종 9]를 전후해서 재해 발생 비율이 다른 시기보다 높게 나타나는 것이 주목된다.

〈표 9〉 한·중 재해의 시기별 비교(세가·본기, 982~1279)(단위 : 건)

	『고려사』(918~1274)				『송사』(960~1279)				『요사』(907~1125)				『금사』(1115~1234)			
	水災	旱災	蟲災	凶年	水災	旱災	蟲災	凶年	水災	旱災	蟲災	凶年	水災	旱災	蟲災	凶年
918~	10	2	2	7	184	39	37	50	27	6	2	10	1115년 여진[금] 건국			
1011	21(4.9%)				310(25.3%)				45(32.6%)							
1012~	26	10	6	7	64	14	20	34	11	0	1	6				
1041	49(11.3%)				132(10.8%)				18(13%)							
1042~	22	18	0	3	61	18	3	19	2	2	2	5				
1071	43(10%)				101(8.3%)				7(5%)							
1072~	24	14	2	5	53	22	8	21	12	4	4	19				
1101	45(10.4%)				104(8.5%)				33(23.9%)							
1102~	35	7	3	8	39	13	7	10	10	0	1	6	2	0	1	7
1131	53(12.3%)				69(5.6%)				17(12.3%)				10(4%)			
1132~	34	10	6	9	42	13	2	10	1115년 여진[금] 건국				9	1	4	4

1161	59(13.7%)				67(5.5%)				1125년 거란[요] 멸망 1127년 북송 멸망 남송 건국 1206년 몽골 건국				18(7.2%)			
1162~	23	13	1	8	80	41	9	22					33	17	4	16
1191	45(10.4%)				152(12.4%)								70(28.1%)			
1192~	12	8	1	4	69	40	10	12					51	33	20	24
1221	25(5.8%)				131(10.7%)								128(61.4%)			
1222~	9	13	2	6	67	8	4	6					12	7	1	3
1251	30(6.9%)				85(7%)								23(9.2%)			
1252~	26	10	1	25	58	5	0	9					1234년 여진[금] 멸망			
1279	62(14.4%)				72(5.9%)											
합계	221	105	24	82	717	213	100	193	70	12	10	46	107	58	30	54
	51.2%	24.3%	5.6%	19%	58.6%	17.4%	8.2%	15.9%	50.7%	8.7%	7.2%	33.3%	43%	23.2%	12%	21.7%
	432				1,223				138				249			

〈표 10〉 한·중 재해의 시기별 비교(오행지, 982~1279)(단위 : 건)

	『고려사』 오행지 (918~1274)						『송사』 오행지 (960~1279)						『금사』 오행지 (1115~1234)					
	水災	旱災	地災	風災	蟲災	凶年	水災	旱災	地災	風災	蟲災	凶年	水災	旱災	地災	風災	蟲災	凶年
918~	13	3	8	8	4	0	319	68	26	41	52	27	1115년 여진[금] 건국					
1011	36(3.1%)						533(22.2%)											
1012~	70	15	32	4	8	3	94	12	8	22	17	12						
1041	132(11.3%)						165(6.9%)											
1042~	40	11	6	4	0	1	74	17	35	12	3	6						
1071	62(5.3%)						147(6.1%)											
1072~	43	12	14	4	4	4	84	28	21	17	22	12						
1101	81(6.9%)						184(7.7%)											
1102~	140	20	7	32	4	4	66	10	9	22	11	16	2	0	0	0	2	1
1131	207(17.6%)						134(5.6%)						5(3%)					
1132~	137	5	13	24	8	5	115	25	9	6	3	26	8	1	4	5	5	2
1161	192(16.4%)						184(7.7%)						25(14.6%)					
1162~	105	8	9	20	7	6	278	39	13	37	31	62	17	7	6	4	4	2
1191	155(13.2%)						460(19.1%)						40(23.4%)					
1192~	61	4	6	7	1	1	240	46	18	45	24	55	28	17	5	11	10	4
1221	80(6.8%)						428(17.8%)						75(43.9%)					
1222~	67	12	10	8	8	2	79	7	3	8	9	9	14	5	2	2	2	1
1251	107(9.1%)						115(4.8%)						26(15.2%)					
1252~	75	11	12	16	2	5	34	3	3	6	3	5	1234년 여진[금] 멸망					
1279	121(10.3%)						54(2.2%)											
합계	751	101	117	127	46	31	1383	255	145	216	175	230	69	30	17	22	23	10
	64%	8.6%	10%	10.8%	3.9%	2.6%	57.5%	10.6%	6%	9%	7.3%	9.6%	40.4%	17.5%	9.9%	12.9%	13.5%	5.8%
	1,173						2,404						171					

재해가 사회에 끼치는 영향은 지대했으리라는 것은 자명하지만, 자료가 소략하여 그 실체를 밝히기가 쉽지 않다. 〈표 9〉는 『고려사』·『송사』·『요사』·『금사』 세가 및 본기, 〈표 10〉은 『고려사』·『송사』·『금사』 오행지의 재해 자료 비율을 비교한 것이다. 여기에서는 수재·한재·충재와 같은 자연재해 및 그 결과로 나타날 수 있는 흉년을 중심으로 살펴보았다. 〈표 9〉의 『고려사』 세가에서는 재해가 꾸준하게 일어난 것을 볼 수 있고, 『송사』 본기에서는 960년 건국으로부터 1041년, 1162~1221년에 재해 발생 비율이 높게 나타났고, 『요사』 본기에서는 1042~1071년까지를 제외하고 건국으로부터 멸망할 때까지 재해 발생 비율이 꾸준하게 나타났으며, 『금사』 본기에서는 1162~1221년까지 재해 발생 비율이 높게 나타났음을 알 수 있다. 이들 시기에는 거란[요]·여진[금]의 북방 민족이 동아시아 사회에 미치는 영향이 컸고, 그 과정에서 자연재해의 상황이 어떻게 연결되었을까를 살펴보는 것도 의미 있겠다. 다음 사례들은 12세기 고려사회에서 발생한 재해가 사회에 끼치는 영향을 알아본 것이다.

1) 사례① : 전쟁과 토목사업

재해는 자연재해가 가장 많은 부분을 차지하였지만, 전쟁 또는 대규모 토목사업 등의 과정에서 발생하는 예도 있었다.

가-① 누런 안개[황무(黃霧)]가 무려 나흘 동안이나 사방에 가득하고, 경성(京城)의 많은 사람이 전염병[장역(瘴疫)]을 앓았으므로 왕이 의원을 나눠 파견하여 치료하게 하였다.[11)]

② 경성에 전염병[역(疫)]이 돌아 사람이 많이 죽었다.[12)]

---

11) 『高麗史』 卷4, 世家4 顯宗1, 顯宗 9年 4月 庚午, "黃霧四塞凡四日, 京城多患瘴疫, 王分遣醫, 療之."

③ 무려 나흘 동안 큰비[대우(大雨)]가 내려 경성의 민가 중에 떠내려가고 훼손된 것이 매우 많았다.[13)]

사료 가-①에서 보면, 1018년(현종 9) 4월 경성에서 장역(瘴疫)이 발생하였다. 장역은 일반적으로 중국 지역에서 발생한 것으로 알려져 있다.[14)] 이 질병이 고려에 어떻게 전파되었는지는 잘 알 수 없지만, 중국 쪽에서 고려로 들어온 사람들에 의해 전파되었을 것으로 이해한다. 한편 993년(성종 12)·1010년(현종 원년)·1018년(현종 9) 거란의 침입은 대규모 군대가 고려 영토로 들어왔을 것이고, 이때 장역과 같은 질병도 전파되었을 가능성도 있었다. 사료 가-②에서 보면, 1030년(현종 21) 12월에 개경에서 전염병[역(疫)]이 발생하였다. 이 시기를 전후해서 개경에서는 나성(羅城)[외성] 건설이라는 대규모 토목사업이 벌어졌고, 이때 동원된 대규모 인력에 의해 발생했을 가능성이 있었다.

또한 대규모 토목사업 과정에서 자연재해가 끼치는 영향도 무시할 수 없었을 것이다. 1018년(현종 9) 거란의 3차 침입 이후 고려 개경에서는 나성[외성]을 쌓기 위한 대규모 토목사업이 벌어졌다. 그 공사는 1029년(현종 20)에서야 마무리되었듯이 꽤 오랫동안 진행되었다. 나성은 토성(土城)으로 건설되었기 때문에 공사 기간이 자연재해에 크게 영향을 받을 수밖에 없었다. 사료 가-③에서 보듯이 '대우(大雨)' 등과 같은 수재가[15)]

12) 『高麗史』 卷5, 世家5 顯宗2, 顯宗 21年 12月, "京城疫, 人多死."
13) 『高麗史』 卷5, 世家5 顯宗2, 顯宗 17年 7月 丁未, "大雨凡四日, 京城民家漂毁者, 甚多."
14) 이현숙, 「고려시대 전염병의 유행과 치료」 『전염병의 문화사』, 혜안, 2010, 31쪽.
15) 『高麗史』 卷4, 世家4 顯宗1, 顯宗 11年 7月 癸酉, "大雨."; 『高麗史』 卷54, 志8 五行2, 金, 顯宗 11年 7月 乙丑, "以久旱, 慮囚, 大雨."; 『高麗史』 卷4, 世家4 顯宗1, 顯宗 13年 10月 乙卯, "以霖雨不止, 祈晴于群望."; 『高麗史』 卷54, 志8 五行2, 木, 顯宗 13年 10月 庚戌, "大雨, 暴風折木. 是日, 以霖雨不止, 祈晴于群望."; 『高麗史』 卷5, 世家5 顯宗2, 顯宗 15年 5月 癸巳, "雨. 自春旱甚, 民有團聚, 籲天祈禱. 是日, 王晨起, 聞其聲, 因輟膳, 齋沐焚香, 立于殿庭, 仰天祝曰, '寡人有過, 請卽降罰, 萬民有過, 寡人亦當之, 乞垂膏澤, 以救元元.' 大雨."; 『高麗史』 卷5, 世家5 顯宗2, 顯宗 19年 6月 己巳, "以雨甚, 祈晴于群廟."

가장 큰 난관이었을 것으로 보인다.

2) 사례② : '십실구공(十室九空)'

12세기는 고려의 정치·사회적 변화가 비등하던 시기였다. 〈표 9〉의 『고려사』 세가에서 보면, 1012~1041년[49건(11.3%)], 1042~1071년[43건(10%)], 1072~1101년[45건(10.4%)], 1102~1131년[53건(12.3%)], 1132~1161년[59건(13.7%)], 1162~1191년[45건(10.4%)] 등의 시기에 자연재해 현상이 꾸준하게 일어나고 있었다. 〈표 10〉의 오행지에서 보면, 1102~1131년[207건(17.6%)], 1132~1161년[192건(16.4%)], 1162~1191년[155건(13.2%)] 등의 시기에 자연재해 현상이 벌어지고 있었다. 이를 참고하면서 다음의 자료를 살펴보자.

나-① 교서(敎書)를 내려 말하기를, "나의 선대를 생각해보면 혼란한 시기를 잘 다스려 나라를 세우고, 여러 어진 임금이 잘 지켜 나에게까지 이르렀다. 지금 여러 도(道)·주(州)·군(郡)의 사목(司牧)으로 청렴하고 백성을 가엾게 여기고 구휼하는 자는 열에 한둘도 되지 않는다. 이익을 좇고 거짓으로 명예만을 구하여 대체(大體)가 손상되었으며, 뇌물을 좋아하고 자신의 이익만을 꾀하여 백성에게 해를 끼쳐 유망(流亡)이 서로 잇달아 열 집 가운데 아홉 집이 비었으니[십실구공(十室九空)] 나는 매우 가슴이 아프다. 이것은 실로 인사고과[전최(殿最)]가 시행되지 않아 사람들에게 권선징악(勸善懲惡)이 없었기 때문이며, 명망 있는 신하를 파견하여 군현(郡縣)을 순행(巡行)하고 수령의 인사고과를 살펴서 듣는 것이 마땅하다. 내가 이제 마땅히 상과 벌을 명백하게 밝히는 데 힘쓰려 하니, 추밀대신(樞密大臣)은 모두 나의 뜻을 체득하여 조종의 법령과 제도를 추검(推檢)하여

백료(百僚)에게 징계하고 타이르는 것을 법식[정식(程式)]으로 삼으라."고 하였다.[16)]

사료 나-①은 1105년(예종 즉위년) 12월에 예종이 즉위하면서 반포한 교서이다. 12세기 고려의 정치·사회적인 문제가 지방사회의 유망이었고, 그 배경이 지방관의 부패였다고 지적하고 있다. 이는 다분히 정치적인 시각을 부각시킨 이유이기도 하였다. 일반 민의 유망은 지방관 및 재지세력의 부패에서 비롯되었지만, 생산력 등의 문제에서도 발생할 수 있다. 생산력을 끌어올리는 방법으로 권농책도 하나의 방법이었지만, 이를 제약하는 요소가 자연재해였다. 이어서 1107년에는 17만 명의 대규모 군대를 동원하여 여진정벌이 단행되었는데,[17)] 대외전쟁은 새로운 질병이 국내로 흘러들어 올 수 있는 통로였다.[18)] 예종 즉위 교서가 반포되는 시기 전후의 재해 현상을 살펴보면 다음과 같다.

나-② 큰비[대우(大雨)]가 내린 지 열흘이 넘어가자, 종묘(宗廟)와 사직(社稷), 8릉(陵)에서 기청제(祈晴祭)를 지냈다.[19)]

③ 조서(詔書)를 내려 말하기를, "이번 달 이래로 오랜 가뭄이 더욱 심해진 것은 모두 내가 부덕한 탓이다. 밤낮으로 마음을 태우고 스스로 반성하며 허물을 뉘우치고, 부처에게 빌며 신에게 기원하여 진심을 다하지 않음이 없었는데 아직도 보응(報應)을 받지 못하였

---

16) 『高麗史』 卷12, 世家12 睿宗1, 睿宗 卽位年 12月 甲申, "敎曰, 惟我祖宗, 經綸草昧, 肇造邦家, 累聖持守, 以及寡人. 今諸道州郡司牧, 淸廉憂恤者, 十無一二. 慕利釣名, 有傷大體, 好賄營私, 殘害生民, 流亡相繼, 十室九空, 朕甚痛焉. 實由殿最不行, 人無勸懲之故也, 宜遣名臣, 巡行郡縣, 考守令殿最以聞. 朕方將務明賞罰, 其樞密大臣, 悉體朕懷, 推檢祖宗典章, 戒諭百僚, 以爲程式."
17) 『高麗史』 卷96, 列傳9 諸臣, 尹瓘.
18) 이정호, 앞의 논문, 2012, 238쪽.
19) 『高麗史』 卷12, 世家12 睿宗1, 睿宗 元年 5月 丙辰, "以大雨踰旬, 祈晴于廟社八陵."

다. 내가 왕위를 이은 이후에 정치와 교화를 베푸는 것에 어그러진 것이 많아 하늘이 혹시 가뭄으로써 나를 꾸짖고 견책하려는 것이 아니겠는가? 양부(兩府)의 근신(近臣)과 대성(臺省)의 간관(諫官), 여러 관청의 지제고(知製誥)는 각자 봉사(封事)를 올려 시폐(時弊)에 대하여 직언하는 것이 마땅하다."라고 하였다.[20]

④ 태사(太史)가 아뢰기를, "벌레가 소나무를 갉아 먹으니, 이는 병란(兵亂)이 일어날 징조입니다. 마땅히 관정도량(灌頂道場)·문두루도량(文豆婁道場), 보성도량(寶星道場) 등의 도량과 노군(老君)의 부법(符法)을 실행하여 재앙을 물리치도록 기원[양(禳)]해야 합니다."라고 하였다. (왕이) 이를 따랐다.[21]

⑤ 사천대(司天臺)에서 아뢰기를, "올해에 전염병이 크게 돌아 사람의 뼈가 길거리에 가득합니다. 유사(有司)에게 수습하여 매장해달라고 요청합니다."라고 하니, 이를 허락하였다.[22]

⑥ 조서를 내려 이르기를, "짐이 부족한 몸[묘궁(眇躬)]으로 사리에 맞지 않게 왕위를 이어 나라[삼한(三韓)]를 다스리니, 정무가 지극히 많아 보고 듣는 것을 제대로 할 수 없었다. 형사(刑事)에 관한 행정이 공정하지 못하고 기후가 고르지 못해 서너 해 사이에 농사에 흉년이 들어 백성들이 굶주리고 병이 드니, 밤낮으로 부지런히 걱정하고 노력하여[소간(宵旰)] 일찍이 잠깐이라도 멈춘 적이 없었다. 게다가 또한 하늘의 변괴가 매일 나타나 여름철 들어서는 찬바람이 불고 우박이 내리기까지 하니, 이는 바로 나의 덕이 부족하여

---

20) 『高麗史』 卷12, 世家12 睿宗1, 睿宗 元年 6月 丙戌, "詔曰, 是月以來, 亢旱尤甚, 盖由否德所致. 日夜焦勞, 省躬謝過, 禱佛祈神, 無不盡心, 然未蒙報應. 朕嗣位以後, 施爲政教, 多所乖戾, 天其或者譴告朕躬? 宜令兩府近臣, 及臺省諫官諸司知製誥, 各上封事, 直言時弊."

21) 『高麗史』 卷54, 志8 五行2, 木, 肅宗 6年 4月 辛丑, "太史奏, 蟲食松, 此兵徵也. 宜行灌頂·文豆婁·寶星等道場, 老君符法, 以禳之. 從之."

22) 『高麗史』 卷13, 世家13 睿宗2, 睿宗 5年 4月 甲戌, "司天臺奏, 今年, 疫厲大興, 戶骸載路. 請令有司收瘞. 從之."

생긴 일이므로 걱정과 두려움이 한층 더하다. 생각건대 나라에서 은혜를 두루 내림[추은(推恩)]으로 위로는 하늘의 견책에 응답하고, 아래로는 민심을 위로하며 조화로운 기운을 불러 모아 평안을 이루고자 한다. …"라고 하였다.[23]

사료 나-②~⑥은 예종 즉위 교서를 전후해서 발생했던 '수재·한재·충재·질병·흉년' 등의 사례들이다. 우선 수재의 경우 여름에 큰비가 내리는 것은 자연스러운 현상이지만, 사료 나-②와 같이 오랫동안 큰비가 내린다던가,[24] 겨울에 큰비가 내린 것은[25] 이상기후에 가깝다고 할 수 있다. 또한 농업사회에서 많은 비가 오랫동안 내리는 것이 문제일 수 있지만, 비가 오지 않는 가뭄도 농사에 큰 타격을 줄 수 있었다. 사료 나-③과 같이 이 시기에도 가뭄이 꾸준하게 이어지고 있었다.[26] 이런 수재(水災) 및 한재(旱災)와 같은 이상기후는 충재[나-④]와 질병[나-⑤] 등에도 영향을 끼쳤다. 충재는 주로 여름철에 발생하는 현상으로 농업환경에 많은 영향을 끼쳤을 것이고, 질병은 계절과 상관없이[27] 인간의 생활환경에 지대한 영향을 미치는 것이었다. 이런 수재·한재·충재·질병 등과 같은 재해는

---

23) 『高麗史』 卷13, 世家13 睿宗2, 睿宗 5年 6月 丙子, "詔曰, 朕謬以眇躬, 紹御三韓, 萬機至廣, 不能視聽. 刑政不中, 節候不調, 三四年間, 田穀凶荒, 人民飢病, 宵旰憂勞, 未嘗暫已. 况又乾文變怪, 無日不見, 夏月以來, 凄風雨雹, 此乃涼德所致, 恐懼增深. 意欲推恩, 上荅天譴, 下慰民心, 召集和氣, 以報平安. …"

24) 『高麗史』 卷12, 世家12 睿宗1, 睿宗 元年 2月 乙亥, "日官奏, '松嶽乃京都鎭山, 積年雨水, 沙土漂流, 巖石暴露, 草木不茂, 宜栽植裨補.' 詔可."

25) 『高麗史』 卷54, 志8 五行2, 木, 肅宗 6年 11月 辛丑, "大雨." ; 『高麗史』 卷54, 志8 五行2, 木, 肅宗 9年 12月 戊申, "大雨."

26) 『高麗史』 卷11, 世家11 肅宗1, 肅宗 6年 4月 癸巳, "以旱, 禱雨于天地·宗廟·山川." ; 『高麗史』 卷54, 志8 五行2, 金, 睿宗 元年 6月, "旱." ; 『高麗史』 卷54, 志8 五行2, 金, 睿宗 2年 4月, "旱." ; 『高麗史』 卷54, 志8 五行2, 金, 睿宗 3年 4月, "旱."

27) 『高麗史』 卷13, 世家13 睿宗2, 睿宗 4年 4月 甲辰, "遣近臣, 禱雨于朴淵及諸神廟, 祭瘟神于五部. 仍設般若道場, 以禳疾疫." ; 『高麗史』 卷13, 世家13 睿宗2, 睿宗 4年 12月 乙酉, "命有司, 分祭于松嶽及諸神祠, 以禳疾疫."

농업의 흉년으로 이어져 사회불안의 요소로 작용하였다[나-⑥]. 그 대표적인 것이 사료 나-①과 같이 지방사회의 '열 집 가운데 아홉 집이 비었으니'라는 것이었다.[28] 이러한 고려사회의 자연재해 현상은 『송사』에서도 나타났다.[29]

나-⑦ 경사(京師)에 오랫동안 비가[구우(久雨)] 내렸다. 또 7월부터 9월까지 장마가[임우(霖雨)] 이어져 곡식이 상했으며, 10월에 비로소 그쳤다.[30]

⑧ 회남로(淮南路)·강동(江東)·서로(西路)의 여러 지역에 큰 가뭄이[대한(大旱)] 들었다. 6월부터 10월까지 비가 오지 않았다[불우(不雨)].[31]

사료 나-⑦은 1105년(숭녕 4)에 장마가[구우(久雨)·임우(霖雨)] 3개월 동안 지속된 사례이다. 이 시기를 전후해서도 장마가 지속해서 이어진 사례들을[32] 찾아볼 수 있다. 장마가 오랫동안 지속된 '구우(久雨)'는 작물이

---

28) 『高麗史』 卷12, 世家12 睿宗1, 睿宗 元年 4月 庚寅, "詔曰, 頃因所司奏以西海道儒州·安岳·長淵等縣, 人物流亡, 始差監務官, 使之安撫, 遂致流民漸還, 産業日盛 今牛峯·兎山·積城·坡平·沙川·朔寧·安峽·僧嶺·洞陰·安州·永康·嘉禾·靑松·仁義·金城·堤州·保寧·餘尾·唐津·定安·萬頃·富閏·楊口·狼川等郡縣, 人物亦有流亡之勢, 宜准儒州例, 置監務招撫."

29) 『요사』에도 이 시기를 전후에서 자연재해가 소수 나타나지만, 의미 있는 자료가 잘 발견되지 않는다.

30) 『宋史』 卷65, 志18 五行3, 木, 恆雨, 崇寧 4年 5月, "京師久雨. 又自七月至九月, 所在霖雨傷稼, 十月始霽."

31) 『宋史』 卷66, 志19 五行4, 金, 恆暘, 大觀 2年, "淮南·江東西諸路大旱. 自六月不雨, 至於十月."

32) 『宋史』 卷65, 志18 五行3, 木, 恆雨, 元符 3年 7月, "久雨, 哲宗大升輿在道陷泥中."; 『宋史』 卷65, 志18 五行3, 木, 恆雨, 建中靖國 元年 2月, "久雨, 時欽聖憲肅皇后·欽慈皇后二陵方用工, 詔京西祈晴."; 『宋史』 卷65, 志18 五行3, 木, 恆雨, 崇寧 元年 7月, "久雨, 壞京城廬舍, 民多壓溺而死者."; 『宋史』 卷65, 志18 五行3, 木, 恆雨, 崇寧 3年 6月, "久雨."; 『宋史』 卷19, 本紀19 徽宗1, 崇寧 3年 8月 壬寅, "大雨, 壞民廬舍, 令收瘗死者."; 『宋史』 卷20, 本紀20 徽宗2, 崇寧 4年, "是歲, 蘇·湖·秀三州水, 賜乏食者粟. 泰州禾生穭."; 『宋史』 卷61, 志14 五行1 上, 水上, 河決·水災, 大觀 元年, "夏, 京畿大水. 詔工部都水監疏導, 至於八角鎭. 河北·京西河溢, 漂溺民戶."; 『宋史』 卷61, 志14 五行1 上, 水上, 河決·水災, 大觀 3年

성장할 수 있는 기온을 떨어트려 성장을 가로막는[상가(傷稼)] 원인이 되었을 것이다. 이런 장마와 상반되는 자연재해가 가뭄[한재(旱災)]이었다. 사료 나-⑧에서 보듯이, 1108년(대관 2)에는 6월부터 10월까지 4개월 동안 가뭄이[대한(大旱)·불우(不雨)] 계속되었고, 이 시기를 전후해서 가뭄이 일어났던 사례들도[33] 눈에 띈다. 이런 가뭄에는 황충(蝗蟲)의 피해가[34] 동반되는 경우도 빈번하였다. 가뭄과 병충해 또한 작물의 성장에 치명적인 타격이 되었다. 이는 결과적으로 흉년으로 이어져 일반 민의 굶주림[기(饑)·기민(饑民) 등]으로[35] 이어졌을 것이다.

따라서 예종의 즉위 교서와 여진 정벌 등은 정치적 목적으로 이루어진 정책과 전쟁이었지만, 그 과정에서 발생한 재해는 당시의 사회상을 새롭게 인식할 수 있는 조건이 될 수도 있겠다.

7月, "階州久雨, 江溢." ; 『宋史』 卷61, 志14 五行1 上, 水上, 河決·水災, 大觀 4年, "夏, 鄧州大水, 漂沒順陽縣."

33) 『宋史』 卷19, 本紀19 徽宗1, 建中靖國 元年, "是歲, 遼人來獻遺留物. 河東地震, 京畿蝗, 江·淮·兩浙·湖南·福建旱." ; 『宋史』 卷66, 志19 五行4, 金, 恆暘, 建中靖國 元年, "衢·信等州旱." ; 『宋史』 卷19, 本紀19 徽宗1, 崇寧 元年, "是歲, 京畿·京東·河北·淮南蝗. 江·浙·熙河·漳·泉·潭·衡·郴州·興化軍旱. 辰·沅州傜入寇. 出宮女七十六人." ; 『宋史』 卷20, 本紀20 徽宗2, 大觀 元年, "是歲, 秦鳳旱. 京東水, 河溢, 遣官振濟, 貸被水戶租. 盧州雨豆. 汀·懷二州慶云見. 乾寧軍·同州黃河清. 於闐·夏國入貢. 涪州夷駱世叶·駱文貴內附." ; 『宋史』 卷20, 本紀20 徽宗2, 大觀 3年, "是歲, 江·淮·荊·浙·福建旱, 秦·鳳·階·成饑, 發粟振之, 蠲其賦. 陝州·同州黃河清. 闍婆·占城·夏國入貢. 瀘州夷王募弱內附."

34) 『宋史』 卷19, 本紀19 徽宗1, 建中靖國 元年, "是歲, 遼人來獻遺留物. 河東地震, 京畿蝗, 江·淮·兩浙·湖南·福建旱." ; 『宋史』 卷19, 本紀19 徽宗1, 崇寧 元年, "是歲, 京畿·京東·河北·淮南蝗. 江·浙·熙河·漳·泉·潭·衡·郴州·興化軍旱. 辰·沅州傜入寇. 出宮女七十六人." ; 『宋史』 卷62, 志15 五行1 下, 水下, 蝗旱, 崇寧 元年, "夏, 開封府界·京東·河北·淮南等路蝗." ; 『宋史』 卷62, 志15 五行1 下, 水下, 蝗旱, 崇寧 2年, "諸路蝗, 令有司酺祭." ; 『宋史』 卷62, 志15 五行1 下, 水下, 蝗旱, 崇寧 3年, "崇寧三年·四年連歲大蝗, 其飛蔽日, 來自山東及府界, 河北尤甚."

35) 『宋史』 卷67, 志20 五行5, 土, 饑凶, 崇寧 元年, "江·浙·熙河饑." ; 『宋史』 卷20, 本紀20 徽宗2, 大觀 3年, "是歲, 江·淮·荊·浙·福建旱, 秦·鳳·階·成饑, 發粟振之, 蠲其賦. 陝州·同州黃河清. 闍婆·占城·夏國入貢. 瀘州夷王募弱內附." ; 『宋史』 卷20, 本紀20 徽宗2, 大觀 4年 3月 庚子, "募饑民補禁卒. 詔醫學生幷入太醫局, 算入太史局, 書入翰林書藝局, 畫入翰林書圖局, 學官等幷罷."

3) 사례③ : 무신정변 전후(1162~1191, 의종 16~명종 21)

1170년(의종 24)의 무신정변은 고려사회의 기존 지배질서를 붕괴시켰으며, 고려사회의 정치·경제·사회·문화 등 각 분야에 걸쳐서 큰 전환점이 되었다. 그 결과 이에 관한 연구 또한 무신정권 성립의 정치·사회경제적 배경, 무신정권의 통치구조와 정치세력의 동향, 무신집권기 문신의 성격, 집권 무신세력의 군사적 기반, 불교 사상계의 변화, 농민·천민의 항쟁, 대몽항쟁, 삼별초의 항쟁 등 다방면에 걸쳐 이루어졌다.[36] 무신집권기에 특히 주목되는 것은 지방사회의 저항이었다. 이 시기는 12세기 전반기부터 시작된 전국적인 '유망(流亡)' 현상이 본격적인 저항으로 변화하였다. 이러한 저항의 배경에 대해서 주로 지배층의 수탈이 원인이라는 정치적인 문제 혹은 지방사회를 둘러싼 갈등에서 그 원인을 찾으려고 하였다. 하지만 또 한편으로 무신정변 전후 시기에(1162~1191) 발생했던 재해가 〈표 9〉의 『고려사』 세가에서 45건(10.4%), 『송사』 본기에서 131건(12,4%), 『금사』 본기에서 70건(28.1%), 〈표 10〉의 오행지에서 『고려사』 155건(13.2%), 『송사』 460건(19.1%), 『금사』 40건(23.4%) 등이 발견되었음도 주목할 필요가 있다. 이 시기에는 수재[대우(大雨)·대수(大水) 등]가 빈번했지만,[37] 다음 자료에서 보듯이 더욱 눈에 띄는 것이 가뭄[불우(不雨)·구한(久旱)·한황(旱荒) 등]이었다.

다-① 기우제를 지냈다. 정월부터 비가 내리지 않아 이달[4월]까지 이르

36) 무신정권에 대한 연구 동향은 한국역사연구회 무인집권기연구반, 「무인집권기 연구동향과 과제」 『역사와 현실』 11, 1994 ; 신안식, 「고려 무인집권기 지방사회 저항에 대한 연구동향과 과제」 『인문과학논총』 45(건국대학교 인문과학연구소, 2007)가 참고된다.

37) 『高麗史』 卷53, 志7 五行1, 水, 毅宗 19年 6月 丁未, "大雨, 漂民家六十餘, 溺死者多." ; 『高麗史』 卷53, 志7 五行1, 水, 明宗 9年 6月 丙申, "大雨, 市邊樓橋·行讓門橋漂流." ; 『高麗史』 卷53, 志7 五行1, 水, 明宗 16年 閏7月 壬子, "安邊府大水, 漂民屋百餘, 死者千餘人."

렀다.[38)]

② 무당을 모아 비를 빌고, 가까운 신하들을 나누어 파견하여 여러 산천의 신령[군망(群望)]에게 비를 빌게 하였다. 이때 정월부터 비가 오지 않아 냇물과 우물이 모두 말랐고, 벼와 보리가 말랐으며 전염병[질역(疾疫)]도 따라서 발생하였다. 굶어 죽는 자가 많았으며 인육(人肉)을 거래하는 자들이 생기기까지 이르렀다. 또 화재가 자주 일어나 사람들이 크게 근심하고 한탄하였다.[39)]

③ 직한림원 이원목(李元牧)이 기우소(祈雨疏)를 지어 올리면서 당면 정책의 잘못을 많이 언급하자, 왕이 이원목을 불러 지시 내리기를, "속담에 '봄 가뭄은 밭에 거름을 주는 것과 같다.'라고 한다. 가끔 비가 내리므로 하늘의 인자한 마음을 어찌 모르겠는가? 얼마 전에 태사(太史)가 기우제를 청한 것도 내가 두 번 허락하지 않다가 마침내 허락했거늘, 그대의 기우소에는 어찌 나의 잘못을 들어 글을 지었는가?"라고 하면서 즉시 고치도록 명하였다. 정월부터 이때까지 비가 오지 않았는데도 왕이 이렇게 말한 것은 여러 소인들이 왕을 잘못 이끌었기 때문이다.[40)]

사료 다-①·②·③에서는 1년 농사를 준비하는 기간인 1월부터 4개월가량 가뭄이 계속되었음을 알 수 있다. 가뭄은 홍수와 더불어 농사에 치명적이었을 뿐만 아니라 사료 다-②에서 보는 것처럼 전염병[역려(疫癘)·질역(疾疫)·대역(大疫) 등]이[41)] 창궐할 수 있는 조건이기도 하였다. 이에 대한

38) 『高麗史』 卷19, 世家19 毅宗3, 毅宗 23年 4月 辛卯, "雩, 自正月不雨, 至于是月."

39) 『高麗史』 卷19, 世家19 明宗1, 明宗 3年 4月 丙子, "聚巫禱雨, 分遣近臣, 禱于群望. 是時, 自正月不雨, 川井皆渴, 禾麥枯槁, 疾疫並興, 人多餓死, 至有市人肉者, 又多火災, 人甚愁嘆."

40) 『高麗史』 卷20, 世家20 明宗2, 明宗 11年 4月 丁未, "直翰林院李元牧製進祈雨疏, 多言時政之失, 王召元牧傳旨曰, '野諺曰, 春旱與糞田同. 間或有雨澤, 則天心之仁愛, 盖未可知. 比者, 太史請禱雨, 予重違而許之, 汝疏何引我過擧, 以飾辭乎?' 卽命改撰, 自正月, 至此不雨, 而王言如此, 由群小導之也."

대책으로 1173년(명종 3)에는 안찰사와 감창사에게 권농사를 겸하게 하였다.[42] 안찰사는 지방 수령의 감시, 민생질고(民生疾苦)의 시찰, 형옥쟁송(刑獄爭訟)의 관장, 공부(貢賦)의 수납, 군사(軍事)의 임무 등의 역할을 담당하였다.[43] 감창사는 양계(兩界)의 조세(租稅)·군자(軍資)를 전담하였다.[44] 이들이 권농사의 직임까지 담당하였다는 것은 감무(監務) 파견과 더불어 이 시기 지방사회의 안정에 주목한 것이었다. 당시 지방사회는 12세기 이래 유망 현상이 빈번하였으며, 각종 재해로 인해 어려운 상황이었다[다-②]. 이러한 지방사회의 현실은 정치운영에도 상당한 어려움을 주었으며, 권농사의 활동 강화도 그러한 연유에서 비롯되었을 것이다.[45]

무신정권의 정치·사회적 상황들은 정권의 안정과 지방사회의 동요에 대한 대책으로 1188년(명종 18)에 여러 '개혁' 교서가 반포되는 계기가 되었다.[46] 그중에 농업 장려책과 관련된 것이 다음과 같다.

다-④ 제서(制書)를 내리기를, "때에 맞춰 권농(勸農)하라. 저수지[제언(堤堰)] 수리에 힘써 저수한 물이 잘 흐르도록 하여, 황폐해지지 않도록

---

41) 『高麗史』 卷18, 世家18 毅宗2, 毅宗 16年 3月 丙寅, "諫官伏閣上疏, 請罷別宮貢獻, 不聽. 王酷信陰陽秘祝之說, 每於行在, 集僧道數百餘人, 常設齋醮, 糜費不貲, 帑藏虛竭. 又多取私第爲別宮, 誅求貨財, 名曰 '別貢', 使宦者監領, 夤緣營私. 時旱荒疫癘, 中外道殣相望." ; 『高麗史』 卷18, 世家18 毅宗2, 毅宗 16年 5月 丁巳, "宣旨, 人君之德, 在於好生惡殺, 勤恤民隱. 近者, 囹圄不空, 民多疫癘, 朕甚憫焉. 其赦殊死以下, 蠲諸道郡縣逋租, 發倉廩以賑貧窮失所者. 兼擧淸白守節者." ; 『高麗史』 卷55, 志9 五行3, 土, 明宗 17年 5月, "京城大疫, 命五部, 設道符神醮, 以禳之."

42) 『高麗史』 卷79, 志33 食貨2, 農桑, 明宗 3年 閏1月, "以七道按察使·五道監倉使, 皆兼勸農使."

43) 邊太燮, 「高麗按察使考」 『高麗政治制度史研究』, 1982, 172~176쪽.

44) 邊太燮, 「高麗兩界의 支配組織」, 앞의 책, 1982, 219~221쪽.

45) 外官에 의한 勸農은 경작 독려와 賑恤 등 민의 안정을 목적으로 하는 것이었지만, 실제로는 收取 강화에 목적이 있었던 것으로도 여겨진다(채웅석, 「12, 13세기 지방사회의 변동과 '민'의 대응」 『역사와 현실』 3, 1990, 54쪽).

46) 朴宗基, 「12, 13세기 農民抗爭의 原因에 대한 考察」 『東方學志』 69, 1990 ; 김인호, 「무인집권기 문신관료의 정치이념과 정책」 『역사와 현실』 17, 1995.

할 것이며, 민(民)의 양식을 넉넉하게 해야 한다. 또한 뽕나무 묘목을 절기에 따라 심고 옻나무·닥나무·밤나무·잣나무·배나무·대추나무·과일나무도 각각 때를 맞춰 심어서 이익이 되게 하라."고 하였다.[47)]

⑤ 제서(制書)를 내리기를, "〈관청〉 창고의 곡식은 본래 백성들의 종자와 일용할 양식을 위한 것으로 봄에 나눠주고 가을에 거두어들이는 일이 성실하게 이루어지는 것을 귀중히 여겨야 하는데, 근래에 부실하여 이로 말미암아 농사를 망치는 일이 있으니 선왕께서 민(民)을 위하여 법을 제정한 뜻에 맞지 않는다. 만약 지게미와 쌀겨[조강(糟糠)]가 서로 절반씩 있는데도 감독이 거두는데 부실하면 그 죄에 따라 벌을 줄 것이다."라고 하였다.[48)]

⑥ 제서(制書)를 내리기를, "전투하는 군인을 무휼(撫恤)하는 것은 그 시기를 빼앗지 말고, 공사(公私)의 영조(營造)를 일절 금지하여 노역(勞役)에 복무시키지 않는 것이다."라고 하였다.[49)]

사료 다-④·⑤·⑥에서는 농업생산력 증대의 방책을 시도하고, 농사의 시기를 놓치지 않기 위하여 역(役)을 번거롭게 하지 말며, 그리고 창곡(倉穀)의 문란을 시정하여 민의 안집(安集)을 도모하기 위한 정책을 보여주고 있다. 이것 역시 이 시기 민의 저항이 생업에 전념하지 못한 결과 굶주림이 일차적인 원인이었다면, 이에 대한 적절한 대책이 민의 저항을 해결하는 방안이었을 것이다. 이러한 농업 대책의 배경에는 이 시기의 재해와도

47) 『高麗史』 卷79, 志33 食貨2, 農桑, 明宗 18年 3月, "下制, 以時勸農. 務修堤堰, 貯水流潤, 無令荒耗, 以給民食. 亦以桑苗, 隨節栽植, 至於漆楮栗栢梨棗菓木, 各當其時, 栽以興利."

48) 『高麗史』 卷80, 志34 食貨3, 常平義倉, 明宗 18年 3月, "下制, 倉穀, 本爲百姓種子日料, 春頒秋斂, 貴得成實, 年來不實, 因此失農, 非先王爲民制法之意也, 若有糟糠相半, 監收不實, 則以其罪, 罪之."

49) 『高麗史』 卷81, 志35 兵1, 兵制, 明宗 18年 3月, "制曰, 恤戰軍, 不奪其時, 公私營造, 一切禁止, 無令服勞."

관련 있었을 것으로 보인다.

다-⑦ 조서(詔書)를 내리기를, "바야흐로 농사일이 한창일 때인데 오랫동안 가물고 비가 오지 않는[구한불우(久旱不雨)] 것은, 억울한 옥사를 오래 끌고 처리하지 않았기 때문이라고 생각하노라. (참형과 교형) 2죄 이하의 죄수들을 모두 용서하여 놓아줄 것이다."라고 하였다.50)

⑧ 동주(洞州)와 봉주(鳳州)에 홍수[대수(大水)]가 나서 많은 민가가 떠내려가거나 물에 잠겼다.51)

⑨ 정주(定州)·장주(長州)·선주(宣州)·예주(豫州)·고주(高州)·화주(和州)의 여섯 주에 홍수[대수(大水)]가 나서 성곽이 무너지고 민가가 떠내려간 것이 그 수를 이루 다 헤아릴 수 없었다.52)

⑩ 동계(東界)의 진명(鎭溟) 경내에 누런 벌레[황충(黃虫)]와 누런 쥐[황서(黃鼠)]가 나왔는데, 비를 따라 내려와 곡식에 큰 피해를 줬다.53)

⑪ 등주(登州)·문주(文州)·의주(宜州)의 세 주와 진명(鎭溟)·용진(龍津)·영인(寧仁) 등 여러 성에 홍수[대수(大水)]가 나서 벼가 상하고 성곽과 민가가 물에 떠내려갔으며, 죽은 사람이 매우 많았는데, 등주가 더욱 심하였다.54)

---

50) 『高麗史』 卷20, 世家20 明宗2, 明宗 18年 5月 癸卯, "詔曰, 農務方興, 久旱不雨, 慮有冤獄, 久滯不決, 其令二罪以下, 悉皆原免."

51) 『高麗史』 卷53, 志7 五行1, 水, 明宗 18年 6月, "洞·鳳二州大水, 民屋多漂沒."

52) 『高麗史』 卷53, 志7 五行1, 水, 明宗 18年 7月 戊申, "定·長·宣·豫·高·和六州大水, 城郭頹圮, 民屋漂流者, 不可勝數."

53) 『高麗史』 卷55, 志9 五行3, 土, 明宗 18年 7月 戊申, "東界鎭溟境內, 黃虫·黃鼠, 隨雨而下, 大損禾稼."

54) 『高麗史』 卷53, 志7 五行1, 水, 明宗 18年 8月 辛未, "登·文·宜三州, 鎭溟·龍津·寧仁等諸城, 大水, 損禾, 漂蕩城郭民戶, 死者甚衆, 登州尤甚."

사료 다-⑦에서 농사일이 중요한 시기에 오랫동안 가뭄이 지속되었고, 이에 반해 사료 다-⑧·⑨·⑩·⑪의 동계 지역에선 홍수가 크게 났음을 보여주고 있다. 앞서 사료 다-①·②·③에서의 가뭄이 심하게 들었던 것과 이어지고 있다. 가뭄과 홍수가 번갈아 가면서 일어났다는 것은 이 시기의 기후 조건이 고르지 못했음을 보여주는 것으로 농사에 큰 손해를 끼쳤을 것이다. 이런 점들은 『송사』에서도 예외가 아니었다.

『송사』의 1162~1191년(남송 소흥 32~소희 2)을 중심으로 살펴보면, 〈표 9〉의 본기에서 131건(12,4%), 〈표 10〉의 오행지에서 460건(19.1%) 등의 재해가 발견된다. 우선 수재[대우(大雨)·대림우(大霖雨)·구우(久雨)·대수(大水)·음우(陰雨)·연우(連雨)·적우(積雨) 등]가 빈번하게 발견되는데, 장기간의 장마,[55] 광범위한 지역에서의 장마[56] 등이 그 사례들이다. 가뭄[한(旱)·대한(大旱)·불우(不雨)·구한(久旱) 등] 또한 장기간[57] 혹은 광범위하게[58] 나타났다. 이러한 홍수와 가뭄은 기후 조건을 열악하게 하여 병충

---

55) 『宋史』 卷65, 志18 五行3, 木, 恆雨, 乾道 2年 1月, "淫雨, 至於四月, 夏寒. 江·浙諸郡損稼, 蠶麥不登." ; 『宋史』 卷65, 志18 五行3, 木, 恆雨, 乾道 6年 5月, "連雨六十餘日." ; 『宋史』 卷65, 志18 五行3, 木, 恆雨, 乾道 8年 4月, "四川陰雨七十餘日." ; 『宋史』 卷65, 志18 五行3, 木, 恆雨, 淳熙 12年, "五月·六月, 皆霖雨."

56) 『宋史』 卷61, 志14 五行1 上, 水上, 河決·水災, 淳熙 15年 5月, "淮甸大雨水, 淮水溢, 廬·濠·楚州·無爲·安豊·高郵·盱眙軍皆漂廬舍·田稼, 廬州城圮. 荊江溢, 鄂州大水, 漂軍民壘舍三千餘. 江陵·常德·德安府·復·嶽·澧州·漢陽軍水."

57) 『宋史』 卷66, 志19 五行4, 金, 恆暘, 隆興 2年, "台州春旱. 興化軍·漳·福州大旱, 首種不入, 自春至於八月." ; 『宋史』 卷66, 志19 五行4, 金, 恆暘, 乾道 3年, "春, 四川郡縣旱, 至於秋七月, 綿·劍·漢州·石泉軍尤甚." ; 『宋史』 卷66, 志19 五行4, 金, 恆暘, 淳熙 8年 7月, "不雨, 至於十一月 : 臨安·鎭江·建康·江陵·德安府·越·婺·衢·嚴·湖·常·饒·信·徽·楚·鄂·復·昌州·江陰·南康·廣德·興國·漢陽·信陽·荊門長寧軍及京西·淮郡皆旱." ; 『宋史』 卷66, 志19 五行4, 金, 恆暘, 淳熙 10年 6月, "旱, 至于七月, 江淮·建康府·和州·興國軍·恭·涪·瀘·合·金·州·南平軍旱." ; 『宋史』 卷66, 志19 五行4, 金, 恆暘, 淳熙 11年 4月, "不雨, 至於八月, 興元府·吉·贛·福·泉·汀·漳·潮·梅·循·邕·賓·象·金·洋·西和州·建昌軍皆旱, 興元·吉尤甚. 冬, 不雨, 至於明年二月." ; 『宋史』 卷66, 志19 五行4, 金, 恆暘, 淳熙 14年 7月 己酉, "大雩於圜丘, 望於北郊, 有事於嶽·瀆·海凡山川之神. 時臨安·鎭江·紹興·隆興府·嚴·常·湖·秀·衢·婺·處·明·台·饒·信·江·吉·撫·筠·袁州·臨江·興國·建昌軍皆旱, 越·婺·台·處·江州·興國軍尤甚, 至于九月乃雨."

해[황(蝗)·대황(大蝗)·한황(旱蝗)·비황(飛蝗)·명(螟) 등]와[59] 전염병[역(疫)·민역(民疫)·대역(大疫)][60] 등의 원인이 되기도 하였다.

물론 한반도와 남송은 자연조건에서 차이가 났기 때문에 재해의 사례들을 직접 비교한다는 것은 쉬운 일이 아니다. 하지만 고려와 남송은 1162~1191년에 정치·사회적 변화라는 비슷한 상황에 부닥쳐 있었기 때문에 재해의 연관성을 상호비교해 보는 것도 의미 있으리라 생각한다.

5. 맺음말

지금까지 『고려사』·『송사』·『요사』·『금사』의 세가 혹은 본기 및 오행지

58) 『宋史』 卷66, 志19 五行4, 金, 恆暘, 乾道 9年, "婺·處·溫·台·吉·贛州·臨江·南安諸軍·江陵府皆久旱, 無麥苗." ; 『宋史』 卷66, 志19 五行4, 金, 恆暘, 淳熙 7年, "湖南春旱, 諸道自四月不雨, 行都自七月不雨, 皆至於九月. 紹興·隆興·建康·江陵府·台·婺·常·潤·江·筠·撫·吉·饒·信·徽·池·舒·蘄·黃·和·潯·衡·永州·興國·臨江·南康·無爲軍皆大旱, 江·筠·徽·婺州·廣德軍·無錫縣尤甚, 禱雨於天地·宗廟·社稷·山川群望." ; 『宋史』 卷66, 志19 五行4, 金, 恆暘, 淳熙 9年 7月, "江陵·德安·襄陽府·潤·婺·溫·處·洪·吉·撫·筠·袁·潭·鄂·復·恭·合·昌·普·資·渠·利·閬·忠·涪·萬州·臨江·建昌·漢陽·荊門·信陽·南平·廣安·梁山軍·江山·定海·象山·上虞·嵊縣皆旱." ; 『宋史』 卷35, 本紀35 孝宗3, 淳熙 10年 12月 丁亥, "金遣完顔婆盧火等來賀明年正旦. 是歲, 福·漳·台·信·吉州水, 京西·金·澧州·南平·荊門·興國·廣德軍·江陵·建康·鎭江·紹興·寧國府旱." ; 『宋史』 卷66, 志19 五行4, 金, 恆暘, 紹熙 2年 5月, "眞·揚·通·泰·楚·滁·和·普·隆·涪·渝·遂·高郵·盱眙軍·富順監皆旱, 簡·資·榮州大旱."

59) 『宋史』 卷62, 志15 五行1 下, 水下, 蝗旱, 紹興 32年 6月, "江東·淮南北郡縣蝗, 飛入湖州境, 聲如風雨. 自癸巳至於七月丙申, 遍於畿縣, 餘杭·仁和·錢塘皆蝗." ; 『宋史』 卷62, 志15 五行1 下, 水下, 蝗旱, 隆興 元年 8月, "壬申·癸酉 飛蝗過都, 蔽天日. 徽·宣·湖三州及浙東郡縣, 害稼. 京東大蝗, 襄·隨尤甚, 民爲乏食." ; 『宋史』 卷34, 本紀34 孝宗2, 乾道 3年 12月 庚申, "金遣徒單忠衛等來賀明年正旦. 是歲, 兩浙水, 四川旱, 江東西·湖南北路蝗, 振之." ; 『宋史』 卷62, 志15 五行1 下, 水下, 蝗旱, 淳熙 9年 7月, "淮甸大蝗, 眞·揚·泰州窖撲蝗五千斛, 餘郡或日捕數十車, 群飛絶江, 墮鎭江府, 皆害稼."

60) 『宋史』 卷62, 志15 五行1 下, 水下, 疾疫, 隆興 2年, "冬, 淮甸流民二三十萬避亂江南, 結草舍遍山谷, 暴露凍餒, 疫死者半, 僅有還者亦死." ; 『宋史』 卷62, 志15 五行1 下, 水下, 疾疫, 乾道 8年, "夏, 行都民疫, 及秋未息. 江西饑民大疫, 隆興府民疫, 遭水患, 多死." ; 『宋史』 卷62, 志15 五行1 下, 水下, 疾疫, 淳熙 8年, "行都大疫, 禁旅多死. 寧國府民疫死者尤衆."

에서 추출되는 재해 자료를 비교해 보았고, 사회변화와 재해의 관련성은 12세기 사회를 중심으로 살펴보았다. 12세기 전후 동아시아(한·중) 기후환경은[61] 다른 시기에 비해 재해 발생의 비율이 높았다. 이들 재해의 광역적인 혹은 국지적인 현상을 상호 비교 분석해 볼 필요가 있겠지만, 동아시아(한·중) 12세기의 정치·사회적인 상황은 비슷한 과정을 경험하고 있었던 점도 간과해서는 안 된다.

이 글에서는 대분류 재해를 중분류 10개와 소분류 27개로 분류 정리한 것이 앞으로의 연구에 필요한 것인가를 살펴보았다. 이를 확인하는 작업으로 『고려사』 세가와 오행지, 『송사』 본기와 오행지, 『요사』 본기, 『금사』 본기와 오행지에서 나타나는 재해 검색어의 특징적인 요소를 각각의 왕조와 비교해 보았다. 그 결과 『고려사』에서는 '01수재·02한재·04화재·05지재·09질병·10흉년', 『송사』에서는 '01수재·02한재·10흉년', 『요사』에서는 '01수재·10흉년', 『금사』에서는 '01수재·02한재·06풍재·07충재·10흉년' 등이 두드러졌음을 확인하였다. 그리고 기후환경이 실제 사회에 미치는 영향이 어떠했을까는 12세기 사회변화의 요소들과 더불어 살펴보았다.

『고려사』의 자료적인 한계를 한반도와 지리 혹은 기후환경에서 차이가 나는 이웃 나라의 문헌자료를 통해 보완한다는 것이 적절한지는 계속해서 고민해 볼 문제이다. 하지만 동시대의 사회문제를 공유하던 시기에 발생한 재해를 상호 비교해 보는 것은 당대 사회를 이해할 수 있는 또 다른 밑거름이 될 수 있다는 점도 잊어서는 안 된다.

---

61) 이 글에서는 지금까지 논의됐던 '12세기 한랭기설(寒冷期說)'을 본격적으로 살펴보지 못했다. 이는 한랭기라는 매개체를 아직 정확하게 설정하지 못한 이유이기도 하다.

| 제3장 |

한·중 재해 DB를 통해 본 고려시대의 '역병(疫病)'과 자연재해

이 승 민

1. 머리말

최근 지진이나 홍수, 가뭄과 화재 같은 기상 이변이 일어나고, 코로나 바이러스의 변이 및 확산 등 재해가 인간 사회에 미치는 영향이 점차 증가하고 있다. 전 지구적으로 이러한 재해에 대응하기 위한 사회적 노력이 이루어지고 있으며, 이와 함께 재해를 이해하기 위한 학문적 중요성도 강조되고 있다.

농업을 기반으로 하는 전통사회에서는 예기치 못한 피해를 주거나 설명하기 어려운 다양한 자연 현상을 재이(災異)라고 이해했다. 일식이나 월식, 별의 변화와 같은 천문 현상이나 동식물의 변이는 왕이나 국가의 안위를 상징하는 것으로 보아 중요하게 다루어졌고, 비·구름·바람 등 기상 상황의 변화는 농업을 기반으로 한 사회 경제에 영향을 주는 중요한 환경 요인으로 항상 그 추이를 주시하고, 예기치 못한 변화를 경계했다. 또한 재해의 결과로서 농작물이 자라지 않아 생산량이 감소하면 그것이 기근으로 이어지고, 역병[1])이 발생하고 확산될 수 있는 환경이 만들어져 복합적인 사회적 재해가 될 수 있었다. 즉, 역병은 질병 그 자체로만 사회에 영향을 주었던 것이 아니라 그 배경에 있는 기상 이변, 작황, 진휼과 의료의 미비 등으로 인해 복합적인 사회 상황을 반영하게 된다.

현재까지 전통사회의 기근과 역병은 많은 연구에서 그 내용을 규명하고, 역사적 의미를 이해해왔다. 특히 고려시대 역병에 관한 연구는 자료적 한계가 있음에도 불구하고 상당한 성과를 이루어냈다. 역병의 발생 기록을 검토하여 그 추이를 정리하고,[2] 사회적 영향과 진휼, 의료 대응을 분석하며, 역병의 원인에 관한 인식과 대응 의례 및 정치까지 다양한 방면으로 역병과 그 대처를 규명했다. 그 결과 전염병의 주된 원인은 기근과 전쟁이었으며 중국 왕조와 고려, 일본에 걸쳐 비슷한 시기에 역병이 발생하기도 했다는 점을 밝혔고, 이 과정에서 고려의 의학이 발전하는 계기가 되었다는 역사적 의미를 확인하기도 했다.[3] 또한 전쟁과 전염병으로 인한 인구 변동이 사회에 미친 영향,[4] 12세기 전염병에 대응하기 위한 새로운 사상적 모색으로서 도교 문화의 도입,[5] 관음신앙의 성행과 기양을 위한 국가적 차원의 불교 의례 시행,[6] 의학의 도입과 발전,[7] 질병

1) 최근 코로나-19 확산에 따라 질병의 유행에 관한 개념 정립과 연구 성과가 증가하고 있다. 이에 질병에 대한 개념과 용어 사용에 대한 정의가 세분화 되었다. 감염병은 세균이나 바이러스 등의 병원체가 인체에 침입하여 증상을 발현하는 것이고, 전염병은 숙주와 숙주 사이에서 병원체가 직접 전파되어 나타나는 질환으로 매개체가 없어도 확산이 가능한 것이며, 유행병은 특정한 시기에 갑자기 폭증하면서 전파력이 높은 사례를 말한다(이경록, 「고려시대의 유행병 대응과 그 성격」 『역사학보』 252, 2021, 3~5쪽). 이 글에서는 전근대 '역병'이라고 여겨진 사료를 정리하고 분석하는 글로서 현재의 감염병·전염병·유행병의 개념을 구체화하여 활용하기 어렵기 때문에 '역병'이라는 용어를 사용하고자 한다.

2) 김영환, 「조선시대 역병 발생기록에 관한 분석 연구」 『보건과학논집』 27-2, 2001.

3) 이현숙, 「전염병, 치료, 권력」 『전염병의 문화사』, 혜안, 2010.

4) 김순자, 「고려시대 전쟁, 전염병과 인구」 『전염병의 문화사』, 혜안, 2010.

5) 이정숙, 「고려시대 도교, 무속과 전염병 치유문화」 『전염병의 문화사』, 혜안, 2010.

6) 김영미, 「고려시대 불교와 전염병 치유문화」 『전염병의 문화사』, 혜안, 2010 ; 김수연, 「고려~조선 전기 불교계의 전염병 대응과 대민 구료」 『불교학연구』 71, 2022.

7) 신영일, 「高麗時代 醫學에 대한 考察」 『論文集』 7, 東新大學校, 1995 ; 이경록, 『고려시

에 관한 인식[8] 등 다양한 방면의 연구가 이루어졌다. 다만, 역병을 다룬 다수의 연구에서 자연재해와 기근이 역병의 주요 원인으로서 이야기되었기 때문에 그 상관관계가 당연시되는 경향이 있다. 자연재해와 역병을 자료를 통해 추이를 분석한 연구,[9] 12~13세기에 한정하여 재해와 역병을 집중적으로 다룬 연구도 있으나[10] 오히려 전 시기에 걸쳐 구체적인 사례와 자연재해와의 관계를 살피고, 나아가 중국 대륙의 자연재해와 비교하는 분석은 이루어지지 못했다.

이 글은 한국과 중국의 문헌 자료를 기반으로 정리된 재해 데이터베이스를 참조하여 고려시대 역병을 파악하고 정리하기 위한 글이다. 우선, 자연재해를 편성하여 정리한 정사 오행지에서 자연과 역병의 관계를 바라보는 인식을 확인하고자 한다. 그리고 자료와 기록의 성격을 반영하여 고려시대 역병 기록을 재정리하고, 나아가 고려와 송·요·금·원의 자료를 확인하여 중국 대륙과 한반도의 기후 변화와 역병의 관계를 살펴보고자 한다.

대 의료의 형성과 발전』, 혜안, 2010 ; 「『향약구급방』과 『비예백요방』에 나타난 고려시대 의학지식의 흐름-치과와 안과를 중심으로」 『史林』 48, 2014 ; 「고려와 조선시대의 의학발전 단계 시론-의서를 중심으로」 『이화사학연구』 58, 2019 ; 「고려시대의 중국 의학지식 도입과 그 추이 : 신효결명산을 중심으로」 『태동고전연구』 46, 2021 ; 이현숙, 「『향약구급방』으로 본 고려시대 의안」 『역사와현실』 112, 2019.

8) 이현숙, 「고려시대 역병에 대한 인식-질진, 장역, 온역을 중심으로」 『한국사상사학』 30, 2008 ; 이현숙·권복규, 「고려시대 전염병과 질병관-『향약구급방』을 중심으로」 『전염병의 문화사』, 혜안, 2010.

9) 윤순옥·황상일, 「고려사를 통해 본 한국 중세의 자연재해와 가뭄주기」 『한국지형학회지』 17-4, 2010. 이 연구에서는 자연재해와 흉년, 역병 등을 함께 다루고 있으나 역병 발생을 15건이라고 정리하면서, 고려의 역병 자료 전반을 확인하지 못한 것으로 보인다.

10) 송효정, 「高麗時代 疫疾에 대한 硏究-12·13世紀를 中心으로」, 명지대학교 석사학위논문, 1999.

2. 오행지(五行志)의 역병 인식과 역병 자료의 성격

전통사회의 주요 자연재해는 왕조 중심의 정사 기록을 바탕으로 정리되었다. 재해 관련 기록은 시대와 지역, 편찬된 문헌의 종류에 따라 차이가 있으며, 한국과 중국 문헌 자료의 양적 질적 차이도 분명하게 존재한다. 그럼에도 불구하고 한국과 중국의 자료를 비교하는 것은 의미가 있다. 지리적으로 대륙과 반도라는 연결성을 통해 기상 변화나 그 영향을 파악할 수 있으며, 유교 정치사상을 통한 문화적 동질성이 자연재해에 대한 이해와 대응의 공통성을 보여주기 때문이다.

고려시대 역병을 비롯한 재이 기록은 『고려사』와 편년체 기록인 『고려사절요』에 실려있다. 같은 시기 중국 왕조인 송·요·금·원의 기록도 정사인 『송사』·『요사』·『금사』·『원사』를 기초 문헌으로 활용할 수 있다. 이밖에 정책적·정치적 필요로 편찬된 『송회요집고』나, 문집 기록, 금석문 등의 문헌을 통해 내용을 보완할 수 있다.

정사에서 역병을 비롯한 재해 기록은 오행지에 수·화·목·금·토로 정리되어 있지만, 이 기록을 모두 재해로 이해할 수 없다. 오행지는 재해 발생을 오행에 맞춰 정리한 것이므로 일부가 누락되거나 관련한 진휼이나 대책 등은 본기나 세가·예지·식화지·형법지 등으로 편재되었기 때문이다. 또한 같은 용어라 하더라도 맥락에 따라 재해를 의미할 수도 있으며 혹은 재해 해소를 뜻할 수도 있다. 예를 들어 목의 "대우(大雨)"라고 해도 이것이 홍수인지, 가뭄 뒤에 내린 비로서 재해를 해소하는 내용인지, 그 전후 맥락을 파악해야 하는 것이다.[11]

역병은 『고려사』 오행지 토(土)에 실려 있으며, 대개 대역(大疫)의 발생이 주가 된다. 그 외에도 역병을 퇴치하기 위한 의례, 진휼, 역병에 관한

---

11) 이승민, 「11~12세기 한·중 재해 기록과 오행지(五行志)의 자료적 성격」 『한국중세사연구』 67, 60쪽.

인식 등 여러 방면의 기록들이 산재하고, 개인의 일기나 문집 등에 역병의 발생과 치료에 관한 내용이 있을 수 있기 때문에 오행지 외 폭넓은 자료를 확인할 필요가 있다.

역병을 퇴치하기 위해 의례를 시행한 것 중 재초(齋醮)는 예지 길례 소사의 잡사(雜祀)에 있으며, 한 해를 마무리하면서 역신을 몰아내는 '계동대나의(季冬大儺儀)'는 군례(軍禮)로 편재되어 있다. 그리고 역병의 대책으로서 진휼을 시행한 내용은 식화지 진휼의 '수재와 가뭄·역병에 대한 진대 제도[水旱疫癘賑貸之制]'에서 찾아볼 수 있으며, 형정(刑政) 과정에서 역병과 관련한 내용은 형법지에 있다. 물론 오행지, 예지, 식화지, 형법지에 실리지 않은 역병 발생, 의례 시행, 진휼의 기록은 세가와 열전에서도 찾을 수 있다.

그리고 관인의 묘지명에도 역병 발생이 기록되어 있다. 대개 이 경우는 개인의 경험이거나 지방관으로 재직할 때 경험한 역병으로서 정사류에서는 확인되지 않는 사례이다. 개인과 지역 단위의 역병을 확인할 수 있는 자료는 『신증동국여지승람』과 같은 지리지도 있다. 사당이나 인물 가운데 역병과 관련한 내용이 있으므로 이를 참조하며 개경 중심의 기록을 보완할 수 있다. 이와 함께 『동안거사집』이나 『동국이상국집』과 같은 문집에서도 정사에서 확인되지 않는 역병의 발생과 의례 시행을 확인할 수 있다.

오행에 따라 정리된 역병 기록은 역병의 전체를 보여주는 것은 아니지만, 역병을 인식하고 정리하는 관점을 이해하는 기준을 확인하는 데에 도움을 준다. 오행지는 모든 정사에서 편찬되지는 않았다. 『요사』는 오행지가 없고, 『금사』는 오행지가 단순하게 한 권으로 정리되었으며, 수·화·목·금·토의 오행 구분 없이 편년으로 기록되어 있다. 또한, 주로 자연재해가 중심이 되었기 때문에 역병은 오행지에서 찾아 볼 수 없다. 이는 자연재해나 역병이 발생하지 않았다는 것이 아니라 정사 편찬의 기초 자료가 부족했기 때문으로 짐작된다.

그래서 역병을 별도로 편찬한 고려의 대조군으로 송의 오행지를 비교할 수밖에 없다. 『고려사』에서 역병 발생은 기본적으로 정사 오행지 중 토에 정리되었으며, 앞서 말했듯이 역병을 퇴치하기 위한 의례, 진휼, 역병에 관한 인식 등 여러 방면의 역병 기록들이 산재한다. 반면, 『송사』는 『고려사』와 달리 역병을 오행지 수(水)에 정리했다. 역병이 정사마다 다른 항목에 편재된 배경은 오행과 그에 따른 인식의 차이가 있기 때문이다.

그 차이를 이해하기 위해서는 우선 오행지 구성에 관한 역사적 흐름을 확인할 필요가 있다. 오행지는 오행(五行)·오사(五事)·황극(皇極)의 요소를 연결하고 조합하여 구성한다. 애초에 『한서』 오행지에서는 오행과 오사를 분리하고, 각 오행마다 오사를 연결시켜 설명했는데, 이 같은 방식은 『송사』 편찬을 기점으로 변화한다고 한다. 『송사』부터 오행, 오사, 황극을 통합하여 오행생성설(수·화·목·금·토)의 순서로 편찬하였고, 이런 구성이 『원사』·『명사』·『청사고』, 그리고 『고려사』까지 이어졌다는 것이다.[12)]

구체적으로 『송사』는 홍범구주 중 제5주인 황극을 재변으로 이해하고 정리한 복승(伏勝)의 황극재이론을 오행지에 통합했는데, 황극은 명확하게 오행으로 분별하기 어렵기 때문에 『송사』에서는 모두 수에 편재한 것이다.[13)] 구체적으로 황극재이론은 불건(不建), 모징(眊徵), 상음(常陰), 미약(微弱), 사요(射妖), 용사지얼(龍蛇之孽), 마화(馬禍), 하인벌상지아(下人伐上之痾), 일월난행(日月亂行), 성진역행(星辰逆行)의 10가지 재변을 말하는 것인데, 그 중 상음이 대무(大霧), 대역(大疫)의 재변으로 나뉜다.[14)]

---

12) 오행과 오사, 황극을 모두 오행으로 편재하는 것과 오행생성설에 따른 순서(수화목금토)도 『송사』부터 변화를 보이는데, 이후 『고려사』, 『원사』, 『명사』, 『청사고』도 이를 따르게 되었다(김일권, 『『고려사』의 자연학과 오행지 역주』, 한국학중앙연구원출판부, 2011, 149~150쪽). 이 책에서는 오행 안의 소항목의 구성과 내용에 대해서 비교하였다.

13) 김일권, 위의 책, 2011, 29쪽.

14) 김일권, 「전통 자연학의 범주와 오행지학적 상관론」 『東아시아古代學』 50, 2018,

이에 『송사』에서는 역병과 관련한 항목을 안개와 함께 수(水)에 실었던 것으로 보이며, 역병을 수에 정리하는 방식은 『명사』와 『청사고』에서도 확인할 수 있다.

역병과 오행의 관계를 『송사』와 달리 파악한 것은 대표적으로 『신당서』와 『원사』를 들 수 있다. 『신당서』는 오행과 별도의 항목으로 역병을 담았고, 『원사』에서는 수가 아닌 토에 역병을 실었다. 『고려사』는 오행의 구성에서 『원사』의 영향을 받았으므로 토에 역병을 정리했다.

먼저, 『신당서』는 "오행개실(五行皆失)" 즉, 오행을 모두 잃었을 때를 오행 외에 편성하여, 이에 따라 발생하는 재이를 정리했다. 목·화·토·금·수의 각 오행별 재이를 싣고 마지막에 모두 조화가 되지 않을 경우 생기는 상음(常陰), 무(霧), 홍예(虹蜺) 용사얼(龍蛇孽), 마화(馬禍), 인아(人痾), 역(疫), 천명(天鳴), 운석(隕石)를 구성했던 것이다. 이것의 일부는 황극에 속하지만, 홍예, 천명, 운석은 천문과 관련된 것이며, 무와 역은 황극 중 상음에 해당하는 것으로서 항목을 나누어 실었다. 『신당서』를 편찬하는 데에 역병은 특정 오행 요소가 아닌 오행 전반의 부조화를 원인으로 본 것이다. '오행개실'을 보면 대역(大疫)에 대해 점(占)을 친 결과를 기록했다. "장차 국휼이 있으면, 사특하고 어지러운 기가 먼저 민을 덮기 때문에 역이 생긴다"고[15] 했는데, 이는 사회의 혼란이 있으면 민이 역병으로서 그 피해를 입는다는 당대의 인식이 반영된 것이다.

한편, 『원사』에서는 오행지를 오행1과 오행2로 나누어 구성하였다.[16] 오행1은 수·화·목·금·토, 오행2는 수불윤하(水不潤下)·화불염상(火不炎上)·목불곡직(木不曲直)·금불종혁(金不從革)·가색불성(稼穡不成)이다. 이러한

248쪽.

15) 『新唐書』 卷36, 志26 五行3, 五行皆失 冬, "大疫 兩京死者相枕於路 占曰 國將有恤 則邪亂之氣先被於民 故疫"

16) 이에 대해 동일한 내용을 특별한 원칙없이 중복적으로 처리하는 비체계적이고 번쇄하다는 평가가 있다(김일권, 위의 책, 2011, 29~30쪽)

오행지의 구조는 오행과 오행의 부조화로 생기는 결과를 구분한 것이다. 이 중 역병은 토와 가색불성에 나뉘어 실렸다. 가색불성은 토의 현상으로서 수재나 한재가 없음에도 초목백곡이 잘 자라지 않는 변고이다.[17] 이는 기록의 내용을 살펴보면 더욱 분명히 알 수 있다. 토에는 단 2건만 있는데, 소흥(紹興)·경원(慶元)·태주(台州)에 2만 6천여 명이 역병으로 사망한 사례와[18] 경사의 대역 발생이 "사특하고 어지러운 기가 먼저 민을 덮기 때문에 역이 생긴다"는 당 대의 점(占)을 인용하여 해석한 사례이다.[19] 가색불성에는 12건이 있어 토보다 사료의 양이 많으며, 발생 내용만을 간략하게 기록했다. 즉, 역병 발생을 토의 성질을 드러나는 재변으로 인식하면서 가색불성에는 더 많은 자료를 실었고, 토에는 상세한 내용이나 원인을 파악하고자 한 내용을 쓰면서 나름의 인과관계를 보여주고자 했던 것을 알 수 있다.

흥미로운 점은 오행1은 지대 원년(1308), 황경 2년(1313)의 기록이며, 오행2는 지정 4년부터 22년(1344~1362)에 이르는 시기의 역병만을 쓰고 있다는 점이다. 『원사』 본기와 지, 열전의 역병 자료를 모아보면 지원 연간부터 지정 연간에 걸쳐 일어난 역병 기록이 있다. 이와 대조적으로 오행지의 기록은 시기가 편향되었다고 할 수 있다. 그것은 오행지를 편찬하기 위해 자료를 수집한 과정에서 발생한 오류일 수도 있겠지만 그보다 천인감응설에 의한 기록의 재편 가능성이 더 커 보인다. 가색불성의 기근, 대역, 구풍(颶風), 우화(牛禍), 우토(雨土), 지진(地震) 등의 기록이 모두 원통과 지정 연간, 즉 순제(順帝) 재위기간이라는 점을 생각하면 원 말기 혼란스러운 사회상을 오행의 부조화로 보고 기록을 정리한 것으로 추정할 수

17) 김일권, 위의 책, 2011, 125쪽.
18) 『元史』 卷50, 志3上 五行1, 土, 疫, 至大 元年
19) 『元史』 卷50, 志3上 五行1, 土, 疫, 皇慶 2年 "冬 京師大疫. 唐志云 國將有恤 則邪亂之氣先被於民 故疫."

있다.

『고려사』는 역병을 토에 실어 『원사』의 구성과 인식을 따랐다. 토는 흙과 관련한 재해로서, 대지 위의 초목과 곡식이 여물지 못하는 재변을 의미하며, 그로 인해 기근이 발생하고, 역병이 확산된다. 『고려사』 오행지 토는 구체적으로 기근, 대역(大疫), 폭풍[大風], 안개, 흙비[雨土], 산사태, 명충나방[螟][20] 등의 내용이다. 대역에서는 발생한 모든 역병을 기록하기보다 역병이 크게 창궐했던 사건을 중심으로 기록했는데, 고려는 총 8건을 기록하였다. 물론 다음 장에서 다루겠지만, 역병은 그보다 많이 발생했다. 그러므로 대역이라고 지칭하지 못할 규모의 역병이나, 지방에서 발생한 뒤 지역 단위에서 관리되었을 경우 주요 사건으로 기록되지 않았을 가능성이 있다.

조선에서 편찬된 『고려사』나 명에서 편찬된 『원사』가 역병을 오행 중 토에 정리한 것은 흙에서 곡식이 자라지 못하여 기근이 발생하고, 이에 역병이 연결된다는 인과관계를 반영한 것이다. 이는 『신당서』에서 오행이 모두 문제가 생겼을 때 역병이 발생한다고 이해한 것과 비교하면 단선적이라고 할 수 있지만, 『송사』와 같이 역병을 황극의 제 항목과 함께 수에 일괄하여 넣은 것과 비교하면 토[흙]와 농사·곡식 문제와 역병의 인과관계를 더욱 분명히 제시한 것이라고 생각한다.

한편, 같은 역병 관련 내용이라 하더라도 『고려사』와 『고려사절요』의 차이가 보인다. 『고려사절요』의 편찬 범례에 "재이의 징험이 있는 일은 비록 작더라도 반드시 쓰는데, 천견을 경계하는 것이다[災異之驗於事者,

20) 螟은 멸구를 나타내는 뜻으로 정의되어 있으며(『국어사전』), 마디충 즉, 이화명나방의 애벌레를 가리키는 뜻이기도 하여 오행지 螟 항목을 '마디충의 해'로 번역하기도 한다(홍승현, 『正史 五行志의 世界』, 혜안). 혹은 두꺼비나 지렁이, 개미, 벌 등과 함께 蠃蟲之孽로 묶어 항목을 구분하기도 했다(김일권, 위의 책, 2011, 554쪽). 국사편찬위원회 고려사 국문 번역에는 명충나방이라고 하였으며, 이 글에서는 그 번역을 따른다(https://db.history.go.kr/KOREA/).

雖小必書, 謹天譴也].”라고 재이와 관련한 기록의 목적을 밝히고 있다. 이는 『고려사』보다 천인감응설에 따라 재이 기록을 이해하고 수록했다는 편찬 목적을 분명하게 드러낸 것이다. 이러한 범례에 따라서 『고려사』에 기록된 불교, 도교, 무속의 의례는 찾아보기 어려우며, 국왕과 신료의 유교 정치사상에 기반한 국왕의 수신과 정치의 면모를 강조하는 내용이 두드러진다.[21]

이는 역병 기록도 마찬가지이다. 명종 3년(1173) 4월의 가뭄과 17년 역병 기록은 같은 사례이지만 차이점이 있다.

가-① 聚巫禱雨, 分遣近臣, 禱于群望. 是時, 自正月不雨, 川井皆渴, 禾麥枯槁, 疾疫竝興, 人多餓死, 至有市人肉者, 又多火災, 人甚愁嘆.[22]

② 禱雨. 自正月不雨, 泉井皆竭, 禾麥枯槁, 疾疫竝興, 人多餓死, 至有市人肉者.[23]

나-① 京城大疫, 命五部, 設道符神醮, 以禳之.[24]

② 京城大疫[25]

가와 나에서 ①은 『고려사』, ②는 『고려사절요』의 기록이다. 가는 정월부터 비가 오지 않아 우물이 마르고, 곡식이 말랐으며, 질역이 흥해 사람들이 굶어 죽어 인육을 사고팔기에 이르렀다는 내용이다. ②에서도 전체적인 내용은 같다. 차이는 기우제에서 발견된다. 밑줄 친 부분은 ②에서 삭제된 것을 표시한 것이다. 가-①에는 “취무(聚巫)” 즉 무속 의례를 시행하

21) 이승민, 앞의 논문, 2021, 64~65쪽.
22) 『高麗史』 권19, 명종 3년 4월 병자 ; 『高麗史』 54, 五行2, 金.
23) 『高麗史節要』 卷12, 明宗1, 明宗 3年 4月.
24) 『高麗史』 55, 五行3, 土.
25) 『高麗史節要』 13, 明宗2, 명종 17년 5월.

고, 근신을 나눠 보내 군망에 비를 기원하도록 했다고 하나, ②에서는 비를 빌었다는 내용만 기록했다. 나에서도 5부에서 도부신초(道符神醮)를 설행하여 역병을 퇴치하도록 한 내용은 『고려사』에만 기록되어 있다. ②에서는 경성에서 대역이 일어났을 뿐 대응은 없다. 역병을 포함하는 재해에 관한 기록은 같은 사례라 하더라도 기록의 차이가 분명하고, 그 의미가 다르게 이해될 소지가 있는 것이다. 이에 같은 역병 사례가 달리 기록된 두 자료를 비교하여 파악하는 것은 고려의 부족한 사료를 다각도로 살펴보는 데에 유용하다고 생각한다.

3. 고려 역병 기록의 유형과 성격

고려시대 역병 관련 기록은 앞 장에서 정리한 『고려사』, 『고려사절요』, 『동국이상국집』, 『신증동국여지승람』, 묘지명 등에서 확인된다. 기록을 살펴보고 정리하는 기준은 연구마다 차이가 있다. 기존 연구 가운데 역병 기록을 가장 많이 찾아 정리한 경우, 모두 37회에 달했다.[26] 이는 기록의 건수가 아닌 발생 연도를 기준으로 한 것이다. 국왕의 질병 중 예종의 질진(疾疹)이나 인종의 여병(癘病), 이규보의 한열병(寒熱病)[27] 희종 2년(1206) 고위 무신들이 사망하는 일이 문신의 저주라고 이해한 사건 등은 역병으로 파악하기도 한다.[28] 재해 기록을 망라할 때에는 이러한 사례를 반영할 수 있지만, 이 글에서는 역병 기록으로 정리하지는 않았다. 또한, 역병이 발생했다는 언급 없이, 일반적으로 재해를 통칭하는 '수한역려(水旱疫癘)"와 같은 사례도 제외했다.

26) 이현숙, 위의 책, 2010, 26~42쪽.
27) 이현숙, 위의 책, 2010, 36~38쪽.
28) 이현숙, 위의 책, 2010, 40쪽.

발생한 시기를 기준으로 대략 30건, 앞서 언급했듯이 같은 역병에 관한 기록이라고 하더라도, 중복은 삭제하고, 역병을 다각도로 이해하기 위한 성격의 차이를 반영한다면 50건의 역병 기록을 확인할 수 있다. 〈표 1〉에서는 역병 기록 중 발생 연도가 확인되는 것을 정리했다.

〈표 1〉 발생 연도가 확인되는 고려시대 역병 기록

	연월			원문	출전
1	성종 10	991	10	幸西都 民戶有以疾疫 失農業者 免其租賦	『史』 80 食貨3
2	현종 9	1018	4	黃霧四塞凡四日 京城多患瘴疫 王分遣醫 療之	『史』 4 『節要』 3
3			4	京城疫 王分遣醫 療之	『史』 55 五行3 土
4			閏4	門下侍中劉瑨等奏 民庶疫癘 陰陽愆伏 皆刑政不時 所致也 謹按月令 三月節 省囹圄 去桎梏 無肆掠 止獄訴 四月中氣 挺重囚 出輕繫 七月中氣 繕囹圄 具桎梏 斷薄刑 決小罪 又按獄官令 從立春 至秋分 不得奏決死刑 若犯惡逆 不拘此令 然恐法吏未盡審詳 伏請今後 內外所司 皆依月令施行 從之	『史』 85 刑法2 『節要』 3
5	현종 21	1030	12	京城疫 人多死	『史』 5
6	숙종 5	1100	6	祭五溫神於五部 以禳溫疫	『史』 63 禮5 吉禮 小祀 雜祀
7	숙종 6	1101	2	祭溫神于五部 以禳溫疫	『史』 63 禮5吉禮 小祀 雜祀
8	예종 4	1109	4	遣近臣 禱雨于朴淵及諸神廟 祭瘟神于五部 仍設般若道場 以禳疾疫	『史』 13
9			5	制曰 京內人民 罹于疫疾 宜置救濟都監 療之 且收瘗屍骨 勿令暴露 分遣近臣 賑東北西南二道飢民	『史』 80 食貨3 賑恤 『節要』
10			5	集群臣於宣政殿 問以還女眞九城可否 … 國家調兵多端 中外騷擾 加以饑饉疾疫 怨咨遂興 女眞厭苦 亦遣使請和 乞還舊地 群臣議多異同 王猶豫未決 [후략]	『節要』 7
11			12	命有司 分祭于松嶽及諸神祠 以禳疾疫	『史』 13
12	예종 5	1110	4	司天臺奏 今 疫厲大興 戶骸載路 請令有司收瘗 從之	『史』 13 『節要』
13	예종 15	1120	7	又禱于圓丘·廟社·群望 自夏至八月 不雨 五穀不登 疫癘大興	『史』 54 五行2 金
14			8	自夏不雨 至于是月 五穀不登 疫癘大興	『史』 14 『節要』
15			8	幸外帝釋院 命五部 讀般若經三日 以禳疫癘	『史』 14 『節要』
16	의종 6	1152		嗚呼公生長閥閱富貴雙全而未嘗憍侈行篤醇和性含仁恕故爲時輩之推評及年踰知命遘癘□疾忽隔重泉其爲痛慕可勝噵哉惟	朴璜 墓誌銘
17			6	饗飢饉疾疫人於開國寺	『史』 17
18			6	幸妙通寺 設摩利支天道場 是日 還壽昌宮 醮七十二星於明仁殿 又醮天皇大帝·太一 及十六神 以禳疾疫	『史』 17

19	의종 7	1153		癸酉歲 拜國子監大司成 爲□臣□資□□□□□□□□□ 朕命勤勞王家□□□□爲下爲民掃除薉癘□□國家者 不可以一二 而□方其抗議西掖也 臨事不回 犯顔無隱 及其握兵東鄙也 □□□果□□狼心 自非身繫安危 才兼文虎者 熟能如此 □□掌□□之□□□選奏官 沙汰人才 取士多賢 天下英雄 盡入彀中 所謂□□能擧其類 唯公其人也	劉碩 墓誌銘
20	의종 16	1162	3	諫官伏閤上疏 請罷別宮貢獻 不聽 王酷信陰陽秘祝之說 每於行在 集僧道數百餘人 常設齋醮 糜費不貲 帑藏虛竭 又多取私第爲別宮 誅求貨財 名曰 別貢 使宦者監領 貪緣營私 時旱荒疫癘 中外道殣相望	『史』 18 『節要』
21			5	宣旨 人君之德 在於好生惡殺 勤恤民隱 近者 囹圄不空 民多疫癘 朕甚憫焉 其赦殊死以下 蠲諸道郡縣逋租 發倉廩以賑貧窮失所者 兼擧淸白守節者	『史』 18 『節要』
22	명종 3	1173	4	聚巫禱雨 分遣近臣 禱于群望 是時 自正月不雨 川井皆渴 禾麥枯槁 疾疫竝興 人多餓死 至有市人肉者 又多火災 人甚愁嘆	『史』 19 『史』 54 五行2 金
23			4	禱雨 自正月不雨 泉井皆竭 禾麥枯槁 疾疫竝興 人多餓死 至有市人肉者	『節要』 12
24	명종 17	1187	5	京城大疫 命五部 設道符神醮 以禳之	『史』 55 五行3 土
				京城大疫	『節要』 13
25	명종 19	1189		公性廉聰悟 一切剛煩 釐整爲心 以故所在皆以能稱 初以祖蔭 登于仕籍 至己酉 調爲黃驪長 方下車 而一境病疫 公卽躬率緇黃 俾讀大般若 遍巡閭巷 人聞螻磬 有若醒醉而寤夢 因得輕差 濟活甚衆 又且撫窮以慈 馭黠以威 韋絃迭佩 水火互明 由是理爲課最 其遺風餘愛 銘鏤人心 久而益切 支頁訖□宜墨鈴閣 所以庚辰廉使馳章請奬者也	任益惇 墓誌銘
26	고종 42	1255		是歲 冬無雪 京城大疫	『史』 24 『節要』
27	고종 43	1256	12	冬無雪 飢疫相仍 僵屍蔽路 銀一斤 直米二斛	『史』 24 『史』 53 五行1 火 『節要』
28	원종 3	1262	10	京城大疫	『史』 55 五行3 土
29	원종 4			至癸亥陬月上旬 家染患 孀親在蟻床之上 喘喘然難以冀朝夕 臧獲或有物故者 餘亦病不能興 無一使令 獨侍湯藥 夜以繼明 兼護臧獲 至如月中旬 病稍間 承順之餘日以遊于前溪	『動安居士集』
30	충렬 5	1279	12	慶尙道牛疫 屠者爛手而死	『史』 55 五行3 土
31	충렬 7	1281		是年 自春至冬 中外疫厲大興 死者甚衆	『史』 29
32				疫死者甚衆	『史』 55 五行3 土
33	충렬 8	1282	4	京城泥岾佛腹藏里 有盲兒 其父母俱疫死 兒獨與一白狗居 兒執狗尾 出于路 人施以飯 狗不敢先舐 兒言渴 狗引至井 令飮 復引還 兒曰 我失父母 賴狗以活 觀者憐之 號爲義犬	『史』 29 『節要』 20
34	충목 4	1348	4	是月 京城大飢疫	『史』 37
				京城大饑疫 道饉相望 漕運全羅道米一千四百石 以六	『史』 80 志34 食貨

				百石 分賑忠淸·西海二道 以八百石 減價 換布五部貧民	3 賑恤 水旱疫癘 賑貸之制
				京城大飢疫 道殣相望 漕運全羅道米一千四百碩 賑京城及忠淸西海二道	『節要』 25
35	공민 15	1366		旽請置田民辨整都監…州縣驛吏·官奴·百姓之逃役者 悉皆漏隱 **大置農莊 病民瘠國 感召水旱 癘疫不息** 今設都監 …	『史』 132 列傳45 叛逆8 辛旽
36	공민 23	1373	3	**京城大疫**	『史』 55 志9 五行3 土
37	공양 4	1392	3	憲司上疏曰 典獄 罪人所聚 **厲氣蒸染 疾病易生** 死非其罪 甚可恤也 乞醫官一員 六朔相遞 全仕典獄 每日察病囚證候 劑藥救療 以備橫禍 又令刑曹正·佐郎一員 於月令內 幷下提牢官 考察獄官·醫員勤慢	『史』 85 刑法

이 표에서 확인할 수 있는 것은 시기와 지역의 특성이다. 시기적으로는 기존 연구에서 지적한 바 있듯이[29] 12~13세기에 역병이 주로 발생하고 있음을 확인할 수 있다. 지역적으로는 상세한 내용에는 편차가 있으나 상당수의 기록이 경성에 집중되어 있다. 이 중 고종 42년(26)과 원종 3년 사례(28)는 강화도이다.

지역이 확인되는 기록 중 경성이 아닌 사례는 〈표1〉에서는 1의 서경, 25의 여주, 30의 경상도 우역, 31의 중외(中外), 34의 경성 및 충청도와 서해도가 있다. 이 중 31과 34는 지역 단위가 상당히 넓은 경우이다. 역병 발생의 사례가 특수하거나, 정사가 아닌 문헌에서 확인된 내용이거나, 역병이 넓은 지역에 확산되면서 중앙에서 논의된 사례가 아닌 경우 상당수의 자료는 경성으로 보아야 한다.

성종 10년 서경으로 순행하는 길에 역질에 대한 진휼을 명령하는 것은 서경 지역에 역병이 돌아 국왕이 행차했다고 해석하기도 한다.[30] 그러나 이때 10월 서경 순행은 성종 9년 10월에 행해진 것과 같이 월령에 따라 관하(關河)를 살피는 순행의 일환이었다. 그러므로 서경 지역에서 역병이

29) 이정호, 「『高麗史』 五行志의 체재와 내용－自然災害의 발생 추세를 중심으로－」 『한국사학보』 44, 2011 ; 한정수, 「고려후기 天災地變과 王權」 『歷史敎育』 99, 2006.
30) 이현숙, 위의 책, 2010, 30쪽.

크게 발생했다고 보기는 어렵다. 지나가는 주현의 민들이 소와 술을 바치자 소는 되돌려주고 술은 군사들에게 하사하는 등 민심이 안정적이었다고 볼 만한 기록도 있으며, 서경에서 질역에 걸린 사람들에게 조세를 면제해 준 것 외에도 독질·폐질자에게 약을 지급하면서 "재제(齋祭)"로 인해 서경을 순행했다는 것을 언급하고 있기 때문이다.[31] 그래서 이때의 서경의 질역은 대규모의 역병이라기보다 서경 일부 지역에 발생했다가 지나간 정도의 역질로 짐작된다. 즉 이 기록은 지방의 역병이 대규모로 발생한 결과가 아닌 서경 순행 중 시행된 진휼 조치로 이해하는 것이 타당하다.

그렇다면 역병이 도 단위로 발생하지 않은 경우 대부분의 기록은 경성의 역병 발생을 기록한 것이라고 이해해도 무방하다. 중앙에서도 지방의 재해나 역병을 지방관의 보고를 통해 파악했을 것으로 생각한다. 역병의 경우는 아니지만, 명종 18년 동계에서 발생한 기상 이변을 중앙으로 보고하고, 이를 오행지에 반영했던 것을 확인할 수 있다.[32] 31·34의 사례를 보면 중앙에서 진휼 조치를 내리고 있으므로 역병 역시 지방에서 중앙으로 보고가 되었을 것이다. 다만, 대개의 역병은 전국적으로 확산되지 않고, 지방관의 주도로 지역 차원에서 역병을 퇴치하고, 진휼했을 것으로 보인다. 25의 임익돈 묘지명을 보면 그가 명종 19년(1189)에 황려(현 여주)에 감무로 부임한 뒤, 역병이 돌자, 승려와 도사들로 하여금 『대반야경』을 읽으며 여항을 돌게 하여 역병을 퇴치했다. 이 경우 중앙으로 보고가 되었다고 하더라도 주변 지역이나 중앙으로 확산되어 국가 차원의 진휼이나 의례가 필요하지 않았으므로 중요한 기록으로 여기지 않았을 것이다.

다음으로 기록의 연도는 다르지만, 내용으로 연결될 수 있는 사례이다. 31~33은 충렬왕 7년과 8년의 기록이다. 충렬왕 7년(1281)은 봄부터 겨울까지 사실상 1년 내내 중외에 역병이 크게 일어나 죽은 사람들이 많았다.

31) 『고려사』 권80, 식화3, 진휼.
32) 이승민, 앞의 논문, 2021, 62~63쪽.

이때의 역병은 여몽 연합군의 일본 정벌과도 관련이 있었는데, 군 내에서 발생한 전염병이 민간에도 영향을 주었을 것이다.[33] 역병의 발생과 확산은 사회의 취약 계층에게 가장 큰 피해를 줄 수밖에 없다. 충렬왕 8년 4월의 기록은 그 실태를 반영한다. 개경의 이재(泥岾) 불복장리(佛腹藏里)에 맹인 아이가 있었는데, 부모가 모두 역병으로 사망하자 하얀 개 한 마리와 살게 되었다. 개의 꼬리를 잡고 길에 나오면 사람들이 밥을 주었고, 먹고 마시는 것을 개에 의지하니, 사람들이 그 개를 의로운 개[義犬]라고 불렀다고 한다. 맹인 아이의 부모가 모두 역병으로 사망한 것은 전년 내내 그치지 않았던 역병의 여파였을 것이다.

다음 〈표 2〉는 시기를 확인하기 어려운 역병 기록을 정리한 것이다. 38은 태조 원년 조서에서 궁예의 실정을 비판하며, 농사 때를 잃으면서 기근이 거듭되고 질역이 일어나 사회가 피폐해졌음을 지적하고 있는 내용이다. 궁예의 도참설과 철원 천도를 언급하고 있으므로 철원 지역에

〈표 2〉 시기를 확인하기 어려운 역병 기록

	시기	원문	출전
38	고려 건국 이전	詔曰 前主視民如草芥 而惟欲之從 乃信讖緯 遽棄松嶽 還居斧壤 營立宮室 百姓困於土功 三時失於農業 **加以饑饉荐臻 疾疫仍起** 室家棄背 道殣相望 一匹細布 直米五升 至使齊民賣身鬻子 爲人奴婢 朕甚悶焉 其令所在 具錄以聞	『史』 1 『節要』 1
39	충혜왕대	鄭誧詩 湯泉傳自昔 浴室至今存 水脈來非遠 槽闌尙帶溫 **二年困瘴癘** 半日洗囂煩 此樂除曾點 無人可與論	『新增東國輿地勝覽』 卷23, 慶尙道, 東萊縣, 山川
40	고려	棘城祭壇 高麗時 棘城之地累經兵燹 白骨暴野 **天陰雨濕 鬼物煩寃 薰爲厲氣 轉相侵染** 黃海一道民多夭札 故國家每春秋降香祝致祭	『新增東國輿地勝覽』 卷41, 黃海道, 黃州牧, 祠廟
41	고려말	韓氏. 金孝忠妻也. **孝忠死於疫**, 韓氏撫柩悲號, 晝夜不輟. 家人皆遯於外, 隣里亦不敢近. 親自藁殯, 仍守其側, 哀毁踰禮. 三年畢, 其父嘆其無子而早寡, 欲嫁之, 韓斷髮欲自盡, 其父懼而不敢嫁. 鄕里莫不驚嘆.	『新增東國輿地勝覽』 卷29, 慶尙道, 善山都護府, 烈女 『東國輿地志』 4下, 慶尙道

33) 이현숙, 앞의 책, 2009, 58쪽.

서 발생한 역병을 지적한 것이다.[34] 39~41은 개인의 질병 경험을 보여주는 자료이다. 『신증동국여지승람』에는 각 지역별로 산천과 인물에 관한 내용이 실려있으며, 재해와 질병에 관한 내용도 확인할 수 있다. 지역마다 설치된 여단(厲壇)의 위치를 빠짐없이 설명하고, "여역(癘疫)", "대역(大疫)"으로 역병의 유행을 말한다. 다만, 고려시대의 역병 기록은 적고 그마저도 시기가 명확하지 않기 때문에 그 한계가 있다.

한편, 39의 기사는 드물게 역병의 유형과 치료를 확인할 수 있는 내용이다, 정포가 지은 시문에 경상도 동래현에는 옛날부터 전해지는 온천이 있는데, 그곳에서 2년 동안 장려[瘴癘]로 고생했던 것을 씻어내었다고 한다. 정포는 과거에 합격한 뒤, 충숙왕을 호종하고, 충혜왕대에 전리총랑(典理摠郞)을 거쳐 좌사의대부(左司議大夫)로 임명되었다가, 봉박(封駁)을 한 것이 많아 체직(遞職)되어 집에서 지냈으며, 이후에 참소를 받고 울주(蔚州)에 유배되었다.[35] 정포가 고려 내에서 활동한 것이 충혜왕대이므로 이 시는 그 기간에 지어졌을 것이다. 정포가 걸린 장려는 곧 장역으로 이해되는데, 장역은 남쪽 지역에서 봄과 가을에 독한 안개에 감축되어 생기는 병이며, 대개 외부에서 몸속으로 침범하는 병이라고 한다.[36]

정포가 2년간 장려를 앓고 나서 동래 온천에서 몸을 씻을 것은 장려를 극복하는 데에 목욕도 좋은 방법 중 하나였기 때문이다. 고려의 장역 극복을 위해서 도입된 『성혜방』에는 여러 치료법이 있는데, 그 중 하나가 '도지엽욕탕방(桃枝葉浴湯方)'이다.[37] 조선에서도 이를 활용했다. "시기장역욕탕방(時氣瘴疫浴湯方)은 복숭아나무 지엽[桃枝葉] 10냥, 백지(白芷) 3냥, 백엽(柏葉) 5냥을 골고루 찧고 체[篩]로 걸러 가루[散]로 만들어 매번 3냥을

34) 이현숙, 앞의 책, 2009, 27쪽.
35) 『고려사』 권106, 열전19, 정해[정포].
36) 이현숙, 앞의 책, 61쪽.
37) 이현숙, 앞의 책, 63쪽.

가져다가 탕(湯)을 끓여 목욕을 하면 극히 좋다."고 하여 이를 비롯한 질역을 치료하는 방문을 경중과 외방에 주지시키도록 했다.[38] 아마 정포가 동래온천에서 행한 치료도 이러한 욕탕방의 하나였을 가능성이 크다.

40의 기록은 지방 단위의 역병 제의를 확인할 수 있는 기록이다. 황해도 황주목에 있는 사묘 중 하나로 극성제단(棘城祭壇)이 있는데, 이곳에서는 매년 국가에서 봄과 가을에 향축과 치제를 내렸다고 한다. 그 배경을 설명하는 것에서 고려시대 극성에 전쟁으로 사람들이 많이 죽었고, 이들의 시신이 수습되지 못한 채, 들에 내어져 있어, 하늘이 음기가 강해서 비가 내리고 습하면 귀물(鬼物)의 원통함이 여기(厲氣)로 번진다고 하였다. 이를 바꾸어 말하면 여기는 곧 귀물의 원통함으로부터 형성되며, 황해도 극성 지역의 원통함은 전쟁과 수습되지 못한 시신으로부터 비롯된다고 이해하고 있는 것이다. 제사를 받지 못한 원통함으로 형성되는 여기 혹은 여귀(厲鬼)는 역병의 원인으로 여겨져 조선시대에는 정규 제의로 정해진다. 여단(厲壇)은 각 지역마다 설치되었는데, 황해도 황주목의 여단은 고려시대부터 이어진 극성제단과 합쳐져서 그곳에서 여제가 시행되었다.[39]

41의 기록도 앞의 여단과 마찬가지로 『신증동국여지승람』의 주요 항목인 열녀에서 확인된다. 고려말의 열녀 김효충의 처 한씨는 경상도 선산 지역의 인물이다. 그녀는 남편이 역병으로 사망하자 삼년상을 치르고, 재혼하지 않기 위해 머리를 자르는 등 정절을 지켰고, 이 모습에 사람들이 경탄했다는 이야기이다. 『신증동국여지승람』에는 시기가 나오지 않지만, 같은 기록이 『동국여지지』에 있으며, 이때 한씨가 고려말 사람이라는[麗末人] 내용이 있으므로 그 시기를 확인할 수 있다.

---

38) 『세종실록』 권64, 세종 16년 6월 5일 경술.
39) 『신증동국여지승람』 권41, 황해도 황주목, 사묘.

〈표 3〉『동국이상국집』의 역병관련 기록

	시기	내용	출전
42	고종19 (1232) 이전	…因年年飢饉疾疫 物故者過半 或其中屢有逋逸者 捕送海島 亦皆飢死 唯有些小餘類…	卷28 國銜行 答蒙古書[壬辰二月]
43		…又稱諸般工匠遣送事 我國工匠自昔欠少 又因飢饉疾疫 亦多物故 加以貴國兵馬 經由大小城堡 以罹害被驅者不少 自此耗散 而莫有地着專業者 故節次不得押遣應命…	卷28 送撒里打官人書[壬辰四月]
44		…況大軍所過 遺民能有幾人 在者尙瘡痍之餘 加之因飢疫而斃 故莫助天兵之用 無奈違帝命之嚴 罪雖莫逃 情亦可恕…	卷28 陳情表
45	신종6 (1203)	…禍生所忽 病莫能興…	卷38 道場齋醮踈祭文[東京招討兵馬所製], 疾疫祈禳般若法席文
46		…況大疫多行於軍伍 其能安坐而忍觀…	卷38 道場齋醮踈祭文[東京招討兵馬所製], 七鬼五溫神醮禮文
47	신종6 (1203) 이후	…得不隨雲門屯壘之疾疫軍士同斃 及軍還已至惠陰院 暴得重病 其入京師 悅悅若大醉人 雖至家 尙不識何處 沉痛數旬 始得小間 脚力猶輭 杖而後起…	卷27 書 軍還後寄兵馬留後朴郎中仁碩手書
48	희종3 (1207) 이후	顧時令之傷和 亘民居而被疫 后非衆罔與守	卷39 佛道疏[翰林修製] 東林寺行疫病祈禳召龍道場文
49		如來攝疫之門 應病投藥 仁主恤人之政 若已納隍 苟尊閣以奉行 卽靈承於護蔭	卷39 佛道疏[翰林修製] 疾疫祈禳召龍道場文
50		庶仗祖先之靈 永除疾疫之氣	卷40 釋道疏○祭祝[翰林誥院并], 經行日景靈殿告事祝

〈표 3〉은 『동국이상국집』에서 역병을 거론한 글을 정리한 것이다. 이규보는 과거에 합격한 이후에도 관직을 맡지 못하다가 신종 2년(1199) 전주 사록이 되었고, 신종 5년(1202)에 운문산 일대의 항쟁을 진압하기 위한 관군의 수제관(修製官)으로 자원했다. 이후 희종 3년(1207) 직한림(直翰林)이 되었고, 고종 2년(1215) 우정언지제고(右正言知制誥)가 되었다.

42~44의 기록은 몽골에 보내는 내용으로 전쟁과 질역으로 인하여 피폐해져 몽골의 요청을 들어줄 수 없음을 알리는 내용이다. 임진 2월과 4월에 작성된 글이므로 고종대 임진년은 재위 19년에 해당한다. 진정표도 그 전후 작성되었을 것으로 보인다. 45~47은 운문산 초적 토벌을 위한 관군의

수제관이 되었을 때 군중 내에서 역병이 발생하자 이를 퇴치하고자 설행한 의례에 사용한 제문이며, 47은 당시 중군판관으로 참여했던 박인석에게 쓴 편지로 당시 역병의 상황을 보여준다. 이규보는 운문산 토벌 당시에는 병에 걸리지 않았으나 환군하는 길에 혜음원에 이르러 중병에 걸렸고, 증상은 어지러워 크게 취한 사람과 같았다고 했다. 집에 도착해서도 어느 곳인지 알지 못할 정도였으며, 수십 일을 앓고 난 뒤에야 조금 나았으나 지팡이가 없으면 일어나지 못한다는 것은 그만큼 병의 후유증이 심했다는 것이다. 이 내용만으로는 역병인지 확언하기 어려우나, 취한 것과 같이 어지러워 집에 도착해서도 정신을 차리지 못했을 정도의 증상은 일반적인 질병이라고 보기는 어렵다. 또한, 이미 경주에서부터 군 내에 역병이 돌았으며, 토벌을 마치고 병에 걸린 사람과 나은 사람이 섞여 이동했을 것이므로 이규보는 뒤늦게 감염된 것이 아닌가 추측된다.

그 외에도 48~50의 제문은 이규보가 한림원과 지제고에 있을 때 쓴 제문이다. 소룡도량(召龍道場)은 『천수경』의 소룡다라니를 외우던 의례인데, 나라에 재앙과 역병이 유행하여 사람들이 많이 죽게 되면, 왕의 연못에서 연꽃 108가지를 취하여 한 가지를 던질 때마다 주문을 외우면 재역이 없어질 것이라는 기원을 담은 의례이다.[40)]

『동국이상국집』의 글은 표와 서에서부터 제문까지 이규보가 몸담은 무신집권기의 혼란한 사회상을 역병과 함께 보여준다. 이 기록들은 역병을 물리치는 기양의례의 제문으로서 대응 의례의 실태를 확인할 수 있다는 점에서 의미를 가지며, 이와 함께 〈표 1〉에서 빠져있던 신종~희종대의 역병 상황을 보여준다는 점에서도 중요한 사례라 할 수 있다.

40) 김수연, 앞의 논문, 2022, 102쪽.

4. 고려 역병 발생과 한·중 자연재해의 상관관계

앞서 정리한 50건 이상의 역병 자료는 한국과 중국의 자연 환경 변화와 비교하여 검토할 수 있다. 역병은 바이러스나 세균 등의 감염에 의해 병에 걸리므로 기상 이변과 자연재해가 반드시 역병을 발생시킨다고 말하기는 어렵다. 다만, 비슷한 시기에 발생한 기상 이변이나 자연재해가 기근을 유발하고 인간의 면역력을 약화시키기 때문에 질병을 확산시킬 수 있는 배경이 될 것이다. 〈표 1~3〉의 역병이 발생한 시기에 송·요·금·원의 기상 이변과 자연재해 그리고 역병 발생을 비교해보면서 대륙과 반도의 환경의 공통점과 차이점을 확인한다면 이전보다 폭넓게 고려시대 역병을 이해할 수 있을 것이다. 그래서 〈표 1〉 가운데 역병 관련 기록이 여러 건 있는 시기에 중국 대륙 지역의 자연재해를 살펴보고 비교해보고자 한다.

먼저, 〈표 1〉의 2~4번인 현종 9년(1018)의 장역을 살펴보겠다. 장역은 개경 내에서 다수의 감염자를 발생시켰다. 이때의 장역이 고려에서 크게 유행했는데, 이에 대해 집단면역이 형성되어 있지 않은 새로운 질병이었을 것으로 보는 견해가 있으며,[41] 이미 1010년부터 중국 서남부 지역에서 유행하던 장역이 중국 대륙 내에서 확산되었고, 거란과 고려의 전쟁을 통해 개경에서까지 발생한 것이라고 보기도 한다.[42]

한편, 이때 고려에서는 장역의 원인을 두 가지의 방향으로 파악했다. 하나는 황무(黃霧)이다. 황무는 황사라고 보인다.[43] 여기에서 『고려사』 오행지 토행에 역병이 있기 때문에 황색 안개는 토의 성격으로 이해하기

41) 이경록, 「고려시대의 유행병 대응과 그 성격」 『역사학보』 252, 8쪽.
42) 이현숙, 앞의 책, 31쪽.
43) 김연옥, 「高麗時代의 氣候環境 : 史料分析을 中心으로」 『한국문화연구원 논총』 44, 1984, 10쪽.

도 한다. 그러나 앞의 2장에서도 언급했듯이 오행에서 토를 역병으로 연결시키는 이해는 『고려사』와 『원사』에서만 나타난다. 고려 당시에도 토와 역병을 연결시켜 이해했는지 확언하기 어렵다. 그러나 황극에서 상음(常陰)이 대무(大霧)와 대역(大疫)으로 나뉜다는 황극재이론의 논리를 빌리면, 안개가 발생하고 역병이 번졌으니, 상음이 깊어지는 현상으로 이해하고 안개를 역병과 연결시켜 인식했을 수 있다. 즉, 황색이 역병을 일으킨 것이 아니라 음기가 강해지는 것이 안개와 역병으로 드러난다는 재이론에 의해 안개와 역병의 상관관계를 더욱 중요하게 생각했을 것이다.

그리고 다른 하나는 형정의 잘못된 시행으로 인한 음양의 부조화이다. 당시 문하시중 유진은 형정이 때에 맞지 않게 시행되었으므로 '월령(月令)'에 따라 형정을 시행하자고 건의했다. 이때의 월령은 당 현종 때에 개정된 『당월령(唐月令)』으로 현재의 『예기』 '월령'과는 차이가 있다.[44] 역병과 같은 재이를 형정의 문제로 이해하는 것은 천인감응설에 따른 유교 정치사상에 기반을 둔 인식이다. 즉 고려에서는 오행−황극−상음으로 연결되는 인식과 천인감응설의 정치사상에 따라 역병을 인식했다. 역설적이게도 현종은 유진의 의견을 수용하면서도 의관을 파견하여 치료하게 하여, 실질적으로 병을 고치는 대책을 내놓았으니, 이는 관념과 실제의 차이를 보여주는 사례라고도 할 수 있을 것이다.

이러한 고려의 인식 위에서 구체적으로 이 시기 송과 요의 기상 상황을 확인해 보겠다. 역병 기록이 현종 9년(1018) 4월이므로 역병에 영향을 줄 수 있는 흉년 내지 기근의 원인은 그 이전 해에서 찾아야 한다. 장역은 여러 연구에서도 지적했듯이 덥고 습한 환경에서 발생하는 병이다. 이에 송과 요에 보이는 황충피해를 주목할 만하다. 다음의 〈표 4〉는 장역이 발생하기 전 고려와 송, 요의 충해 기록이다.

---

44) 채웅석, 「고려시대 형정의 '원정'인식과 「월령」활용」 『한국중세사연구』 27, 300쪽.

〈표 4〉 1016~1017년 고려·송·요의 충해 기록

연번	연	월	왕조	내용	출전
1	1016 현종7 大中祥符9	6	송	京畿蝗.	『宋史』 8
2		7	고려	蝗.	『高麗史』 4
3				庚申 敎曰, “比聞秋稼將成, 飛蝗爲害. 豈刑政之或戾, 將災沴之使然, 其內外囚, 徒流以下, 取保出獄, 疏理速決.”	
4			송	開封府祥符縣蝗附草死者數里.	『宋史』 8
5				以畿內蝗, 下詔戒郡縣.	『宋史』 8
6		8	송	令江·淮發運司留上供米五十萬以備饑年. 磁·華·瀛·博等州蝗, 不爲災.	『宋史』 8
7		9	고려	敎曰, “比聞秋稼將成, 飛蝗爲害. 豈刑政之或戾, 將災沴之使然, 其內外囚, 徒流以下, 取保出獄, 疏理速決.”	『高麗史』 4
8			송	雨. 督諸路捕蝗.	『宋史』 8
9				詔以旱蝗得雨, 宜務稼省事及罷諸營造.	『宋史』 8
10				靑州飛蝗赴海死, 積海岸百余里.	『宋史』 8
11	1017 현종8 天禧1	6	고려	螟	『高麗史』 4
12		6	요	是月, 南京諸縣蝗.	『遼史』 15
13		9	고려	是月, 旱蝗, 王避正殿, 減常膳.	『高麗史』 4
14		9	송	以蝗, 罷秋宴.	『宋史』 8
15			송	是歲, 三佛齊·龜玆國來貢. 諸路蝗, 民饑. 鎭戎軍風雹害稼, 詔發廩振之, 蠲租賦, 貸其種糧.	『宋史』 8

따뜻하고 습한 정도를 확인하기 위한 조건으로 가뭄과 비의 횟수와 정도를 살펴볼 수도 있겠지만, 고온다습한 기후에서 성행하는 지표 중 하나로 황충을 들 수 있다.[45] 한반도에서 황충의 피해는 중국 대륙에 비하면 자주 발생하거나 큰 피해를 야기하지는 않았다. 『고려사』의 황충 기록은 총 36건으로 많다고 할 수 없는데, 그 중에서도 4건이 위 표에 해당하므로 다른 때에 비하면 피해의 정도가 심하다고 할 수 있다.

송에서도 황충 피해가 극심했는데, 경기에 황충이 나타난 것뿐만 아니

45) 대개 황충은 따뜻한 겨울이 지나면 개체수가 증가하고, 습한 기후에서 성행한다고 알려져 있다. 최근 고려시대 가뭄과 황충의 관계를 분석한 연구에서는 이 두 가지의 관계성이 두드러지지 않는다고 보았다(김지연, 「고려시대 충재의 원인과 성격」 『생태환경과 역사』 7호, 2021). 이는 곧 가뭄보다 따뜻한 겨울이나 습윤한 기후가 곤충의 활동과 관련있다는 점을 시사한다.

라 개봉부 상부현은 죽은 풀들이 수리(數里) 정도에 이르렀으며, 기근이 발생해 큰 문제가 되었다. 또한 송 청주에서는 비황(飛蝗)이 죽어 해안 백여리에 쌓였다고 하니, 그 규모가 컸음을 짐작할 수 있다.

이와 같은 황충 피해는 이듬해에도 이어져 고려에서도 명충(螟)과 황충에 의한 피해가 있었고, 요에서도 남경의 여러 현에 황충이 나타났다고 한다. 요의 남경은 현재의 북경지역이니, 송의 황충이 화북지역으로 확대된 것이다. 『요사』에는 오행지가 없는데다가, 재해나 역병 기록을 찾아보기 어려워 그 기록이 부족한데도 이때 황충 기록이 남아있는 것을 보면 그 피해가 적지 않았음을 짐작할 수 있다.

이와 같이 현종대 장역이 발생한 때는 중국 대륙과 한반도가 모두 따뜻하고 습한 기후에서 발생하는 황충 피해가 컸고, 장역 역시 온난하고 다습한 기후에서 발생하는 병이기 때문에 장역 발생과 확산은 이러한 기후의 배경이 작용했을 가능성이 있다. 또한, 고려뿐만 아니라 동아시아 전반의 기상 이변과 충해로 인한 흉작 상황은 역병의 확산을 더욱 촉진할 수 있었다.

다음으로 12세기의 사례 중 전반기의 예종 4년(1109)의 사례이다. 예종대는 자연재해와 역병 피해가 가장 두드러지는 시기이다. 〈표 1〉의 8~11에 해당하는 자료이다. 예종 4년에는 개경 내의 인민들이 역질에 걸려, 구제도감을 설치하여, 이를 치료하게 하고, 길에 나와있는 시신을 수습하도록 했다. 또한 질역을 기양하기 위한 반야도량를 설행하고 온신(瘟神)에게도 제의를 시행하는 등 불교와 도교, 산천 무속까지 두루 의례를 시행하여 최선의 노력을 내외에 드러냈다.

이때 고려에서는 대외적인 현안으로 소위 여진 정벌의 결과로 얻은 동북 지역에 대한 반환 논의가 진행되고 있었다. 이 부분은 〈표 1〉 10의 기록에서도 확인된다. 예종 2년부터 시작된 여진 정벌은 초기의 가시적인 성과를 거두었고, 여진을 몰아낸 지역에 남쪽에서 사민(徙民)하도록 했다.[46] 그러나 이 지역에서 역병이 발생하여 밖으로는 여진의 공격과 안으로는 역병의 공격을 모두 맞고 있는 상황이었다. 동북 지역의 역병은 정벌에 동원되었던 병사들이 개경으로 귀환하면서 확산되었다고 보기도 한다.[47] 사실 고려 내에서 역병이 유행한 것은 전쟁으로 인한 사회 혼란에 기인한 측면도 있겠지만 자연재해의 영향도 고려하지 않을 수 없다. 왜냐하면 5월 예종이 근신을 파견하여 진휼하도록 한 지역이 동북서남이도라고 했는데, 이는 새로이 영토화한 동북 지역 외에서 서남 지역에도 역병이 발생한 것으로 보이기 때문이다.[48] 이에 전쟁으로 인한 역병의 확산 외에도 재해와 기근을 확인할 필요가 있다.

〈표 5〉는 예종 4년과 그 전 해에 발생한 자연재해를 정리한 것이다. 예종 3년(1108) 고려에서는 음력 3월에 우박이 내렸다는 것이 보인다. 이미 여름에 가까워지는 늦봄에 우박이 내렸다는 것은 그만큼 기온이 낮았다는 것을 의미한다. 이어 고려에서는 4월부터 6월까지 가뭄이 계속되었다. 늦봄의 우박과 가뭄은 당연하게도 농작물에 큰 피해를 주었을 것이다. 송의 상황도 마찬가지였다 회남 강동 강서 지역은 6월부터 10월까지 크게 가물었다. 7~8월 경에는 하천이 말라서 조운을 할 수 없을 정도였으니 극심한 가뭄의 상황이 중국 대륙과 한반도에 영향을 주고 있었다고 하겠다. 이는 한반도 북쪽의 요도 마찬가지이다. 7월에 기우제를 지낸 것을 보면 기록은 소략하지만 고려나 송과 마찬가지로 4~6월 사이에 가뭄을 겪고 있었을 것으로 짐작된다.

이러한 가뭄은 기근으로 이어질 수밖에 없다. 이듬해 고려에서는 정월부터 서경 지역에 기근이 발생하여 창고를 열어 진휼했고, 이후에도 전

46) 『고려사』 권13, 예종 3년 3월.
47) 이현숙, 앞의 책, 36쪽.
48) "東北西南二道"가 어디를 가리키는지는 명확하지 않다. 『고려사』에서 동계와 북계를 가리켜 동북계라고 지칭하는 사례는 많지만, 서남은 지리적 방향을 가리킬 뿐 특정 지역을 지칭하는 예를 찾아볼 수 없기 때문이다.

〈표 5〉 1108~1109년의 고려·송·요의 재해 기록

연번	서기	월	왕조	내용	출전
1	1108 예종3 大觀2	3	고려	雨雹	『高麗史』 53
2		4	고려	旱	『高麗史』 54
3			고려	禱雨于諸神廟及山川	『高麗史』 12
4		6~10	송	淮南江東西諸路大旱 自六不雨 至於十月	『宋史』 66
5		6	고려	禱雨于諸神廟山川	『高麗史』 12
6			고려	雨	『高麗史』 12
7			요	射柳祈雨	『遼史』 27
8		7	요	以雨罷獵	『遼史』 27
9			송	詔曰 蜀江之利 置堰漑田 旱則引灌 潦則疏導 故無水旱 然歲計修堰之費 敷調於民 工作之人 并緣爲奸 濱江之民 困於騷動 自今如敢妄有檢計 大爲工費 所剩坐贓論 入己 准自盜法 許人告	『宋史』 95
10		8	송	詔 常潤歲旱河淺 留滯運船 監司督責浚治	『宋史』 96
11		9	고려	雷大震	『高麗史』 53
12	1109 예종4 大觀3	1	고려	以西京驛路 百姓饑饉 發倉賑之	『高麗史』 80
13		4	고려	遣近臣 禱雨于朴淵及諸神廟 祭瘟神于五部 仍設般若道場 以禳疾疫	『高麗史』 13
14		5	고려	制曰 京內人民 罹于疫疾 宜置救濟都監 療之 且收瘞屍骨 勿令暴露 分遣近臣 賑東北西南二道飢民	『高麗史』 80
15		-	송	大雨雹	『宋史』 20
16		7	요	隕霜 傷稼	『遼史』 27
17		8	요	雪 罷獵	『遼史』 27
18		-	송	江東疫	『宋史』 62
19		-	송	秦 鳳 階 成饑	『宋史』 67

해와 같이 가뭄이 발생하고 기근과 역병이 이어졌다. 송에서도 큰 우박이 내려 피해를 입혔고 전 해에 가뭄 피해가 있었던 강동 지역에 역병이 돌았다. 즉, 가뭄과 기근, 역병이 연장선상에서 이어지고 있는 모습을 고려와 송에서 볼 수 있다. 요의 상황도 크게 다르지 않았을 것이다. 음력 7월은 가을로 접어드는 시기이긴 하지만 서리가 내려 곡식을 상하게 하였고, 8월에는 눈이 내리기까지 해 냉해가 지속되는 현상을 확인할 수 있다.

다시 말하면 12세기 초 중원과 요동지역까지 포괄하는 중국 대륙과 한반도 일대는 저온 현상이 나타났고, 이는 곡식에 냉해를 입힐 수밖에

없었다. 이어 가뭄이 지속되면서 기근이 발생했다. 중국의 회남에서 강동 강서 지역과 요, 고려에서 공통적으로 기근을 겪었고, 이는 역병 발생과 확산의 주요 배경이 되었다. 이에 더해 고려에서는 여진 정벌로 인한 전쟁의 부담을 지고 있었기 때문에 더욱 역병에 취약했을 것이다.

이러한 12세기 초의 재해 상황은 후반기에는 다른 양상을 보인다. 다음 〈표 6〉은 12세기 후반으로 고려 명종 3년(1173) 발생한 역병 전후의 고려, 송, 금의 재해 기록을 정리한 것이다. 고려에서 역병이 발생하기 전 해에도 기상 상황을 좋지 않았다. 금에서는 3월에 흙비가 내렸으나, 이 비는 실제로 농작물에 도움을 주는 비는 아니라 황사에 가까운 상태였을 것이다. 또한 4~5월에도 가뭄 기록이 이어지고 있다. 고려에서는 정월부터 4월까지 비가 오지 않는 상황이 지속되었으므로 금도 비슷한 기간 동안 가뭄을 겪고 있었던 것이다.

그러나 반면 〈표 6〉 2의 송의 상황을 보면 여름에 기근과 역병이 발생했고, 수재까지 발생해 사람들이 많이 죽었다고 했다. 다음의 4월 기사를 보면 사천지역에 비가 70여 일간 내렸다고 한다. 이에 더하여 융흥부와 길주, 균주 등지에도 비가 많이 내려 수재가 발생하였는데 민가가 떠내려 가고 성곽이 무너지고 밭이 잠기는 등 피해가 막심했다. 이 지역들 수재는 한반도와 그 북부 지역을 관통하고 있는 가뭄과 대조적이다. 이에 이어 가을로 접어들기는 했지만 음력 7월부터 우박이 내려 재해 피해를 더욱 가중시켰을 것이다.

명종 2년(1172) 발생한 송의 역병이 고려에 영향을 주었는지는 명확하게 말할 수 없지만, 고려에서도 기상 이변과 재해가 이어지고 있었으므로 기근과 역병이 발생하는 것은 필연적이었다. 이듬해 송에서는 계속 비가 내리면서도 온주·태주·길주·공주 등지에는 가뭄으로 보리싹이 없을 지경이었는데, 지역의 차이를 감안하더라도 수해와 가뭄이 연이어 일어나는 재해는 기근을 불러올 수밖에 없다. 봄, 가을에 각 지역에서 기근이 있었다

〈표 6〉 1172~1173년 재해 기록

연번	서기	월	왕조	내용	출전
1	1172 명종2 乾道8 大定12	3	금	雨土	『金史』 7
2		4~6	송	夏 行都民疫 及秋未息 江西饑民大疫 隆興府民疫 遭水患多死	『宋史』 62
3		4	송	四川陰雨七十餘日	『宋史』 65
4		4	금	旱	『金史』 7
5		4	금	以久旱 命禱祠山川 詔宰臣曰 諸府少尹多闕員 當選進士雖資敍 未至而有政聲者 擢用之 以宿直將軍唐括阿忽裏爲橫賜夏國使	『金史』 7
6		5	금	命賑山東東路胡剌溫猛安民饑	『金史』 7
7		5	금	次阻居 久旱而雨	『金史』 7
8		5	송	贛州南安軍山水暴出 及隆興府吉筠州臨江軍皆大雨水 漂民廬 壞城郭 潰田害稼	『宋史』 61
9		6	송	大雨徹晝夜 至於己酉	『宋史』 65
10		6	송	四川郡縣大雨水 嘉眉邛蜀州永康軍及金堂縣尤甚 漂民廬決田畝	『宋史』 61
11		7	송	雨雹	『宋史』 62
12		9	송	雷	『宋史』 62
13	1173 명종3 乾道9 大定13	閏1	송	淫雨.	『宋史』 65
14			송	婺處溫台吉贛州臨江南安諸軍江陵府皆久旱 無麥苗	『宋史』 66
15			송	春 成都 永康 邛三州饑	『宋史』 67
16			송	秋 台州饑 溫 婺州亦饑	『宋史』 67
17		4		兩府宰樞禱雨于普濟寺.	『高麗史』 19
18		4	고려	宰樞, 禱雨于神衆院.	『高麗史』 19
19		4	고려	聚巫禱雨, 分遣近臣, 禱于群望. 自正月不雨, 川井皆渴, 禾麥枯槁. 疾疫竝興, 人多飢死, 至有市人肉者, 又多火災.	『高麗史』 54
20		5	고려	雨雹	『高麗史』 19
21		5	고려	令文武三品, 抽祿設齋, 禱雨于普濟寺.	『高麗史』 19

는 기록은 이를 반증한다. 한편, 고려에서도 지난해의 가뭄이 이어지고 있었는데, 여기에 여름에 우박이 내려 냉해 피해까지 겹쳤을 것이다.

12세기 후반기에도 기상 이변은 계속되고 있었다. 여름이나 초가을에 우박이 내리는 것은 저온 현상을 보여주는 지표이다. 다만 12세기 초와 다른 점은 기상 변화가 지역마다 극단적으로 다르게 나타났다는 것이다. 가뭄과 수해가 동시에 피해를 주는 상황은 현재의 기후 위기와도 닮아 있다고 할 수 있다.

마지막으로 14세기 사례를 살펴보겠다. 충목왕 4년(1347)은 원 내부에서 자연재해와 기근, 한족의 반란이 일어나면서 혼란스러운 상황이었다. 이때의 기록은 원 후반기의 사회상을 천인감응설로 이해하면서 더 많은 자연재해가 중요하게 여겨졌을 수 있다. 그럼에도 고려와 원의 자연재해를 비교하여 검토하는 것이 필요하다.

〈표 7〉 1347~1348년 고려·원 재해기록

	연	월	왕조	내용	출전
1	1348 충목4 至正8	1	원	黃河決, 遷濟寧路於濟州	『元史』 41
2			원	木憐等處大雪, 羊馬凍死, 賑之	『元史』 41
3		2	원	是, 以前奉使宣撫賈惟貞稱職, 特授永平路總管 會歲饑, 惟貞請降鈔四萬餘錠賑之 詔濟寧鄆城立行都水監, 以賈魯爲都水	『元史』 41
4		2	고려	遣使, 賑飢于西海·楊廣道	『高麗史』 37
5		3	원	京畿民饑	『元史』 41
6		4	고려	雨雹, 大如梅	『高麗史』 37
7		4	고려	是, 京城大飢疫	『高麗史』 37
8		4	원	河間等路以連年河決, 水旱相仍, 戶口消耗, 乞減鹽額, 詔從之	『元史』 41
9		4	원	平江·松江水災, 給海運糧十萬石賑之	『元史』 41
10		5	고려	大雨, 松岳崩, 水溢, 飄沒人家, 甚多	『高麗史』 37
11		5	원	朔, 大霖雨, 京城崩	『元史』 41
12		5	원	廣西山崩, 水湧, 漓江溢, 平地水深二丈餘, 屋宇·人畜漂沒	『元史』 41
13		5	원	寶慶大水	『元史』 41
14		5	원	四川旱, 饑, 禁酒	『元史』 41
15		6	고려	以雨灾, 設消灾法席于內殿	『高麗史』 37

14세기 전반은 12세기와는 달리 원과 고려에서는 비 피해, 수재가 발생하고 있었다. 1월부터 황하가 범람했고, 대설이 내려 양과 말이 동사하는 재해가 있었다. 원에서는 4월에는 평강과 송강 지역에서 수재가 있어 진휼을 했고, 5월에는 광서에서 산사태가 일어났는데, 물이 솟아오르고 강이 넘쳐 평지의 수심이 2장이나 되었다고 한다. 가옥과 사람, 가축이 표몰하는 것이 당연한 상황이었다. 이와 동시에 12세기 후반과는 달리 사천 지역은 가뭄으로 기근이 발생했다. 중국 대륙에서는 지역마다 반대

되는 기상 이변이 발생하고 있는 것이다.

고려에서도 충목왕 4년(1348)에는 개경뿐만 아니라 다른 지역에서도 기근이 발생했다. 2월에 서해도와 양광도의 기근을 진휼하기 위해 진제도감을 설치하도록 했고, 유비창의 쌀 500석을 내어 굶주린 민들에게 죽을 먹이도록 했으며, 전라도 창고에서는 쌀 1만2천석을 내어 굶주린 사람들을 진휼했다.[49] 이를 보면 기근이 발생하고 피해를 입은 지역을 그릴 수 있다. 개경에 인접한 서해도와 양광도, 충청도 지역이 크게 피해를 입었고, 전라도로부터 옮겨와 진휼한 쌀의 양이 1만3천4백석이니 그 지역은 피해가 없거나 적었음을 알 수 있다. 이 해의 기근과 역병은 전 해의 가뭄의 연장선에 있었던 것으로 보이는데, 충목왕 3년에 가뭄으로 금주령을 내리고 5월에는 기우제를 지내거나 시장을 옮기는 등, 비를 기원하기 위한 조치들이 취해진다.[50]

이와 같이 11~14세기 주요 역병이 발생한 시기를 중심으로 송, 요, 금, 원의 중국 왕조에서 발생한 재해를 확인해 보았다. 동아시아 기후는 11~13세기 유럽 중세의 온난기와는 달리 11세기 온난기에서 12세기 급격한 한랭화 경향이 나타난다.[51] 이에 대해 북송 초~남송 중기까지(1000~1200)를 한랭기로 보는 주장과 12세기 일시적인 한랭화 현상이 지난 뒤 유럽과 마찬가지로 10~14세기 송·원대는 온난했다는 연구가 이루어지고 있다.[52] 이 글에서 살핀 11세기와 12세기, 14세기의 자료만으로는 유라시아 대륙의 기후 연구와 한반도 기후의 상관관계를 확인하기 어렵지만, 대표적으로 역병이 발생한 시기를 기준으로 살펴본 결과 재해와 기근,

---

49) 『고려사』 권80, 식화3, 진휼.

50) 『고려사』 권37, 충목왕 3년 4월, 5월.

51) 최근의 중국 기후 연구에서는 11세기 중국은 온난기로 분석되며, 12세기의 한랭화 경향이 보인다고 한다(김대기, 「11세기 중국의 기후변동과 자연재해」 『생태환경과 역사』 7, 2021, 169~170쪽).

52) 김대기, 위의 논문, 2021, 158~159쪽 ; 김문기, 「중세온난기와 11세기 동아시아의 기후변동」 『생태환경과 역사』 7, 2021, 74쪽.

역병이 서로 상관관계를 가지면서 발생하고 있는 것을 알 수 있었다. 또한, 가뭄과 홍수가 중국 대륙과 한반도에 걸쳐 동시에 나타나기도 하므로 일률적으로 기상 이변을 평가해서는 안될 것으로 보인다. 다만, 11세기 온난 습윤한 기후에는 장역이 발생했고, 12세기 한랭 건조한 기후에서 가뭄과 기근, 역병이 발생했던 것을 통해 급격한 기상 이변이 기근과 역병의 주요한 배경이 될 수 있음을 확인할 수 있었다.

5. 맺음말

지금까지 고려와 송·요·금·원의 자연재해와 역병 기록을 토대로 오행지와 역병인식의 관계, 고려시대 역병 기록의 추이, 중국 대륙과 한반도의 자연재해와 역병의 상관관계를 살펴보았다.

정사 오행지는 수·화·목·금·토에 따라 자연의 재이를 정리한 문헌 자료이다. 오행에 따른 재이의 이해는 전통사회의 자연관을 설명하는 바탕이 된다. 그런데 역병을 오행으로 편성하는 기준은 일관되지 않는다. 역병의 오행은 『송사』에서는 수, 『원사』는 토에 정리되어 있다. 『고려사』는 『원사』 편찬에 영향을 받아 토에 역병을 정리했다. 토는 흙과 관련한 재해로서 초목과 곡식이 여물지 못한 재변을 의미하며, 이에 기근이 발생하고 역병이 확산되는 배경이 된다고 할 수 있다. 이것은 『송사』에 비교하면 토지와 기근, 역병의 인과관계를 이전보다 분명히 제시하는 방식이다.

역병은 오행지 외에도 진휼, 의례, 형정 등의 내용에 따라 각각 식화지, 예지, 형법지에 별도로 정리되기도 하였다. 또한, 고려시대 역병은 『고려사절요』에서도 확인할 수 있다. 여기서는 천인감응설에 따라 재이 기록을 실어 역병과 관련한 불교, 도교, 무속의 의례가 삭제되고 국왕과 신료의 유교 정치사상에 따른 역병과 그 대응을 중심으로 정리한 것이 특징이다.

그 외에도 문집이나 지리지에서도 역병 기록을 확인할 수 있다.

고려시대 역병 기록은 일반적인 역병에 대한 언설과 국왕 등의 질병을 제외하고도 대략 50여 건으로 정리할 수 있으며, 이를 시기로 구분하면 대략 30건이 넘는다. 개인 문집이나 지리지를 제외하면 다수의 사례가 개경 중심이고, 시기적으로는 12~13세기에 집중되어 있다.

그동안 자연재해와 역병의 발생은 직접적 원인이 아니더라도 환경적 요인으로 당연하게 설명되는 경향이 있었다. 이 글에서는 중국 왕조와 고려의 자연재해를 비교하고 검토하여 고려에서 역병이 발생했던 시기를 기준으로 송·요·금·원의 기상 이변과 역병의 상관관계를 살펴보았다. 11세기 온난습윤한 기후로 인해 고려, 송, 요에서 모두 황충 피해를 입는 기후적 유사성을 보였고, 이는 고려와 송에 모두 장역이 발생하는 데에 영향을 주었다. 12세기 초와 후반의 자료를 통해, 고려, 송, 요·금이 같은 재해가 발생했던 사례와 고려에서는 가뭄이 발생하는데 송에서는 수재로 많은 사람들이 죽고 재산상 피해를 입는 사례를 확인함으로써 각 지역마다 홍수와 가뭄, 기근과 역병이 함께 나타나거나 혹은 교차되고 있는 것을 알 수 있었다. 다만 사례마다 구체적인 내용들을 확인하느라, 30건의 사례를 모두 비교하지 못한 점은 이 글의 아쉬움으로 남는다. 앞으로 고려시대와 그 전후 시기까지 자료를 정리하고 검토하면서 이를 보완해 나가야 할 것이다.

| 제4장 |

한재와 기우제 관련 연관색인어로 본 고려~조선초기 사상사적 변화

최 봉 준

1. 머리말

전근대 농업사회에서 물은 없어서는 안 되는 중요한 자원이었다. 농번기의 적절한 비는 재생산 기반을 유지하기 위한 필요불가결한 요소였다. 근대이전 농업생산력 유지를 위한 국가의 노력은 이념적으로 권농과 교화라는 유학적 인식의 소산으로 여겨졌으며, 정치적으로는 지배체제 유지를 위한 수단으로 인식되었다. 즉 기우제는 권농과 교화, 그리고 지배이데올로기를 의례적으로 구현하는 수단이었던 것이다.

그렇지만 삼각산, 목멱, 한강, 박연 등에서 치러지는 기우의례에는 무당과 승려가 참여하고, 때로는 도롱뇽[蜥蜴]이나 호랑이 머리[虎頭]가 등장한다. 이는 관점에 따라 유교정치이념에서 출발했다고 생각되는 지배층의 문제의식과 실제 의례 사이에 괴리가 있거나, 유학, 불교, 도교, 민간신앙 등 여러 가지 사상적 기반을 가진 의례가 병행되는 것으로 생각할 수 있다.

14세기에서 15세기는 고려에서 조선으로 왕조교체가 이루어진 역사적으로도 커다란 변화의 시기였다. 국가지도이념은 불교에서 성리학으로 전환되었으며, 널리 알려진 숭유억불정책으로 성리학 이외의 사상은 음사로 치부되었다. 그렇지만, 왕도정치는 일순간에 실현할 수 없는 것이기 때문에 점진적으로 적용되었다. 때문에 당분간 성리학과 음사는 공존할 수밖에 없었다.

그렇다면, 실제 사료에서 성리학과 음사는 어떻게 공존하였으며, 작동기제는 무엇이었을까? 우선 기우제는 위에서 언급한 바와 같이 농업생산력 유지를 위한 수단이었다. 그렇기 때문에 기우제에는 다른 의례와 달리 효과가 있다고 널리 인정되는 다양한 수단을 동원하였다. 유교정치이념이 엄존하고 있음에도 국가가 이러한 행동을 서슴없이 취하는 것을 우리는 어떻게 이해해야 할까? 단순히 사회적 약속이나 관행으로 볼 수 있는 것인가?

지금까지 기우제와 관련이 있는 여러 분과학문의 성과를 들여다보아도 이념과 실제의 괴리는 쉽게 확인할 수 있다. 민속학에서는 현재 지방에 남아 있는 기우제들을 조사하였다. 여기서는 현재 여러 곳에서 거행되는 기우제를 조선시대 민간신앙의 계승으로 파악하였다.[1] 문학에서는 구지가나 수로부인 설화 등 일부 고전시가는 고대로부터 전해지는 토착신앙과 관계가 있다고 설명한다.[2] 종교학에서도 기우제를 반드시 유학이나 불교 등 주류 사상의 틀에서만 해석하지 않는다.[3] 마지막으로 역사학의 연구성과를 종합해보면 유학,[4] 불교,[5] 민간신앙[6] 등 다양한 사상적 스펙트럼을

---

1) 김재호, 「徙市 기우제의 기우원리와 시장의 소통성」 『한국민속학』 50, 2009 ; 이학주, 「대암산과 용늪기우제에 내재한 원형의식 탐구」 『동아시아고대학』 33, 2014 ; 김태우, 「한강 유역 국행 기우제 터에 대한 기억과 변화」 『동아시아고대학』 52, 2018.

2) 이동철, 「수로부인 설화의 의미－기우제의적 상황과 관련하여」 『한민족문화연구』 18, 2006 ; 노성미, 「〈최고운전〉 기우모티프와 돝섬기우제 비교 연구」 『배달말』 54, 2014 ; 정승욱, 「주술적 기우제의 통합 제의원리 탐색」 『한국문학논총』 72, 2016.

3) 최종성, 『조선조 무속 國行儀禮 연구』, 일지사, 2002 ; 최종성, 『기우제등록과 기후의례』, 서울대 출판부, 2007 ; 이욱, 『조선시대 재난과 국가의례』, 창비, 2009.

확인해볼 수 있다.

이와 같은 지금까지의 연구에서 기우제는 유불선과 같은 주류 사상의 범위에서만 이해할 수 있는 것이 아니며 어쩌면 인간의 원초적 심성에서 나온 것이 아닌가 하는 생각도 해볼 수 있다.

이 글은 연관색인어를 이용하여 고려시대에서 조선초기까지의 사상사적 흐름과 맥락을 확인하는 것을 목적으로 한다. 연관색인어는 색인어 또는 검색어를 입력하여 추출한 자료에 포함된 색인어라고 정의할 수 있다. 쉽게 말하면 『고려사』나 『조선왕조실록』 등 DB가 구축되어 있는 사이트를 이용할 때 입력하는 검색어가 색인어라면, 검색 결과에 포함되어 있는 관련 어휘가 연관색인어이다. 색인어와 연관색인어는 모두 명사 또는 동사 등으로 이루어진 단어나 글자 형태이며, 경우에 따라 구(句)의 형태를 취하기도 한다.[7)]

이 글의 또 다른 목적은 연관색인어를 통해 사상사적 흐름을 추적하는 것이 가능한지 검토하는 데 있다. 텍스트와 콘텍스트에 대한 분석이 일반적인 사상사 연구방법론이라면 이 글에서는 텍스트를 최대한 배제하고 특정 주제나 범주와 관련된 단어의 빈도, 그리고 그 콘텍스트를 분석 대상으로 삼았다. 그런 점에서 새로운 시도라고 말할 수 있다. 하지만, 낯설고 생소한 방법이기 때문에 시론이 가지고 있는 한계를 벗어나기 어렵다.

이 글은 고려시대와 15세기를 비교 분석 대상으로 삼았다. 사상사적으로 고려에서 조선으로의 변화는 왕조교체를 넘어서 국가지도이념이 변화

---

4) 李熙德, 『高麗儒教政治思想의 硏究』, 일조각, 1984 ; 李熙德, 『高麗時代 天文思想과 五行說 硏究』, 일조각, 2000.
5) 김수연, 「消災道場을 통해 본 고려시대의 天文祈禳思想」 『韓國思想史學』 45, 2013.
6) 한형주, 『조선초기 국가제례 연구』, 고려대 박사학위논문, 2001.
7) 자세한 색인어와 연관색인어의 개념, 추출방법에 관해서는 최봉준, 「동아시아 전통사회의 재이 DB 구축과 그 의미」 『역사와 실학』 75, 2021을 참고하기 바란다.

한 시기라고 할 수 있다. 사상사적으로 여말선초는 성리학이 내면화하면서 다원적 사상지형에서 일원성을 지향하는 사상지형으로의 변화하는 시기라고 할 수 있다. 국가의례 역시 신왕조 초기에 일정한 정비와 변화를 거쳐 하나의 형식으로 확립되는 과정을 거친다. 그렇다면 유학과 불교, 민간신앙 등 다양한 사상과 기제들이 관여하는 기우제 역시 그러한 과정에 영향을 받지 않을 수 없을 것이다. 따라서 기우제 관련 용어들의 변화와 추이를 살펴본다면, 아마도 미시적인 변화를 대강이나마 고찰할 수 있지 않을까 생각한다.

이를 위해 아래서는 『고려사』와 태조~성종까지 『조선왕조실록』을 대상으로 자료를 추출하였다. 추출한 자료를 통해 기우제 거행의 원인이라 할 수 있는 한재 관련 색인어부터 정리해보기로 한다. 한재와 관련이 있는 연관색인어는 어떤 것이 있으며, 그것이 여말선초를 기점으로 어떻게 바뀌어 나가는지 가늠해보기로 한다. 기우제를 의미하는 '기(祈)', '도(禱)', '우(雩)'를 포함하는 색인어에는 어떤 것이 있으며, 그로부터 연관색인어가 여말선초를 기점으로 어떻게 변화하는지 그 경향성에 대해 짚어보기로 한다. 이 글을 통해 비록 낯설고 어색한 방법이지만, 앞으로 사상사 연구에서 DB를 어떻게 활용할 것인지에 대해 생각해볼 수 있는 기회가 될 수 있지 않을까 기대한다.

2. 한재 관련 연관색인어의 경향성과 변화

한재(旱災)는 사전적으로 '가뭄으로 생기는 재앙'이라는 의미로서, 단순하게 비가 오지 않는 현상뿐만 아니라 비가 흡족하게 내리지 않거나, 풀이나 농작물이 마르는 현상을 의미한다. 한재는 겨울에 눈이 내리지 않거나 너무 적게 내리는 현상까지도 포함한다. 그 경우 기우제와 마찬가지로 국행의례로 기설제(祈雪祭)를 거행한다.

이때 국왕은 날씨가 순조롭지 않은 현상을 자신의 잘못된 정치로 화기(和氣)를 손상시켰기 때문이라고 생각했다. 이에 따라 하늘의 노여움[天怒]과 견책[天譴]에 응답하기 위해 정전을 피해 노천에서 정사를 보거나[避正殿] 상선을 줄였으며[減常膳], 민간에서는 술을 만들거나 팔지 못하게 하였다[禁酒]. 또한 구휼(救恤)은 물론 굶어죽은 시체를 묻어주고[餓莩曝骸] 억울하게 옥에 갇히거나[冤獄] 판결이 지체된 죄수[滯囚]를 풀어주거나 감형시켜 주었다.8)

이와 같은 조치는 군주만이 하늘과 직접 소통할 수 있는 존재로서 음양오행의 작용[氣]에 의해 우주만물이 운행은 하늘과 직접 소통할 수 있으며 천리와 직접 연결된 군주의 행동 여부에 달려 있다는 동중서의 천인감응설에 따른 것이었다.9) 이는 왕권의 절대성을 합리화하는 논리적 근거라 할 수 있지만, 반대로 왕권을 제한하는 견제장치로서의 의미도 가지고 있다.

그렇지만 실제 국가적 대책이 위와 같은 유학적 사고와 반드시 일치하는 것은 아니다. 1416년 의정부와 육조, 대간들은 태종에게 한재에 대비하여 경외(京外)의 억울한 죄수를 풀어줄 것, 지방의 죄인에 대한 신문은 되도록 신속하게 마칠 것, 도망한 공노비를 다른 노비로 대신하게 하지 말 것이며, 명산대천에 관리를 파견하여 비를 빌게 할 것 등 모두 7가지 대책을 건의하였다. 이때 태종은 예조에 광연루(廣延樓)에서 석척기우제를 행하고, 북교(北郊)에서 기도하게 하며, 한강에 침호두(沈虎頭)할 것을 지시하였다.10) 의정부와 육조, 대간들이 올린 7가지 대책을 모두 물리치

8) 『高麗史』 권11, 世家11, 肅宗 6년(1101) 4월 甲寅, "詔曰 方今農時 天久不雨恐州郡官吏不體予意 逗撓德音 所免租稅 使民不被其澤 或寃獄滯囚 久而不決餓莩曝骸 棄而不葬 又公私收稅甚重 召民怨 傷和氣而致然也 有司其布德惠禁非法 平訊具獄 掩骼埋胔 亟答天譴."
9) 李熙德, 『高麗儒教政治思想의 研究』, 일조각, 1984 ; 신정근, 『동중서 : 중화주의의 개막』, 태학사, 2004, 111~123쪽.

고 당장 실행에 옮길 수 있는 석척기우제와 침호두를 실시한 것이다. 태종이 지시한 의례들은 모두 민간신앙에 근거한 것으로 성리학과는 거리가 멀다.

그렇다면, 한재에 대응하는 수단은 어떤 것들이 있을까? 재이DB를 이용하여 빈도수를 정리하면 아래의 〈표 1〉과 같다.

〈표 1〉『고려사』에 나타난 한재에 대한 의례적 대응

기우제 거행		의례대상 및 장소		도량		기타	
연관 색인어	빈도	연관 색인어	빈도	연관 색인어	빈도	연관 색인어	빈도
祈	4	圜丘(圓丘)	2	金剛(明經)道場	7	畫龍	1
祈雨(祭)	4	太廟	2	龍王道場	2	聚巫	3
祈禱	2	神祠	4	功德天道場	2	設齋	1
禱雨	22	岳鎭	2	雲雨道場	2	大醮	1
遍禱	1	海瀆	2	佛頂道場	1	祈禳	1
雩	23	大川	3	仁王道場	1		
雩祀	1	道場	3	般若道場	1		
再雩	5	名山	2	祈雨道場	4		
三雩	1	朴淵	2	道場	10		
雩祭	1	社稷	20				
		松岳(嶽)	4				
		川上	4				
		山川	4				
		演福寺	3				
		福靈寺	1				
		臨海院	2				
소계	64	소계	60	소계	30	소계	7
합계	161						

위의 〈표 1〉은 '한(旱)'이 포함된 '수한(水旱)', '한기(旱氣)', '한심(旱甚)', '한(旱)', '한재(旱災)' 등을 색인어로 하여,『고려사』를 대상으로 연관색인어의 빈도수를 조사·정리한 것이다.

먼저 왼쪽부터 살펴보면, '기우제 거행' 항목은 실제 기우제 거행과

10)『太宗實錄』 권31, 태종 16년(1416) 5월 乙巳.

관련한 연관색인어의 빈도수를 정리하였다. 어의상 '우(雩)'와 '기(祈)', '도(禱)'는 모두 기우제로 번역할 수 있지만, 단순히 비를 빈다거나, 기도를 하였다는 의미의 '기'·'도'와 기우제를 의미하는 '우'는 서로 다른 의례였다.

『고려사』 예지에는 평상시에는 초봄 상신일에 기곡례를 올리고, 초여름에 길일을 택하여 우사(雩祀)를 거행한다고 기록되어 있다.11) 『고려사』 세가나 오행지 등에 '우'라고 표기된 기우제는 대체로 음력 4월~7월 사이에 거행된 것들이다. 상신일에 지내는 기곡례가 매년 정해진 날짜에 거행하는 정기적 의례라면 초여름에 길일을 택하여 지내는 우사는 비정기적 기우제라고 할 수 있다. 따라서, '우'는 비상시에 거행하는 비정기적 기우제라는 의미라고 결론내릴 수 있다.

특히 〈표 1〉에는 '우'라고만 기록된 사례가 23건 정도 보인다. '우사', '재우(再雩)' 등 '우'에서 파생된 어휘를 종합하면 모두 31건으로서 전체 64건 중 48.4%에 해당한다. '기'나 '도'를 포함한 어휘와 비교해보더라도 상대적으로 많은 수가 나오는데, 이는 우사가 '기', '도'와 함께 중요한 의례로 인식되었다는 것을 의미한다.

이처럼 중요한 국가의례는 정례화하는 과정을 거치게 된다. 1036년 유사는 기우제 거행의 장소와 방법을 정종(靖宗)에게 올렸다. 여기서 유사는 억울한 죄인을 재심사하여 풀어주고 길가에 버려진 시체를 묻어줄 것이며, 진휼한 이후에 북교에서 악진, 해독, 산천의 순서로 의례를 거행한 후에 종묘에서도 의례를 거행하며, 상황이 심각해지면 비로소 우사를 거행한다고 하였다. 또한 국왕은 정전을 피하고, 상선을 줄이며 음악을 정지하고 노천에 나와 정사를 처리하였다.12) 즉, 우사는 다른 모든 수단을 동원하였음에도 불구하고 효과가 없을 때 거행하는 것이라는 의미로 이해할 수 있다.

11) 『高麗史』 권59, 禮1, 吉禮大祀, 圜丘, 圜丘壇.
12) 『高麗史』 권6, 世家6, 靖宗 2년(1036) 5월 辛卯.

이처럼 우사를 포함하여 한재에 대한 대책의 이행 순서를 정하였다는 것은 일종의 정례화로 이해할 수 있다. 이는 현종말~정종대까지 중요한 의례 절차와 형식, 시설들이 완성되어 나가고 있었던 사정과 무관하지 않아 보인다. 즉, 현종말 덕종대에 태조진전이 완성되고 태묘가 재건되는 등 점진적으로 사전제도가 정비되고 있었으며,[13] 정종대에 팔관회 의례가 정비되고,[14] 연등회 때 국왕이 봉은사 진전을 참배하는 것이 항례화되고 있었다는[15] 배경과 무관하지 않다.

다음으로 기우제를 거행하는 장소와 신앙의 대상을 묶어서 빈도수를 조사하였다. 먼저 기우제 거행 장소는 원구단, 태묘, 신사(神祠), 불교사원 등으로 나타나는데, 위의 〈표 1〉에는 나와 있지 않지만 남교(南郊)와 북교, 궁궐의 특정 장소에서 거행되는 것들도 발견할 수 있다. 신앙대상으로는 대체로 악진, 해독과 관련된 것으로 개경의 송악(松岳, 松嶽), 박연(朴淵) 등이 나와 있다. 이 밖에도 〈표 1〉에 나와 있지 않으나, 서경의 목멱(木覓), 동명사(東明祠) 등도 간단한 검색으로 찾을 수 있다.[16]

세 번째로 각종 도량들은 조선초기에 비하여 종류와 빈도가 상대적으로 많이 나타나기 때문에 따로 묶어서 조사하였다. 도량들은 사원에서 거행되는 경우가 많다. 실제 '도'의 경우 '연복사(演福寺)', '복령사(福靈寺)', '임해원(臨海院)' 등이 거행장소로 나타난다. 이들 사원들에 대해서만큼은 단순하게 비를 빌었다는 의미로 '도'가 사용되었는데 이는 '기'와의 어의의 차이에서 비롯되는 것이 아닌가 생각된다. '기(祈)'는 『설문해자』에서 '복을 구하는 것(求福也)'이라고 풀이하였다.[17] 특정 대상에게 빌어서 복을

13) 최봉준, 「고려 현종~정종대 왕실의 眞影 중심 조상 숭배 의례의 확립과 그 의미」 『奎章閣』 56, 2020.

14) 『高麗史』 권69, 志23, 禮11, "嘉禮雜儀, 仲冬八關會", 靖宗 즉위년(1034) 11월.

15) 『高麗史』 권6, 靖宗 4년(1038) 2월 癸未.

16) 〈표 1〉은 한재가 언급되는 경우로 한정하였기 때문에 기우제와 관련한 모든 색인어가 표출되지 않을 수도 있다. 색인어를 어떤 것으로 정하는가에 따라 다른 결과물을 얻을 수 있다는 것을 여기서 확인할 수 있다.

구한다는 의미로서, '기우(祈雨)'는 신격(神格)에게 비를 기원(祈願)한다는 뜻으로 풀이할 수 있다. 이에 비하여 '도(禱)'는 '일이 있음을 고하고 복을 구하는 것[告事求福也]'이라고 설명하였다.[18] '기'와 달리 '도'는 구체적인 행위 한 가지가 추가되어있다는 것을 확인할 수 있다. 이때 일이 있음을 고한다는 것은 위의 '기'의 의미와 견주어 생각해볼 때 구복과 관계된 종교적 행위를 의미하는 것으로 해석된다.

〈표 1〉의 도량은 모두 9종으로 30회 정도의 빈도로 검출된다. 기우제 관련 도량의 소의경전은 『대운륜청우경』, 『금광명경』, 『법화경』, 『금광명최승왕경』 등이 대표적이다. 이 중 『대운륜청우경』은 흔히 '운우경'으로 불리며, 기우제를 주관하는 자가 재계하는 방법과 기우제를 거행하는 순서 등이 기술되어 있다.[19]

그런데, 도량의 경우 모두가 순수하게 불교적 시각에서 거행되는 것은 아닌 것으로 보인다. 이규보가 지은 도량문에서는 국왕이 부덕하여 음양의 조화가 어지러워졌고, 그로 인하여 봄부터 비가 내리지 않았다고 하는 내용이 보인다.[20] 운우도량이 유학의 천인감응설에 입각하여 거행되고 있는 것으로, 유학과 불교가 공존하는 의식이라고 할 수 있다. 용왕도량의 경우, 소의경전이 어떤 것인지 명확하지 않다. 그러나, 용왕이 등장하는 것으로 보아 민간신앙의 용신신앙과 관련이 있는 것으로 볼 수 있다.[21]

'우'는 여름에 적제(赤帝)에게 비를 빈다는 뜻이다.[22] 『설문해자주』에서는 『춘추공양전』을 인용하여 '우'는 제사라고 풀이하였다. 월령에는 음악을 사용하여 한여름에 곡식이 잘 익기를 기원하는 의례라고 하였으며,[23]

17) 『說文解字』 권1上, 示部.
18) 위와 같음.
19) 한상길, 「한국불교 기우제 연구」 『민족문화연구』 89, 2020, 173~175쪽.
20) 『東國李相國集』 권39, 望山樓上雲雨道場文, "念循否德 叨荷丕基 迺緣刑政之差 屢感陰陽之氣 自春不雨 吝若屯膏."
21) 한상길, 앞의 글, 2020, 184~185쪽.
22) 『說文解字』 권14下, 雨部.

『강희자전』에서는 춤을 추는 것이라고 하였다.[24] 특히 '우'와 '무(舞)'는 유사한 음가를 가지고 있다. 이는 무당이 춤을 추며 '우'라고 외치는 소리와 관계가 있다. 따라서 '우'는 중국 고대사회로부터 전해지는 샤머니즘 형태의 기우제로서 주술과도 관계가 있다고 말할 수 있다.

당대(唐代)에 '우'는 국가의례로 확고하게 자리잡았다. 『대당개원례』에는 기우제 거행시기와 절차 등이 확립되어 있었다. 이는 '우'가 샤머니즘에 머물지 않고 국가에 의해 수용되어 유교정치이념과 결합하였다는 것을 의미한다.[25] 고려의 경우 우사가 원구단에서 국왕의 주관 아래 치러지고 있다는 점 역시 '우'가 '기', '도'에 비해 상대적으로 국가권력과 밀접한 관계가 있다는 것을 확인시켜준다. 근대이전 한재에 대응하여 국가가 취할 수 있는 대책은 크게 보면 의례와 구휼과 같이 민에게 직접 도움이 될 수 있는 직접적이고도 실제적인 대응이라 할 수 있다.

〈표 2〉는 〈표 1〉과 같은 방법으로 '한(旱)'이 포함된 색인어로 검색하였을 때 함께 표출되는 연관색인어를 분류하여 표기한 것이다. 한재에 대응하여 국가가 취한 조치들은 크게 진휼, 휼형, 각종 금지행위, 그리고 기타 행위로 분류해볼 수 있다.

왼쪽의 '진휼'부터 차례로 살펴보면, '진(賑)'으로 시작하는 연관색인어가 전체 진휼 정책 26건 중 14건을 차지하며, 창고를 열어 민을 구제하였음을 의미하는 '의창(義倉)'과 '발창름(發倉廩)', '발창진(發倉賑)'은 모두 합쳐 4건이 나온다. 그 외에 진휼과 유사한 의미라 할 수 있는 '휼민(恤民)', 부역을 면제해주는 '면부역(免賦役)'과 '방제처토목역부(放諸處土木役夫)'가 각각 1건씩 발견된다. 이는 한재시에 국가의 수취체제 운영의 특징을 보여주는 것이 아닌가 생각된다. 즉 중대한 재난시에 국가는 부역은 감면

---

23) 『說文解字註』 권14下, 雨部.

24) 『康熙字典』 戌卷, 雨部.

25) 金尙範, 「呪術에서 儀禮로-祈雨祭의 禮制化와 그 文化的 含意」 『中國學報』 45, 2001.

〈표 2〉『고려사』에 나타난 한재에 대한 실제적 대응

진휼		휼형		각종 금지행위		기타	
연관 색인어	빈도	연관 색인어	빈도	연관 색인어	빈도	연관 색인어	빈도
賑之	8	慮囚	9	禁酒	21	徙市	10
賑恤	4	錄囚	1	禁諸宮院飮酒作樂	1	移市肆	1
賑飢	1	原免	4	禁公私宴飮	1	擊鍾	1
賑濟	1	放二罪以下囚	1	避正殿	6	求言	1
義倉	2	宥二罪以下	6	避殿	1	掩骼埋胔(掩埋)	2
發倉廩	1	放囚	1	減(常)膳	9		
發倉賑	1	寃獄	5	徹膳	1		
恤民	3	疏決獄囚	1	去繖扇	1		
賜米	1	(放)輕繫	3	去陽傘	1		
免賦役	1			禁笠扇	1		
放諸處土木役夫	1			禁傘扇	1		
				禁扇	1		
				禁人扇笠	1		
				禁載笠持扇	1		
				斷繖扇	1		
				禁兩班著帽	1		
				禁屠殺	1		
				禁宰牛	1		
				徹樂	2		
				不賜花	1		
소계	26	소계	31	소계	54	소계	15
합계	126						

해주지만 조세나 공납을 면제해주는 경우는 거의 없다는 것을 의미한다.

휼형은 죄인을 재심하여 억울한 이들을 풀어주는 것, 일정 죄목이나 형량 이하의 죄수를 풀어주는 것 등으로 나눌 수 있다. 위의 〈표 2〉에 따르면, 전체 휼형 중에서 죄인을 재심하여 풀어주는 '여수(慮囚)', '녹수(錄囚)' 등이 전체 31건 중 14건, 죄인을 석방하는 '방이죄이하수(放二罪以下囚)' 등이 13건으로 나타난다.

이는 동중서의 천인감응설이 관계되어 있는 것으로 이해할 수 있다. 즉 국가가 형률을 잘못 운영하여 죄인들의 원망이 쌓여 화기가 손상되었기 때문에 한재가 발생하였다는 논리이다. 이때의 화기는 음양오행의 순조로운 흐름을 뜻하며 유학적 사고에 의한 조치라 할 수 있다.

한재와 관련한 각종 금지 행위는 '금주(禁酒)', '피정전(避正殿)', '감상선(減常膳)', '단산선(斷繖扇)', '금도살(禁屠殺)', '철악(撤樂)', '불사화(不賜花)' 등이 있다. 이 중 가장 많은 빈도를 차지하는 것이 금주와 관련되는 것들이다. 이는 고려가 농업을 기반으로 하는 사회로서 술을 빚어 마시는 행위를 일종의 쾌락으로 보았기 때문이다. 더욱이 같은 소항목에 있는 '금공사연음(禁公私宴飮)'과 관련하여 생각해보면, '금주'는 지배층으로서 쾌락을 절제함으로써 근신하기 위한 행위로 이해할 수 있다. 상선을 줄이는 '감상선'과 음악을 정지시키는 '철악'도 그 연장선에 있는 것이라 할 수 있다.

금지 행위 중에서 가장 눈에 띄는 것이 '단산선'이다. 이는 햇볕을 차단하는 도구 사용을 금지하는 행위이다. 유사한 연관색인어를 〈표 2〉에서 찾아보면, '거산선(去繖扇)', '거양산(去陽傘)', '금립선(禁笠扇)', '금산선(禁傘扇)', '금선(金扇)', '금인선립(禁人扇笠)', '금재립지선(禁載笠持扇)', '금양반저모(禁兩班著帽)' 등으로서, 부채를 제거하거나 금지하는 것, 초립을 쓰는 것을 금지하는 것, 양산쓰는 것을 금지하는 것 등으로 나눌 수 있다.

이 중에서 '금산선'은 국왕의 행차에 쓰이는 일산(日傘)이나 노부(鹵簿)를 금지하는 것이라 할 수 있다. 그 외에 부채, 양산, 초립 등도 모두 같은 관점에서 취해지는 조치인데, 이는 국왕이 햇빛에 자신의 몸을 노출시킴으로써 잘못을 반성하고 자책하는 의미라 할 수 있다. 이와 유사한 것이 정전을 피하여 노천에서 정사를 보는 '피정전'이나 '피전(避殿)'이다. 전체 54건 중 7건 정도가 발견되는데, 이 역시 국왕을 비롯한 대소신료들이 뜨거운 햇볕에 자신을 노출시킴으로써 근신하고 반성한다는 의미가 있다.

이와 같은 폭로의례(暴露儀禮)는 여러 가지 방향에서 해석해볼 수 있다. 우선 앞서 살펴본 바와 같이 자신을 돌아보고 반성하는 의미가 있지만, 초월적 존재에 모욕을 가한다는 것은 그가 가지고 있는 주술적 능력을 극대화하려는 시도로 해석해볼 수 있다. 즉, 잠자고 있는 자신의 능력을 일깨워 하늘과 직접 소통하도록 함으로써 비를 내리게 할 수 있다는 것이다. 국왕은 고대국가 완성기에 한층 강력해진 왕권아래 일관의 지위가 점차 하락하게 되면서 하늘과 직접 소통할 수 있는 유일한 존재가 되었다. 따라서 초월적 존재에 신변의 위협을 가하고 처벌함으로써 감추어진 능력을 발휘하게 한다는 의미와 국왕 자신에 대한 반성의 의미로 해석해볼 수 있을 것이다.[26)]

조선건국 이후 기우제와 함께 표출되는 연관색인어를 정리하면 아래의 〈표 3〉과 같다. 고려와 비교해볼 때 불교 도량이 급격하게 줄어들고, 기우제 거행 장소로 태종대에 완성된 '우사단'[27)]과 '풍운뇌우단'이 나타나고 있으며, 신앙의 대상으로 명산대천의 명칭이 보다 구체화되고, 무당과 승려가 의례에 참여하고 있다는 특징이 있다.

이와 같은 특징들은 고려시대와의 연장선에서 해석해볼 수 있다. 먼저, 신앙의 대상의 변화는 기우제 정비와 관계가 있다. 〈표 3〉에는 신앙의 대상으로 풍운뇌우, 악진해독, 명산대천 등이 보인다. 이는 기우제가 천지의 신령을 대상으로 거행하는 길례이기 때문이다. 그런데 〈표 1〉과 비교해보면, 고려시대 기우제의 대상이었던 '박연'과 '송악'이 계속하여 남아있는 것이 확인된다. 여기에 조선건국 이후 '삼각', '한강', '양진', '목멱' 등이 추가되었다. 이는 천도 이후 한양을 중심으로 새롭게 기우제 대상과 제장(祭場)을 개편하였기 때문이라고 할 수 있다.

다음의 〈표 3〉에서는 기우제에서 성리학적 의례관념을 완전히 적용하는 것이 얼마나 어려운 것인지 잘 보여준다. 『고려사』 예지에는 우사가 길례대사로,[28)] '풍사(風師)'·'우사(雨師)'·'뇌신(雷神)'은 길례소사로, 그리고

26) 최종성, 앞의 책, 2007, 28~32쪽.
27) 『太宗實錄』 권27, 太宗 14년(1414) 5월 丙戌.
28) 『高麗史』 권59, 志13, 禮1, 吉禮大祀, 圜丘, 圜丘壇.

〈표 3〉『태조실록』~『성종실록』에 나타난 한재에 대한 의례적 대응

기우제 거행		의례 대상		장소		불교		민간신앙 및 기타	
연관 색인어	빈도	연관 색인어	빈도	연관 색인어	빈도	연관 색인어	빈도	연관 색인어	빈도
祈穀	2	太一	4	靈臺	2	觀音	2	祈禳	7
祈禱	62	風師	6	龍處	2	消災道場	1	儺禮	4
祈雨	134	雲師	4	祠宇	1	道場	4	厲祭	4
祈雨祭	10	雷師	4	神祠	7	水陸道場	3	別祭	2
禱祀	7	雨師	19	雩祀壇	7	聚僧	7	祀竈	1
禱雨	72	風雲雷雨	20	圓壇祭	6			蜥蜴	59
再禱	1	岳鎭	1	風雲雷雨壇	5			設齋	6
親禱	18	岳鎭海瀆	9	太廟	1			禳災	4
雩祀	20	岳海瀆	12	圓丘	1			陰陽壓勝	6
大雩	3	嶽海瀆	19					醮禮	40
雩禱	2	海瀆	2					聚巫	6
雩祀祭	1	名山	38					沈虎頭	33
		大川	45					土龍	41
		山川	131					香祝	16
		漢江	32					畫龍	1
		木覓	14					畫龍祈雨祭	1
		三角	14					畫龍祭	1
		朴淵	8						
		楊津	12						
		社稷	172						
		松岳	7						
소계	332	소계	573	소계	32	소계	11	소계	232
합계		1180							

천상제(川上祭)와 명산대천 등은 잡사로 분류되었다.[29] 조선건국 이후 『국조오례의』에서는 '풍운뇌우', '악해독(嶽海瀆)', 우사 등은 중사(中祀), 명산과 대천은 소사(小祀)로 분류하였다. 이는 성리학적 예치 이념에 따른 정비의 결과라고 할 수 있다.[30] 그렇지만, 국가는 성리학의 왕도정치 이념에 따라 음사를 철저하게 배제해야 함에도 불구하고, 그 이면에는 민간신앙의 토룡, 석척, 침호두 등이 행해지고 있었다. 사료상으로도 각각

29) 『高麗史』 권63, 志17, 禮5, 吉禮小祀, 風師雨師雷神靈星 및 雜祀.
30) 金澈雄, 『韓國中世 國家祭祀의 體制와 雜祀』, 한국연구원, 2002.

41회, 56회, 31회 등 자주 언급되는 편이다.

〈표 3〉의 '취승(聚僧)'과 '취무(聚巫)'도 같은 관점에서 이해할 수 있다. '흥복사(興福寺)'[31]와 '흥천사(興天寺)',[32] '장의사(莊義寺)'[33] 등은 모두 기우제 도량이 국행의례로 거행되었던 장소였다. 이와 관련하여 문종은 경연관에게 모든 교사(郊祀)와 종묘(宗廟), 사직(社稷), 우사에 임금이 스스로 자책하는 뜻을 밝히고, 그 밖의 군사(群祀)를 승려와 무녀를 모아 거행할 것을 지시하였다.[34]

조선초기의 이와 같은 기우 행위에 대한 이해는 고려시대와 동일시하기는 어렵지만 어느 정도 연속성을 갖는 것으로 보인다. 12세기의 김부식은 「금광명경도량소」에서 임금이 천문의 운행을 거스르고 『춘추』와 『서경』 홍범편에 나타난 바와 같이 재앙을 미리 파악했어야 했는데 그렇지 못하여 결국 민이 굶주리게 되었다고 하였다. 그리고 이를 부처의 자비심으로 구제받을 수 있도록 비를 내려주기를 바란다고 하였다.[35] 즉, 문제의식은 유학에서 비롯되었으나, 불교적 수단을 사용하고 있는 것이다. 여전히 도량을 국가적 기우 행위로 인정하고 있는 것은 궁극적으로 왕도정치 이념을 실천에 옮기기 위한 목적을 분명하게 내포하고 있는 것이었다.

위와 같이 승려와 무당을 이용하여 기우제를 거행하고 있었던 반면에 이들을 폭로의례의 수단으로 동원하였던 사례도 발견할 수 있다.[36] 1425년(세종 7) 예조의 계문(啓聞)에 따르면, 기우제에서 무당에게 햇볕에 몸을

---

31) 『太宗實錄』 권31, 太宗 16년(1416) 5월 己未 ; 권36, 太宗 18년(1418) 7월 己酉.

32) 『世宗實錄』 권32, 世宗 8년(1426) 4월 戊戌 ; 권36, 世宗 9년(1430) 5월 丙戌 ; 世宗 9년 6월 丁丑 ; 권45, 世宗 11년(1432) 7월 戊申.

33) 『世宗實錄』 권105, 世宗 26년(1444) 7월 壬申.

34) 『文宗實錄』 권7, 文宗 원년(1451) 壬子.

35) 『東文選』 권110, 金光明經道場疏, "天文錯行 山石崩落 魯史所書之災異 洪範所謂之咎徵 一見猶疑 荐臻可懼 況今自早春而小雨 涉五月以恒陽 雲欲合而還開 澤雖霑而未足 我心如結 望雲漢以徒勞 民命可哀 塡溝壑而必盡 緣君臣之不類 致邦國之多艱 宜投彼佛之至仁 可濟吾人之同患."

36) 최종성, 앞의 책, 2002, 33~35쪽 및 252~256쪽.

노출시킨 상태로 화로를 머리에 이게 하는 것은 신령을 위하여 기도하는 뜻이 아니라고 하였다.37) 조선건국 이후 기우제에서 승려들의 역할이 점차 줄어들고 있었던 상황에서 무당에게 폭력적인 형태의 폭로의례를 강요하는 것은 단순하게 유학과 불교 또는 민간신앙이 결합한다는 것 외에 또 다른 의미가 있는 것으로 볼 수 있다. 물론 불교와 민간신앙이 제한적으로 허용되고 있었으며, 성리학 국가의 국행의례라는 점을 감안한다면, 이와 같은 불교와 민간신앙을 허용하고 있었던 것은 왕도정치를 구현하기 위해 농업생산력을 유지하고 궁극적으로는 민에 대한 교화의 여력을 확보하기 위한 것이라 할 수 있다. 즉, 성리학의 목적을 위해 일시적으로 음사(淫祀)를 허용하고 있었던 것으로 이해할 수 있는 것이다.38)

〈표 4〉『태조실록』~『성종실록』에 나타난 한재에 대한 실제적 대응

진휼		휼형		각종 금지 행위		기타	
연관색인어	빈도	연관색인어	빈도	연관색인어	빈도	연관색인어	빈도
減價	8	輕繫	8	(減)宣飯	4	擊鼓	21
荒政	36	大赦	7	減膳	92	擊鍾	2
蠲減	27	慮囚	8	省膳	2	求嘉言	2
蠲除	6	錄囚	8	禁酒	119	求言	115
惠民局	1	放輕繫	11	斷酒	2	徙市	21
大悲院	1	放付處	1	止酒	4	掩骼埋胔	4
給糧	4	放赦	13	禁公私宴飮	2	掩埋	1
賜米	2	放囚	1	禁用酒	6	延訪	2
題給	4	放還	10	禁中外用酒	6	移市肆	1
免賦役	1	保放	8	用酒一禁	1	節用	27
勿進	1	鈇鑕	1	徹酒	6	淨阡陌	1
開倉賑貸	1	疏決	2	輟酒	2	遷市	3
發倉	11	疏放	8	禁火	4	開北門	5
發倉廩	7	愼刑	11	勿擊鼓	3	閉南門	4
發倉賑	8	審理冤獄	11	勿進	9	閉南門開北門	2

37) 『世宗實錄』 권28, 世宗 7년(1425) 6월 戊午, "禮曹啓 … 聚巫祈雨於苦熱 令着襦衣戴火爐 有違爲神祈禱之意 今後除襦衣火爐 三日精勤祈禱 皆從之."

38) 최봉준, 『14세기 고려 성리학자의 역사인식과 문명론』, 연세대 박사학위논문, 2013, 94~97쪽 참조.

發倉賑給	2	原免	14	勿進酒	7		
發倉賑恤	3	寃抑	95	不御經筵	1		
義倉	92	宥二罪以下	3	去繖扇	1		
社倉	13	雜訟	7	斷傘扇	6		
還上	66	滯獄	29	徹繖扇	1		
還賑	1	保放	1	徹膳	6		
常平	30			徹樂	6		
平糶	4			停寢	11		
糴穀	1			停市	1		
糶糴	1			闕政	16		
設賑	5			停視事	1		
賑救	23			避殿	39		
賑窮乏	3			避正殿	3		
賑給	7			禁屠殺	5		
賑飢	11						
賑餓	1						
賑飢民	4						
賑貸	19						
賑民	7						
賑濟	48						
賑濟使	1						
賑之	11						
賑恤	96						
顧恤	1						
救恤	2						
憐恤	1						
撫恤	14						
優恤	1						
字恤	2						
恤民	71						
恤典	1						
소계	660	소계	257	소계	366	소계	211
합계		1494					

조선건국 이후 한재에 대한 국가의 실제적 대응은 위의 〈표 4〉와 같이 정리할 수 있다. 전체적으로 〈표 3〉의 고려시대와 비교해볼 때 새롭게 등장하는 분류 기준을 찾기 어렵다. 다만, '구언(求言)', '구가언(求嘉言)' 등 한재가 닥쳤을 때 국왕이 근신하는 의미로 신료들의 의견을 듣는

행위가 비약적으로 증가하였으며, 전체 빈도에서 구휼이 차지하는 비율 역시 비약적으로 증가한다는 것을 발견할 수 있다. 이는 성리학이 점차 심화되어 가고 있었던 배경이 작용한 것으로 이해할 수 있다.

『고려사』에 나오는 구언은 많은 경우 심각한 재이가 발생하였을 경우, 국왕의 근신과 천리에 따른 정치 구현 등의 의미를 담고 있다. 〈표 2〉에는 한재와 관련하여 '구언'이 언급된 사례가 단 1건밖에 나오지 않는다. 김속명(金續命)이 공민왕에게 재이는 국왕의 잘못된 행동 때문에 발생하므로 잘못된 인재등용과 지나친 휼형을 중단할 것을 요구한 것이 그것이다.39) 공민왕이 신돈을 등용한 것을 비판하고 바로잡기 위해 올린 상소문이라 할 수 있는데, 여기서 특기할만한 것은 김속명이 공민왕에게 이단을 멀리하고 경연을 열어 신하들과 치국의 도에 관해 토론할 것을 요구하였다는 점이다.40) 이 상소문의 정치적 목적은 차치하더라도 한재와 국왕의 수신을 직접 연결시키는 것은 재이와 '구언'이 성리학과 밀접한 관계가 있다는 것을 의미한다.

그 연장선상에서 조선건국 이후 한재와 관련한 구언 사례가 급증하였던 것은 성리학의 인정론과 덕치, 농업생산력 등과 관련하여 이해해볼 수 있다. 정도전은 『조선경국전』과 『경제문감』을 통해 국가의 공적질서와 항산을 유지하도록 하고, 이를 바탕으로 하는 국가와 민, 군주-지배층과 민의 관계를 상호의존적인 형태로 확립하도록 함으로써 주자의 인정설(仁政論)과 보민설(保民說)을 구현하고자 하였다.41) 즉위과정에서 정도전을 제거하였던 태종 역시 한기(旱氣)의 원인을 국왕과 종친, 신료들의 부덕의

---

39) 『高麗史』 권111, 列傳24, 金續命, "傳曰 無赦之國 其政必平 養稂莠者害嘉穀惠姦宄者賊良民 感召水旱 在於數赦."

40) 『高麗史』 권111, 列傳24, 金續命, "冬雷地震 咎實在玆 自今三殿宦者 各留十人餘悉汰去 正人端士 常令侍側 治國之道 布在經史 未聞以佛書致治者也 殿下過信佛法 群髡緣此 干謁濟私 願自今斷絶緇流出入禁闥 復開經筵 日訪治道 常觀聖賢之書 勿雜異端之說."

41) 도현철, 『조선전기 정치사상사』, 태학사, 2013 ; 金駿錫, 「儒教思想論」 『韓國史研究와 歷史理論』, 지식산업사, 470~472쪽.

소치로 여기고 있었다.[42] 태종대의 구언은 전체 117건 중 총 19건이 나오며, 성종의 경우 모두 68건 정도가 나왔다. 이에 비해 세종대(11건)와 세조대(2건)는 상대적으로 빈도가 적었다. 이와 같이 항산 유지와 인정론, 구언이 어떤 의미에서는 밀접하게 관계가 된다고 볼 수 있다. 그렇지만, 조선시대의 기후 환경과 관계된 연구를 참고하면 구언의 빈도와 가뭄의 빈도가 어느 정도 일치한다는 결론을 얻을 수 있다. 15세기에 한재의 빈도가 가장 높은 시기는 세종과 성종대였다. 특히 세조대는 한재의 빈도가 상대적으로 낮았다.[43] 위에서 언급한 세조대의 구언 빈도가 적은 것은 한재의 빈도에 따른 것임을 알 수 있다. 그러나, 여기서 세종대 구언의 빈도가 낮은 것은 언뜻 이해하기 어렵다. 이는 구언이 반드시 한재와 관련되는 것은 아니며, 오히려 구언을 정치적 행위로 보는 것이 합리적인 것은 아닌가 생각된다.

3. 기우제 관련 연관색인어의 경향성과 변화

한재와 관련하여 나타나는 연관색인어는 의례적 행위와 그 외의 실제적 대응 정도로 분류할 수 있다. 이들 연관색인어는 앞서 언급한 바와 같이 모두 한재가 발생할 경우 취해지는 조치라는 점에서 공통점을 가지고 있기 때문에 앞으로 설명할 기우제 관련 연관색인어와 비교할 때 서로 비슷한 양상이 나올 가능성이 있다.

'기', '도', '우'는 서로 다른 글자로서 의미상의 차이가 있으나, 각각

---

42) 『太宗實錄』 권13, 太宗 7년(1407) 5월 乙亥, "遂召臺諫刑曹掌務問曰 今方盛夏旱氣太甚 寡人有失德歟 宗親有不道歟 抑大臣失於燮理歟 是必有致之者 爾等職在言官 何無一言及此乎."

43) 이욱, 「15세기 후반 기후변화의 비교사적 고찰」 『국학연구』 21, 2012, 398~399쪽.

문맥에 따라 기우제를 의미하는 용어로 사용될 수 있다. 이 세 글자는 '우(雨)' 또는 '사(祀)'와 결합하여 보다 확실하게 기우제를 의미하는 색인어로 활용될 수 있다. 앞서 언급한 한재 관련 연관색인어에서 나타나는 고려시대와 조선초기 국가의 반응과 조치들은 서로 유사한 경향성을 보인다. 이는 성리학을 정학으로 하는 국가운영의 방향의 변화에도 불구하고 사상적으로는 고려시대의 유제가 거의 그대로 남아 있었던 것으로 볼 수 있다.

그렇다면, '기', '도', '우'를 포함하고 있는 단어들을 색인어로 하여 연관색인어를 조사한다면 어떤 산출결과를 얻을 수 있을 것이며, 그 맥락은 어떻게 읽을 수 있을까?

다음 〈표 5〉는 한재와 관계되는 자료를 기반으로 기우제를 의미하는 색인어를 조사하였다. 글자수에 따라 최대 4자에서 1자로서 모두 28종이다. 아래에서는 공통적으로 포함하는 글자별로 그 가짓수를 〈표 5〉와 같이 정리하였다. 대체로 몇몇 글자들을 단순 조합한 것이며, 사료상으로 쉽게 찾아볼 수 있는 것들이다.

〈표 5〉 기우제 관련 색인어

	4글자	3글자	2글자	1글자	합계
祈	祈雨道場, 祈雨賞典, 畫龍祈雨	祈禳祭, 祈雨祭	祈穀, 祈禱, 祈禳, 祈雨, 祈祭	祈	11
禱		雩祀壇, 雩祀祭	祈禱, 禱祀, 禱雨, 雩禱, 再禱, 親禱, 遍禱	禱	10
雩			大雩, 三雩, 雩禱, 雩祀, 再雩, 旱雩	雩	7

이 중 '기'와 '도'는 문맥상으로 기우제와 관계가 있는 행위 또는 기우제라는 것을 파악해야 한다. '우'는 원래 샤머니즘의 영역에 있었으나, 국가에 의해 수용되었다. 때문에 '기', '도'와 '우'는 서로 다른 맥락을 가지고 있는 글자라 할 수 있다. '기', '도', '우'를 각각 대분류로 설정한다면, 위의 〈표 5〉에 글자수별로 정리해놓은 색인어들은 그 하위분류라 할 수 있다.

위의 '기', '도', '우'의 의미차이를 참고한다면, 대분류를 어떤 것으로 설정하는가에 따라서 연관색인어의 종류와 빈도수는 각각 다르게 나올 수 있으며, 시기적인 추세도 파악해볼 수 있을 것이다. 이를 구체적으로 확인해보기 위해 아래와 같이 '기', '도', '우' 등 3부분으로 나누어 연관색인어의 추이를 살펴보도록 한다.

'기곡(祈穀)', '기도(祈禱)', '기양(祈禳)', '기우', '기제(祈祭)' 등 '기(祈)'로 시작하거나, '기'를 포함하고 있는 색인어를 입력하여 얻은 연관색인어를 모두 나열하면 아래 〈표 6〉과 같다. 의례에 한정하여 조사한 것이므로 아래의 표를 유심히 살펴보면 금방 파악할 수 있겠지만, 신앙대상 및 수단, 의례 거행 장소 등 2~3가지로 다시 분류할 수 있다. 그런데 간혹 신앙의 대상과 의례 거행의 장소가 구분되지 않는 경우가 있으므로, 빈도수만을 살펴보기 위해서 불편하지만 굳이 재분류하지 않고 단순하게 가나다순으로 정리하였다.

먼저 고려시대 기우제에 등장하는 신앙의 대상은 '군망(群望)', '도철암제연(道哲嵒梯淵)', '동명(東明)', '율포(栗浦)', '박연', '산천', '서경목멱', '송악', '악진(岳鎭)', '해독(海瀆)', '천상(川上)' 등으로 조사되었다. 『고려사』는 고려시대의 실록과 문집, 기타 여러 자료를 취합하여 만든 사서이기 때문에 편집 및 축약된 기록을 많이 찾을 수 있다. 또한, 『고려사』는 원구(圓丘), 적전(藉田), 연등(燃燈), 팔관(八關) 등과 같이 일상적으로 거행되는 의례는 처음 시행하였던 것만 기록하고 이후에 있었던 것들은 굳이 기록하지 않는다는 것을 원칙으로 하였다.[44] 즉, 기우 의례 역시 모든 사항이 기록되지 않았을 가능성이 크다. 때문에 『고려사』를 대상으로 조사한 빈도는 절대적인 수치라고 할 수는 없다. 그러나 연관색인어의 경향성은 중요한 참고가 될 수 있다.

---

44) 『高麗史』 纂修高麗史凡例.

〈표 6〉 고려~조선초기 '기(祈)' 관련 연관색인어의 빈도 (*연관색인어는 가나다순)

연관색인어	고려	태조	정종	태종	세종	문종	단종	세조	예종	성종	합계
群望	3										3
大川				6	10		3	12	2	17	50
道場	5			4	2						11
道哲嵒梯淵	1										1
東明	1										1
東神堂	1										1
名山				7	13		3	12	2	18	55
木覓				7	24	1				1	33
栗浦	1										1
朴淵	3	1		2	6		2			1	15
北郊	1			13	38	1	2	4	1	3	63
佛宇				2						6	8
社稷				18	64	7	2	2	1	24	118
山川	6		1	14	28	1	1		1	4	56
三角				4	23	1	2			4	34
西京木覓	1										1
蜥蜴				9	32		2	2	1	8	54
松岳(嶽)	3			1	6			1		3	14
神廟	4										4
神祠	1			1	10						12
岳(嶽)鎭	1			2	7		1				11
嶽(岳)海瀆				3	13			3		1	20
楊津				3	10		3	1		3	20
圓丘	3	1			4						8
宗廟	3			18	35	1	2	1	1	14	75
川上	2										2
醮	2	1	1	1	20	1	1	1	1	5	34
聚僧	1			2	3		1				7
聚巫				3	18		2			1	24
太廟	1				1						2
土龍				5	23					1	29
風雲雷雨				4	27	1	2	3	1	8	46
漢江				10	25	1	4		2	4	46
海瀆	1			2	6		1				10
畫龍				4	13		1		1	4	23
演福寺				1							1
興福寺		1			1						2
興天寺				1	2	2					5
합계	45	4	2	147	464	17	35	42	14	130	900

고려시대에는 동명성왕과 '서경목멱', '군망' 등이 기우제에 간혹 나오는 경우가 있다. 먼저 위의 〈표 6〉을 보면 개경에 위치한 '송악'이 신격으로 숭배되고 있음에도 '서경목멱' 역시 숭배의 대상이 되고 있다는 것을 확인할 수 있다. 그리고, '동명'과 '동신당' 역시 각각 1건씩 나온다. 동명성왕은 고려가 고구려 계승으로부터 건국의 정당성을 찾고 있다는 것,[45] 그리고 동명신앙의 연장선에서 생각해볼 수 있다.[46] 그러나 최자의 「삼도부」에서는 동명성왕은 풍백(風伯)을 부르고 우사(雨師)를 지휘하며, 노하면 대낮에도 번개와 우박을 내리고 나무와 돌을 섞어 날리는 등 날씨를 관장하고 있는 천신(天神)으로 나온다.[47] 이어지는 구절에서는 서경의 목멱이 농업을 관장하는 것으로 기록되어 있다.[48] 따라서 '동명'과 '동신당'의 여러 이미지는 고려건국의 정당성, 또는 기상과 농업을 관장하는 신격과 같이 상황에 따라 다르게 적용되고 인식되었다고 할 수 있다.

또한 '군망'은 여러 산천신을 지칭하는 것이며, 좋은 의미의 '산천'도 나온다. '군망'과 '산천'을 합하면 전체 45건 중 모두 9건, 즉 20% 정도의 비중을 차지하고 있다. 이처럼 산천신의 비중이 높은 것은 풍사, 우사, 뇌신 등 하늘에 존재하는 신격과 땅에 존재하는 산천을 함께 숭배함으로써 농업과 관계되는 모든 신격을 동원하였기 때문인 것으로 보인다. 이를 종합해보면 고려시대의 기우제는 개경 주변의 송악, 박연 등에 대한 의례, 서경의 동명, 목멱 등에 대한 의례, 그리고 지방의 산천제 등으로 구성되었음을 확인할 수 있다.

조선초기의 경우 고려시대의 박연과 송악이 많은 수는 아니지만 꾸준하게 나타나고 있다. '석척', '토룡', '화룡(畫龍)', '풍운뇌우' 등 『고려사』에

45) 노명호, 『고려국가와 집단의식』, 서울대 출판문화원, 2009, 73~74쪽.
46) 김창현, 「고려시대 평양의 동명 숭배와 민간신앙」 『歷史學報』 188, 2005 참조.
47) 『東文選』 권2, 三都賦.
48) 위와 같음.

보이지 않는 새로운 연관색인어가 등장하고 있다는 점도 가장 중요한 특징이라고 할 수 있다. 이들 연관색인어는 위의 〈표 6〉에 따르면 태종대부터 본격적으로 나타나는데, 그 양상이 태종과 세종대에 걸쳐 급격한 증가세를 보이며, 이후 문종과 단종, 예종 등 단명한 국왕이 재위하던 시기에도 꾸준하게 나타난다.

이와 같은 현상은 '석척', '토룡', '화룡', '풍운뇌우' 등이 조선건국 이후에 비로소 나타난 것이 아니라, 고려시대부터 이미 민간신앙의 한 형태로 존재하였기 때문인 것으로 파악된다. 즉, 조선초기의 기우의례에 나타난 여러 민간신앙과 관련된 것들 중 상당수는 고려시대 이후의 전통으로 생각해볼 수 있는 것이다.[49]

그렇지만, '명산', '대천', '목멱', '사직', '삼각', '양진', '한강' 등은 조선건국 이후에만 나타난다. 이 중에서 '삼각', '양진', '한강'은 오늘날까지도 서울에 남아있는 지명이다. 이는 한양천도 이후 각종 의례에 나타나는 신격에 큰 변화가 있었다는 것을 보여준다. 특히 이들 영험처는 위의 〈표 6〉에서 확인해볼 수 있듯이 태종대부터 집중적으로 나오고 있다. 이는 태종대에 한양 주변의 영험처가 지정되고, 이들에 대한 의례 절차와 형식들이 정해지고 있다는 것을 의미한다.[50]

특히 태조~정종대에는 고려시대의 박연과 송악에 대한 제례가 그대로 지속되었던 것으로 보인다. 위의 〈표 6〉에는 태조대에 박연이 1건 표출된다. 영험처는 기우제에만 사용된 것은 아니며, 국왕이나 왕비, 왕자의 병환시에도 박연과 송악은 주요 기도처로 사용되었다. 태종대에 영험처나 기도처에 대한 정비가 이루어졌다는 점에서 생각해보면, 태종대 초반까지는 고려시대의 관행을 거의 그대로 시행할 수밖에 없었던 것으로

---

49) 이러한 민간신앙 의례들이 『고려사』에 기록되지 않은 원인에 대해서는 앞으로 연구가 필요하지 않은가 생각된다.

50) 이욱, 『조선시대 재난과 국가의례』, 창비, 2009, 161쪽.

생각된다. 양진과 한강 등은 한강에 인접해있기 때문에 '석척', '토룡', '침호두' 등 물과 직접 관계되는 의례를 거행하는 장소이다. 수신(水神)인 용을 자극하여 비를 내리게 하는 효과를 노린 것이라 할 수 있다. 이를 위해 한강에 인접한 장소에서 호랑이 머리를 물에 빠뜨린다거나, 도마뱀과 지렁이 등을 학대하는 의례를 거행하였다. 일종의 동물공희형 의례라 할 수 있는데, 남성을 상징하는 용과 여성을 상징하는 호랑이를 대립시킴으로써 음양의 조화와 풍요를 기대한다는 의미가 있다. 역시 석척도 남성성을 상징하는 석척을 여성성을 상징하는 버드나무로 위협함으로써 음양의 조화를 추구하고 있다.51)

이와 같은 행위들이 종묘와 사직 등 유학과 관계되는 연관색인어와 함께 언급되고 있는 것은 조선건국 이후 다양한 사상과 의례가 일단은 공존하고 있으며, 오히려 국가에 의해 수용되고 있는 현상이라 할 수 있다. 국가적으로 성리학에 의한 왕도정치를 추구해야하지만, 이단을 단시간 내에 모두 척결하는 것은 현실적으로 불가능하다. 따라서, 농업생산력과 같이 현실정치와 밀접하게 관련되는 민감한 문제나 민본과 같이 성리학의 지향성과 합치되는 것은 일시적으로 그 존재를 인정할 수 있다는 당시의 분위기가 작용한 것으로 생각된다. 이는 다른 한편에서는 성리학의 문제의식에 합치하는가에 따라 특정 의례와 사상의 지속 여부가 결정된다는 의미로 받아들일 수 있다.

다음 〈표 7〉은 〈표 6〉과 같은 방법으로 '도(禱)'의 연관색인어의 빈도를 정리한 것이다. 사례의 수는 '기'에 비하여 훨씬 적기는 하지만, '기'와 유사한 추세를 보이고 있다. 다만, '화룡'이나 '흥국사(興國寺)', '흥복사', '흥천사' 등 불교 사원이 나타나고 있으며, '취승'이 보이지 않고 그 대신 '취무'가 보인다. 또한 '기'에서는 '신사'가 12회 표출되었으나, 여기서는

---

51) 정승욱, 「주술적 기우제의 통합 제의원리 탐색 시론」 『한국문학논총』 72, 2016.

〈표 7〉 고려~조선초기 '도(禱)' 관련 연관색인어의 빈도 변화 (*연관색인어는 가나다순)

연관색인어	고려	태조	정종	태종	세종	문종	단종	세조	예종	성종	합계
群望	13										13
大川	1			7	5	1	2	4		6	26
道場	11			1						2	14
名山	1			8	5	1	2	4		6	27
明通寺				1	2						3
木覔				6	9						15
妙通寺	2										2
朴淵	4	1		4	1		1				11
法雲寺	4										4
普濟寺	6										6
福靈寺	1										1
北郊	1			12	17		2	2		2	36
佛宇	8	2		1							11
社稷	5			13	20		1			3	42
山川	18	2		13	18	1	1			4	57
三角	1			1	9		1				12
蜥蜴				4	3					2	9
松林寺				1							1
松岳	4			2	3					2	11
神祠	18	2			2						22
岳瀆				1	2						3
嶽瀆				2	1						3
岳鎭				1	2						3
嶽海瀆				2	1		1	2		1	7
楊津				4	2		1				7
演福寺	2			2							3
圓丘	8	1		1							10
長慶寺	1										1
莊義寺				1							1
宗廟	10	3		3	23		1			7	47
中興寺				1							1
川瀆	1										1
川上	7										7
醮	14			2	3					2	21
聚巫	19			8	7		1				35
七陵	2										2
沈虎頭				1	1		2			1	5
土龍	5			7	2					1	15
沈虎頭				2	9		2			1	14

風雲雷雨				3	16					1	20
漢江				9	11		1				20
海瀆				3	4		1	2			10
畫龍	2			4						2	8
興國寺	4										4
興福寺					1						1
興天寺				1	2						3
합계	173	11	0	131	181	3	20	14	0	43	576

35회나 나타난다. 이는 앞서 '도'의 어의 때문인 것으로 보인다. '도'는 특정 대상에 대한 종교적 행위이기 때문에 구체적인 숭배대상이 필요하다. 즉, 불교 사원과 '신사'는 구체적인 신앙의 대상을 모셔놓고 있기 때문에 굳이 '도'라고 표현한 것이 아닌가 생각된다.

이와 관련하여 우선 살펴볼 수 있는 것은 고려에서 조선으로 왕조교체가 이루어지면서 기우도량 거행 장소라 할 수 있는 사원이 바뀌었다는 점이다. 고려시대 기우제와 관련하여 언급되는 사원은 묘통사, 보제사, 복령사, 연복사, 장경사 등이었으나, 조선건국 이후에는 장의사, 중흥사, 흥복사, 흥천사 등 한양과 그 일원에 소재한 사원이 새롭게 나타난다. 이들 사원은 모두 앞서 〈표 5〉의 '취승'과 관계되는 사원이라 할 수 있다. 특히 연복사는 조선건국 이후에도 기우제 거행 장소로 태종대 2회 정도 언급되다가, 태종 5년(1405) 5월을 마지막으로 더 이상 나오지 않는다.[52] 연복사는 공양왕대에 석탑을 중수하는 문제로 유신들이 여러 번 문제제기를 하였던 사원으로,[53] 조선건국 이후에도 의정부 등 여러 기관에서 토지와 노비문제 등을 지적하였다.[54] 태종대까지 연복사가 기우제장으로 사용된다는 것은 그럼에도 연복사가 여전히 국가적으로 중요시되는 사원이

52) 『太宗實錄』 권9, 太宗 5년 5월, 壬寅.
53) 『高麗史』 권45, 世家45, 恭讓王 2년(1390) 정월 乙酉 ; 권46, 恭讓王 3년(1391) 4월 乙丑 ; 권46, 恭讓王 3년 5월 戊戌.
54) 『太宗實錄』 권10, 太宗 5년(1405) 11월, 癸丑 ; 『世宗實錄』 권24, 世宗 6년 (1424) 4월 庚戌.

었다는 것을 의미한다.

그렇지만, 성종 16년(1485)에 원각사에서 기우제를 거행하는 것에 반대하는 홍문관의 의견에 따라 성종은 기우제에 승려를 동원하지 않기로 함에 따라 이후부터는 불교를 국행 기우제에서 배제하기 시작하였다.[55] 이러한 성종의 조치는 기우제의 사상적 배경에서 하나의 분기점이 되었던 것이 아닌가 생각된다.[56]

무당을 모아 기우제를 거행한다는 의미의 '취무'는 『고려사』에는 모두 19건이 발견된다. 무당을 기우제에 동원하는 행위도 불교 승려의 경우와 마찬가지로 조선건국 이후 현저하게 줄어들었다고 할 수 있다. 실제 '취무'는 태종과 세종대 각각 7건, 단종 때 1회 발견될 뿐이며, 성종 16년 6월부터 성종이 사망하는 시점까지 실제 기우제 사례에서 무당은 전혀 보이지 않는다.[57]

> 예조에서 아뢰기를, "각처에서 기우하는 행사에 응하여 이후에 기록을 갖추도록 하고 그에 따라 행하게 하는 것이 어떻겠습니까? 1. 종묘, 사직, 북교, 한강, 삼각, 목멱에서는 풍운뇌우와 우사를 기우제로 지낼 것. 1. 태일(太一) 및 뇌성보화천존(雷聲普化天尊)에게는 기초제(祈醮祭)를 베풀 것. 1. 한강의 양진에서는 침호두하고, 또한 도류(道流)에게 용왕경(龍王經)을 읽게 하고, 박연에서도 침호두할 것. 1. 서울의 각 호에서는 사당의 문에 분향할 것. 1. 모화관의 연못 주변에 석척제를 올려 기도할 것. 1. 동방청룡(東方靑龍), 남방적룡(南方赤龍), 중앙황룡(中央黃龍), 서방

---

55) 『成宗實錄』 권180, 成宗 16년 6월 丙戌 ; 成宗 16년 6월 丁酉.

56) 최종성, 앞의 책, 252~256쪽.

57) 무당 역시 인조 25년(1647)을 마지막으로 완전하게 사라지고 점차 유교 관료들이 관여하는 사례가 증가하며 맹인 역시 기우제에서 배제된다. 이와 같은 유교 이외의 요소들이 점차 배제되어 가는 것은 기우제차 정비와 맥을 같이 한다. 즉, 기우제차에서 무당과 맹인을 제외함으로써 이들이 국행 기우제에 개입할 수 있는 요소를 완전히 차단하였던 것이다(최종성, 앞의 책, 2002, 264~276쪽).

백룡(西方白龍), 북방흑룡(北方黑龍)에게 기우제를 지낼 것. 1. 저자도(楮子島)에서 화룡제를 지낼 것. 북문을 열고 남문을 닫을 것. 1. 북을 치지 말 것."이라고 하였다.[58]

위의 인용문은 1474년 예조가 성종에게 기우제를 지내는 방법과 영험처를 정리하여 올린 계문(啓聞)이다. 여기서 정리된 방법은 기우제차로서 한재가 발생하면 기재된 항목 순서대로 기우제를 지내게 되어 있었다. 살펴보면 승려는 물론 무당 역시 보이지 않는다. 위에서 언급한 바와 같이 승려는 약 10여년 후에 공식적으로 사라지지만, 무당은 논의되지 않았다. 이는 경우에 따라서 무당이 동원될 수 있다는 것을 의미한다. 그렇지만, 종묘와 사직, 삼각, 목멱, 풍운뇌우에 대한 제사가 첫머리에 등장하는 것은 유학적 의미가 있는 천신과 지신에 대한 의례가 가장 중요시되고 있는 것을 의미한다. 그 외에 오방토룡과 도류, 초제 등이 등장하는 것으로 보아 도교는 여전히 기우제를 구성하는 하나의 사상적 배경으로서의 역할을 이어나가게 되었다고 할 수 있다.

여기에 무당이 빠진 채로 화룡제, 침호두, 석척제가 나오고 있는데, 암묵적으로 무당의 참여가 허락된 것인지, 이들 의례를 해당 관원들이 거행한다는 것인지 분명하지 않다. 그러나 앞서 세종대 무당을 폭로의례에 동원하는 것이 유학의 인정론에 비추어 문제가 있다고 지적하는 예조의 계문을 참고하면,[59] 국가의 필요에 의해 무당을 기우제에 활용하기는 하지만, 기본적으로 무당에 대한 부정적 시각이 강하였던 것으로 생각된

---

58) 『成宗實錄』 권44, 成宗 5년(1474) 閏 6월, 癸巳, "禮曹啓 各處祈雨應行事件具錄于後依此行之何如 一 宗廟社稷北郊漢江三角木覓 風雲雷雨雩祀 行祈祭一 太一及雷聲普化天尊設祈醮 一 漢江楊津沈虎頭 又令道流讀龍王經 朴淵沈虎頭 一 京城各戶 祀門焚香 一 慕華館池邊用蜥蜴 祈禱 一 造東方靑龍 南方赤龍 中央黃龍 西方白龍 北方黑龍 行祈祭 一 楮子島行畫龍祭 一 開北門 閉南門一 勿擊鼓."

59) 『世宗實錄』 권28, 世宗 7년(1425) 7월, 戊午.

다. 이는 불교 승려에게도 예외는 아닌 것으로 볼 수 있다. 따라서, 조선초기 기우제는 유학 이외의 사상에 대한 국가의 이중적인 시각과 입장이 드러나 있는 것으로 보인다.

다음으로 '우'의 연관색인어를 정리하여 가나다순으로 배열하면 다음 〈표 8〉과 같다. 우사는 '기'와 '도'를 포함한 다른 기우제와 구분되었던 것으로 보인다. 아래의 〈표 8〉에는 '도량'이 단 1회 표출되는 것으로 나온다. 1101년(숙종 6) 4월에 있었던 인왕도량(仁王道場)이 바로 그것이다.

〈표 8〉 고려~조선초기 '우(雩)' 관련 연관색인어 빈도의 변화 (연관색인어는 가나다순)

연관색인어	고려	태조	정종	태종	세종	문종	단종	세조	예종	성종	합계
群望	2										2
大川					3		2			2	7
道場	1			1						1	3
栗浦	2										2
名山					3		2			2	7
木覓				2	12	1				1	16
朴淵	3				1		1			1	6
北郊	1			3	10		3	1			18
社稷	1			9	26	3				3	41
山川	2			8	8					2	20
三角				2	11	1	1			1	16
蜥蜴					4					1	5
松岳	2										2
神祠					2						2
嶽瀆				1	1						2
岳鎭				1							1
嶽海瀆				1	2						3
楊津					1		1			1	3
圓丘	2				1						1
宗廟	3			5	17			1			26
太廟					1						1
川上	2										2
醮				1	2					3	6
聚巫				2	4						6
沈虎頭					1		1			1	3
土龍				2	1					1	4

風雲雷雨				2	22	2	1				27
漢江				3	10	1	2			2	17
畫龍										3	3
海瀆	1			1	1						3
檜巖寺				1							
興德寺				1							1
興福寺					1						1
합계	22	0	0	46	142	8	16	2	0	23	259

이 기록에는 도량과 우사가 서로 구분되어 기재되어 있다. 우사를 거행하였다는 표현과 문덕전에서 인왕도량을 베풀었다는 내용이 비록 같은 날짜에 기록되었으나, 앞서 우사는 원구단에서 거행한다는 『고려사』 예지의 기록을 참고하면, 인왕도량과 우사는 각각 다른 장소에서 따로 거행한 것으로 볼 수 있다.[60] 즉, 인왕도량은 '기'의 범주에 속하기 때문에 장소 역시 구분하고 있는 것이다.

> (국왕이) 친히 순복전(純福殿)에서 초제를 거행하여 비를 빌었으며[禱雨], 승려를 모아 산호정(山呼亭)과 불우(佛宇)에서 (비를) 빌었다[禱].[61]

> 우사를 거행하고[雩], 또한 불우에 두루 (비를) 빌었다[遍禱].[62]

'도'의 경우도 마찬가지의 사례를 발견할 수 있다. 위의 A와 B는 각각 도교와 불교, 우사와 불교 등 서로 다른 사상적 배경을 가진 기우제가 동시에 여러 곳에서 거행되었던 사례 2개를 모아 제시한 것이다. 여기서 유심히 살펴볼 것은 A의 경우 도교의 초제와 불교 의례는 모두 '도'를

60) 『高麗史』 권11, 世家11, 肅宗 6년 4월 丙辰, "大雩 設仁王道場于文德殿 祈雨."
61) 『高麗史』 권14, 世家16, 睿宗 16년(1121) 윤5월, 丙子, "親醮于純福殿禱雨聚僧又禱于山呼亭及佛宇."
62) 『高麗史』 권54, 志8, 五行2, 金, 禑王 3년(1377) 5월 癸未, "雩 且遍禱于佛宇."

사용하여 기우제임을 나타내었는데, 그 아래의 B에서는 불교의 기우제와 우사는 기우제임을 나타내는 동사를 각각 다른 것을 사용하였다는 점이다. 이는 사료상으로도 '우'와 '도'는 서로 다른 성격의 의례를 나타내고 있는 것으로, 위의 '기'의 사례를 참고해볼 때, '기'와 '도'는 유사점을 찾을 수 있지만, '우'는 이들과는 다른 성격의 의례라는 의미로 읽을 수 있다. 특히 고려시대의 경우 우사는 다른 기우제와 비교하여 중요도에서도 차이가 있었던 것이 아닌가 생각된다.

> 유사가 아뢰기를, "봄부터 비가 적게 내렸으니, 청컨대 고전에 의거하여 억울한 옥사(獄事)가 없는지 심리하고, 궁핍한 자들을 진휼할 것이며, 길가의 시체를 묻어주게 하소서. 먼저 북교에서 악진, 해독, 여러 산천에 기도하여[祈] 구름과 비를 일으키게 하시고, 다음으로 종묘에 매 7일째 되는 날마다 기도하소서[祈]. (그래도) 비가 오지 않는다면, 다시 악진과 해독의 순서로 처음과 같이 기도하소서. 한재가 심하면 우사를 거행하고 장시를 옮기고 일산을 끊으시며 도살을 금지하게 하시며 관마(官馬)에게는 곡식을 먹이지 마소서." 하였더니 왕이 따랐으며, 정전을 피하고, 상선을 줄였다.[63)]

위의 인용문은 1036년 유사가 정종(靖宗)에게 올린 기우제를 지내는 방법과 순서를 밝힌 주문(奏聞)이다. 여기에서 볼 수 있는 기우제 거행 순서는 [1단계]북교에서 악진과 해독 등에게 기우할 것→ [2단계]이후 7일마다 종묘에 기우할 것→ [3단계]우사 및 '사시(徙市)', '단산선', '금도살', '물사관마(勿飼官馬)' 등으로 정리할 수 있다. 그러나 2단계까지 거행

63) 『高麗史』 권6, 世家6, 靖宗 2년(1036) 5월 辛卯, "有司奏 自春少雨 請依古典審理寃獄 賑恤窮乏 掩骼埋胔 先祈岳鎭海瀆諸山川能興雲雨者於北郊 次祈宗廟 每七日一祈 不雨 還從岳鎭海瀆如初 旱甚則修雩 徙市 斷繖扇 禁屠殺 勿飼官馬以穀 王從之 避正殿 減常膳."

했음에도 효과가 없으면 다시 1단계로 되돌아가야하며, 만약 한재가 심해지면 우사를 거행해야 한다고 하였다.

여기서 알 수 있는 것은 앞서 언급한 바와 같이 기우와 우사가 구분되고 있다는 점이다. 『고려사』 예지 길례대사 원구단례 규정을 상기해보면, 내용상 기곡제 이후 북교와 종묘를 거쳐 원구단에서 우사를 지내고, 다시 북교와 종묘례를 거쳐 최종적으로 우사로 옮겨오게 된다는 것으로 이해된다. 그렇다면, 우사가 거행되기까지 최소한 1개월 이상 소비하게 된다. 따라서 우사는 최종적인 비상조치로서의 성격을 갖는다는 결론에 도달하게 된다.

이 밖에도 위의 〈표 8〉에서는 풍운뇌우가 전체 259건 중에서 27건의 빈도로 표출되며, 전체의 10.5%를 차지한다. 풍운뇌우는 『고려사』의 기우제 기록에 나오지 않는다. 그러나, 『고려사』 예지에는 풍사, 우사, 뇌신, 영성에 대한 의례를 길례소사로 정리하였다. 이 밖에도 풍사단의 규모도 정해져 있었다. 이는 고려시대에 풍운뇌우제가 이미 확립되어 있었다는 것을 의미한다.[64] 그러나, 기우제와 관련한 기록에 전혀 나오지 않는 것으로 보아, 풍운뇌우는 기우제와 관계가 없었던 것은 아닌가 생각된다.

풍운뇌우제는 조선건국 이후 태종대부터 본격적으로 논의되었으며, 우선은 명의 홍무예제의 형식으로 거행하기로 하였다.[65] 이는 조선건국 이후까지 풍운뇌우 관련 기우제 절차가 마련되지 않았기 때문인 것으로 보인다. 풍운뇌우를 대상으로 하는 기우제는 『세종실록오례』와 『국조오례의』의 풍운뇌우단기우의(風雲雷雨壇祈雨儀)로 정리되었다. 이는 풍운뇌우신이 농업에 중대한 영향을 미칠 수 있다는 점, 이들이 하늘에 존재하는 신격이라는 점에서 기우에 겸하여 제천의례를 대신하는 효과를 거둘 수 있다는 장점이 있었기 때문이라 할 수 있다.[66] 이와 같이 풍운뇌우제를

64) 『高麗史』 권63, 志17, 禮5, 吉禮小祀 風師雨師雷神靈星.
65) 『太宗實錄』 권21, 太宗 11년(1411) 5월 戊辰.

홍무예제를 참고하면서까지 만들 수밖에 없었던 것은 명과의 사대관계가 고려된 것이라 할 수 있지만, 조선이 농업 중심의 왕도정치를 지향하는 국가이기 때문이기도 하였던 것으로 이해할 수 있다.

또한 '우'에는 불교 관계 연관색인어가 거의 보이지 않는다. 위의 〈표 8〉에는 '회암사(檜巖寺)'와 '흥덕사'와 '흥복사' 외에는 불교 관계 연관색인어를 전혀 찾을 수 없다. 우사와 불교 의례가 병행하였던 사례는 『태종실록』과 『세종실록』에 각각 1건씩 나온다.[67] 그 외에는 우사와 불교 의례가 동시에 거행된 사례를 찾을 수 없다. 이러한 현상은 아마도 조선건국 이후 우사가 유교식 의례로 완전하게 확립되어 나가는 과정을 반영하는 것으로 이해할 수 있을 것이다.

4. 맺음말

지금까지 기우제 관련 연관색인어에서 고려에서 조선으로 이행하는 과정에서 나타난 사상사적 흐름이 어떻게 반영되는지 살펴보았다.

한재를 의미하는 단어들을 색인어로 하여 검출된 자료들에서 찾을 수 있는 또 다른 색인어, 즉 연관색인어는 크게 보면 의례적 행위와 국가의 실제적 대응을 의미하는 연관색인어들이 표출되었다. 의례적 행위는 다시 기우제(祈·禱·雩), 의례 대상 및 장소, 각종 도량, 기타 등 모두 4가지로 분류해볼 수 있었다. 민에 대한 국가의 조치는 진휼, 휼형, 각종 금지행위, 기타 등 모두 4가지로 분류할 수 있다. 이것은 민에 대한 직접적 지원을 통해 재생산기반이 무너지는 것을 방지하기 위한 것이었다. 그리고 천명

66) 이욱, 앞의 책, 2009, 150~153쪽.

67) 『太宗實錄』 권12, 太宗 6년(1406) 7월 甲寅 ; 『世宗實錄』 권1, 세종 원년(1419) 5월 己酉.

에 따라 애민을 해야 하는 국왕으로서 이를 실천하지 못한 책임을 통감하고 반성한다는 것을 드러내보임으로써 민심을 수습하고 천명을 이어받은 존재라는 것을 각인시키기 위한 것이라 할 수 있었다. 한재와 관련한 연관색인어에서는 사상적으로 보았을 때 유학은 물론 종교적 기능에 충실한 불교, 도교, 민간신앙 등을 기반으로 하는 것들이 표출되었다.

기우제가 거행될 때 함께 언급되는 연관색인어는 기우제의 형태에 따라 '기', '도', '우' 등 3가지로 나누어 살펴볼 수 있다. 어의상 '기'는 단지 신앙의 대상에게 빈다는 의미를 가지고 있었다. '기우'라고 할 경우 단순하게 비를 빈다는 뜻을 가지고 있었다. '도'의 경우 기와 매우 유사한 뜻을 가진 글자이지만, 특정한 신앙의 대상에게 고한다는 의미가 추가되었다. 따라서, '기'에 비해 '도'는 보다 구체적이며 적극적 의미를 가지고 있다고 할 수 있었다.

'기'를 포함하는 색인어의 연관색인어와 관련하여 주목할 점은 조선건국을 기점으로 영험처가 개경과 서경 중심에서 한양천도라는 상황이 반영된 한강, 양진 등 오늘날 서울 주변의 지명들이 표출되었다는 점이다. 고려시대의 박연과 송도, 서경 등은 한강, 양진 등과 마찬가지로 주변에 강이 위치한 곳이었다. 조선초기부터 석척, 토룡, 침호두 등 물과 관계있는 연관색인어가 일찍부터 많이 표출되는 것은 석척, 토룡 등과 관계있는 신앙이 적어도 고려시대부터 존재하였다는 것을 반증한다고 생각된다. 고려~조선초기에 '도'는 불교와 민간신앙의 기우제 거행 주체나 구체적인 행위와 함께 언급되었다. 그러나 여말선초에 사원의 폐단이 지속적으로 제기되었으며, 성종대부터는 승려가 기우제에서 완전히 배제되었다. 이는 승려가 기우제에서 배제되기 이전부터 기우제차에 반영되어 나타났다. 반면에 무당은 지속적으로 기우제에 등장하였다. 그러나, 조선초기에 무당을 가혹하게 학대하는 폭로의례의 문제가 대두되기 시작하였다. 이는 향후 무당을 기우제에 동원하는 것에 어떠한 변화가 있을 것임을 예고하는 것이라 생각된다.

그러나, '우'는 '기', '도'와 의례상으로 구분되는 행위였다. 이는 조선건국 이후에 뚜렷하게 나타난다. 고려시대까지 우사와 함께 거행되던 기우도 량은 조선건국 이후에 거의 찾아볼 수 없게 되었다. 그 대신 풍운뇌우제 의례절차와 형식이 정비되고 있었으며, 한재의 정도에 따른 기우제 거행의 순서를 담고 있는 기우제차 역시 정비되고 있었다. 이는 성종대를 기점으로 의례절차는 물론 기우제차가 확립되었다. 이는 조선 성종대가 좁게는 기우제의 형식과 범위라는 면에서, 넓게는 전체 사상사적 흐름에서 매우 의미있는 분기점이 되는 시기라는 것을 의미한다.

여기서 고려와 조선의 사상정책의 차이를 발견할 수 있지 않을까 생각한다. 고려가 서로 이질적인 사상들이 왕권을 통해 통합되어 있었다고 한다면, 조선은 성리학이 전사회적으로 실현되는 왕도정치이념이 불교와 민간신앙 등 음사의 존재 때문에 현실적으로 관철되기 어려웠다. 이에 따라 기우제에서 음사를 점진적으로 희석시키는 방법으로 왕도정치 이념에 접근하고자 하였다. 이는 고려와 조선초기가 다원적 사상지형 운영에서 나타난 차이점이라고 할 수 있었다.

| 제5장 |

기우제 관련 색인어를 통해 본 조선초기 용신(龍神) 신앙과 기우제의 변화

최 봉 준

1. 머리말

전근대 농업사회에서 물은 없어서는 안되는 중요한 자원이었다. 적절한 강우는 민의 생존과 직결되었으며, 국가 권력의 존재의 근거가 될 수 있었다. 한재(旱災)는 당시로서는 가능한 모든 수단을 동원하여 반드시 극복해야만 하는 재해였다. 때문에 고려사회는 유학, 불교, 도교, 민간신앙 등 다원적 사상지형의 모든 구성원들이 기우제에 참여하였다. 그렇기 때문에 기우제는 어느 하나의 사상으로 규정할 수 없다. 기우제는 중앙과 지방의 모든 역량이 집중되는 의례였으므로 당시의 재해에 대응하는 자세와 역량을 엿볼 수 있는 중요한 연구주제라 할 수 있다.

그럼에도 역사학에서 기우제에 대한 연구는 소홀했다고 해도 틀린 말은 아니다. 그 이유는 여러 가지로 볼 수 있는데, 사료의 문제가 가장 크지 않은가 생각한다. 근대 이전에 인간의 상식으로는 도저히 이해할 수 없는 현상 전체를 재이(災異)라고 하였다. 오늘날 흔히 말하는 자연재해는 물론 평소와 다른 자연의 움직임, 즉 이상현상까지도 재이에 포함되었다. 그러나, 『고려사』와 『조선왕조실록』에는 모든 재이가 기록되지 않았다. 이들 연대기 기록은 사초와 공문서, 문집 등 여러 기록을 일정한 기준에 따라 산삭(刪削)하여 정리한 것이기 때문에 모든 재이가 기록되었다고 볼 수는 없다.

기우제 역시 마찬가지라 할 수 있다. 기우제 관계 자료들은 대부분 단편적인 형태로 남아 있다. 특히 『고려사』의 경우 실록 자료에 비해 천편일률적인 형태이면서도 매우 간단명료하다. 그렇기 때문에 개별적인 자료를 통해 얻어낼 수 있는 사실(史實)이 별로 없다. 그에 비해 실록은 매우 다양하며 담고 있는 사실이 상대적으로 풍부하다고 할 수 있다. 다만 양자 모두 편찬 목적에 따라 필요한 자료만 남겨두었으므로, 빈도 자체는 큰 의미가 없으며, 양자를 서로 비교하는 것 역시 막막하기 그지없다. 그러나, 쓰이는 글자나 용어의 양상은 비교가 가능하지 않을까 생각한다. 그로부터 어떠한 변화를 읽어낼 수 있을 것이며, 경우에 따라서는 변화의 의미도 파악해낼 수 있지 않을까 생각한다. 지금까지 역사학에서 재해는 기후변화 등이 사회에 미치는 영향을 중심에 두고 해석해왔다. 그것은 그것대로 큰 의미가 있지만, 그것으로 재해를 바라보는 시각과 인식, 그리고 그에 대비하는 사회의 자세를 보여주는 것에는 한계가 있다고 생각한다.

이 글은 바로 그러한 점에 문제의식이 있다고 말할 수 있다. 지금까지 한국사 주변의 분과학문에서는 기우제에 관하여 제법 많은 연구성과를 축적해왔다. 기우제의 종교의례적 성격과 종교사적 의미에 중점을 두고 있는 종교학에서는 비교적 체계적인 연구를 해왔다.[1] 중국사에서도 고려, 조선이 참고했던 당송대 기우제 의례에 대한 연구가 있었다.[2] 또한, 기우

---

1) 최종성, 『조선조 무속 국행의례연구』, 일지사, 2002 ; 최종성, 『기우제등록과 기후의례』, 서울대출판부, 2007 ; 이욱, 『조선시대 재난과 국가의례』, 창비, 2009.

2) 김상범, 「祈雨祭祀的淵源及其禮製化過程所見的歷史意義解析」 『아시아문화연구』 5, 2001 ; 김상범, 「주술에서 의례로–기우제의 예제화와 그 문화적 의의」 『중국학보』 45, 2002 ; 정순모, 「당 후반기 祈雨 제사와 龍神 숭배」 『중국학보』 64, 2011 ; 김정식,

제와 깊은 관계가 있는 용신신앙에 대해서도 일찍부터 정리가 이루어졌다고 할 수 있다.[3] 한국사에서도 주로 조선시대를 대상으로 연구가 이루어졌으며,[4] 불교학[5]과 민속학,[6] 문학[7] 등에서도 연구가 있었다. 역사학과 주변 학문의 성과를 종합해보면 기록이 부족한 고대~조선전기까지 비교적 긴 시간 동안의 기우제에 대한 연구가 가장 부족하다고 할 수 있다.

이는 앞서 언급한 바와 같은 기록의 문제가 가장 큰 원인이라 할 수 있다. 이는 자료의 극히 일부분에 지나지 않지만, 사용하는 글자와 용어의 양상을 분석하고 그 결과를 해석한다면, 어느 정도는 돌파구를 찾을 수 있지 않을까 생각한다.

여기에 기록의 한계를 넘기 위해 색인어라는 개념을 적극적으로 활용하고자 한다. 색인어는 통상적으로 DB를 구축하기 위해 사용하는 일종의 검색어와 같은 역할을 하는 단어나 글자를 의미한다. 즉 연구의 목적에 맞는 자료를 추출하기 위해 해당 자료에 대한 기초적 검토의 결과라 할 수 있다. 색인어는 완성된 단어가 될 수도 있고, 2개 이상의 글자의 단순한 조합이 될 수 있으며, 때로는 글자 하나만으로도 충분한 경우도 있다.[8] 그렇지만, 색인어는 연구의 목적이 상징하는 의미를 내포하고

「唐 玄宗朝 家儀禮書의 편찬과 그 특징」『동방학』 33, 2015.

3) 이혜화, 『龍사상과 한국고전문학』, 깊은샘, 1993 ; 김종대, 『33가지 동물로 본 우리 문화의 상징세계』, 다른세상, 2001 ; 서영대·송화섭 엮음, 『용, 그 신화와 문화-한국편』, 민속원, 2002 ; 서영대 엮음, 『용, 그 신화와 문화-세계편』, 민속원, 2002 ; 이동철, 『한국 용설화의 역사적 전개』, 민속원, 2005.

4) 오인택, 「숙종대 국행 기우제에 나타난 한재 대응방식의 정치성」 『전남사학』 29, 2007 ; 오용원, 「기우제의를 통해 본 영남 지방관의 일상과 대민의식」 『영남학』 16, 2009 ; 하서정, 「조선후기 지방 기우제의 시행과 의미」 『영남학』 70, 2019.

5) 한상길, 「한국 불교 기우제 연구」 『민족문화연구』 89, 2020.

6) 이기태, 「마을기우제의 구조와 사회통합적 성격」 『한국민속학』 46, 2007 ; 김재호, 「기우제의 지역간 비교와 기우문화의 지역성」 『비교민속학』 33, 2007 ; 김재호, 「사시(徙市) 기우제의 기우원리와 시장의 소통성」 『한국민속학』 50, 2009.

7) 정승욱, 「주술적 기우제의 통합 제의원리 탐색 시론」 『한국문학논총』 72, 2016.

8) 최봉준, 「한재와 기우제 관련 연관색인어로 보는 고려~조선초기 사상사적 변화」 『한국중세사연구』 67, 2021(본서 제2부 4장).

있다. 색인어는 연구 소재와 관련되는 글자를 선정하는 것이 일반적이다. 색인어의 빈도를 주의깊게 살펴보면 시대적 특징을 잡아낼 수 있다. 단어나 글자의 사용빈도가 해당 시기의 특징이라고 할 수 있으며, 이는 정사 기록과 같이 특정한 의도를 가지고 편찬한 자료라고 해도 제한적으로나마 어느 정도는 잡아낼 수 있다.

이와 같은 방법을 통해 여말선초에 나타난 기우제의 중대한 변화가 무엇인지 감지해낼 수 있지 않을까 생각한다. 그리고 이를 통해 앞으로 고려시대의 기우제 연구로 거슬러 올라갈 수 있는 발판을 마련할 수 있지 않을까 한다.

2. 고려시대의 용신신앙과 기우제

『고려사』 예지는 기우제와 관계가 있는 의례들이 다수 수록되어 있으며, 길례, 흉례, 군례, 빈례, 가례 등 오례를 기본적인 체제로 하고 있다. 그 중 길례는 귀신, 즉 초자연적인 존재를 대상으로 국가적으로 중요한 일이 있을 때 정기적인 제사를 올림으로써 국정 운영의 근거와 발판을 마련하는 역할을 한다.[9] 기우제는 하늘과 산천, 악진해독(嶽鎭海瀆) 등에 비를 내려줄 것을 비는 것이기 때문에 『고려사』 예지 길례는 기우제 관련 기록을 가장 많이 수록하고 있다.

고려시대 국행기우제는 국왕이 주관하거나 유사의 섭사(攝祀)로 거행되기 때문에 『고려사』 세가의 기록과 예지 길례 기록은 서로 중복되거나, 세가에 없는 것이 길례에 기록되거나, 길례에 기록된 것이 세가에 보이지 않는 경우가 매우 많다. 따라서, 중복되는 기록을 모두 삭제한 뒤에 빈도를

9) 李範稷, 『韓國中世禮思想硏究』, 일조각, 1991, 68~69쪽.

확인할 필요가 있다.

길례의 대사의 원구(圓丘)에는 정월에 처음으로 돌아오는 신일(辛日)에 기곡례를 올리고, 4월 중에 길일을 택하여 우사(雩祀)를 거행하였다고 기록되어 있다.[10] 가뭄이 대체로 3월 이후에 나타난다고 보면, 기곡례는 매년 농사를 시작하기 전 일정한 날짜에 거행하는 것으로 볼 수 있다. 이때 우사는 가뭄이라는 특정한 현상에 대응하는 것이기 때문에, 농사가 시작된 이후에 거행하는 비정기적인 의례가 된다.

길례 잡사(雜祀)에는 목멱(木覓), 초제(醮祭), 오해신(五海神), 천상(川上), 태일(太一), 동신당(東神堂) 등 기우제의 대상이 되는 존재들이 열거되어 있다. 잡사에 기록된 제신(諸神) 및 군망(群望)들에 대한 의례는 해당 신사(神祠)나 장소에 직접 사람을 보내어 거행하는 의례들이며, 태일이나 초제와 같이 궁궐에서 특정한 목적 아래 거행되는 것들도 있다. 이밖에도 토룡(土龍), 화룡(畫龍), 용왕(龍王), 박연(朴淵), 송악(松嶽), 율포(栗浦) 등에 대한 제사도 기우제 관계 의례들이다. 이 의례들은 국가의 사전체계에 포함되어 있지는 않지만, 국왕의 명으로 거행되는데, 모두 국왕이 참석하지 않으며 주관하지도 않는다. 길례 대사와 소사, 잡사 및 사전체계 밖에 있는 의례들은 모두 국행 의례로서 때로는 무격(巫覡)을 불러 거행하거나 승려의 도량(道場)과 함께 거행하기도 하였다. 15세기 성종대를 기점으로 무격과 승려들이 차츰 국행의례에서 자취를 감추게 되는 것[11]과 비교하면 고려시대의 기우제는 상대적으로 무격의 주술에 많이 의존하고 있으며 때로는 불교와 결합하고 있는 것으로 볼 수 있다.

다음 〈표 1〉에서는 고려시대 기우제 관련 사료에 나오는 색인어를 길례대사, 잡사, 불교로 분류하여 표시하였다. 색인어는 하나의 사료에 여러 개가 나올 수 있다. 이러한 색인어의 특징에 유의하여 사료의 특징을

---

10) 『高麗史』 권59, 志13, 吉禮大祀 圜丘.
11) 최종성, 『조선조 무속 國行儀禮 연구』, 일지사, 2002, 264~276쪽.

〈표 1〉 고려시대 왕대별 기우제 관련 색인어

시기	길례 대사	잡사	불교
成宗	圓丘, 籍田, 神農, 后稷		
顯宗	宗廟	松嶽, 山川(2), 海瀆, 神祇, 神祠, 群望(4), 土龍, 集巫覡	
德宗		親醮	
靖宗	宗廟(2)	風師, 雷師, 雨師, 醮, 岳鎭, 海瀆, 山川(2), 北岳	道場(2), 臨海院, 金剛明經道場
文宗	社稷(2), 宗廟	川上(7), 九曜堂, 醮, 神廟(2), 松岳, 東神堂, 山川, 朴淵	金剛道場
宣宗	宗廟, 七陵(2), 社稷, 太廟	親醮, 醮, 山川, 晝龍禱雨(2)	金剛明經道場, 金剛經道場, 興王寺
肅宗	大廟, 宗廟(2), 八陵	五海神(2), 川上, 松嶽, 東神祠, 天地(2), 醮, 神祠(2), 朴淵, 山川, 曝巫	金剛經道場, 仁王道場, 龍王道場, 臨海院
睿宗	神廟(4), 諸陵, 社稷(2), 圓丘(2),	醮(2), 松嶽東神祠, 廟社(4), 群望(4), 祠宇, 諸祠, 九月山, 朴淵(2), 山川(5), 神祠, 聚巫	般若道場(2), 法雲寺(2), 興國寺(3), 長慶寺, 佛宇(2), 聚僧(2)
仁宗	太祖眞殿	川上, 醮(2), 廟社(4), 山川(3), 松岳, 東神, 栗浦, 朴淵, 神祠, 造土龍, 聚巫(3), 集巫(3), 集女巫	金經道場, 妙通寺(2), 靈通寺, 法雲寺, 外帝釋院, 集僧, 文武百官齋僧祈雨
毅宗		山川(4), 神祠(5), 名山大川(2), 神祠, 醮(3), 太一	佛頂道場, 龍王道場, 普濟寺, 羅漢齋,
明宗	宗廟, 陵寢	群望, 岳瀆, 神祠(2), 廟社, 名山, 大川, 聚巫(3)	普濟寺
高宗		神祠(5), 聚巫(2)	設消災道場
忠烈王		神祠, 聚巫(4)	佛宇
忠肅王		聚巫(5)	
忠穆王		聚巫	佛寺
恭愍王		神祠, 聚巫	福靈寺
禑王	雩祭, 圓丘, 宗廟, 社稷	朴淵, 開城大井, 神祠	佛宇

*괄호 안의 숫자는 빈도수이며, 빈도수가 표기되지 않은 것은 모두 1회 빈출된 것임.

잘 나타낼 수 있는 의례 방법과 대상만을 추출해보았다. 위의 〈표 1〉에는 의례 장소가 표기되어 있는 것을 발견할 수 있다. 이는 장소 외에 잡아낼 수 있는 색인어가 없는 경우이다.

표를 유심히 살펴보지 않더라도 기우제 관련 색인어는 잡사나 불교와 관계있는 것들이 단연 압도적으로 많으며, 종류도 다양하다는 것을 확인할 수 있다. 특히 눈에 띄는 것은, '취무(聚巫)', '집무(集巫)', '폭무(暴巫)'

등 샤머니즘 관련 색인어들인데, 비록 빈도에 큰 의미는 없지만, 이들 무당의 기우제 참여가 거의 일반적이라고 할 수 있을 만큼 빈도수가 적지 않다.

(A) 상서도성[南省] 뜰 중앙에 토룡을 만들고 무격을 모아 기우제를 지냈다.[12)]

(B) 유사(有司)에서 오랜 가뭄 때문에 토룡을 만들고, 또한 민간에서는 화룡으로 비를 빌게 할 것을 청하니, 왕이 따랐다. 이날에 시장을 옮겼다.[徙市][13)]

(C) 가뭄 때문에 유사에 명하여 화룡으로 비를 빌게하고 거리의 시체를 묻어주도록 하였다.[14)]

위의 인용문 (A)~(C)는 『고려사』에 등장하는 국행 기우제의 유형을 살펴보기 위하여 제시한 사료들이다. 인용문 (A)에서는 상서도성 뜰 중앙에 토룡을 만들고 무격을 모아 기우제를 지내게 하였다. 이때 토룡은 흙으로 용을 빚어 놓은 것으로, 국가적 의례에 쓰기 위해 관청의 뜰에 세울 정도가 되려면 비교적 큰 규모로 만들었을 것이라는 점은 쉽게 상상해볼 수 있다. 또한 여기에는 무격이 참여하였으며, (B)·(C)와 같이 화룡과 토룡이 함께 사용되기도 하였다. 이를 통해 고려시대의 토룡과 화룡기우제 모두 샤머니즘이 관여하고 있다는 것을 알 수 있다.

---

12) 『高麗史』 권4, 世家4 顯宗1 顯宗 12년(1021) 5월 庚辰, "造土龍於南省庭中集巫覡禱雨."
13) 『高麗史』 권54, 志8 五行2, 金 宣宗 3년(1086) 4월 辛丑, "有司 以久旱 請造土龍又於民家畵龍禱雨 王從之 是日 徙市."
14) 『高麗史』 권54, 志8 五行2, 金 宣宗 6년(1089) 5월 乙亥, "以旱 命有司 畵龍禱雨巷市掩骼."

무당을 햇볕에 노출시켰다[曝巫]. … 임해원(臨海院)에서 용왕도량을 열어 기우제를 지냈다.[15]

용신신앙이 기반이 되는 기우의례는 주술적인 성격이 강하다고 할 수 있다. 여기서 용은 언뜻 보기에 신적인 존재로 여겨지지 않은 것처럼 보인다. 하지만, 무격을 강한 햇볕에 노출시키듯이 토룡 역시 강한 햇볕에 노출시키고 있는데, 이러한 행위는 하늘과 직접 소통하는 존재를 햇볕에 노출시켜 학대하면 비를 내리게 할 수 있다는 믿음 아래 취하는 행동이라고 할 수 있다.[16]

이렇게 기우의례의 대상을 강한 햇볕에 노출하는 의례적 행위를 폭로의례(暴露儀禮)라고 하는데, 기우제에 동반되는 행위 중에서 왕이 정전을 피하여 정사를 보는 '피정전(避正殿)' 역시 폭로의례의 하나로 볼 수 있다. 국왕은 유교정치이념에서 하늘을 대신하여 지상을 통치하는 대리자로서 천명에 의해 합리화되는 권력을 가지고 있는 존재라 할 수 있다. 그런 점에서 폭로의례의 대상으로 거론할 수 있는 존재가 바로 국왕이다. 그렇기 때문에 피정전은 단순히 국왕이 정전을 피하여 다른 장소로 이동하여 정사를 보는 것을 넘어서 스스로 뜨거운 햇볕에 노출됨으로써 자기희생을 민에게 각인시키고 하늘을 움직여 비를 내리게 하는 주술적 성격도 함께 가지고 있는 행위라고 할 수 있는 것이다.[17] 이때 무격에 대한 폭로는 원래 국왕에 가해져야할 폭로를 무격이 대신 당하는 것으로도 생각해볼 수 있다.[18]

그러한 관점에서 토룡을 상서도성 뜰에 세워두고 무격을 함께 참여시키

---

15) 『高麗史』 권11, 世家11 肅宗1 肅宗 6년(1101) 4월 乙巳, "曝巫祈雨 … 設龍王道場于臨海院祈雨."
16) 최종성, 앞의 책, 2002, 215~216쪽.
17) 최종성, 앞의 책, 2002, 221~226쪽 및 최종성, 앞의 책, 2007, 25~26쪽.
18) 주 11)과 같음.

는 것은 무격과 토룡을 모두 폭로시키는 것으로 이해할 수 있다. 따라서, 폭로의례의 대상은 무격, 토룡, 국왕의 3가지 존재라고 정리할 수 있다. 또한 폭로의례는 의례 주체의 의지를 관철시키기 위해 학대함으로써 비를 내리기를 강요한다는 점에서 강요의례(Coersive Ritual)라고 규정할 수 있다.[19)]

> 유사(有司)에서 아뢰기를, "봄부터 비가 적게 내렸으니, 청컨대 고전(古典)에 근거하여 억울한 옥사를 심리하고 궁핍한 자들에게 진휼할 것이며, 길거리에 드러난 시체를 묻어주도록 하소서[掩骼埋胔]. 먼저 북교에서 악진해독, 여러 산천과 능히 구름을 일으킬 수 있는 것들에게 기도하고, 그 다음에 종묘에서 기도하되, 매 7일마다 한번씩 (돌아가며) 기도하소서. (만약) 비가 오지 않으면 악진해독으로 돌아가는데 처음과 같이 하소서. 가뭄이 심해지면 우사를 거행하고 시장을 옮길 것이며[徙市], 부채를 끊을 것이며[斷繖扇], 도살을 금지하고[禁屠殺] 관마(官馬)에게는 곡식을 먹이지 마소서." 하였다. 왕이 따랐다. (왕이) 정전을 피하고[避正殿] 상선을 줄였다[減常膳].[20)]

고려전기 기우제차와 기우 행위들을 통해서도 기우제의 주술적 성격을 다시 한번 확인해볼 수 있다. 위의 인용문은 기우제와 관련한 1036년(정종 2) 5월의 유사의 건의사항을 담고 있다. 정종이 유사의 건의를 받아들인 것으로 보아 실제로 실행에 옮긴 것으로 볼 수 있다.

위의 인용문에 따르면 악진해독 및 산천 등 구름과 관련된 신적인

---

19) 최종성, 앞의 책, 2007, 19~20쪽.

20) 『高麗史』 권6, 世家6 靖宗 2년(1036) 5월 辛卯, "有司奏 自春少雨 請依古典審理寃獄 賑恤窮乏 掩骼埋胔 先祈岳鎭海瀆諸山川能興雲雨者於北郊 次祈宗廟 每七日一祈 不雨 還從岳鎭海瀆如初 旱甚則修雩 徙市 斷繖扇 禁屠殺 勿飼官馬以穀 王從之 避正殿 減常膳."

존재들에 대한 제사를 지낸 이후 순차적으로 종묘, 즉 태묘에 제사를 지내고, 마지막으로 원구단에서 우사를 거행하는 순서로 기우제가 진행된다.

이때 우사에는 가뭄이 심할 경우에 한정된다는 전제조건이 붙었다는데 유의해야 한다. 즉, 우사는 정기적으로 거행되는 의례가 아니었다는 의미로 해석된다.

위의 인용문에서 눈여겨볼 것은 기우제 거행 순서와 함께 나열한 관련 행위들이다. 여기에는 억울한 옥사에 대한 재심, 진휼, 시체를 묻어주는 일, 시장을 옮기는 것, 부채를 끊는 것, 도살을 금지하고 말에게 곡식을 먹이지 않는 것, 국왕이 정전을 피하고, 먹는 음식의 가짓수를 줄이는 행위 등이 기록되어 있다. 기우 행위 전체를 주술적 의미로 해석할 수는 없지만, 시장을 옮기거나, 부채를 끊는 것, 도살을 금지하는 것, 정전을 피하는 것 등은 주술성이 포함된 행위라고 할 수 있다.

이와 같은 고려시대 기우제 및 기우 행위가 가지고 있는 주술성은 고대사회에서 유래한 것으로 보는 것이 일반적이다. 용신신앙과 관련된 기우의례는 상룡(像龍), 대룡(代龍), 잠룡(潛龍) 등 3가지 정도로 분류해볼 수 있다.[21] 상룡은 토룡이나 화룡 등 용과 닮은 조형물을 만들고 의례를 거행함으로써 비를 내리게 하는 것을 말한다. 대룡은 지렁이, 도마뱀[蜥蜴], 도마뱀붙이[蛇醫] 등 용을 대신하는 동물을 활용하여 비를 내리게 하는 것을 말하며, 잠룡은 연못, 웅덩이, 샘물 등 용이 살고 있다고 간주되는 곳에 오물이나 호랑이 머리를 빠뜨려[沈虎頭] 잠자고 있는 용을 깨워 비를 내리게 하는 것을 말한다. 이와 같은 행위들은 모두 주술적 목적 아래 시행되는 것으로 고대사회로부터 전해지는 매우 오랜 역사와 전통을 가지고 있다.[22]

---

21) 최종성, 「용부림과 용부림꾼」『民俗學硏究』 6, 국립민속박물관, 1999.
22) 박성천·김시환, 「창녕 화왕산성 蓮池 출토 木簡」『목간과 문자』 4, 2009 ; 이재환,

위의 3가지 분류를 참고하면 고대사회에서 고려시대까지의 기우의례는 상룡과 잠룡이 대세를 이루고 있는 것으로 볼 수 있다. 〈표 1〉과 같이 『고려사』에 나타난 기우제 관련 색인어를 살펴보면, 가장 눈에 띄는 것이 상룡과 관계되는 '토룡(土龍)'과 '화룡(畫龍)'이다. 『삼국사기』에도 '화룡(畫龍)'과 관계되는 사료 1건을 찾을 수 있다.[23] 이는 빈도수와 관계없이 삼국통일 이전부터 화룡기우가 하나의 관행으로 자리를 잡았다는 것을 의미하는 것이 아닌가 생각한다.

잠룡으로 보이는 사례는 목간 등을 통해 확인할 수 있다. 8세기 중후반으로 추정되는 전인용사지(傳仁容寺址) 우물에서는 '대용왕(大龍王)'이라는 글자가 포함된 목간 2점이 발견되었다. 이는 이 우물이 용왕제사에 이용되었으며, 용이 거주하는 영험한 장소로 여겨졌다는 증거라 할 수 있다.[24] 이밖에도 역시 통일신라시기로 추정되는 화왕산성의 연지(蓮池)에서도 사람 모양의 목간이 출토되었다. 이 역시 '용(龍)'과 '용왕(龍王)'이 묵서되어 있었으며, 제의에 이용된 것으로 추정되는 물건들이 투기된 것으로 보인다. 이를 통해 화왕산성 내의 연지가 잠룡의례의 장소로 오랫동안 이용되었다는 것을 확인할 수 있다.[25]

이러한 전통은 고려시대에도 이어진 것으로 보인다. 『신증동국여지승람(新增東國輿地勝覽)』에는 모두 70건의 잠룡의 사례가 발견된다. 70건의 사례 대부분이 용이 살고 있다는 이야기가 전해 내려오는 산성, 산정(山頂), 마을 부근에 자리잡고 있는 연못, 웅덩이, 샘물, 석간수(石間水) 등이었다. 그 중에서는 연못 이름이 전해지는 것들이 있었는데, '용지(龍池)',

---

「傳仁容寺址 출토 '龍王' 목간과 우물·연못에서의 제사의식」『목간과 문자』 7, 2011.

23) 『三國史記』 권4, 新羅本紀4, 眞平王 50년(628), "夏大旱 移市 畫龍祈雨."

24) 이재환, 앞의 글, 2011.

25) 박성천·김시환, 앞의 글, 2009 ; 김재홍, 「창녕 화왕산성 龍池 출토 木簡과 祭儀」 『목간과 문자』 4, 2009 ; 김창석, 「창녕 화왕산성 蓮池 출토 木簡의 내용과 용도」 『목간과 문자』 5, 2010.

‘용연(龍淵)’, ‘용추(龍湫)’, ‘용정(龍井)’, ‘신룡담(神龍潭)’, ‘용수암(龍水巖)’ 등 용과 관계되는 명칭이 붙은 것들도 상당히 많다.[26)]

이 중에서 호랑이 머리를 담그는 행위, 즉 침호두(沈虎頭) 사례도 모두 9회가 발견된다. 이들 모든 사례가 고려시대부터 전해 내려오는 것이라 볼 수는 없지만, 그 중에서 상당수는 고려시대부터 이어져오던 전통이라 해석은 가능하다. 또한 모두 중앙에서 멀리 떨어진 경상도와 전라도, 평안도, 함경도 등지에서 거행된 것으로서, 사료만을 놓고 보면, 잠룡기우는 향촌사회에서 광범위하게 거행되었던 것으로 이해해볼 수 있을 것이다.

3. 조선초기 기우제의 변화와 송의 기우제

『고려사』 기록을 통해 고려시대 국가를 단위로 거행되는 기우제는 대체로 주술적 성격을 지니고 있다는 것을 확인할 수 있었다. 무격과 국왕에게 폭로의례가 행해지고, 아울러 부채를 끊는다든가, 시장을 옮기는 등 기우제와 함께 취하는 행위들 역시 주술적인 것으로 볼 수 있다. 그럼에도 국왕에게 가해지는 폭로의례는 유학의 천인감응설을 통해서도 어느 정도는 이해가 가능하다. 즉, 정전을 피하고 햇볕 아래서 정무를 처리하는 행위는 자신의 통치 행위에 대한 반성의 의미로 해석할 수 있는 것이다. 또한 고려시대 기우제의 주술적 성격의 연장선에는 용신신앙이 위치하고 있었다. 용신신앙과 관계된 기우제는 의례의 중심을 차지하는 용의 모습과 의례의 형태에 따라 대체로 상룡, 대룡, 잠룡 등 3가지 형태로 분류해볼 수 있다. 그중에서 고려시대는 상룡과 잠룡이 대세를 이루며 이는 고대사회로부터 이어지는 강요의례적 성격이 강한 것으로 파악할 수 있다.

---

26) 빈출 횟수는 다음과 같다. 龍池 5회, 龍淵 9회, 龍湫 3회, 龍井 2회, 臥龍池·神龍潭·龍水巖 각각 1회.

〈표 2〉 15세기 왕대별 기우제 관련 색인어

태조~정종	횟수	태종	횟수	세종	횟수	문종~예종	횟수	성종	횟수
消災	2	聚巫	5	開北門	5	設齋	1	開南門	3
設齋	2	畫龍	4	雷師	2	雨師	1	開北門	5
岳鎭	1	海瀆	2	祀竈	2	聚巫	3	雷師	1
海瀆	1	風雲雷雨	3	設齋	6	沈虎頭	3	設齋	2
		雨師	1	神祠	10	閉南門	1	消災	3
		岳鎭	1	岳鎭	4	閉南門開北門	1	消災變	1
		蜥蜴	7	雨師	11	風伯	1	神廟	1
		土龍	5	雲師	1	風雲雷雨	25	雨師	1
		沈虎頭	2	聚巫	23	海瀆	7	雲師	1
				沈虎頭	24	畫龍	3	聚巫	1
				閉南門	2	蜥蜴	5	沈虎頭	2
				閉南門開北門	1			閉南門	5
				風伯	1			閉南門開北門	1
				風師	6			風師	1
				風雲雷雨	102			風雲雷雨	19
				海瀆	23			海瀆	1
				畫龍	18			畫龍	4
				蜥蜴	36			白龍	1
				赤龍	6			蜥蜴	10
				靑龍	9			赤龍	1
				土龍	25			靑龍	1
				黃龍	4			土龍	2
				黑龍	6			黃龍	1
								黑龍	2

위의 〈표 2〉는 『태조실록』부터 『성종실록』까지를 대상으로 〈표 1〉과 같은 방법으로 기우제와 관련된 색인어의 빈출 횟수만 정리한 것이다. 〈표 1〉과 같이 '피정전(避正殿)', '사시(徙市)' 등 기우제와 동반되는 행위는 고려시대와 큰 차이가 없으므로 제외하였다.

〈표 2〉에서 눈에 띄는 것은 태조~정종 때까지와 그 이후의 색인어 빈출 양상이 달라진다는 점이다. 태조~정종대까지는 악진해독에 대한 제사와 '설재(設齋)' 즉 불교 도량을 이용한 기우제가 거행되었다는 점에서 고려시대와 크게 달라진 것으로 보이지는 않는다. 그러나, 태종대부터는

고려시대의 기우제와 근본적으로 차이가 나타나는 부분을 발견할 수 있다. 위의 〈표 2〉에서 음영 처리된 부분을 살펴보면, '취무(聚巫)', '토룡(土龍)', '화룡(畫龍)' 등이 나타나고 있는 점은 고려시대와 크게 차이가 없다. 그러나, '석척(蜥蜴)', '침호두(沈虎頭)', 오방토룡인 '청룡(靑龍)', '백룡(白龍)', '적룡(赤龍)', '흑룡(黑龍)', '황룡(黃龍)'이 나오는 점은 고려시대부터 거행되던 기우제에 더하여 몇 가지 의례적 수단이 추가되었던 것으로 이해할 수 있지 않을까 생각한다. 고려시대와 달라진 점들을 하나씩 나누어 살펴보면 다음과 같다.

1) 석척기우(蜥蜴祈雨)의 시행

'석척(蜥蜴)'은 도마뱀 등을 의미하는 한자어이다. 석척기우는 용과 닮은 동물을 용을 대신하여 기우제에 올린다는 점에서 대룡기우에 속한다.

> 궁중에서 석척기우를 행하였다. 임금이 순금사 대호군(巡禁司大護軍) 김겸(金謙)이 전에 보주(甫州)에서 수령을 할 때 소동파의 시에 '항아리에 도마뱀을 넣으니 참으로 우습다'라고 하는 구절을 보았는데, 주석에 '기우하는 법'이라고 되어 있어서 그 법에 따라 시행해보니, 과연 비가 왔다는 말을 들었다. 이날에 김겸을 불러 물어보고 즉시 광연루(廣延樓) 아래에서 시험해볼 것을 명하였다. 그 법에는 뜰에 물을 가득 채운 항아리 2개를 놓고 도마뱀을 잡아 항아리에 집어넣은 다음에 자리를 베풀어 향을 사르고 어린 남자아이 20명에게 푸른 옷을 입혀 버드나무 가지를 들고, "도마뱀아! 도마뱀아! 구름을 일으키고 안개를 토해내거라! 비를 뿌리면 너를 놓아주겠다."라고 주문을 외게 하는 것이었다. (그러나) 2일이 되었는데도 비가 오지 않자 아이들을 돌려보내고 각각 쌀 1석씩을 하사하였다.[27]

석척기우는 1407년 순군사대호군 김겸이 건의하여 처음 시행되었다. 김겸은 경상도 보주에 지방관으로 있으면서 소동파의 싯구를 읽다가 석척기우를 우연히 발견하고 이를 실제로 시행하였는데, 원하는 효과를 보았다고 보고하였다. 이에 태종도 창덕궁 광연루 아래서 시험해보았으나, 효과를 보지는 못했다. 사료의 전체적인 뉘앙스로 보아, 석척기우는 아직까지 전혀 시행된 적이 없었던 매우 생소한 기우의례였던 것으로 보인다. 그럼에도 불구하고 석척기우는 빠르게 정착해나간 것으로 보인다. 〈표 2〉를 살펴보면 태종대 7회, 세종대 36회, 성종대 10회 등 15세기만 해도 '석척(蜥蜴)'이 모두 58회 나타나는 것으로 되어 있다. 『조선왕조실록』은 사초, 『승정원일기』 및 여러 공문서 등을 압축적으로 정리한 연대기 사료라고 할 수 있다. 그렇다면, 기록되지 않은 석척기우는 위에서 언급한 횟수보다 훨씬 많았을 것이다.

> 여름에 가물었으므로 조정에서 「석척기우법」을 내놓았다. (석척기우법은) 도마뱀 10마리를 잡아서 항아리에 넣고, 잡목을 모으도록 하고 남자 아이로 13세 이하이면서도 10세 이상인 자 28명을 택하여 두 번(番)으로 나눈 다음, 푸른색 옷을 입히고 푸른색으로 얼굴과 손발을 칠한다. 사람들이 가지고 온 버드나무 가지에 물을 묻혀서 흩뿌리며 밤낮으로 둘러싸고 외며 빌기를, "도마뱀아 도마뱀아, 구름을 일으키고 안개를 토해내거라 비를 뿌리면 너를 풀어주겠다!"라고 하였더니, 비가 왔다.[28)]

27) 『太宗實錄』 권13, 太宗 7년(1407) 6월 癸卯(21일), "行蜥蜴祈雨于宮中 上聞巡禁司大護軍金謙言 前守甫州見東坡詩 有甕中蜥蜴眞堪笑之句 注 備載祈雨之法 謙依其法試之 果得雨是日 召謙問之 卽命試之於廣延樓下 其法置盛水二甕於庭 捕蜥蜴納之甕中 設席焚香 令童男二十人衣靑衣 持柳枝祝曰 蜥蜴蜥蜴興雲吐霧 降雨滂沱 放汝歸去 旣二日不得雨 放童子各賜米一石."

28) 『宋史』 권102, 志55 禮5 吉禮5, 祈禜, 熙寧 10년(1068) 4월, "以夏旱 內出蜥蜴祈雨法捕蜥蜴數十納甕中漬之 以雜木叶 擇童男十三歲下十歲上者二十八人 分兩番 衣靑衣 以靑飾面及手足 人持柳枝沾水散灑 晝夜環繞 誦咒曰 蜥蜴蜥蜴興雲吐霧 雨令滂沱 令汝歸去 雨足."

위의 인용문은 『송사(宋史)』에 기록된 석척기우법이다. 향을 사르는 것을 제외하면, 거의 같은 절차를 거치는 것으로 볼 수 있다. 위의 인용문에 따르면 송은 조정에서 일정한 형식과 절차를 제정하고 그대로 시행하도록 하였다. 송은 999년(咸平 2)부터 1187년(淳熙 4)까지 모두 7차례의 기우법을 공포하여 지방에 하달하였다. 그 중에서도 널리 시행된 것은 모두 4가지 정도가 된다. 첫 번째는 999년에 반포된 오방토룡기우법으로서 당 현종대에 활동한 이옹(李邕)이 처음으로 만든 것으로 전하고 있다.[29] 두 번째는 화룡기우법으로서 진종(眞宗) 경덕(景德) 3년(1006)에 만들어졌는데,[30] 여기서는 화룡의 규격과 채색이 자세하게 기록되어 있다. 세 번째는 황우사룡법(皇祐祀龍法)으로서 1050년(皇祐 2)에 반포되었다. 여기서는 용을 대상으로 하는 기우제가 종합 정리되었으며, 당대 이옹의 기우법과 화룡기우법을 계승한 것이라 평가할 수 있다.[31] 마지막으로 석척기우법으로 신종(神宗) 희녕(熙寧) 10년(1068)에 반포되었다. 위의 인용문이 바로 그것인데, 이는 명청대까지도 여전히 시행되었으며, 민국시기 남경에서도 거행되었다.[32]

그런데, 석척기우는 송대에 중앙에 의해 하나의 의례 형식으로 정리된 것일 뿐, 사실은 송대 이전부터 시행되었다. 당대에는 나무로 석척을 깎아서 어린아이에게 푸른색 대나무 가지를 들고 위의 인용문에 나오는 것과 같은 내용의 노래를 부르게 하였던 사례가 있다.[33] 석척은 용과 같이 몸이 길고 색깔을 자유자재로 변화시키므로 변화무쌍한 능력을 가지고 있으며, 그 때문에 비를 내리게 할 수 있다고 믿었던 것이다.[34]

---

29) 『宋史』 권102, 志55 禮5 吉禮5, 祈禜, 咸平 2년. 이 기우법은 『구당서』, 『신당서』 등에는 전하지 않으며, 『송사』와 『송회요집고』에 나온다.

30) 『宋史』 권102, 志55 禮5 吉禮5, 祈禜, 景德 3년.

31) 齊德舜, 「宋代蜥蜴祈雨法研究」 『宗教學研究』 2018(1), 225쪽.

32) 齊德舜, 앞의 글, 2018, 225쪽.

33) 劉志雄, 『龍與中國文化』, 人民出版社, 1992, 252쪽.

34) 齊德舜, 앞의 글, 2018, 226쪽.

이러한 민간신앙의 성격이 강한 석척기우를 중앙에 의한 공식적인 의례로 격상시킨 것은 송대 초기였다. 석척을 공식적으로 용과 동일시하고 비를 일으킬 수 있는 능력이 있는 것으로 간주하였던 것이다.[35)]

태종대부터 송과 같은 형식의 석척기우를 널리 거행하였다면, 이는 송의 예제와 기우관념을 수용한 것으로 이해할 수 있다. 『대당개원례(大唐開元禮)』에는 가뭄에 대응하여 태묘(太廟), 태사(太社), 악진해독, 사직, 제신 등을 대상으로 임시로 거행하는 기우의례가 정리되어 있다. 특히 임시제사는 그때그때 상황에 따라 긴급하게 대처해야하기 때문에 가능한 모든 수단을 동원하고 반복적으로 거행하는 것이 특징이다.[36)] 고려시대에 거행된 상당수의 기우제들이 불교 도량과 함께 거행되거나 제신들에 각각 관료를 제관으로 파견하여 의례를 거행한 것도 바로 그러한 데서 이유를 찾을 수 있다.

조선초기의 석척기우 역시 고려시대의 토룡 및 화룡기우, 우사와 마찬가지로 불교 도량과 함께 기록된 사례를 찾아볼 수 있다.[37)] 연구에 따르면, 중국에서 용신신앙은 불교 전파와 매우 관계가 깊다고 한다. 불교가 중국에 처음으로 전파되었을 당시에 포교를 위해 용신신앙을 이용하는 과정에서 불교는 자연스럽게 용신신앙에 대해 우위를 점하게 되었다고 한다.[38)] 고려시대의 용신신앙과 관련한 기우제와 불교의 결합이 반드시 불교 우위의 입장이 관철된 것인지 확신하기 어렵지만, 하나의 가능성으로 이해해볼 수 있을 것이다.

또한 석척기우는 토룡 및 화룡기우와 함께 보사(報祀)의 대상으로 거론

---

35) 齊德舜, 앞의 글, 2018, 227쪽.

36) 김상범, 「唐代 自然災害와 民間信仰」 『東洋史學硏究』 106, 2009, 57~58쪽.

37) 『世宗實錄』 권4, 世宗 원년(1419) 5월 癸酉(29일) ; 『世宗實錄』 권69, 世宗 17년(1435) 8월 乙巳(6일) ; 『世宗實錄』 권74, 世宗 18년(1436) 7월 甲午(1일) 등.

38) 정순모, 「唐 후반기 祈雨 제사와 龍神 숭배」 『中國學報』 64, 2011, 258~259쪽 ; 齊德舜, 앞의 글, 2018, 228~229쪽 ; 肖紅兵, 「宋代"三教合流"視閾下的祈雨信俗」 『西南民族學院學報』 41-12, 2020.

되고 있었으며,[39] 이후에 서술한 바와 같이 성종 5년(1474)에 예조가 정리한 기우제차에 정식으로 포함되었다.[40] 석척기우가 처음 시행되었던 당시에는 창덕궁 광연루나 경복궁 경회루 아래 연못에서 주로 시행되었다. 그러나, 성종 5년의 기우제차에서는 모화관 연못으로 장소가 변경되었다. 이렇게 석척기우는 실시된 지 약 70여년 만에 국가적 기우의례의 정식 절차로 편입됨으로써 완전하게 정착하게 되었는데,[41] 이는 수용 주체였던 중앙 정부의 의지가 반영된 것이 아닌가 생각된다.

2) 침호두(沈虎頭) 관련 기록의 등장

조선건국 이후 기우제 관련 기록에서는 '침호두(沈虎頭)'라는 단어가 갑작스럽게 많이 나온다. 침호두는 한강, 양진 등 영험처에 호랑이 머리를 빠뜨려 수면 아래에 잠자고 있는 용을 깨워 비를 내리게 하는 것을 말한다. 이 역시 주술적이며 강요의례의 성격이 강한 것으로 볼 수 있다.

> 의정부와 육조, 대간에 명하여 한재를 구제하는 대책을 만들어 보고하게 하였다. 이날 편민 7사를 올렸는데, "… 7. 명산대천으로 구름과 비를 일으킬 수 있는 곳은 소재관으로 하여금 정성을 들여 기도하게 하고, 즉시 예조에 내려 중외에 포고하게 하라. 석척기우를 광연루에서 거행하고 북교에 기도할 것이며 한강에 침호두를 거행하라"라는 것이었다.[42]

39) 『太宗實錄』 권21, 太宗 11년(1411) 5월 癸未(23일).
40) 『成宗實錄』 권44, 成宗 5년(1474) 閏6월 癸巳(10일).
41) 최종성, 「용부림과 용부림꾼」 『民俗學硏究』 6, 국립민속박물관, 1999, 22~23쪽.
42) 『太宗實錄』 권31, 太宗 16년(1416) 5월 乙巳(14일), "命議政府六曹臺諫 講求救旱之策以聞 卽日上便民七事 … 其七 名山大川能興雲雨處 令所在官精誠祈禱卽下禮曹 布告中外 行蜥蜴祈雨于廣延樓 禱于北郊 沈虎頭於漢江."

위의 인용문은 침호두에 관한 최초의 사례이다. 태종은 의정부, 육조, 대간에 명하여 한재에 대한 대책을 논의하게 하였고, 그 결과 편민 7사가 나오게 되었다. 제1조에서 6조까지는 억울한 죄수에 대한 재심사와 노비 추쇄 등 가뭄에 대처하는 기우행위를 담고 있으며, 기우제와 직접 관계되는 것은 마지막에 언급된 제7조이다. 여기서는 균망에 대한 제사와 석척기우, 침호두가 언급되어 있다.

그런데, 앞서 석척기우가 처음으로 시행될 때와는 분위기가 사뭇 다르다. 석척기우의 경우 처음 시행되는 것이다 보니, 시행방법을 비교적 자세하게 기록한 반면, 여기서는 별다른 시행방법이 기록되어 있지 않다. 그 이유를 곰곰이 생각해보면, 침호두를 거행한 것은 아마도 이때가 처음이 아니었기 때문이 아닌가 추정해볼 수 있다.

〈표 3〉『신증동국여지승람』 기록에 나타난 침호두 사례

권수	장소	치소로부터의 거리
26	慶尙道 密陽都護府 臼淵	
27	慶尙道 靈山縣 法師池	縣 남쪽 18里
29	慶尙道 善山都護府 鯉埋淵	都護府 동쪽 12里
32	慶尙道 咸安郡 道場淵	郡 남쪽 10里
33	全羅道 錦山郡 進樂山 石穴	郡 남쪽 7里
34	全羅道 高山縣 龍淵	縣 동쪽 10里
54	平安道 成川都護府 博淵	
54	平安道 德川郡 三灘	郡 동쪽 15里
55	平安道 孟山郡 圓池	縣 동쪽 60里

1531년에 편찬된 관찬지리서인『신증동국여지승람』을 찾아보면 모두 9개의 침호두 사례가 나온다. 위의 〈표 3〉을 보면, 우선 경상도와 전라도, 평안도 등 3개 지역에 사례가 편중되어있다는 점을 발견할 수 있다. 위의 3개 지역 외에 다른 곳에서도 침호두가 거행되었는지 알 수는 없지만, 9개의 사례 모두 조선건국 이후에 새로 생긴 풍습이라고 보기는 어렵다. 그 중 일부는 고려시대의 풍습을 계승한 것이라고 생각해볼 수 있다.

『신증동국여지승람』은 세종대 이후 지리지 편찬 및 증보 사업의 결과물이다. 그 원형은 1432년(세종 14)에 편찬된 『경상도지리지(慶尙道地理志)』라고 할 수 있다. 즉, 『경상도지리지』가 세조대 『경상도속찬지리지』로, 다시 1477년(성종 8) 『팔도지리지(八道地理志)』로 증보되었다가, 문인들의 시문과 기타 인문지리 정보를 추가한 『동국여지승람』이 1481년(성종 12)에 완성되면서 지리서 편찬 작업이 일단락되었다. 이후에도 증보를 위한 작업이 이어져 1531년(중종 26)에 『신증동국여지승람』으로 완성되었다.[43] 이와 같은 조선초기 지리지 편찬과정을 생각해 본다면, 세종대 『경상도지리지』가 편찬될 때부터 지속적인 증보작업이 이어졌으며, 그 결과 고려시대 이래의 인문지리 정보 역시 지속적인 증보가 이루어졌을 것으로 보인다. 그렇다면, 9개의 사례 모두가 고려시대의 것이라고는 할 수는 없어도 일부는 고려시대부터 민간에서 시행되던 침호두가 기록된 것으로 보는게 합리적이다.

참고로 『세종실록』 지리지에서는 『신증동국여지승람』에 기록되지 않은 침호두 사례 하나를 발견할 수 있다. 그에 따르면, 밀양도호부의 동쪽에 위치한 영정산(靈井山)의 석담(石潭)에는 용이 살고 있다고 전해지는데, 가뭄 때 침호두를 하면 곧바로 효험이 나타난다고 하였다.[44] 기록된 시기가 세종대라는 점을 생각해보면 고려시대의 침호두 사례일 개연성이 높다. 위의 『신증동국여지승람』의 사례와 합하면 10개의 사례가 되는데, 모두 기우제를 지낸 뒤에 효험이 있었다고 기록되어 있다. 이를 미루어보면 각종 지리지에 기록되어 있는 침호두의 사례는 실제 효험이 있다고 전해지는 것들 위주로 기록된 것이 아닌가 생각된다. 그리고 효험이 있는지 검증되지 않은 것이 많이 존재하였다고 가정한다면, 15세기에 침호두가 거행되

---

43) 金恒洙, 「동국여지승람·동국사략」 『한국의 역사가와 역사학』(상), 창작과 비평사, 1994, 165~167쪽.

44) 『世宗實錄』 권150, 地理志 慶尙道 慶州府 密陽都護府.

는 지방의 연못, 샘물, 웅덩이 등은 기록에 나오는 것보다 훨씬 많았을 것이며, 이들 중에서 상당수는 고려시대의 것이라는 결론에 도달할 수 있다.

그렇다면, 고려시대 기록에는 왜 침호두가 등장하지 않게 되었을까? 앞서 언급한대로 침호두가 기층 민중의 샤머니즘에서 비롯된 잠룡의례라는 점을 생각해볼 수 있다. 즉, 침호두는 중앙에서 거행하는 우사, 초제 등 국행 의례와 거리가 있다. 잠룡기우는 용이 살고 있다고 전해지는 장소에 오물이나 이물질을 투척하여, 잠자는 용을 깨움으로써 비를 내리게 하는 의례이다. 앞서 언급한 인용사지나 화왕산성의 연지의 사례도 같은 것으로 볼 수 있다. 개경 주변의 박연(朴淵)[45]이나 대정(大井)[46] 역시 용신신앙과 매우 관계가 깊은 장소임에도 침호두 관련 기록이 나타나지 않는다. 이는 중앙 정부 차원에서 침호두를 정식 기우의례로 채택하지 않았으며, 박연과 대정 등에 이물질을 투척할 경우에 신성성을 저해할 우려가 있는 것으로 보았을 것이다. 가뭄에 대응하는 다른 의례적 수단이 많이 있다고 생각한 중앙의 입장에서 침호두는 굳이 거행할 필요가 없었을 것이다.

침호두 사례는 중국에서도 발견할 수 있다. 북송대 이방(李昉)의 『태평광기(太平廣記)』에는 당나라 때 용처(龍處)에 호두(虎頭)를 빠뜨렸더니 갑자기 구름이 일어 비가 내렸다고 하였다.[47] 또한 소식(蘇軾)의 서신에서도 '호두기우법(虎頭祈雨法)'이 나온다.[48] 즉 송대에 이르러 침호두는 정형화

---

45) 『新增東國輿地勝覽』 권42, 黃海道, 牛峯縣, 山川. 성종 5년(1474)에 예조에서 올린 기우제차에서는 박연도 침호두 장소로 거론되었다(『成宗實錄』 권44, 成宗 5년 閏6월 癸巳).

46) 『高麗史』 高麗世系. 대정에서 기우의례가 전혀 거행되지 않은 것은 아니다. 시기적으로 늦기는 하지만, 1381년(우왕7) 密直提學 張夏와 判密直事 楊宗眞이 기우제를 거행하여 효과를 보았다는 기록이 있다(『高麗史』 권54, 志8 五行2, 金 禑王 7년 5월 壬子).

47) 劉志雄, 앞의 책, 1992, 252~253쪽.

48) 肖紅兵, 앞의 글, 2020, 54쪽.
여기서 초홍병은 조선왕조실록에도 침호두가 나오며, 이는 송대의 호두기우법에 영향을 받은 것이라고 하였다. 그러면서도 왜 이렇게 보아야하는지에 대해서는

된 의례로 확립되었다고 볼 수 있는 것이다. 고려와 조선이 송과 침호두의 형식과 절차를 공유하였는지는 알 수 없다. 다만, 의례의 핵심이라 할 수 있는 용처에 호랑이 머리를 빠뜨리는 행위만큼은 한국과 중국이 공유하고 있는 것으로 볼 수 있지 않을까 한다.

3) 오방토룡기우(五方土龍祈雨)의 거행

태종대 이후에 나타난 또 하나의 색인어 상의 변화는 오방토룡기우제가 나타난다는 점이다. 오방토룡기우제는 동방청룡(東方靑龍), 서방백룡(西方白龍), 남방적룡(南方赤龍), 북방흑룡(北方黑龍), 중앙황룡(中央黃龍) 등 음양오행의 방향에 따라 색깔을 달리하는 토룡을 제작하여 거행하는 의례이다.

> 중외의 제신(諸神)에게 비를 빌고 무당을 모아 우사단에서 기우제를 지냈으며, 삼각산, 목멱, 한강, 풍운뇌우, 산천, 성황의 신에게도 아울러 기도를 행하였다. 또한 각도의 악진해독과 산천의 신에게 (관리를) 나누어 보내어 축향(祝香)하였다. 처음에 전지하기를, "갑을일(甲乙日)에 토룡을 만드는 것이 옛 제도이다. 예전에 예조에서 상정(詳定)하기를 갑을일에 토룡을 만들지 않고 갑을일에 제사를 지내게 하였으니, (이는) 실로 옛 제도를 어기는 것이다. 비록 관리를 좌천시키기는 하였으나 아울러 추가로 논죄하도록 하라." 하였다. 이에 이르러 예조가 『문헌통고(文獻通考)』와 『산당고색(山堂考索)』에 근거하여 상정하고 보고하니 (왕이) 따랐다.[49]

따로 논증하지 않았다.

49) 『太宗實錄』 권31, 太宗 16년(1416) 5월 庚戌(19일), "禱雨于中外諸神 聚巫于雩祀壇祈雨 三角山木覓漢江風雲雷雨山川城隍之神竝行祈禱 又分遣香祝于各道嶽海瀆山川之神 初傳旨曰 土龍造於甲乙日 古制也 往者 禮曹詳定 不以甲乙日造龍 乃祭於甲乙日 實違古制 雖是遷官 竝追劾論罪 至是 禮曹依文獻通考山堂考索 詳定啓聞 從之."

오방토룡기우제는 1416년 5월에 처음으로 기록에 등장한다. 위의 인용문에 따르면, 태종은 예조가 상정한 토룡기우제 거행 날짜를 바로잡고 있다. 위의 인용문에 나오는 갑을일은 토룡을 만드는 날이며, 의례를 거행하는 날이 아니라는 것이다. 그것이 곧 옛 제도에 부합하는 것으로서, 의례 거행 날짜 지정을 잘못한 예조 관리에 대한 추가 징계를 명하였다. 그런데 동중서(董仲舒)의 『춘추번로(春秋繁露)』에 따르면 갑을일은 토룡을 만드는 날이 아니라 기우제 거행일이다. 갑일과 을일에는 청룡, 병일과 정일에는 적룡, 무일과 기일에는 황룡을, 경일과 신일에는 백룡을, 임일과 계일에는 흑룡을 각각 제사지내는데, 각각의 날짜마다 지정된 색깔의 토룡을 만들고, 토룡과 같은 색깔의 옷을 입은 7명의 남성을 3일간 재계하게 한 다음에 의례를 거행하게 되어 있다.[50] 이는 다시 당대의 『통전(通典)』에서도 계승되었는데,[51] 한대에 동중서에 의해 정리된 의례 절차가 그만큼 의례의 기본 형식으로 작용하고 있었다는 것을 의미한다. 이것만 보면 위의 인용문에 나오는 태종의 주장은 『춘추번로』의 원문을 잘못 이해한 것이라 할 수 있다.

> 가뭄이 들었다. 유사에 명하여 뇌사(雷師)와 우사(雨師)에 제사를 지내게 하였다. 이때 조정에서 이옹의 기우법을 내었는데, 갑을일에 동방의 땅을 택하여 단을 만들고 흙으로 청룡을 만드는데 장리에게 3일간 재계하고 용소(龍所)에 가서 흐르는 물을 길어오도록 하며, 향안(香案), 명과(茗果), 자이(餈餌)를 차려놓고 군리(群吏)와 향로(鄉老)를 데리고 가는 날에 다시 축뢰(祝酹)하는데, 음악과 무격은 쓰지 않는다. 비가 흡족하게 내리면 용을 물에 놓아준다. 나머지 사방에도 이와 같이 하며 방색으로 칠한다.[52]

50) 『春秋繁露』 求雨 제74.
51) 정순모, 앞의 글, 2011, 244~245쪽.

1416년 5월의 오방토룡기우제와 관련한 태종의 명령은 당시에 토룡기우제를 정비하여 오방토룡기우제로 바꾸겠다는 의지를 반영하고 있는 것으로 보인다. 이와 관련하여 참고할 수 있는 것이 위에서 잠시 언급한 이옹(李邕, 675~747)의 기우법이다. 이옹은 당 현종대에 활동한 관인으로서 송사에는 그가 정리했다는 기우법이 나온다. 송 진종은 함평 2년(999)에 가뭄이 들자 전격적으로 이옹의 기우법을 시행할 것을 명하였다. 여기서는 갑일과 을일에 동방에 오룡단을 쌓고 청룡을 만든다고 되어 있다. 위의 태종의 주장이 바로 이 기록과 일치한다. 따라서, 태종이 말하는 옛 제도는 당 현종대의 이옹의 기우법으로서 태종의 의도는 송에서 시행한 기우법을 모범으로 삼고자 한 것이라고 정리할 수 있다.

이옹의 토룡기우법에서는 음악과 무격을 쓰지 않는다고 규정하였다. 『고려사』에 나오는 토룡기우제에 무격이 등장하는 것과 차이가 있다. 앞서 언급한 바와 같이 고려시대 기우제에서 토룡과 무격, 국왕은 폭로의례의 대상이라 할 수 있다. 여기에는 이들 모두를 햇볕에 노출시키면 곧 비가 내린다는 믿음이 전제되어 있으며, 이를 통해 고려시대의 기우제의 성격을 주술적인 것으로 판단할 수 있다.[53] 그에 반해 이옹의 기우법에서는 무격을 쓰지 않는다고 하였다. 태종이 이옹의 기우법을 계승한 송대의 기우법을 수용한 것은 결국 고려시대의 주술적 성격의 기우법과 거리를 두고자 하는 의도로 볼 수 있다.

그 연장선에 있는 것이 화룡기우제 정비였다. 앞서 언급한 바와 같이 화룡기우는 고대사회부터 전해지는 전통적인 기우법이었다. 화룡기우는 중앙과 지방, 그리고 민간에서 비교적 많이 거행된 편인데, 아마도 토룡을

52) 『宋史』 권102, 志55 禮5 吉禮5, 祈禜, 咸平 2년, "旱 詔有司祠雷師雨師 內出李邕祈雨法 以甲乙日擇東方地作壇 取土造靑龍 長吏齋三日 詣龍所 汲流水 設香案茗果餈餌 率群吏鄕老日再至祝酹 不得用音樂巫覡 雨足 送龍水中 余四方皆如之 飾以方色."

53) 『高麗史』 권4, 世家4 顯宗1 顯宗 12년 5월 庚辰 ; 최종성, 앞의 책, 2002, 153쪽.

빚어서 세워두는 것보다 상대적으로 간편하고 적은 비용과 노동력으로도 기우제를 지낼 수 있다는 장점이 있기 때문이 아닌가 생각한다.

〈표 2〉에서 화룡기우와 관련하여 고려시대와 대비되는 색인어상의 변화는 눈에 잘 띄지 않는다. 『고려사』에는 화룡기우의 사례가 모두 2차례 나오는 것이 전부이다.[54]

> 가뭄이 들었다. 또한 화룡기우법을 유사에 붙여 간행하도록 하였다. 그 법에는 물가 또는 웅덩이나 연못, 숲속 깊은 곳을 택하여 경(庚), 신(辛), 임(壬), 계일(癸日)에 자사(刺史), 수령, 장수, 기로(耆老)를 목욕재계하게 한 다음, 먼저 술과 고기로 토지신에 고하게 하고, 마치면 방형의 제단을 3층으로 만드는데, 높이 2척, 너비 1장 3척이며, 단의 바깥은 20보로 하고, 경계에는 흰 노끈을 두른다. 제단 위에는 대나무 가지를 심고 화룡을 펼친다. 그림은 비단 바탕에 위에 흑어(黑魚)가 왼쪽으로 돌아보게 하고 주위에는 천원(天黿) 10성(星)을 그린다. 가운데에는 백룡을 그리는데 검은색 구름을 토하는 것을 그린다. 아래에는 파도가 치는 것을 그리고 거북이가 왼쪽으로 돌아보게 그리는데 실 모양의 검은 기운을 토하는 것을 그리고 아울러 금은 주단(朱丹)으로 용의 형상을 장식한다. 또한 조번(皂幡)을 설치하며 거위 목을 그어 피를 쟁반에 받으며 버드나무 가지를 물에 씻어서 용의 위에 올려둔다. 3일간 비가 흡족하게 내리기를 기다렸다가 수퇘지 1마리로 제사를 지내고 화룡은 물에 던진다.[55]

---

54) 『高麗史』 권54, 志8 五行2, 金 宣宗 3년 4월 辛丑 및 6년 5월 乙亥.

55) 『宋史』 권102, 志55 禮5 吉禮5, 祈禜, 景德 3년 5월, “旱 又以畫龍祈雨法付有司刊行 其法擇潭洞或湫濼林木深邃之所 以庚辛壬癸日 刺史守令帥耆老齋潔 先以酒脯告社令訖 築方壇三級 高二尺 闊一丈三尺 壇外二十步 界以白繩壇上植竹枝 張畫龍 其圖以縑素 上畫黑魚左顧 環以天黿十星 中爲白龍 吐雲黑色 下畫水波 有龜左顧 吐黑氣如線 和金銀朱丹飾龍形 又設皂幡 刎鵝頸血置槃中 楊枝洒水龍上 俟雨足三日 祭以一豭 取畫龍投水中.”

『태종실록』에는 국왕의 의지로 새로운 기우법을 도입하려고 노력한 흔적이 역력하다. 1415년(태종 15) 5월에 태종은 송의 경덕 3년(1006)의 기우법을 준수하라고 유사에 명을 내렸다.[56] 『태종실록』의 기사는 경덕 3년의 기우법에 대한 자세한 설명이 생략되어 있다. 위의 인용문은 『태종실록』에 나오는 경덕 3년의 기우법이다. 여기서는 이옹의 기우법의 전국적 실시를 명한 함평 2년의 기사와 마찬가지로 예부를 비롯한 기우제를 관장하는 관청에서 이 내용을 널리 보급하고자 했다는 것을 확인할 수 있다.

그렇다면, 화룡기우제는 어떻게 거행하였을까? 민간에서 화룡기우는 이미 고려시대부터 시행되어 왔었다. 그러나, 조선건국 이후에는 송대의 기우법이 직접 언급되어 있는 기록이 나온다. 1450년(문종 즉위) 김숙자(金叔滋, 1389~1456)는 개령현감이었다. 이 해에 큰 흉년이 들자 그는 송의 화룡기우법을 참고하여 화룡을 단상에 걸었다. 재계하던 날부터 약간씩 비가 내리더니, 기우제를 마치자 새벽부터 큰 비가 내렸다고 하였다.[57] 우선, 김숙자가 어떤 문헌을 통해 송의 화룡기우법을 입수하게 된 것인지는 잘 모르겠으나, 절차에 문제가 있었다는 것을 확인할 수 있다. 즉, 재계를 행한 이후에 일정한 절차를 거쳐 화룡을 걸어야 함에도 불구하고, 김숙자는 우선 화룡부터 펼쳐서 걸고 재계에 들어갔다. 그만큼 상황이 매우 급박했다는 정도로 이해할 수 있다. 여기서는 정부의 반포 과정 없이 지방관이 스스로 송의 기우법을 찾아서 살펴보고 의례를 거행하였다는 것도 확인해 볼 수 있다.

중앙에서 거행하는 화룡기우 역시 경덕 3년의 기우법을 그대로 따르지 않은 것으로 보인다. 성종은 예조가 올린 기우법 대신에 『문헌통고』에

---

56) 『太宗實錄』 권29, 太宗 15년(1415) 5월 丙午(10일).

57) 『佔畢齋集』 佔畢齋集彝尊錄(下) 先公事業 第4, "庚午年 在開寧 自四月至六月不雨 更三日不得雨 則歲將大荒 先公按宋朝畫龍祈雨之法 詣長浦掛龍壇上 齋之日 小雨 既祭 自昧爽大雨三日不止."

기록된 이옹의 기우법에 따라 화룡기우를 거행하도록 하였다.[58] 단순하게 생각하면, 토룡 대신 화룡을 펼쳐서 걸었을 것으로 생각된다. 이옹의 기우법에서는 무격과 음악을 쓰지 않는다고 했으므로, 이는 아마도 무격과 음악을 배제하기 위한 의도였을 것으로 풀이된다. 그리고 화룡기우와 토룡기우에서 무격과 승려가 자주 등장하는 고려시대식의 기우제에서도 벗어나고자 했던 것으로 보인다.

> 예조가 계문하기를, "각처에서 기우에 응하여 해야 할 것들을 뒤에 갖추어 기록하니, 이에 의거하여 행하는 것이 어떠하겠는지요? 1. 종묘, 사직, 북교, 한강, 삼각, 목멱, 풍운뇌우, 우사로 기도드리는 제례를 시행한다. 2. 태일 및 뇌성보화천존(雷聲普化天尊)에게 기도드리는 초제를 베푼다. 3. 한강과 양진에서 침호두하고 또한 도류(道流)들에게 용왕경을 읽게 하며, 박연에서도 침호두한다. 4. 서울의 각 호에서는 문에 제사지내고 향을 사른다. 5. 모화관의 연못가에서 석척을 사용하여 기도드린다. 6. 동방청룡, 남방적룡, 중앙황룡, 서방백룡, 북방흑룡을 만들고 기도드리는 제사를 지낸다. 7. 저자도(楮子島)에서 화룡제를 거행한다. 8. 북문은 열고 남문은 닫는다. 9. 북은 치지 못하게 한다."라고 하였다.[59]

성종 5년에 예조가 올린 기우제차에서는 태종과 세종때까지도 등장하던 무격, 승려,[60] 맹인[61] 등은 전혀 찾아볼 수 없다. 이는 아마도 태종대

58) 『成宗實錄』 권181, 成宗 16년(1485) 7월 辛亥(3일). 조선후기에는 저자도에서는 청룡기우를, 용산강에서는 백룡기우를 각각 올리는 것이 정례화되었다(최종성, 앞의 책, 2002, 162쪽).

59) 『成宗實錄』 권44, 成宗 5년(1474) 閏6월 癸巳(10일), "禮曹啓 各處祈雨應行事件 具錄于後依此行之何如 一宗廟社稷北郊漢江三角木覓風雲雷雨雩祀 行祈祭 一太一及雷聲普化天尊設祈醮 一漢江楊津沈虎頭 又令道流讀龍王經 朴淵沈虎頭 一 京城各戶 祀門焚香 一慕華館池邊用蜥蜴 祈禱 一造東方靑龍南方赤龍中央黃龍西方白龍北方黑龍 行祈祭 一楮子島行畫龍祭 一開北門閉南門 一勿擊皷."

이후의 기우제 변화를 종합적으로 보여주는 것으로 보인다.62) 태종대부터 하나씩 추가된 오방토룡기우제와 화룡기우제는 물론 앞서 언급한 바와 같이 고려시대에 민간에서 거행되던 침호두가 정식 기우제로 이름을 올리고 있다. 그리고 북문을 열고 남문을 닫는 행위나 북을 치지 못하게 하는 등 음양오행에 기초한 기우행위 역시 추가되어 있다.

이와 같이 정리된 기우제차에서 확인할 수 있는 것은 태종대 이래 조선국가가 지향해온 기우제가 송의 제도에 기초한 것이었다는 점이다. 특히 태종은 송의 제도에 고제(古制)의 지위를 부여하였다. 이는 아마도 성리학 수용 이후 조선이 기우제를 보편적 기준에 맞추어 나가려는 것으로 이해할 수 있다.

성리학이 추구하는 문화적 지향은 중국 중심의 보편문화라고 할 수 있다. 성리학에서 성인을 본받는다는 것은 실천하는 개인의 행동에 보편타당성을 제공한다.63) 이를 문화에 적용한다면, 중국의 예제를 따르는 것은 문화적 보편성을 획득할 수 있게 해주며, 그것이 곧 왕도에 이르는 첩경으로 인식되었을 것이다. 송대의 예제가 일반 서민을 의례 실천의 주체로 본 것은 서민의 사회경제적 지위의 상승이 한몫을 했다고 볼 수 있다. 이는 사상적으로 예의 실천을 귀족에서 일반 서민으로 끌어내림으로써 결과적으로 국가 전체가 예의 실천 대상이 되며, 이는 결국 왕도의 실천으로 인식될 수 있었다.64) 조선의 입장에서 보편문화를 실천한다는 것은 성리학이 추구하는 문화질서를 통해 왕도 실현에 한 발짝 다가서는

---

60) 『太宗實錄』 권22, 太宗 11년 7월 庚午(11日), "命禮曹禱雨于山川諸神 又聚巫于白岳 盲人于明通寺禱之 召檢校漢城尹孔俯 蜥蜴祈雨于廣延樓下 又曰 詩云靡神不擧 令僧徒一百 禱于興天寺舍利殿 又命祭土龍."

61) 『世宗實錄』 권36, 世宗 9년(1427) 6월 丁丑(20일), "聚僧于興天寺 聚巫于漢江祈雨 盲人等自會明通寺祈雨."

62) 최종성, 앞의 책, 2002, 259~261쪽.

63) 피터 K. 볼, 김영민 옮김, 『역사 속의 성리학』, 예문서원, 2010, 111쪽.

64) 이용주, 『주희의 문화 이데올로기』, 이학사, 2003, 199~202쪽 참조.

것을 의미하였다. 이와 같이 석척기우제, 화룡기우제 등에서 송제를 실천하는 것은 조선의 용신신앙이 보편성을 획득할 수 있는 수단이었다.

그렇지만, 실제 의례에서는 송제와 일치하지 않는 부분들도 분명히 있었다. 태종이 적극적으로 수용하고자 한 오방토룡제는 대체로 송제와 일치한다고 할 수 있다. 그러나 간혹 지정된 날짜에 거행되지 않기도 하였다.[65)]

또한 화룡기우제에서 오방토룡제를 규정한 이옹의 기우법을 따르고자 한 것도 앞서 확인하였다. 아마도 일일이 지정된 날짜를 지켜가며 오방토룡을 지내는 것이나 화룡을 그리는 것부터 매우 복잡한 규정을 지켜야 하는 것은 매우 번거로운 일이었다. 이는 송의 예제가 조선의 현실과 거리가 있다는 것을 의미한다. 따라서, 송제가 잘 준수되지 않았던 것은 실제 규정과 현실의 괴리를 메우기 위한 고육지책으로 이해해볼 수 있을 것이다.

4. 맺음말

지금까지 색인어를 정리한 DB에서 출발하여 고려시대와 조선초기 용신 신앙과 기우제에서 나타난 변화와 그 의미에 대해 살펴보았다. 전체적으로 보면 고려에서 조선으로 이행하는 과정에서 송의 예제를 수용하게 되었으며, 그 결과 주술적인 성격에서 점차 벗어나고자 하는 움직임이 있었다는 것을 확인할 수 있었다.

색인어는 사료의 성격과 연구의 아젠다를 반영하는 핵심어 역할을 한다. 연구를 기획하고 실제 실행에 옮기는 과정에서 색인어를 어떻게

65) 최종성, 앞의 책, 2002, 155~156쪽.

확보하고 활용하는가 하는 점은 연구의 성패와 직간접적으로 관계된다. 색인어를 구축하는 과정은 DB 구축의 핵심이라 할 수 있는 것이다.

『고려사』에서 확인할 수 있는 용신신앙과 관계되는 기우제는 주로 토룡기우, 화룡기우 등 상룡에 해당하는 것이지만, 『신증동국여지승람』 기록과 고고학적 발굴 성과를 이용하여 침호두와 같은 잠룡기우가 민간에서 널리 시행되고 있었다는 것을 확인할 수 있었다. 고려시대의 국가적 규모의 기우제는 주로 잡사와 불교 관계 기우제가 주류를 이루고 있었으며, 상룡기우와 잠룡기우가 대세를 이루고 있었다. 또한 무격을 참여시키는 등 주술적인 성격을 지니고 있었다고 할 수 있다. 그와 함께 피정전, 사시 등과 같은 기우제 관련 행위에서도 주술성을 확인해볼 수 있었다.

그에 비해 조선건국 이후 태종대부터 본격적으로 기우제에 대한 정비가 시작되었다. 당대 이옹의 기우법을 수용하여 오방토룡기우제를, 송의 희녕 10년의 기우법과 경덕 3년의 기우법을 수용하여 화룡기우를 정비하였다. 여기에 민간에서 시행되던 침호두를 중앙 정부에서 받아들였다.

이와 같은 변화는 성종 5년 윤6월에 예조에서 올린 기우제차에 종합적으로 정리되었다. 비록 송에서 시행하던 기우법과 차이가 있었으나, 이와 같은 과정들은 성리학에서 추구하는 문화적 보편주의와 맞닿아 있는 것으로 해석할 수 있다. 용신신앙 관련 기우제에 대한 정비는 민을 예제 시행에 참여시키는 가운데 송의 예제를 일부 적용한 결과 왕도정치를 실현할 수 있다는 조선국가의 의지가 반영된 것이라 해석할 수 있는 것이다.

『고려사』와 『조선왕조실록』의 조선초기 부분에 나타난 기우제 관련 색인어에서는 잡사의 비중이 비교적 높으며 불교 관계 색인어의 비중이 높았다. 그렇지만, 『조선왕조실록』에서는 고려시대에는 전혀 나타나지 않는 새로운 유형의 색인어가 나타난다. 이는 고려시대와 조선초기 기우제가 일정 부분 구분된다는 의미를 가지고 있으면서도 사상사적인 배경에서도 차이가 나타난다는 것을 의미한다.

| 찾아보기 |

ㄱ

_ ㅂ

_ ㅅ

_ㅇ

_ㅈ

_ ㅊ

_ ㅌ

_ ㅍ

_ ㅎ

| 출전 |

이 책에 실린 글은 각 필자가 기존 학회에서 발표하거나 논문으로 게재한 것을 일부 수정·보완한 것이다. 출처는 다음과 같으며, 순서는 목차순이다.

구분	필자	논문명	게재지	발행처	연도
총 론 제1장	신안식	동아시아(한·중) 전통사회 재해 DB 구축과 의의	한국중세사연구 67	한국중세사학회	2021
총론 제2장	채웅석	고려시대사 연구와 재이(災異) 사료의 활용	한국중세사연구 71	한국중세사학회	2022
제1부 제1장	이승민	11~12세기 한·중 재해 기록과 오행지(五行志)의 자료적 성격	한국중세사연구 67	한국중세사학회	2021
제1부 제2장	이정호	『高麗史』 五行志의 체제와 내용 -自然災害의 발생추세를 중심으로-	韓國史學報 72	高麗史學會	2011
제1부 제3장	채웅석	고려시대 日官 災異 占辭의 자료적 특징과 기능	韓國史學報 90	高麗史學會	2023
제1부 제4장	김창희	재해 DB 이용의 실례: 숙종대 『승정원일기』와 『숙종실록』의 재이 기록 비교-'일식'과 '지진'을 중심으로-	한국중세사연구 67	한국중세사학회	2021
제2부 제1장	이정호	高麗中期 自然災害의 발생과 生活環境	韓國史研究 157	韓國史研究會	2012
제2부 제2장	신안식	한·중 재해 DB와 활용-12세기 고려사회의 재해와 그 영향	한국중세사연구 71	한국중세사학회	2022
제2부 제3장	이승민	한·중 재해 DB를 통해본 고려시대의 '역병(疫病)'과 자연재해	한국중세사연구 71	한국중세사학회	2022
제2부 제4장	최봉준	한재와 기우제 관련 연관색인어로 보는 고려~조선초기 사상사적 변화	한국중세사연구 67	한국중세사학회	2021
제2부 제5장	최봉준	기우제 관련 색인어를 통해 본 조선초기 용신신앙과 기우제의 변화	한국중세사연구 71	한국중세사학회	2022

필자_

채웅석 | 가톨릭대학교 국사학과
신안식 | 가톨릭대학교 인문사회연구소
이승민 | 가톨릭대학교 인문사회연구소
이정호 | 목원대학교 역사학과
김창희 | 가톨릭대학교 국사학과
최봉준 | 가톨릭대학교 인문사회연구소

동아시아 전통사회 재해 사료의 특징과 활용

채 웅 석 편저

초판 1쇄 발행 2023년 5월 30일

펴낸이 오일주
펴낸곳 도서출판 혜안

등록번호 제22-471호
등록일자 1993년 7월 30일

주 소 ㊌04052 서울시 마포구 와우산로35길3 (서교동) 102호
전 화 3141-3711~2
팩 스 3141-3710
이메일 hyeanpub@daum.net

ISBN 978-89-8494-698-9 93910

값 35,000 원

이 도서는 2022년 정부(교육부)의 재원으로 한국연구재단의
인문사회연구소지원사업 선정 지원을 받은 연구임(NRF-2022S1A5C2A0209247821)